教学设计与案例分析

冯光伟 ◎ 主编

四川大学出版社
SICHUAN UNIVERSITY PRESS

图书在版编目（CIP）数据

教学设计与案例分析 / 冯光伟主编． -- 成都：四川大学出版社，2025.3
ISBN 978-7-5690-6749-1

Ⅰ．①教… Ⅱ．①冯… Ⅲ．①教学设计 Ⅳ．①G42

中国国家版本馆CIP数据核字（2024）第075909号

书　　名：	教学设计与案例分析
	Jiaoxue Sheji yu Anli Fenxi
主　　编：	冯光伟

选题策划：陈　纯
责任编辑：陈　纯
责任校对：王　锋
装帧设计：裴菊红
责任印制：李金兰

出版发行：四川大学出版社有限责任公司
　　　　　地址：成都市一环路南一段24号（610065）
　　　　　电话：（028）85408311（发行部）、85400276（总编室）
　　　　　电子邮箱：scupress@vip.163.com
　　　　　网址：https://press.scu.edu.cn
印前制作：四川胜翔数码印务设计有限公司
印刷装订：成都金阳印务有限责任公司

成品尺寸：170mm×240mm
印　　张：23.5
字　　数：445千字
版　　次：2025年3月 第1版
印　　次：2025年3月 第1次印刷
定　　价：76.00元

扫码获取数字资源

四川大学出版社
微信公众号

本社图书如有印装质量问题，请联系发行部调换

版权所有 ◆ 侵权必究

前　言

《礼记·中庸》中说："凡事预则立，不预则废。言前定则不跲，事前定则不困，行前定则不疚，道前定则不穷。"意即凡是做什么事情，事先得有所准备，否则就难以获得成功或胜利。教学作为一个师生共同参与的复杂的系统活动，受各种因素的制约，要取得良好的教学效果，自然离不开对教学构成要素及其相互关系的精心设计。

教学设计的概念对普通教师而言，虽然并不陌生，但根据什么设计、谁来设计、如何设计等问题却让许多教师困扰。20 世纪 90 年代，随着西方教学设计原理的不断引入，我国学者掀起了本土化教学设计研究的热潮，乌美娜教授 1994 年出版的《教学设计》论述了教学设计的主要原理、基本方法和技术。皮连生教授 2000 年出版的《教学设计》介绍了教学设计的概念与理论基础，把教学系统分为确定目标、分析教学、运用教学策略、实施教学评价的过程，突出了在教学设计中目标、过程与评价的统一，侧重对教学设计该"做什么？""为什么？"等问题的回答。还有许多关于教学设计的研究文章也在我国教学设计理论与实践的发展中起到了推波助澜的作用。

从教三十余年，笔者从未离开课堂，从小学教到大学，从职前教到职后，与教学结下了不解之缘，不仅在自身的教学活动中勤于实践、勇于探索、善于反思，也非常关注广大中小学教师的教学实践活动，并且深深感受到教学需要设计，成功的教学离不开成功的教学设计。向"应试教育"说不，学生"减负"，教师"减压"，向课堂要质量，都可以借助有效教学设计。这些年，从事研究生及本科生课程教学，促使我对教学设计的理论与实践进行了系统思考，虽不够成熟，但可借此机会就教于同行，若能与广大中小学教师共同分享，助力中小学教师的教学实践，则更是善莫大焉。

本书着眼于中小学教师教学设计的实际，明确回答了以下几个问题。

（1）"教学设计是什么？"与"为什么要教学设计？"，它决定了教师对教学设计的态度。不知道什么是教学设计以及为何进行教学设计，就难以激发教师的教学设计热情，教学活动的预期目标就难以实现。

（2）教学设计的依据，包括理论依据与现实依据，理论依据是个体身心发展规律与教育教学规律的反应，保障了教学设计的科学性；现实依据包括社会发展与个体发展的现实以及教学实施所具备的条件与可能性。这是设计切实有效的重要保证。

（3）教学设计的内容与方法。这是教学设计的主体，它回答了教学应该设计什么以及如何设计的问题。它是帮助教师解决教学设计难题的关键环节。从教学对象分析、目标定位、内容选择、过程设计到方法选择与评价运用等，每一个环节都与教学效果息息相关。教学设计中，只有理清教学的构成要素及其相互关系，教学的系统功能才能得以发挥。教学设计才能起到追求教学过程最优化与教学效率最大化的作用。

（4）教学设计反思。选择了课堂教学设计、教学评价与课堂转型三个问题进行反思，其目的是让教学设计变得更加理性务实。教学设计反思，提出了"主体主题主动"三主合一的课堂教学设计理念，认为课堂教学设计只有确立主体、明确主题、发挥主动，才抓住了课堂教学设计的关键。教学评价反思，提出了"课堂十看"，这也是教学设计时需要关注的。课堂转型反思，提出了课堂教学变革的六大特征，为教学设计的变革指明了方向。

为适应各类读者的需求，笔者在写作的过程中力求处理好以下三种关系。

一是理论与实践的关系。孙可平教授认为"与传统的教学相比，教学设计更大程度地依赖于教学理论的研究"。教学是师生一起按照知识的逻辑顺序与个体的发展顺序所进行的有组织的活动，不熟悉教学的基本原理，教学活动就会没有条理。为此，本书首先注重了教学设计基本理论的建构，回答了教学设计是什么、为什么的问题，让设计者首先明其理。同时本书的重点在教学设计的实践层面，即关键是帮助读者解决怎么办的问题。为此本书用较大的篇幅详细说明了教学设计的内容与方法问题，并且，每一部分都结合案例进行分析，使读者更容易消化吸收。

二是继承与发展的关系。教学设计并非新生事物，有教学便有设计，因此教学设计离不开继承前人的研究成果与他人的先进经验，本书不仅在理论上运用了教育学、心理学的基本原理，介绍了经典的教学设计的模式与方法，就是教学设计的内容与基本方法也与众多作者大同小异。同时教学设计的案例绝大多数也非原创，多为引用现实中的案例。但作者并非满足于借鉴或继承，而是希望在继承的基础上有所发展。作者对教学设计依据的深入分析，对设计案例的多维剖析，对教学设计发展趋势的预判，对教学设计的理性反思，都蕴含了笔者数十年对教学的理性思考，反映了作者力求发展的强烈愿望。

三是规范与灵活的关系。本书定位于教材,也可作一线教师的教学设计参考用书。因此,在设计上注重规范性与灵活性的结合。作为教材,本书尽量遵循一些必要的规范,比如体系完整,概念准确,脉络清晰,论证严密。教材编排按照先知后行,知行合一的逻辑,基础理论阐释在先,具体内容的设计与实施、技能训练与案例分析编排在后。这样更符合读者的认知习惯。本书的创新之处在于并非完全按固定的框架来编排教材内容,有的篇章内容有逻辑关系,有的篇章内容却是独立主题关系。对读者而言,既需要逻辑思维,也需要灵活思维。

本书写作过程中,作者常常深入中小学及大学课堂,观摩、学习各类教师的教学设计,收集了大量的教学案例,与各类教师进行过无数次深入细致的案例探讨,写作意图受到广大一线教师的高度认可。本书既可以作为教师职前教育的教材或参考书籍,也可以作为教师继续教育的参考教材,相信对中小学教师的教学实践具有一定的指导意义。

本书在写作过程中参阅了大量的国内外文献,在此对所引用资料的作者表示谢意。鉴于作者能力与水平有限,书中难免存在疏漏和一些不足之处,敬请同行与广大读者提出宝贵意见。

编者

2023 年 1 月

目 录

第一章 教学设计概述……………………………………………（1）
 一、教学设计的含义……………………………………………（1）
 二、教学设计的研究对象………………………………………（3）
 三、教学设计的意义……………………………………………（5）
 四、教学设计现状分析…………………………………………（7）
 五、教学设计的原则……………………………………………（13）
 六、教学设计程序与方法………………………………………（17）

第二章 教学设计的依据……………………………………………（35）
 一、教学设计的理论依据………………………………………（35）
 二、教学设计的现实依据………………………………………（65）

第三章 教学设计的模式……………………………………………（77）
 一、教学设计模式的概念………………………………………（77）
 二、教学设计模式的分类………………………………………（77）
 三、教学设计模式的特征………………………………………（79）
 四、几种经典的教学设计模式…………………………………（81）
 五、教学设计模式的批判与构建………………………………（93）

第四章 教学对象分析………………………………………………（98）
 一、教学对象分析的意义………………………………………（98）
 二、教学对象分析的内容………………………………………（101）

第五章 教学目标设计………………………………………………（140）
 一、教学目标设计的内涵………………………………………（140）
 二、教学目标设计的意义………………………………………（140）
 三、教学目标分类………………………………………………（142）
 四、教学目标设计的基本要求…………………………………（149）
 五、教学目标设计的程序………………………………………（151）
 六、教学目标设计的步骤………………………………………（159）

七、教学目标的表述……………………………………（162）
八、教学目标设计常见的问题…………………………（167）

第六章 教学内容设计……………………………………（171）
一、教学内容概述………………………………………（171）
二、教学内容设计………………………………………（173）
三、教学内容设计的步骤………………………………（182）
四、教学内容设计的方法………………………………（190）
五、不同教学内容的教学设计…………………………（192）
六、作业设计……………………………………………（214）

第七章 教学方法设计……………………………………（226）
一、教学方法概述………………………………………（226）
二、课堂教学常用的方法………………………………（230）
三、当代流行的几种教学方法…………………………（237）
四、教学方法的选择和运用……………………………（253）
五、教学方法变革与发展的趋势………………………（254）

第八章 教学结构设计……………………………………（261）
一、教学结构概述………………………………………（261）
二、教学结构设计………………………………………（271）
三、教学结构设计的内容………………………………（276）
五、课堂教学结构设计发展趋势………………………（297）
六、板书设计……………………………………………（300）

第九章 教学评价设计……………………………………（310）
一、教学评价设计概述…………………………………（310）
二、教学评价的类型……………………………………（314）
三、教学评价的功能……………………………………（316）
四、教学评价的原则……………………………………（318）
五、教学评价的设计……………………………………（320）
六、课堂评价的发展趋势………………………………（346）

第十章 教学设计反思……………………………………（348）
一、主体 主题 主动：对课堂教学设计的思考………（348）
二、课堂十看：课堂教学评价的思考…………………（355）
三、课堂转型：课堂教学变革的思考…………………（360）

第一章 教学设计概述

一、教学设计的含义

了解教学设计，必先了解教学与设计两个相关的概念。

（一）教学

通俗地讲教学就是教师教与学生学相统一的活动，是教师根据学生学习的一般过程，系统地为学生提供学习的外部条件，指导和促进学生学习的过程。王策三先生强调教学活动是教师与学生的共同活动，认为脱离学的教与脱离教的学都不会收到理想的效果。皮连生认为"教学"有两重含义：狭义上"教学"指师生在课堂上的双向互动，其英文词是 teaching（也可译作教或教授）；广义上，"教学"不仅包含狭义的教学，即课堂上的师生互动，还包括教师和其他相关人员的课前教学准备，如制定教学目标，开发教材、教具等，和准备课后的测量、评价与诊断以及补救教学措施等，其英文词是 instruction。教学是教育实施的一种基本方式。在教学活动过程中，教师有计划、有目的、有组织地引导学生学习，使之获得知识、形成技能，养成良好的思想品德，成为全面发展的、社会所需要的人才。学生在教师指导下，通过学习获得自己所期待的学习成果。

（二）设计

根据《现代汉语词典》，"设计是正式在做某项工作之前，根据一定的目的要求，预先制定方法、图样等"。"设计"原是一个工程性术语，指人们用于改进其创造物的质量的活动。意味着在解决问题前，有系统和充分的计划，然后实施计划并开发新的产品。百度解释为"先是策划一个即将实施的项目，然后按照策划的要求进行构思、制定方案、实施操作、绘制图样、进行施工、检验样本、通过设计方案的验收等整个环节的工作。总而言之设计就是设想、运筹、计划、预算的一个过程"。随着科学技术的不断进步，现代职业的技术含量及职业流动性愈来愈强，需要在工作之前或工作之中进行精准的规划与设计，需要高度创造性的劳动甚至出现了专业化的设计师，如建筑设计、工程设计等，教学活动也是一种极具创造性的复杂的劳动，也需要根据教学条件与情境的变化进行教学设计。

设计作为一种具有较强创造性的社会实践活动具有一系列显著特征。罗兰（Rowlan, G. 1992）研究了若干职业的设计过程并专门考察了教学设计过程，归纳出设计活动的以下九个特征。

（1）设计是一个目标指向过程，在此过程中，设计者要考虑目标并创造某些新的产物。

（2）从设计中产生的新产物具有实际用途。

（3）设计的基本任务是将要求形式的信息转化为做事的说明书形式的信息。

（4）设计需要社会成员之间的相互合作。

（5）设计包括解决问题，但并非所有解决问题都是设计。

（6）在设计过程中，问题理解和问题解决可能是同时的或先后的过程。

（7）设计是一门科学，或者是科学和艺术的结合，或者也可能既非科学也非艺术。

（8）设计中包含技术性的技能和创造性，或者是理性的和直觉的思维过程。

（9）设计过程也是学习过程。

（三）教学设计的概念

美国行为主义心理学家马杰（R. Mager）认为，教学设计由三个基本问题组成：首先是"我要去哪里？"即教学目标的制定；其次是"我如何去那里？"包括学习者起始状态的分析、教学内容的确定、教学方法与教学媒介的选择等；最后是"我怎么判断我已达到了那里？"即教学评价与监控。

迪克和凯瑞（W. Dick & L. Carey）用系统观看待教学设计，认为"教学设计过程本身可以视为一个系统。系统的目的是引发和促进教学。这一系统中的成分包括学习者、教师、教学材料以及学习环境"。又说："教学过程应该怎样准备呢？教师如何确定自己应该做什么？何时做？毫不令人奇怪的是，坚持教学系统观的人，会把教学准备、实施、评价以及教学的修改视为一个整体过程。"所以他们把教学设计定义为"用系统方法描述教学，分析、设计、开发、评价和修改的全过程"①。史密斯和雷根（Smith, L. & Ragan, T.J）在其《教学设计》一书中指出："教学设计指将学习与教学的原理转化为教学材料、教学活动、信息资源和教学评价计划的系统化和反思性过程。"② 这一定义除了体现系统与反思的思想，还强调教学设计是从学习原理和教学原理转化而来的，即教学设计是学习与教学原理的具体运用。

邬美娜将教学设计定义为："教学设计是运用系统方法分析教学问题和确定教学目标，建立解决教学问题的策略方案，试行解决方案，评价试行结果和对方案进行修改的过程。它以优化教学效果为目的，以学习理论、教学理论和教育传播学理论为基础。"③ 路海东将教学设计定义为："教学设计是指在实施教学之前由教师对教学目标、教学方法、教学评价等进行规划和组织并形成设计方案的过程。"④

根据以上对教学设计的理解可以归纳出教学设计以下的几个特点。

（1）教学设计有明确的目的性，且常常指向最优化的教学效果。

（2）教学设计受多种因素制约，需要考虑教学的各构成要素及相互关系，任何一个教学因素都可能成为影响教学的关键因素。

（3）教学设计的主体主要是教师，但也不排除其他相关人士如学生、教学设计专家等的参与。

（4）教学设计主要在教学活动实施以前进行，也可以在教学实施的过程中或教学实施以后进行。

基于对以上特点的分析，我们可以将教学设计定义为：为实现理想的教学目标，教学设计的主体基于对教学构成要素与制约因素及其相互关系的理解，而对教学活动进行的系统规划与组织，以寻求理想教学目标实现的过程。

二、教学设计的研究对象

王策三曾指出："对于一门学科来说，生死攸关的一个问题就是要明确自己的研究对象和任务。"⑤ 邬美娜在《教学设计》中写道："教学设计是20世

---

① 迪克，凯瑞. 系统化教学设计 [M]. 庞维国等，译. 上海：华东师范大学出版社，2007：2-4.
② 史密斯，雷根. 教学设计 [M]. 庞维国等，译. 上海：华东师范大学出版社，2008：4.
③ 邬美娜. 教学设计 [M]. 北京：高等教育出版社，1994：11.
④ 莫雷，全国十二所重点师范大学联合编写. 教育心理学 [M]. 北京：教育科学出版社，2011：312.
⑤ 王策三. 教学论稿 [M]. 北京：人民教育出版社，1985 (6)：53.

纪60年代以来形成和发展起来的，以解决教学问题为宗旨的一门新兴的教学科学。"[1] 孙可平在《现代教学设计纲要》中提到："教学设计是一门研究学习的学科，也是研究一系列确定技能的学科。"[2] 对研究对象的认定不同，对学科性质的定位也就不同，或侧重理论，或侧重应用，或理论与应用并重。我们认为教学设计从学科性质来看，应该是理论与应用并重的学科，因而其研究对象主要关注下列三个方面。

（一）教学设计要研究教与学的关系

教学过程由许多因素构成，这些因素形成了教学过程的复杂关系。教师、学生、教学内容、教学手段是构成教学的主要因素，而教师与学生作为教学活动的主体，是各种因素中最活跃的因素。两者之间的关系是教学过程中最本质的关系，在教学活动中教师与学生、教与学相互依存、相互制约、相互促进，共同构成了教与学的矛盾运动过程。教与学的矛盾是教学过程的主要矛盾，抓住这一主要矛盾就抓住了教学设计的根本问题，只有摆正教与学的关系，才能使教学原理转化成教学设计，最终成为实施教学的具体行动。

（二）教学设计要研究教与学的目标

教学设计无论是对一门课的设计，还是一个单元、一节课的设计，最终目的是要完成教学任务，实现教学目标。因此，教学目标必然成为教学设计的研究内容。教学目标的制约因素多种多样。不同的人对目标的解读不一样，即使有国家统一规定的教学目标，由于教学的主体差异，对目标的理解与定位也不完全一样。

（三）教学设计要研究教与学的操作程序

教学设计是连接教学理论与实践的桥梁，将教学原理和规律运用于教学实践是教学设计研究的核心问题。教学设计既要研究教的方法，也要研究学的方法，还要研究教学互动的方法；既要研究教学方法的适用范围及操作要求，也要研究教学媒体运用的程序、课堂管理的技术与方法、教学评价的标准与方式等。即教师怎样教、学生怎样学的问题。

---

[1] 邬美娜. 教学设计[M]. 北京：高等教育出版社，1994：12.
[2] 孙可平. 现代教学设计纲要[M]. 西安：陕西人民教育出版社，1998：3.

三、教学设计的意义

（一）教学设计是提高教学效率，保证教学质量的重要举措

教学由教学主体、目标、内容、形式、方法、媒介等多种要素构成。教学过程是组成教学的各要素相互联系、相互制约的系统运作过程，系统中任一要素的变化都会引起系统的连锁反应。教学失败常常是对构成教学的一个要素或多个要素认识不清，一个环节或多个环节把握不准造成的。如学生认识不清、目标定位不准、内容选择不当、方法运用不当、时间把握不准、重点不突出、难点突不破等。因而，教学的每一个要素及每一个环节都有必要进行设计。优质高效的教学往往是每一个要素与每一个环节优化组合的结果。

（二）教学设计是教师成长的有效途径

成功的教学设计能体现一个教师的综合素质，只有掌握学生身心发展规律，正确把握教育教学规律，运用科学的理论作指导，充分考虑教学设计的现实依据，教学设计才能适应教学工作的需要，与教学的预期目标达成一致，教学设计对教学实施才具有指导意义。这一个活动要求教师不断学习，具有良好的知识结构与能力结构。2012年，我国《中学教师专业标准》颁布，确定了教师知识构成的四个领域，即"一般教育知识""学科知识""学科教学知识""通识性知识"，提出了有关教师专业知识的十八项基本要求，这意味着一个合格的教师，必须具备良好的知识结构。"专业能力"维度，从"教学设计"等六个方面，提出了二十六项有关中学教师专业能力的基本要求。教师的教学设计必然以教师的专业知识与能力为基础，教学设计的水平是教师专业知识与专业能力的体现。没有长时间的知识积累与能力提升，教师的教学设计就是无源之水、无本之木。

（三）教学设计是促进学生快速发展的重要保障

加涅认为"帮助学生的学习必须是有计划的而不是随心所欲的，它所帮助的学习应使每一个学生更接近于最适当运用自己的才能、享受生活和适应物质和社会环境的目标。当然，这并不意味着，教学计划将缩小学生的个别差异的影响。相反，学生之间的差异将会增大。有计划的教学的目的在于帮助每一个人，使之按自己的方向得到尽可能充分发展"①。教学活动是教师的教与学生的学相互制约相互促进的活动，学生的个性差异决定了学生的学习也必然是个性化的，满足不同学生的学习需求，需要教师为学生提供多样化的服务，真正体现因材施教，这是单一的教学模式，统一的教学要求所难以达到的。几乎每个人都遇到过学习困难的情境，在一个学习群体中学困生的比例常常居高不下，曾经流行的校园民谣真实地反映了学生学习的困惑与无奈。星期一走向深渊；星期二路漫漫；星期三夜茫茫；星期四黎明前的黑暗；星期五归心似箭；星期六虎口脱险；星期天潇洒走一回。学习负担过重、学习压力过大成了中小学面临的最普遍的问题。问题的成因是多方面的，但与教学设计有着最直接的关系。良好的教学设计与教学实施是教学过程最优化的前提条件。不仅可以大大提高学习效率，减少机械重复的训练，还可以使学习过程变得轻松、愉快，教学充满活力与生机。

【案例】

《故乡的芦苇》教学片段

师：同学们，老师知道一个美丽的地方，你们想去看一看吗？你看：在长江口外，东海之滨有一个美丽的海岛，这就是樊发稼的故乡，这里曾给作者留下了许多美好的回忆，那密如蛛网、纵横交错的清清亮亮的小河；那灿若群星、叫不出名儿的各种各样的芬芳的野花；那望去像铺满碎金似的一畦畦油菜花；那朗朗秋空下熠熠耀目、洁白如云的棉花……

师：同学们，这儿美吗？这么美的景色只给作者留下了深刻的印象。然而，他最难忘的却是那些朴实无华的芦苇。这究竟是为什么呢？现在，就让我们跟随作者一起走进故乡的芦苇，去追忆那遥远的童年生活吧。（师板书课题）

生：生齐读。

评析：这是一堂课导入的设计，重在创设情境，激发学生的学习兴趣。从心理学的角度讲，抓住了学生最感兴趣的地方，从知识的角度讲，以课文内容为切入点，既给学生提出了本课的学习目标，又激发了学生的学习欲望，使学生一开始就处在一种良好的学习状态，为后续的学习奠定

---

① ［美］加涅. 教学设计原理［M］. 皮连生，庞维国等，译. 上海：华东师范大学出版社，1999：4.

了基础。紧接着教学环节的设计：

生：自由朗读课文，要求：读通语句。

生：快速浏览课文，标出自然段序号，看看文中哪些自然段是描写芦苇的，哪些自然段是写童年趣事的？

师：指名读8—10自然段，其他同学边听边画出描写芦苇特点的语句。

师：课件出示：一片片，一簇簇，迎着轻风，摇曳着修长的碧玉似的秀枝，远看犹如一朵朵绿色的轻云，在地平线上飘拂着，给乡村平添几分恬静和飘逸。

师：那么这句话写了芦苇的什么特点呢？从哪些词可以看出来？在这句话中你看到了几个叠词，你还能再说几个这样的词语吗？

师：多么可爱的芦苇啊，谁愿意读出它的可爱来？

评析：阅读教学的重点是培养学生具有感受、理解、欣赏和评价的能力，以上教学环节，意在引导学生通过不同的方式的朗读，打开学生情感的闸门，用心感悟文本，提升学生的情感体验，达到与作者产生共鸣的效果。中间不失时机地穿插朗读指导，在读中加深理解，在理解中读出感情。既培养了学生的学习能力，又让学生在参与学习的过程中加深了对故乡的情感体验。既实现了本课的教学目标，又体现了新课程"以人为本"的教育理念。

四、教学设计现状分析

中小学教师对教学设计已不再陌生，通过对中小学及幼儿园教师的抽样调查发现，中小学教师普遍具有教学设计观念，教学设计的目标明确，态度鲜明，但对教学设计的内涵缺乏比较全面的认识；教学设计形式化倾向明显；教学设计的出发点既为教师的教也为学生的学；教学设计时较为忽视教学设计评价等。具体表现在以下十个方面。

（一）对教学设计的目的认识较清晰

表1—1 对教学设计本质的看法

选项	选题人数	所占比率（%）	有效比率（%）
写教案的过程	6	5.7	5.7
设计教学活动步骤的过程	32	30.0	30.0

续表

选项	选题人数	所占比率（%）	有效比率（%）
制定解决教学问题方案的过程	56	53.0	53.0
综合	8	7.6	7.6
其他	4	3.7	3.7
合计	106	100.0	100.0

表1-1可以看出有53%的人认为教学设计是制定解决教学问题方案的过程，30%的人认为教学设计是设计教学活动步骤的过程，两者之和占83%，说明大多数人对教学设计的本质属性有比较清晰的认识，教学设计的目的就是提高教学过程的问题解决能力，最终达成理想的教学目标。

（二）重视教学设计的作用

表1-2 教学设计的作用

选项	选题人数	所占比率（%）	有效比率（%）	累积比率（%）
非常重要	72	67.9	67.9	67.9
比较重要	30	28.3	28.3	96.2
一般	4	3.8	3.8	100.0
不很重要	0	0	0	100.0
不重要	0	0	0	100.0
合计	106	100.0	100.0	100.0

从表1-2可以看出，中小学教师中认为教学设计非常重要的比例占67.9%，比较重要的占28.3%，两者合计所占的比例达96.2%，没有谁认为教学设计是不重要的或不很重要的，可见绝大多数中小学教师对教学设计的作用持肯定的态度，人们对教学设计重要性的认识是不容质疑的，这为教学设计工作的开展奠定了良好的基础。

（三）应对教学设计的态度比较积极

表1-3 应对教学设计的态度

选项	选题人数	所占比率（%）	有效比率（%）
应付学校检查	3	2.8	2.8

续表

选项	选题人数	所占比率（%）	有效比率（%）
会限制教师的临场发挥	21	19.8	19.8
搞不搞教学设计无所谓	0	0.0	0.0
为实际教学提供指导蓝图	82	77.4	77.4
合计	106	100.0	100.0

从表1-3可以看出，中小学教师应对教学设计的态度，77.4%的人认为教学设计能"为实际教学提供指导蓝图"，但与此同时，有高达19.8%的人认为教学设计"会限制教师的临场发挥"，没有人认为搞不搞教学设计无所谓。这既体现出中小学教师教学设计灵活性的欠缺，也体现出对教学设计的依赖，同时教学设计对教学实施的制约作用也不可忽视。

（四）教师教学设计的规范性

表1-4　教学设计的规范性

选项	选题人数	所占比率（%）	有效比率（%）
非常规范	8	7.5	7.5
比较规范	76	71.8	71.8
一般	6	5.6	5.6
不很规范	16	15.1	15.1
不规范	0	0.0	0.0
合计	106	100.0	100.0

从表1-4可以看出，教师认为教学设计比较规范的比例为71.8%，非常规范和一般的比例分别为7.5%和5.6%，而不很规范的比例为15.1%。没有人认为教学设计不应该按照一定的规范格式进行。这说明大多数中小学教师的教学设计是比较规范的。但他们所认为的"规范"往往是学校统一规定的或某一教学评价主体规定的教学设计格式。基于此，教师在教学设计上出现了程序化与形式化倾向。

（五）教学设计的理论依据

表1-5　教学设计的理论频次分布

选项	选题人数	所占比率（%）	有效比率（%）
传播理论	0	0.0	0.0
学习理论	8	7.5	7.5
教学理论	20	18.9	18.9
系统方法论	6	5.6	5.6
运用四种理论	46	43.4	43.4
运用三种理论	18	17.1	17.1
运用两种理论	8	7.5	7.5
合计	106	100.0	100.0

对教学设计的理论依据的调查表明，见表1-5：教师运用传播理论、学习理论、教学理论、系统方法论的比例分别为0%、7.5%、18.9%、5.6%，而综合运用其中四种理论、三种理论、两种理论的比例分别为43.4%、17.1%、7.5%，运用两种以上理论的比例合计达68.0%。这说明中小学教师教学设计的理论意识正在觉醒，认为教学设计会受到多种理论影响。但理论分布频次主要集中在教学理论或学习理论，无论单项理论依据还是多种理论的综合制约，其所占比例都是最大的。传播理论在单项理论依据中无人选择，但在综合运用几种理论中还是有人作了选择。总体而言，中小学教师的理论素养普遍较差，教学设计往往凭经验进行，没有明确的理论依据。

（六）教学设计为了教师的教与学生的学

表1-6　教学设计的出发点

选项	选题人数	所占比率（%）	有效比率（%）	累积比率（%）
教师的教	4	3.8	3.8	3.8
学生的学	12	11.3	11.3	11.3
教师教与学生学相结合	90	84.9	84.9	84.9
合计	106	100.0	100.0	100.0

从表 1-6 中可以看出，教师教学设计的出发点 11.3% 的人是为了学生的学，84.9% 的人认为教学设计是为了教师的教与学生的学相结合，3.8% 的人认为教学设计纯粹为了教师的教。可见，教师的教与学生的学相结合的教学设计观念正在逐渐深入人心。

（七）教学设计所分析的要素频次分布均衡但不系统

表 1-7　教学设计所分析的要素频次分布

选项	选题人数	所占比率（%）	有效比率（%）
学习目标	6	5.7	5.7
学习内容	2	1.9	1.9
学习需要	6	5.7	5.7
学习者	1	0.9	0.9
教学策略	2	1.9	1.9
教学设计成果的评价	2	1.9	1.9
全体要素	64	60.3	60.3
其中三种要素	16	15.0	15.0
其中两种要素	7	6.7	6.7
合计	106	100.0	100.0

从教学设计分布要素频次看，考虑单一要素的教学设计很少，单项因素设计最高只有 5.7%。相反，认为教学设计要考虑全体要素的占 60.3%，要考虑三种要素的占 15%，考虑两种以上要素的比例合计达到 82%。说明在进行教学设计时很多教师已能综合考虑教学的构成要素，把教学作为一个系统来进行设计，见表 1-7。

（八）教学设计主体

表 1-8　教学设计主体形式分布

选项	选题人数	所占比率（%）	有效比率（%）
自主设计	24	22.6	22.6
与教师合作	14	13.2	13.2
与学生合作	12	11.4	11.4

续表

选项	选题人数	所占比率（%）	有效比率（%）
多主体合作	56	52.8	52.8
合计	106	100.0	100.0

从教学设计的主体看，有 22.6% 的教师在进行教学设计时选择自主设计，说明有近四分之一的教师在进行教学设计时缺乏合作意识。选择与教师进行合作设计的占 13.2%，与学生进行合作设计的占 11.4%，而在教学设计中选择与多主体合作的比例占到了 52.8%。说明大多数教师在教学设计中有合作意识，虽然与学生合作进行教学设计的比例并不算高，但把学生作为学习活动的主人，引导学生积极参与教学活动设计正在逐渐成为教学活动设计的一种发展趋势，见表 1-8。

（九）教学设计时间

表 1-9 教学设计时间分布

选项	选题人数	所占比率（%）	有效比率（%）
课前设计	76	71.7	71.7
课中设计	2	1.9	1.9
课后设计	8	7.5	7.5
课前与课后结合	18	17.0	17.0
三结合设计	2	1.9	1.9
合计	106	100.0	100.0

从教学设计的时间看，71.7% 的教师选择了课前设计，说明大多数教师的教学是预设性的。能将课前设计与课后反思结合起来的教师占 17.0%，课后设计的教师占 7.5%，说明很多教师还不太习惯通过课后反思来改进教学。课中设计与课前、课中、课后结合进行教学设计的比例均占 1.9%，说明很多教师在教学实施过程中还缺乏随机应变的能力，课程实施缺乏创造与生成的成分，见表 1-9。

（十）教学设计的方式

表 1-10 教学设计方式分布

选项	选题人数	所占比率（%）	有效比率（%）
自主创新	18	17.0	17.0
依照模版	6	5.7	5.7
借鉴他人的设计	20	18.9	18.9
几种方式结合	52	49.0	49.0
自主与他人结合	6	5.7	5.7
自主与模版结合	4	3.7	3.7
合计	106	100.0	100.0

教学设计的主要方式包括自主创新、依照模版与借鉴他人的设计几种类型。懂得几种方式结合使用的比例最高，达到 49.0%，说明教师在教学设计中方式较为灵活多样。就单一的设计方式而言，自主创新与借鉴他人的比例相当，分别是 17.0% 和 18.9%，说明自主与借鉴他人相结合的教学设计方式是最常用的。单纯依照模版进行教学设计的与自主与他人相结合的教学设计比例均为 5.7%，说明教师的教学设计一般都没有固定的模版可以借鉴，日常的教学设计较少与人合作，见表 1-10。

以上关于教学设计的问卷调查，分别在参与 2015 年"国培计划"的幼儿教师、小学教师和中学教师中抽样进行，三类教师人数相近。调查结果显示，幼儿教师、小学教师、中学教师在教学设计中的选项没有明显的差异，基本上都能认识到教学设计的重要性，但在选择设计要素，考虑设计依据时，缺乏系统理论做指导，常常顾此失彼，因此提升中小学教师的理论素养，加强对中小学教师教学设计能力的培养就显得非常必要。

五、教学设计的原则

教学设计应遵循的原则，指在教学设计过程中应遵守的基本要求或行为准则。由于教学设计受多重因素制约，因此，设计不可能是随心所欲的，明确教学设计的基本构成要素并把握其相互关系应遵循一系列基本原则。

（一）目标性原则

目标性原则指教学设计应有明确的目标指向，明确回答教学将要"去哪里？"的问题。这是由教学活动的目的性所决定的。教学作为教育的基本途径，是完成教育任务、达成教育目标的最基本的手段。无论什么样的教学都应该有明确的教学目标，目标不明，教学将不知所终。无论一节课的教学还是一门课的教学，目标都在其中起着导向与调控的作用。即使长远教学目标的达成也与每一堂具体的教学活动紧密相联。教学设计是为教学服务的，教学设计的目标与教学目标一致，目的就是教学过程最优化与教学效率的最大化。

遵循目标性原则，首先应明确教学的目标，只有知道教学"去哪里？"才能考虑如何"去那里"以及如何知道"是否去了那里？"的问题。不同的教学活动有不同的教学目标，有的目标单一，或以掌握知识为主，或以能力训练为重，或以情感陶冶为要，这样的教学设计务必突出重心，切忌面面俱到。有的目标全面、内容丰富，这样的教学设计应力求全面系统，体现教学目标的综合性与多样性。其次，遵循目标性原则应区分教学的核心要素与无关因素，突出教学中的核心因素，排除无关因素的影响。教学目标以能力为重，就应突出实践环节的教学设计，因为能力是在实践中得以提升的。教学目标以情感陶冶为主，教学设计就更注重情境创设，激发学生的参与热情，让学生在经历与体验中成长。排除无关因素是为了突显核心要素的重要性，使教学资源利用效率最大化。

（二）程序性原则

程序性原则指教学设计过程中应遵循的基本秩序。即教学设计从哪里开始到哪里结束的问题。这是由事物发展的基本规律所决定的。任何事物的发展都有始有终，正如人们喜欢探讨事物的起源一样，一堂课的教学设计也有一个从何着手的问题。同时构成教学各要素之间的关系不是杂乱无章的，而是有序可循的，比如教学目标的确定必定是在教学活动之前进行，而教学评价只能是在教学进行的过程中或是教学活动结束之后进行。

遵循程序性原则，首先，应掌握教学的基本程序，知道教学始于何处，终于何处，教学的构成要素多种多样，对一个要素的分析往往受其他相关因素的制约，因此，根据教学发展的规律，把握教学发展的顺序性，循序渐进，因势利导，才能正确把握各要素间的相互关系，在教学的园地里为构成教学的各种要素寻找恰当的位置。比如教学方法的设计常常以教学内容的分析为基础。不同的学科、不同的教学内容运用的方法是不一样的,物理、化学运用实验的方法形象直观、生动有趣,但政治与历史却不是实验室里做出来的。不根据教学内容的实际分析设计教学方法不仅降低教学效率,更难以使师生在教学过程中产生愉快的情感体验,进而产生厌学、厌教的情绪。其次,教学设计的程序不是一成不变的,教学虽然有章可循,但教学设计却没有一个固定的模式。事物是运动变化发展的,就像导入新课有多种模式一样,教学设计的程序与模式也可以千变万化。教学作为一种培养人的社会实践活动始终是一项进行中的事业,没有明确的起点与终点,即使一堂课上完了,这门课还在进行中,这门课上完了,学生的学习还在进行中,即使教学对象改变了,教学作为教育活动的一种组织形式还在进行中,从这个意义上说,教学是一个循环往复不断进行的事业,教学设计可以从任何一个环节开始。

(三) 整体性原则

整体性原则指在进行教学设计时,应把教学视为一个由多种要素组成的整体,综合考虑构成教学的各要素及相互关系,最终取得理想的设计效果。这是由事物的普遍联系的观点及系统论的原理所决定的。唯物辩证法认为,事物是普遍联系的,一个要素的变化,必然会引起相关事物发生变化,只有真正认识各要素之间的内在联系及其规律性,才能把握事物的运动变化发展规律,因势利导,促进事物发展。

遵循这一原则,首先,应了解教学的构成要素及制约因素的复杂多样性,用整体的教学观看待教学问题。构成教学的基本要素除了教学的主体——教师与学生外,还有教学目标、教学内容、教学手段、教学方法、教学评价、教学环境等,而制约教学的因素更是复杂多样,政治经济、历史文化、科学技术、社会环境等,忽视任何一个要素的存在,都会导致对教学的片面认识。其次,构成教学的各个要素及其制约因素是相互联系、相互影响的。任何一个要素发生改变,都可能导致教学发生根本性的变化。整体的教学观反对把教学的构成要素及制约因素割裂开来,用孤立、片面、静止的观点看待教学问题。最后,单一的要素也能自成整体。系统论的观点认为,系统是普遍存在的,世界上任何一个事物都可以自成系统,在看到多种因素构成教学系统的同时,应看到每一个要素自身的整体性与系统性。比如"学生"在"教学"中是一个要素,但他单独存在时又是一个系统或一个整体,作为一个系统他又由生理特征、心理特征、社会特征等多种因素构成,只有正确认识学生的自然特征与社会特征,把握各要素间的内在联系及规律性,才能正确把握学生的发展现状,规划其发展预期。

（四）创新性原则

创新性原则指在进行教学设计时，能突破原有的或他人的教学设计，根据当时教学的实际情况设计教学。这一原则的确立是由我国创新人才的培养目标所决定的。新课程改革强调对学生创新精神与实践能力的培养，这是顺应时代发展潮流的英明举措。同时，教师劳动的特点决定了教学设计必然具有创新性。首先，构成教学的基本要素总是会打上时代的烙印，教学的目标、内容、形式、方法等随着时代的发展而不断发展。它要求教师不断创新以适应变革的需要。其次，教学对象总是处在变化发展的过程中，即使面对的是同一个对象，不同时期也会有不同的学习状态，师生的交往也应因时而变化。最后，教学对象是由一个个具有独特性的个体组成的，只有因材施教才能有效地促进每一个个体的健康成长，满足不同学生的学习与发展需求离不开个性化的教学设计及教学设计创新。

遵循创新性原则，首先，必须具有开拓创新的精神，勇于挑战自我。教师成长的规律告诉我们，新教师在进行教学设计的时候喜欢模仿与借鉴，要么向有经验的教师学习教学设计，要么寻找现存的教学设计方案，在教学设计上惧怕创新。经过几年的教学实践，新教师逐渐成熟，成为经验型教师，随着对教学内容的逐渐熟悉，教学方法的熟练运用，不同的教师逐渐形成自己的教学设计风格与思维定势，经验型的教学及教学设计占主导地位，教师也难以有教学设计创新。超越自我，要求教师要善于打破常规，突破定势。新教师要有初生牛犊不怕虎的精神，大胆探索，勇于实践，在教学设计上敢于创新。经验型教师要敢于对已有经验说不，即使同样的教学内容，不管有多少次教学经历，相信每一次都会因条件与环境发生变化而有不同的教学设计。其次，遵循创新性原则并不排除学习借鉴他人的成功经验，相反，任何一次成功的教学设计都是建立在以往成功经验的基础之上的。无论什么样的教学设计都必须遵循教学发展的一般规律，教学设计的基本原理都会在教学设计的过程中得以体现。但无论是依靠自身的教学设计经验，还是借鉴他人的教学设计之长，都必须因时而化，切忌盲目照搬。

（五）实践性原则

实践性原则指教学设计要坚持一切从实际出发，在教学实践中积累教学设计经验，并用教学设计指导教学实践。这是教学设计本身的意义所决定的。教学设计的目的在于增强教学的预见性，提高教学的针对性与有效性。因此教学设计必须与教学实践紧密相联。脱离教学实践的教学设计,不管形式多么完美都只能画饼充饥,对教学没有丝毫的指导作用。

遵循实践性原则,必须坚持教学设计以教学实践为基础。无论新教师还是经验型教师,在进行教学设计之前都必须对教学实践有全面系统的了解,了解教学的基本构成要素及相互关系,了解教学过程运动变化发展的基本规律,了解即将面对的教学情境及教学的基本任务,根据教学的需要合理配置教学资源,以实现教学过程最优化与教学效益最大化。遵循实践性原则进行教学设计,必须以服务实践为最终目的。这就要求对教学的每一个环节的设计都有预见性,使教学设计过程成为预见性操作过程,教学目标的设计指向学习主体的最近发展区,教学手段的选择和运用考虑教学实践所能提供的条件与可能性,教学方法的运用考虑到学科特点、教师特长及教学目的与任务的需要。只有把教学实践作为检验教学设计成功与否的重要标尺,教学设计才不会流于形式,先进的教育理念才能实现与教育行为的价值转换。

教学设计要遵循的原则还有许多,比如灵活性原则、前瞻性原则、趣味性原则、可比性原则、实效性原则等。每一个原则都是对教学设计经验的概括和总结,遵循教学设计的原则必须以尊重教学发展的规律为前提,以服务教学实践、提高教学效率为宗旨。

六、教学设计程序与方法

(一)教学设计的程序

程序是为完成某一特定任务而选择的活动方式及排列顺序。教学设计程序指教学设计的基本环节与操作顺序。教学由一系列相互关联的基本要素及相互关系构成。马杰(R. Mager)指出:教学设计依次由三个基本问题所组成。首先是"我要去哪里",即教学目标的制定;接着是"我如何去那里",即包括学习者起始状态的分析、教学内容的分析与组织、教学方法与媒介的选择;再是"我怎么判断我已到达了那里",即教学的评价。教学设计是由目标设计、达成目标的诸要素的分析与设计、教学效果的评价所构成的一个三环节六要素的有机整体,如图1-1所示。

```
                    ┌──────────────────┐
          ┌────────→│   教学目标的制定   │←────────┐
          │         └──────────────────┘         │
          │                   ↓                  │
          │         ┌──────────────────┐         │
          │         │    达成目标的      │         │
          │         │  诸要素的分析与设计 │         │
          │         └──────────────────┘         │
          │              ↙        ↘              │
          │   ┌──────────┐     ┌──────────────┐  │
          │   │教学对象分析│ ←→ │教学内容分析与组织│  │
          │   └──────────┘     └──────────────┘  │
          │        ↓                  ↓          │
          │   ┌──────────┐     ┌──────────────┐  │
          │   │选择教学方法│ ←→ │ 确定教学的媒体 │  │
          │   └──────────┘     └──────────────┘  │
          │              ↘        ↙              │
          │         ┌──────────────────┐         │
          └─────────│   教学效果的评价   │─────────┘
                    └──────────────────┘
```

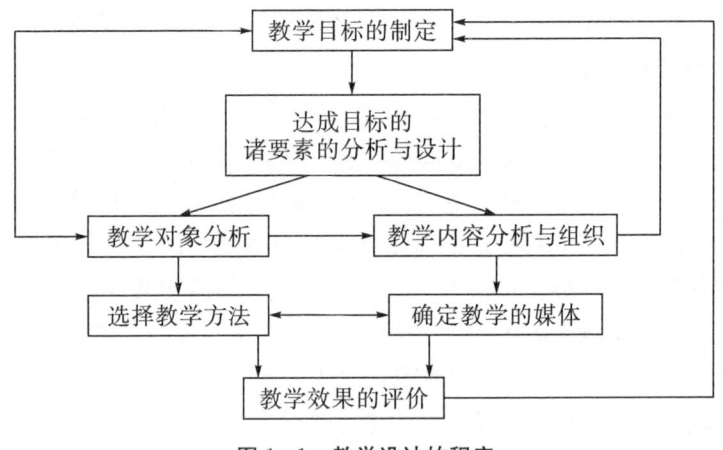

图 1-1　**教学设计的程序**

1. 教学目标的制定

教学目标是教学活动的出发点与归宿，对教学活动具有导向、激励、评价的功能，合理的教学目标设计是在明确教学目的、分析教学对象、任务与内容的基础上确定教学的预期目标，并尽可能用可观察和可测量的心理与行为变化来描述目标。

2. 教学对象分析

教学对象是教学活动的主体。教学活动的成效受主体已有的知识经验、学习动机、学习态度与学习方式等因素的影响。对象分析既要明确教学对象的起点状态，也要预期对象的发展水平。只有确定了起点状态与预期目标之间的距离，才能确定教学内容与方法，对教学评价的选择与运用提供依据。

3. 教学内容分析

教学内容是达成教学目标的重要依据，教学对象起点状态与预期目标之间的距离，表现为学习者通过学习应掌握的知识技能或应形成的态度与行为习惯等。教学内容则是知识与能力的载体、情感熏陶与习惯养成的桥梁。选择并合理组织适宜的教学内容是达成教学目标的关键所在。

4. 教学方法的选择和运用

教学过程是教学信息在主体之间传递与重组的过程，教学方法的选择与运用不仅影响信息传播的速度，也制约着信息传播的质量。根据教学目标与内容、教学对象的实际，设计教学方法能使教学收到事半功倍的效果。

5. 教学媒体的选择与运用

教学媒体是教学内容的载体，是教学内容的表现形式，是师生之间传递信息的工具，如实物、口头语言、图表、图像以及动画等。教学媒体往往要通过一定的物质手段而实现，如书本、板书、投影仪、录像以及计算机等。教学媒体分成以下几种：①听觉类教学媒体。②视觉类教学媒体。③视听教学媒体。④交互式教学媒体等。教学媒体的正确选择和使用可以大大提高教学效率。因为教学媒体在教学中具有固定性和可重复性、扩散性、通用性和能动性以及直观性和趣味性等特性和功能，所以，根据教学的需要，对各种媒体进行适当的选择、组合是教学设计的重要任务之一。

6. 教学评价设计

教学评价是教学系统的重要组成部分，它不仅是检测教学目标是否达到的手段，更是达成教学目标必不可少的重要步骤之一。教学评价不仅是对教学结果本身所作的价值判断，谁来评、评什么、怎么评等问题对教学效果也会产生直接的影响。教学评价设计就是对确定评价主体、选择评价内容、选择评价方法的设计。

一般说来，教学始于目标确立，终于结果评价，因此，教学设计的程序也遵循教学过程变化发展的规律，始于目标确立，终于结果评价。但教学活动又是师生之间循环往复进行、螺旋式上升的活动，因此教学设计又可以是始于任一环节、终于任一环节的活动。比如，对目前教学活动结果的评价可能作为下一步教学目标确立或教学内容选择等方面的依据。

（二）教学设计的方法

教学设计方法是完成教学设计的具体措施与办法。

1. 按设计主体的构成可分为自主设计法、合作设计法

自主设计是教学设计的主体独立进行的设计活动，自主设计受个体经验的制约，教师有良好的理论素养、丰富的实践经验，常常能收到理想的设计效果与教学效果。反之，如果教师理论基础薄弱，实践经验贫乏，自主设计只能是闭门造车，很难取得理想的设计效果。

合作设计指两个以上的设计主体通过相互讨论、协商，或以一个人为主体

通过征求他人的意见或建议而进行的教学设计，可以是教师之间的合作，也可以是师生之间的合作。一方面，这种方法集中了多个设计主体的智慧，有利于从不同的视觉观察、思考教学问题，集思广益，取长补短，取得良好的设计效果；另一方面，合作设计通过设计主体之间相互交流，相互学习，有利于促进教师专业发展。

2. 按教学设计的思维方式分为分析设计法与综合设计法

分析与综合是逻辑思维的基本方法。分析方法是将事物整体分为各个部分加以思考的方法。教学是由主体、目标、内容、方法、手段、过程、评价等构成的整体。教学设计从学习需求分析开始，提出问题、分析问题，明确目标，优选方案，无论哪一步都离不开科学的系统分析。综合方法是把研究对象的各个组成部分联系起来加以研究，从整体上把握事物的本质和规律的思维方法。对教学设计的整体构思，离不开对构成教学的各要素之间的联系综合思考，分析是综合的基础，没有综合就不能统观全局。

3. 按设计创新成分可分为模式套用设计法、经验借鉴设计法、自主创新设计法

模式套用设计法，根据现成的教学模式机械地套用教学设计，即按照已有的教学模式设计教学。其特点是形成定势，信手拈来，使用方便，效果明显。模式套用法，离不开成熟的教学设计模式，模式的建立往往是通过教学专家根据教学原理设计或经验丰富的教师根据长期的教学实践经验建构而成，它是教学实践经验的概括与总结，也是教育教学规律在实践中运用的体现，如范例教学模式、六课型单元教学模式等。但套用现有的教学模式也有弊端，因为任何一种教学模式都不能概括千变万化、丰富多彩的教学实践活动。运用已有的教学模式，若不能根据教学情境的变化灵活运用，必然使教学变得僵化。

经验借鉴法，指教学设计能借鉴参考他人的教学设计经验，取人之长，弥补自身在教学设计上的不足。他山之石，可以攻玉。每个人在教学设计中都会积累一定的经验，有人长于理论分析，有人长于方法设计，有人擅长教学环节设计，有人擅长综合设计。借鉴他人经验，一方面要善于观察、分析他人的教学设计与教学实践，做一个清醒的旁观者；另一方面还要善于主动请教，通过向教学设计的专家、一线的优秀教师学习，更新教学设计的理念，提升教学设计的能力。

自主创新设计法，指教学设计主要根据自己对教学的理解创造性地设计教

学全过程。在目标、内容、方法、形式、评价等方面有较大的创新。创新是教学的一个基本特征，也是教学设计的特征。教学设计创新是由教学过程的情境性与教学的生成性所决定的。教学总是在一定的情境中进行，时间、地点、主体、内容、目标、方法、过程、结果等构成了教学的具体情境。教学的构成要素及其相互关系总是处在不停地运动变化发展的过程中，即使同一个教师教同一个学生，时间不同、内容不同、情境不同，所用的教学方式也应因时而变。教学也是一个不断生成的过程，随着教学活动的不断进行，师生的活动不仅会生成一定的教学成果，也会生成新的教学情境，新的教学问题，这都需要教学设计创新。

4. 根据设计的时间可分为预设成型法、过程生成法与反思修订法

预设成型法，指教学设计在教学活动实施以前进行，整个教学过程，从目标确立、内容选择，到方法运用，结果评价等都是以预设的形式出现。预设的教学设计往往根据过去成功的经验来设计将来的教学，教学在假设的状态下进行。但预设不是盲目的猜测，而是基于对课程标准的解读、教材内容的分析、学生现状的了解与其他教学条件的认知。只有在对教学的背景与前景进行深入分析的基础上预设的教学才更有针对性与指导性。

过程生成法，指伴随教学活动的实施而进行的教学设计。一般情况下，教学实施与预设的教学设计并不完全同步，教学过程的特征表明，教学具有生成性，在教学实施过程中，教学双方由于经验、态度的差异，必然表现出对教学目标、内容等解读的差异，生成不同的教学成果。因此教学设计必须伴随教学实施全过程，根据教学情境的变化及教学需求的变化灵活机动地设计教学，及时修改预设的、不适应教学变化需要的教学设计，并根据教学实施过程的需要设计教学。

反思修订法，指教学实施完成以后，对预设或生成的教学设计进行反思，通过教学实施与教学设计的对照，总结教学设计成功的经验，反思教学设计中存在的问题，提出修改意见，重新设计教学。这种教学设计方法有利于积累成功的经验，不断提升教学设计的能力。

◇ 教学设计与案例分析

【案例】

心田上的百合花开

绵阳外国语学校　熊　伟

【教学目标】

1. 有感情地朗读课文。
2. 理解含义深刻的句子，学习抓关键词句理解课文的方法。
3. 学习"反衬""托物言志"的写作手法。
4. 感悟百合认清自我，执着追求，宠辱不惊的美好品质。

【教学重点】

感受百合花的坚定信念和执着追求，让百合花在学生心中绽放。

【教学难点】

领悟"反衬""托物言志"的写作手法。

【教学时间】一课时（第二课时）。

【教学准备】多媒体课件。

【教学过程】

一、回顾内容，质疑导入

1. 揭题。

师：同学们，今天我们继续学习由台湾著名作家林清玄写的一篇散文，请大家齐读课题。

2. 通过上节课的学习，我们知道了这篇课文讲的是（手指课题）——生：百合花开。

3. 这节课我们再看课题，你有什么疑问吗？

生1：为什么是心田上的百合花开？

生1：百合花开在了谁的心田上？

生1：百合花开（意味）象征了什么？

生1：心田上的百合花开告诉了我们什么？

生1：百合花开……

师：问得好！我相信通过这节课的学习，这些问题就能迎刃而解。同学们，再读课题。

二、直入花开，初识花美

1. 师：同学们，文中哪一个自然段直接描写这株百合开花了？

生：第五自然段。

2. CAI 出示第 5 自然段。

3. 请大家自由读第 5 自然段，边读边想：你从哪些句子中读懂了什么？

4. 反馈。

师：谁来说说你从哪些句子中读懂了什么？

生汇报。

生1：读了第 5 自然段，我知道了百合经过不懈的努力，终于开花了，（或：百合经历了千辛万苦才开出了美丽的花）

师：第 5 自然段中的哪些词句可以体现出百合开花很努力（不容易或历经了千辛万苦）？

生2：我从"在野草和蜂蝶的鄙夷下，百合不懈地努力。有一天，她终于开花了！"中感受到了百合开花很努力，很辛苦。

生3：我从"不懈地努力"体会到了百合开花的不容易。

生4：我从"终于"体会到了百合开花的不容易。

师：除了不容易，你还读懂了什么？

生5：我感受到了百合花开得很美丽。

师：从哪些句子中感受到的？

生5找读，投影展示："有一天，她终于开花了。她那灵性的白和秀挺的风姿，成为断崖上最美丽的一景。"

师：这句话中的哪些词语让你感受到百合花开得很美？

生5：灵性的白和秀挺的风姿。

师："灵性的白"是一种怎样的白？你能展开想象，用一些词语来形容吗？

生5：无暇的白。

师：多么纯洁呀！还有吗？

生5：典雅、纯洁、高雅、灵气、超凡脱俗、栩栩如生、富有生命力的白。

师："秀挺的风姿"是怎样的姿态？

生5：秀丽、挺拔、秀美、傲然挺立、亭亭玉立的样子，英姿飒爽的风姿。

师：这样的白，这样的风姿，谁来美美地读一读。

生6：读第 5 自然段。

◇ 教学设计与案例分析

师：她读得美吗？我们一起来读一读。

5. 过渡：同学们，刚才你们读懂了百合花开得很美，也开得很不容易。（是啊，这株百合开得多不容易啊！）正如冰心奶奶的一首小诗，(CAI)：怒放的花，人们只惊美于她现时的明艳！然而当初她的芽儿，浸透了奋斗的泪泉，洒遍了牺牲的血雨。那这株百合花开又经历了怎样的艰辛与不易呢？

三、回顾历程，感悟花品

（一）与自然环境抗争

1. CAI 出示自主学习提示。

师：请大家默读课文 1—4 自然段，用"——"勾画出让你感动的地方，并在旁边简要写出自己的感受。

2. 生汇报。

师：同学们，现在我们把刚才的自学情况汇报一下。汇报时请你先告诉大家感动的地方在哪一个自然段，然后读出相关的语句，再谈谈你读后的感受。

（请先提醒大家在哪一个自然段？）

生：请大家看到第 1 自然段。"……"我认为百合的生长环境很恶劣但她却能长出来，我感受到她的生命力十分顽强。（在这么恶劣的环境中，心中却有一个念头，多不容易啊！）

师：你从哪些词语感受到了她环境的恶劣？

生：我从"偏僻遥远""高达数千尺的断崖"中体会出来的。

师：孩子，你能把这种恶劣的感觉读出来吗？

生读。

师：不够偏僻、不够高，再读一遍。

生读。

是啊，在这么恶劣的环境中却能长出来，的确让人感动啊！

（同学们，百合刚刚长出来的时候，还有哪些地方让你感动？）

生：请大家看到第 2 自然段。"……"（念头）我从这句话中感受到了百合心中有着（纯洁的念头）坚定的信念，明确的目标。

师：这个自然段中，还有哪些地方让你感动？有补充的吗？

生："有了这个念头，百合努力吸收水分和阳光，深深地扎根在断崖上。"我体会到百合为了证明自己付出的努力。

师：你们品读得很好！那百合心中这个念头（坚定的信念）和做法是

24

在什么情况下产生的？

生：百合刚刚长出来的时候，和杂草一模一样。

师：百合跟杂草一模一样的是什么？

生：他们的外形一样，环境一样。

师：可百合却认为她不一样（课件出示），她一直是这样想的，同学们读——

师："是""不是"是一组关联词，在这句话里，百合在强调什么？

生：她要强调自己是一株百合，不是野草。

师：她坚定的信念是什么？

生：我是一株百合，不是一株野草。

师：是什么，不是什么，百合清醒地认识了自己。

男生读——

男生读："我是一株百合，不是一株野草。我一定要开出美丽的花，让人们知道我是百合。"

在茫茫人海中，很多人都会迷失自我，而百合却能如此清醒，多么可贵呀！

同学们读——

齐读："我是一株百合，不是一株野草。我一定要开出美丽的花，让人们知道我是百合。"

师：同学们，我们刚才就是抓住关联词语体会到百合对自己清醒的认识。看来，抓关联词语是品味语言的好方法。

师：除了第2自然段，还有哪些地方让你感动？

生：请大家看到第四自然段，在杂草、蜂蝶、鸟雀的鄙夷下，百合仍然说："……"我从中感受到了百合不畏嘲笑、永不放弃……

师：老师也很感动，还有谁也找到了这一处？说说你的感受。

师：理解得很好。那我们先来看杂草是怎么嘲笑百合的？

生（读第3自然段）：他们嘲笑百合："……"他们对百合说："……"

师：先看第一句，谁来读一读，你从中读懂了什么？

生：我读懂了杂草在嘲笑（讽刺、嫉妒）百合。

师：你从这句话中的哪些词语体会出来的？

生："明明"和"偏偏"。

师：你能抓住这两个带有明显感情色彩的词语读出她的讽刺来吗？

生读。

◇ 教学设计与案例分析

师：除了嘲讽，你还读懂了什么？

师：来，同学们，我来当百合，你们当杂草，看看你们从对读中还能体会出杂草对百合的什么态度？"我是一株百合，不是一株野草。"（生读）

我就是一株百合，我已经结出第一个花苞了。（生读）

师：从对读中，你还能体会出杂草对百合的什么态度？

生：我体会到杂草不承认（不相信、嫉妒）百合是株花。

师：谁能抓住这两个字读出杂草的不相信、嫉妒。（生读）

师：你们看（CAI），其实原文是这样写的，谁来读一读？

生读："这家伙明明是一株草，偏偏说自己是一株花，还真以为自己是一株花，我看它顶上结的不是花苞，而是头脑长瘤了。"

师：木秀于林，风必摧之。从这句话中你看出杂草在干什么？

生：杂草说百合顶上结的不是花苞，骂她头脑长瘤了。

师：是一般的责骂吗？脑袋长瘤了！

生：是恶毒的诅咒。

师：带着这种感受读这句话。（抹红"这家伙"）（生读）

同学们，我们刚刚就是通过关注"明明""偏偏""这家伙"这些带有浓烈感情色彩的词语读懂了杂草对百合尖酸刻薄的嘲讽。看来关注有浓烈感情色彩的词语是品味语言的好办法。

当杂草不得不承认百合是花的时候，又是这么说的，（CAI出示杂草嘲讽的语句）请一二组的同学读读这句话。

一二组读："别做梦了，你就是真的会开花，在这荒郊野外，你还不是跟我们一样！"

师：不仅是身边的杂草嘲笑、嫉妒、诅咒她，而且连偶尔飞过的蜂蝶、鸟雀也来鄙夷她，三四组的同学读读这句话。

三四组读："偶尔飞过的蜂蝶、鸟雀，也劝百合不用那么努力，在这断崖边上，纵然开出世界上最美的花，也不会有人来欣赏啊！"

师：你认为他们的话有道理吗？认为有道理的举手，抽学生来交流。

生：我认为他们说的有道理。因为那么偏僻的地方，开了也没人看。

师：看来他们认为开花的目的是——

生：给别人看的。

3. 感悟百合的执着与坚定。

师：当大家都这么认为的时候，可令人感动的是百合却是这样说的，谁来读读——

（1）CAI出示，学生读：我要开花，是因为知道自己有美丽的花；我要开花，是为了完成一株花的庄严使命。不管有没有人欣赏，不管你们怎么看我，我都要开花！

（2）理解百合说的话的含义。

师：孩子们，一株花的"庄严使命"是什么意思？

生：就是开出美丽的花

师：一个医生的使命是救死扶伤，一个军人的使命是保家卫国，那作为一株花的庄严使命就是（开出美丽的花）。

（3）师：这短短的两句话中，"我要开花"出现了几次？

生：三次。

师：这反复出现的"我要开花"绝不是简单的重复。这三次"我要开花"中，哪一处令你感动？为什么？

生1：我从第一处体会到了她非常相信自己！信念非常坚定！（对，她刚刚长出来的时候就认清了自我，说："……"）（自信就是一种力量）

生1：我从第二处感受到了她很有责任感、使命感。（是啊，目标多明确啊！她说："……"）（这种使命感使得她更加地坚定而执着）

生1：我从第三处感受到了她意志坚定，毫不动摇，锲而不舍。（不错，坚定的意志就是百合努力的动力）

生1：我觉得她有顽强的生命力，绝不轻言放弃，很执着。（好，成功就在于坚持。或"绳锯木断，水滴石穿"）

生1：我感受到了她的坚定不移、不屈不挠。不管是恶劣的环境，还是周围的攻击都不能让她屈服。她的目标很明确，就是"我要开花。"（有理想，就有了奋斗的方向）

师：是坚定不移也好，是锲而不舍也好，其实都是"我要开花"的执着追求。多么令人感动啊！让我们一起读读这三次反复出现的词句，感受一下。

生：我要开花——我要开花——我都要开花！

师：在恶劣的环境下，百合的目标多么明确呀！（手势提醒，生读句子）

师：在猛烈的嘲讽质疑声中，百合始终如一，多么执着呀！（手势提醒，生读句子）

女生读：我要开花，是因为知道自己有美丽的花。

男生读：我要开花，是为了完成一株花的庄严使命。

男女合：不管有没有人欣赏，不管你们怎么看我，我都要开花！

（4）师：我们刚才就是通过抓住三次反复出现的词句感受到了百合内心强大的力量。

4. 师：学到这里，我们通过（PPT 出示）抓住（关联词语），关注（有浓烈感情色彩的词语），注意（反复出现的词句），品味语言涵义，走进百合内心，感受到了百合在困难中的坚定信念和执着追求。

四、花开有情，默默奉献

1. 师：有志者事竟成！让我们再次回到百合花开的场景，感受她蓄积、饱满、爆破、怒放的动人时刻！

CAI 出示第 5 自然段，生齐读。（配乐）

2. 师：（抹红描写百合花开之美的句子）此时，透过她明艳的外表，你还看到了什么？

生：我还看到了百合为之付出的努力和执着的追求。

师：带着对百合花精神的感受来欣赏她的美，同学们读。

3. 这时候，野草与蜂蝶再也不敢嘲笑她了，为什么呢？

生：因为她开出了美丽的花，证明了自己是百合，不是草。

师：行动就是对嘲讽的最好反击。是不敢，也是敬畏。他们敬畏百合的什么？

生谈，师小结：百合花的精神开进了野草与蜂蝶的心田。

4. 了解"衬托"的写法。在这篇文章中，明明是写百合花开，为什么还要花那么多笔墨写杂草、蜂蝶和鸟雀呢？

生：反衬（衬托）（侧面描写）。

师：对，作者就是用衬托的写法来强调了百合的坚定……

5. 就是这样一株了不起的百合创造了另一个更大的奇迹。你看，一朵百合开了，一朵一朵的百合开了，漫山遍野的百合都开了……让我们一起来聆听满山百合开花的声音吧。

（1）课件出示第 6 自然段，抽生读。（图片＋语言）

（2）看到这壮美的一景，百合特别高兴而流下了"欢喜的泪滴"，（抹红），"欢喜的泪滴"用一个四字词语表示是？

生：喜极而泣。

（3）师：喜极而泣啊！猜猜她此时的心里可能在想什么呢？

生1：我觉得她在想我现在终于开花了。

师：如愿以偿的欢喜。

生1：别人再也不敢嘲笑我了。

师：赢得尊严后的欢喜。

生1：我认为她在想自己终于完成了一株花的庄严使命。

师：多么骄傲啊！

生1：她想要是当初他们没有嘲笑我，也许我的意志就不会那么坚定，也不会开出那么美丽的花，更不会繁衍出整个百合谷。

师：所以说苦难是人生最好的大学。

生1：她肯定想如果当初不努力，不坚持，就没有今天的百合谷。

师：说得对，坚持和努力才能证明自己的价值。

6. 师：她怎能不欢喜呢！正是因为她的坚定与执着，曾经无人问津的百合谷今天是另一番景象——

抽生读第7自然段。

师：那么多人来欣赏百合，看来百合开进了人们的心田！

7. 但是不管别人怎么欣赏，满山的百合花都谨记第一株百合的话，谁来读？

（1）抽生读：要全心全意默默地开花，以花来证明自己的存在。

（2）师：很多人在功成名就之后都容易迷失自我，但百合仍要"全心全意默默地开花"，你从中体会到了什么？（抹红"全心全意默默地开花"）

生1：不管别人怎么嘲笑我、赞美我，我都要开花，以花来证明自己的存在。

生1：我从"默默地"中体会到百合虽然成功了，仍然不张扬，还是保持一颗平常心。还是默默地奉献自己的美丽。

（3）师：好一颗平常心，好一个默默奉献、不事张扬、宠辱不惊的博大胸襟！让我们一起宣读满山百合的铮铮誓言吧——

生齐读：要全心全意默默地开花，以花来证明自己的存在。

五、花开心田，芳香永存

1. 师：同学们，其实，这花，早就开在林清玄的心田上。

CAI：林清玄出身于农村，家境贫寒，从事写作三十多年，已经出版了120本文集。林清玄的一生遇到了很多挫折，对于那些恶意攻击他的人，林清玄总是淡然一笑，他是这样说的。（CAI出示林清玄说的一段话）谁来读读？

生读。

师：学到这儿，我想你们一定知道了林清玄写这篇文章不仅在写百

29

合，而且还是在写他自己。

林清玄就是借百合表达自己的志向，这就叫"托物言志"。（板书）

2. 师：学习了这篇课文，你从百合身上汲取到了什么营养？把你的感受用一句话表达出来，写在插图旁边。（可以抽刚才谈到嘲讽经历的同学）

（1）生交流，师简单评议。

（2）师：看来百合的精神已经感染了你们并在你们的心中悄然绽放，这就叫——手指板书，生齐读课题：心田上的百合花开。

3. 总结。

师：其实我们每个人都是一株百合，只要你相信自己，信念坚定，不懈地努力，就能让这百合的精神之花绽放在每一个人的心里。孩子们大声读出来。（学生齐读课题）

【教学反思】

根据上次课堂教学实践后大家的建议，本次课堂教学设计我作了一定的修改，主要体现在教学目标的修改、学生自主活动环节的设计、学生品味文本语言方法渗透等几个方面。

本次课堂教学，我认为较为成功之处体现在继承上次课堂教学成功经验的基础上，作了以下几个突破：

1. 课堂之初，让生质疑，以疑激趣，带动学生学习。

古人说得好："为学患无疑，疑则进也。""学起于思，思源于疑。"可见，在读书学习中勇于质疑，至关重要。如果不善于疑，学生就不会有真正的学习兴趣和动力，学习也只是被动的机械式学习，缺乏创新精神。新的课程理念要求以人为本发挥学生的积极主导作用，而要调动学生的积极主动性，就必须激发学生的学习兴趣，要激发兴趣，就必须培养学生的质疑能力。本次教学，我引导学生围绕课题质疑：【这节课我们再看课题，你有什么疑问吗？生1：为什么是心田上的百合花开？生1：百合花开在了谁的心田上？生1：百合花开（意味）象征了什么？生1：心田上的百合花开告诉了我们什么？……师：问得好！（板书？）我相信通过这节课的学习，这些问题就能迎刃而解。】这样，通过质疑，让学生带着自己想知道的疑问去学习，学生积极性、主动性就大大增加。

2. 教学之中，进一步强化了学生的主体地位，关注学生自主学习。

本次教学，我给了学生自主学习的时间和空间，以学生自主学习后来交流的方式展开多个环节的教学。如："直入花开，初识花美"环节，我让学生自由读第 5 自然段，边读边想：你从哪些句子中读懂了什么？然后进行交流；"回顾历程，感悟花品"环节，我用 CAI 出示自主学习提示，让学生默读课文 1—4 自然段，用"——"勾画出让你感动的地方，并在旁边简要写出自己的感受，然后开展汇报活动，在汇报过程中，教师适时引导学生深入理解相关内容。这样，学生有了自主学习的机会，他们在静思默想中主动去思考，于是学生也就有了个性化的见解。

3. 品味文本语言过程中，适时教给学生品味语言的方法。

叶圣陶先生说过"教是为了不教"，这其实是告诉我们教给学生方法的重要性。教给学生学习的方法，是形成学习能力的关键。本次教学实践中，我引导学生品味文本语言的过程中，抓住恰当的时机，教给了学生一些品味语言的方法。

众所周知，品味文本语言的方法很多，比如联系上下文、联系生活实际、抓关键词句等。本次教学，我在"抓关键词句"品味文本语言方面教给了学生几个基本的方法：如在品味百合有着坚定的信念一句"我是一株百合，不是一株野草。我一定要开出美丽的花，让人们知道我是百合"时，我引导学生关注"是什么，不是什么"这一组关联词，让学生明白抓住这一组关联词就能很好体会到百合对自己清醒的认识，同时我告诉学生抓关联词语是品味语言的一种好方法；又如在引导学生品读"杂草、蜂蝶、鸟雀的流言蜚语"时，我提醒学生关注"明明""偏偏""这家伙"这些带有浓烈感情色彩的词，让他们读懂了杂草对百合尖酸刻薄的嘲讽，同时告诉学生"关注有浓烈感情色彩的词语"是品味语言的又一好办法；再如在引导学生品读百合在听到"杂草、蜂蝶、鸟雀的流言蜚语"时所说的话时，我引导学生关注反复出现的词句：【这短短的两句话中，"我要开花"出现了几次？生：三次。师：这反复出现的"我要开花"绝不是简单的重复。这三次"我要开花"中，哪一处令你感动？为什么？】通过抓住三次反复出现的"我要开花"感受到了百合内心强大的力量，以及她的执着与坚定。同时我告诉学生，品味语言过程中，抓住反复出现的词句，也是一种好方法。这样，我让学生掌握一些品味语言的方法，逐步提高他们品味文本语言的能力。

教学是一门遗憾的艺术，只有不断反思，才能有所进步，才能提升自己的专业成长。"路漫漫其修远兮"，在今后的不断求索中，我力求少一些遗憾，多一些欣喜。

◇ 教学设计与案例分析

【专家点评】

一、本堂课的可取之处

1. 课时目标的制定简洁、精准，符合新课程理念三维目标的整合。

2. 教师基本功扎实，教学指导灵活高效，凸显课堂教学机智。

（1）教师教材解读到位，让教学游刃有余。教学设计重点突出，符合六年级年级段特点。

（2）教师关注了"读"的教学，课堂呈现出多种形式的读，让课堂书声琅琅，让语文回归了本真。教师扎实的朗读能力、有效的朗读指导与评价，在教学中起到了重要的作用。教师引导学生从读到悟，由悟到读，在读中体悟，在读中升华，效果明显。

（3）教师引导学生品味语言，课堂充满了浓浓的语文味。尤其是抓住关联词语、关注有浓烈感情色彩的词语、注意反复出现的词句，品味语言涵义的方法渗透，让学生在得意中又得法。

（4）教师以疑导学，能有效激发学生学习的兴趣及主动性。

3. 立足文本，与作者对话，让学生得形、得言，更得意。在教学活动中，一方面，让学生研读文本，通过品赏词句、感情朗读来感受百合的形象，品味作者富有哲理美的语言，走进百合花的心田，这样既得形，又得言，更得意；另一方面，又不只是孤立地研究教材，而是追溯其源。在"感悟花魂"的环节中让学生理解"为什么是心田上的百合花开"时，投影出示林清玄的自身经历，让学生了解林清玄是靠着自己的执着从一名年轻的记者成功转型为个性鲜明的作家的，从而明白那朵洁白的百合花早已开放在了作者林清玄的心田上。通过渗透榜样的力量促进学生崇高思想的培养，使学生得到品质的升华。

总之，教师能尊重文本，用心解读；能尊重课堂，精心设计；能尊重学生，微笑注视，耐心期待，亲切对话。这样的尊重，从心灵出发，教师的步子更加坚实；这样的尊重，从课堂出发，带给我们深深思考。

二、本堂课还需改进之处

1. 本堂课以"直入花开感知花美—回顾历程体悟花品—漫山花开感悟花魂"的程序展开，看似步步推进，层层深入，其实一开始百合精神就提出来了，后面仅仅是验证而已、加深理解而已。所以，学生对百合形象的感知、对百合花品的感悟，由浅入深、循序渐进的过程体现不够。

建议：不采用变序方式进入文本学习，直接从文本行文顺序学起。开始只需读出自然形象即可（得形），不提前提出百合之品质：第一自然段只需读出环境的恶劣、百合的渺小；第二自然段只需读出百合心中念头的纯洁和对自我清醒的认识。这样只先得形而不忙得意。接下来，三、四自然段中在与"杂草、蜂蝶、鸟雀的流言蜚语"交锋时才慢慢感悟百合的执着与顽强的花品，最后在成就百合谷的奇迹中升华花魂。这样，层次才更清楚，才更符合学生认知的特点。

2. 本堂课学生自主学习有一定的体现，但老师牵引的痕迹依旧十分明显。也就是说，学生的主体地位依然体现不够，也就导致学生在学习中的思辨不够。

建议：增加思辨的内容。思辨点一：感悟花品时，针对"杂草、蜂蝶、鸟雀的流言蜚语"的那些说法，你认为有没有道理？为什么？【在思辨中加深感悟百合的坚定信念和执着追求。】

思辨点二：四人学习小组合作探究，联系全文，思考：回顾百合开花的历程，你认为小小的百合能成就美丽的百合谷，关键靠的是什么？并结合课文说说理由。【在思辨讨论中升华百合的精神。】

（绵阳市教科所教研员、特级教师　叶正国）

评析：

这是一堂四川省教学名师培训学员的上课实录。从教学设计方法的角度看，这堂课运用了多种教学设计的方法。设计主体既体现了自主设计，也体现了合作设计。最初的教学设计以自主设计为主，执教者在多年教学实践经验的基础上，根据自身对文本及学生的理解作了第一轮教学设计。第一次教学实施以后，本校同学、教师对教学设计与课堂教学提出了一系列的意见与建议。这一次课堂实录是在有相关教育学科专家参与的情况下所进行的现场教学。课后学科指导专家也对教学设计提出了自己的见解，指出了本课设计的优点，提出了课堂教学的不足，还提出了改进的意见与建议，高屋建瓴，切中要害。可见教学设计参与的主体还是比较广泛的，并且不同层次、不同类型的设计主体对于同构一堂课，能够提供不同的视觉，（这就是我们常说的"同课异构"）。不足的是作为学习主体的学生对教学设计的参与不足，学生的学习行为完全是在教师的设计范围内运行，自主学习环节薄弱，对教师的教学没有实质性影响。

从设计思维方式看，既有分析设计也有综合设计。分析设计主体体现在教学目标分解上，总体目标在课堂教学目标确定时已经明确，目标分解主要体现在教学过程设计之中，无论知识的获得，还是能力的培养、情感的熏陶，目标分解都体现在对教学过程各环节的设计之中。最终目标的达成又运用到综合设计的方法，课堂在逐段深入、层层推进之后，最终使百合花开在了心田，达到托物言志，陶冶情操的目的。

从设计的时间看，本课的设计注重预设性设计与反思性设计，缺乏生成性设计。预设性设计重课前准备，这是一堂有备而来的课，教师在课前已作了精心准备，预设了课堂教学的各个环节。课后反思，深入浅出，既有理性思考，也有案例引证，既看到自己的教学优势，也认识到教学设计的不足，这样的反思性设计必有助于改进教学，更有利于促进教师反思性成长。生成性设计是一个薄弱环节，由于执教者过于注重预设，且教学过程过于依赖预设，课堂创生的成分较少，因而生成性设计也就难觅踪影。设计时间还表现为长时间对一堂课进行多次设计。本堂课至少进行了三次设计：自主独立的设计、同伴互助的设计、专家指导的设计，一堂好课离不开多次反复的精心设计，每一次设计过程都是教学相关主体不断探索、总结、交流、反思，促进教师与学生共同成长的过程。

思考题

1. 什么是教学设计？
2. 教学设计的研究对象是什么？
3. 教学设计意义何在？结合实际谈谈你对教学设计价值的理解。
4. 教学设计应遵循哪些基本原则，如何在教学设计中遵循创新性原则？
5. 教学设计关注哪些基本问题？遵循什么样的设计程序？
6. 常用的教学设计方法有哪些？谈谈你对合作设计法的理解？

第二章 教学设计的依据

俗话说，教学是一门科学，更是一门艺术。因此，成功的教学不是教学要素的随意拼凑，必须遵循教育教学规律，根据教学对象和教学目标的要求，确定合适的教学起点与终点，将教学诸要素有序、优化地安排，以实现教学过程与教学效果的最优化。教学设计也不是设计者随意杜撰教学的过程，必然有一定理论与现实依据。

一、教学设计的理论依据

梅瑞尔认为"教学是一门科学，而教学设计是建立在这一科学基础上的技术，因而教学设计也可以被认为是科学型的技术"[①]。教学设计是一个复杂的系统工程，既要遵循教育教学的发展规律，也要掌握学习者的认知发展规律，同时教学过程是一个信息在系统中传播的过程，以科学的理论为基础，以科学的方法为手段是教学设计成功的关键。

（一）传播理论

传播是人类社会普遍存在的信息交流的社会现象。传播学是一门研究人类传播行为的科学，是随着广播、电视、报刊等传播媒体的发展，逐步从社会学、心理学、政治学等学科分离出来的一门学科。从某种意义上来说，教育也是一种传播活动，它是按照确定的教育目标，通过教育媒体，将相应的教育内容传递给特定的教育对象。它与大众传播有许多共同之处，两者关系密切，可以把传播理论的研究成果应用到现代媒体教育中来，提高教育质量和效率。

传播学是研究人类一切传播行为，传递过程及其发生、发展规律的科学。对教学设计影响较大的主要有下列几种传播理论。

---

① 盛群力，李志强. 现代教学设计论 [M]. 杭州：浙江教育出版社，1998.

1. 香农的信息传播理论

香农认为信息传播由信源、发射器、信号、接收器、信宿五个环节和无处不在的噪音组成。香农的传播理论是由香农信息论引申出来的，其模式如图2—1所示。

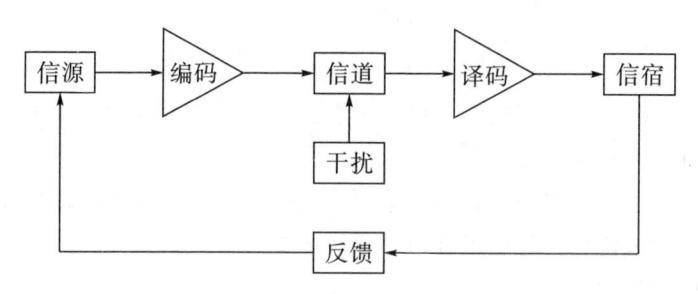

图2—1 香农传播理论的模式

香农认为，传播过程是"信源"，即传者，把要提供的信息经过"信宿"，即受者，接收这些经过"译码"（即解释符号）的信息符号。有效的信息传播需要传者的经验与受者的经验有一部分重叠，否则受者难以理解或正确认识。

香农的传播理论的最大贡献是在传播过程中引入了"反馈原理"。受者在处理收到的信息时会有反应，这种反应通过一定的渠道反馈给传者，传者根据反馈的情况重新设计或修改传播内容，使之更适合受者的需要，提高传播效果。

现代教育技术采用香农的模式，主要在于选择、制作适合表达和传播相应教育信息的现代教育媒体，掌握师生经验的重叠范围，及时分析来自各种渠道的反馈信息，以取得教育的最优化。

2. 拉斯韦尔的"5W"理论

美国政治学家拉斯韦尔在其1948年发表的《传播在社会中的结构与功能》一文中，最早以建立模式的方法对人类社会的传播活动进行了分析，这便是著名的"5W"模式。"5W"模式界定了传播学的研究范围和基本内容，影响极为深远。其理论模型如图2—2所示。

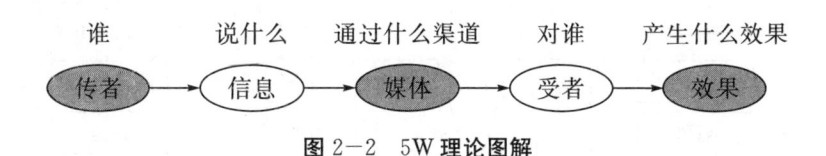

```
    谁        说什么    通过什么渠道   对谁      产生什么效果
  (传者) → (信息) → (媒体) → (受者) → (效果)
```

图 2-2 5W 理论图解

"5W"模式是：谁（Who）→说什么（Says What）→通过什么渠道（In Which Channel）→对谁（To whom）→取得什么效果（With what effects）。

其称谓来自模式中五个要素同样的首字母"W"。这五个要素又构成了后来传播学研究五个基本内容，即控制研究、内容分析、媒介研究、受众研究和效果研究。这五个要素各有其自身的特点：

"谁"就是传播者，在传播过程中担负着信息的收集、加工和传递的任务。传播者既可以是单个的人，也可以是集体或专门的机构。

"说什么"是指传播的信息内容，它是由一组有意义的符号组成的信息组合。符号包括语言符号和非语言符号。

"渠道"是信息传递所必须经过的中介或借助的物质载体。它可以是诸如信件、电话等人际之间的媒介，也可以是报纸、广播、电视等大众传播媒介。

"对谁"，就是受传者或受众。受众是所有受传者如读者、听众、观众等的总称，它是传播的最终对象和目的地。

"效果"，是信息到达受众后在其认知、情感、行为各层面所引起的反应。它是检验传播活动是否成功的重要尺度。

"5W"传播模式，说明了教学过程所设计的要素包括教师或其他信息源、教学内容、教学媒体、教学对象、教学效果、教学目的、教学环境等。指出了教学过程的双向性特点，确定了教学传播过程的基本阶段：确定教学信息、选择教学媒体、媒体传递信息、接受和解释信息、评价和反馈、调整和再传递。揭示了教学传播过程的一般规律：共识率（即为共同经验）、谐振率、选择率、匹配率。

3. 贝罗传播理论

1960 年，贝罗（Berlo. D. K）在拉斯韦尔研究的基础上，提出了 SMCR 的传播过程模式，如图 2-3 所示，进一步揭示出教学信息传播过程的复杂性。

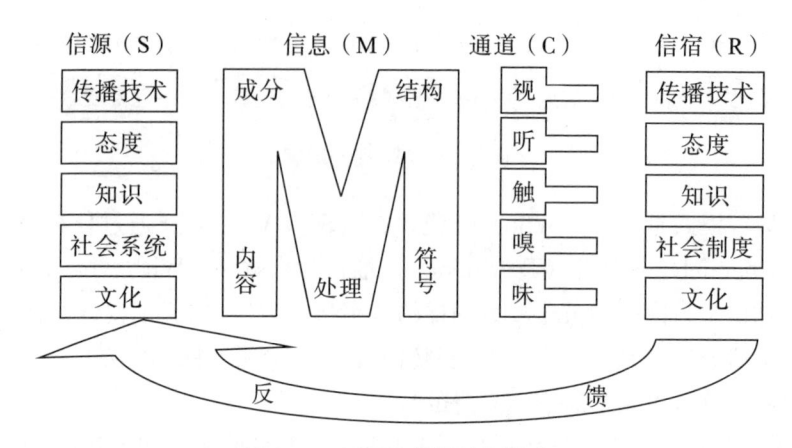

图 2-3　SMCR 传播过程模式

SMCR 传播过程模式更明确和形象地说明传播的最终效果不是由教学传播过程的某一要素决定的，而是由组成信息传播过程的四个要素及其之间的相互关系共同决定的。

从信息源（教师）来看，至少有四个因素影响教学信息传递的效果，它们是：传播技能、态度、知识水平、社会及文化背景。从接收者（学生）来看，学习者先前的知识结构状况，学习的兴趣、动机，智力水平等因素都对信息的传播、接收和理解起决定作用。另外学生的身心状态也对教学传播过程有影响。从信息（教学内容）看，也有诸多因素影响传播效果。如教学内容如何安排才合乎科学体系，同时又适合学生身心发展的特点与认识发展规律。用什么符号来传递信息才能获得最佳效果等都是教学设计不能回避的问题。从信息传播的通道（教学手段和方法）来看，不同媒体的选择及它们与所传递信息的匹配程度，会影响传播效果。

4. 韦斯特莱的传播理论

韦斯特莱传播理论是一种控制论的模式，强调传播行为有目的、有计划地进行。其理论的模式如图 2-4 所示。

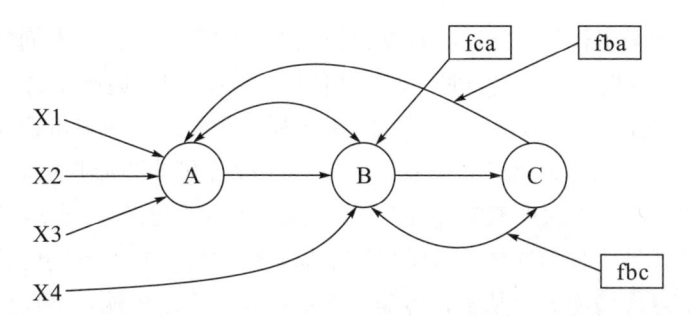

X：周围信息　A：信息来源，即编制者　B：接受者，即受者
C：信息传播线路上的把关人　　　　fba　表示接受者向编制者反馈
fbc　表示接受者向把关人反馈　　　 fca　表示把关人向编制者反馈

图 2-4　韦斯特莱传播理论的模式

韦斯特莱的传播理论的特点是传播的信息必须经过"把关人"的过滤，而且注意到现代教育技术是利用现代教育媒体传播教育信息的，这种教育信息也应由"把关人"选择、过滤。在教育信息的传播过程中，通常 A 为教材的编制者，C 是授课的教师，B 是学习者。在这过程中，教师起了把关人的作用，教师要获得最佳的教学效果，必须听取来自各方面的意见，即必须及时分析各个渠道的反馈信息。教材的编制者也应获取教师和学习者的反馈信息，提高教材的质量，只有从教学的整体观点来考虑，才能使教学过程最优化。

5. 传播理论对教学设计的影响

（1）正确认识教师的作用。每一种传播理论都非常重视信息源的作用，教师作为传播者，其自身的经验、能力、态度及行为方式，对信息的收集、分析与发布起着至关重要的作用。对信息接收者反馈信息的应答，决定了信息在流通过程中的变化趋势。

（2）正确认识学生的作用。学生作为信息的接收者，不是消极被动地对教师传递的信息照单接收，而是要结合原有的经验，根据学习者已有的认知图式，对新信息进行识别、编码、加工、改造，把新信息纳入原有的认知图式或构建新的认知图式。这一过程中，学习者的智力水平、已有经验、学习动机、学习态度、学习方法与学习技能，对信息的传播、接收和理解起决定作用。

（3）合理安排教学内容。教学内容是达成教学目标的重要保证，但内容的多少、组织方式、呈现方式，教学内容与学习者已有经验的适应程度等都会制约信息传播的效果。内容过多或过深，学习者难以消化接收，内容过少或过浅，难以达到教学目标，适应学生最近发展需要。

◇ 教学设计与案例分析

（4）正确采用教学方法。心理学研究表明，学生学习方式不同学习效果存在显著差异。特瑞奇勒研究表明，人们在信息获取中，1%通过味觉，1.5%通过触觉，3.5%通过嗅觉，11%通过听觉，83%通过视觉。人一般可记住自己阅读的10%，自己听到的20%，自己看到的30%。自己看到和听到的50%，交谈时自己所说的70%，这说明教学过程应充分调动学生多种感官参与学习活动。

（5）选择最优教学媒体。教学媒体是信息传递的工具，不同的教学媒体具有不同的信息传输能力，从语言传输、文字传输到网络传输，不仅信息传输量的大小不相同，传输效果也因人而异。

【案例】

特级教师张康桥一次借班上公开课，执教《林冲棒打洪教头》，为消除学生对老师的陌生感，活跃课堂氛围，与学生有一段课前对话：

师：同学们，你们知道我叫什么吗？

生：（齐答）张康桥。（或者）不知道。

师：我不叫不知道，叫张康桥。（众笑）我给你留下了什么印象？能否用一两个词描述一下？

生：阳光帅气。

生：酷。

（众笑）

生：英俊潇洒。

生：和蔼可亲。

师：你们学会了赞美别人，这非常不容易。你们真棒。（略停）你们班上有好汉吗？

生：（指一男生）他是好汉。

师：为什么说他是好汉？

生：他乐于助人，总是喜欢帮助同学。每当同学有困难的时候，他总是挺身而出。

生：（还指这男生）他是好汉。因为他力大无比，每次劳动时他都是最能吃苦的。

师：还真是好汉！

评析：

这一看似简单的对话，包含了信息传播的基本原理。信息来源于张老师对当时环境的认识。张老师既是信息的编制者、加工者，也是信息的传

40

播者，张老师对信息的编制受已有教学经验的影响，把创设良好的教学情境作为课堂教学顺利进行的重要保证。传播的信息经过了精心的筛选与组织。对张老师自身的认识以及对班级"好汉"的认识，拉近了师生间的距离，为后续的教学活动创设了轻松愉快的环境，同时为认识本课主人公——好汉林冲作了铺垫。信息传播的途径选择了课堂最常用的对话方式，操作简便，不影响主体授课。学生作为信息接收者，不是被动接受，而是根据自己对张老师及同班"好汉"的理解作出了各不相同的信息反馈。其间有识别、有比较、有评价、有形象描绘，还有愉快的情绪反映。课前短暂交流的结果达到了愉悦氛围、铺垫教学的目的，可见信息传递的效果是比较理想的。

(二) 系统理论

1. 系统论思想

系统一词，来源于古希腊语，是由部分构成整体的意思。今天人们从各种角度研究系统，对系统下的定义不下几十种。通常把系统定义为由若干要素以一定结构形式联结构成的具有某种功能的有机整体。在这个定义中包括了系统、要素、结构、功能四个概念，表明了要素与要素、要素与系统、系统与环境三方面的关系。

系统思想源远流长，但作为一门科学的系统论，人们公认是美籍奥地利人、理论生物学家L.V.贝塔朗菲（L. Von. Bertalanffy）创立的。他在1932年发表"抗体系统论"，提出了系统论的思想。

系统论的核心思想是系统的整体观念。贝塔朗菲强调，任何系统都是一个有机的整体，它不是各个部分的机械组合或简单相加，系统的整体功能是各要素在孤立状态下所没有的性质。他用亚里士多德的"整体大于部分之和"的名言来说明系统的整体性，反对那种认为要素性能好，整体性能一定好，以局部说明整体的机械论的观点。同时认为，系统中各要素不是孤立地存在着，每个要素在系统中都处于一定的位置上，起着特定的作用。要素之间相互关联，构成了一个不可分割的整体。要素是整体中的要素，如果将要素从系统整体中割离出来，它将失去要素的作用。

2. 系统论遵循的基本原则

(1) 整体性原则。系统是由若干要素组成的具有独立要素所没有的性质和功能的有机整体,表现出整体的性质和功能不等于各个要素性质和功能的简单叠加。

(2) 层次性原则。由于组成系统的各个要素存在各种差异,系统组织在地位和作用、结构和功能上表现出具有质的差异的等级秩序性即层次性。

(3) 开放性原则。系统具有不断与外界环境进行物质、能量、信息交换的性质和功能,开放性是系统演化的前提,也是系统稳定的条件。

(4) 目的性原则。系统在与环境相互作用的过程中,在一定范围内系统的发展和变化几乎不受条件和途径的影响,表现出某种趋向预定状态的特性。

(5) 突变性原则。系统失稳而发生状态变化是一个突变过程,是系统质变的一种基本形式。系统发展过程中存在分叉而且突变方式很多,使系统质变和发展也存在多样性。

(6) 稳定性原则。开放系统能够在一定的范围内进行自我调节,保持和恢复系统原有的有序状态,功能结构,具有一定自我稳定的能力。

(7) 自组织原则。开放系统由于复杂的非线性作用而使涨落得以放大,从而产生更大范围更强烈的长程相关,系统内部各个要素自发地组织起来,系统从无序向有序,从低级有序向高级有序发展。

3. 系统分析方法

系统分析方法就是用系统论的观点作指导,指把要解决的问题作为一个系统,对系统要素进行综合分析,找出解决问题的可行方案的方法。具体步骤包括以下内容。

(1) 限定问题。系统分析的核心内容有两个:一是进行"诊断",即找出问题及其原因;二是"开处方",即提出解决问题的最可行方案。所谓限定问题,就是要明确问题的本质或特性、问题存在的范围和影响程度、问题产生的时间和环境、问题的症状和原因等。

(2) 确定目标。根据对问题的理解确定行为目标。

(3) 调查研究,收集数据。围绕问题进行调查研究和收集数据,一方面,要验证限定问题阶段形成的假设;另一方面,要探讨产生问题的根本原因,为下一步提出解决问题的备选方案做准备。调查研究常用的方式有四种,即阅读文件资料、访谈、观察和调查。收集的数据和信息包括事实(facts)、见解(opinions)和态度(attitudes)。要对数据和信息去伪存真,交叉核实,保证其真实性和准确性。

(4) 提出备选方案。通过深入调查研究,使真正有待解决的问题得以最终确定,使产生问题的主要原因得到明确,在此基础上就可以有针对性地提出解决问题的备选方案。

（5）备选方案评估和筛选。根据一定评价标准，对解决问题的备选方案进行评估，根据评估结果确定最佳方案。

4. 系统理论在教学设计中的运用

教学设计中的系统观主要表现在两个方面：一是把教学看成是由许多因素构成的系统；二是运用系统的方法处理教学问题。

（1）教学系统。教学是由一系列基本要素组成的有机整体，如教育者、学习者、教学媒体、教学信息等。各要素之间相互联系、相互制约，在一定的教学环境中，围绕一定的教学目标，经历一定的教学过程，最终达成一定的教学效果，共同形成完整的教学系统。用系统的观点分析教学，一方面，要看到教学由多种要素构成，任何一个要素缺失，都可能使教学丧失存在的理由；另一方面，构成教学的各要素相互制约、相互影响，促成了教学系统的正常运转，任何一个要素的变化，或任何两个要素关系的变化，都可能导致系统整体发生变化。比如，教育者与学习者之间的关系就是一种相互制约、相互影响的关系。教育者教的依据是学习者的学、教的目的是学、教的过程引导学、教的效果也以学习者的学习效果作为评价的依据。学生的学无不受教的制约，学习目标的确立、学习动机的激发与培养、学习内容的选择、学习方法与手段的运用、学习结果的评价等都受教的主导，当教师在教学过程中表现出绝对的权威性的时候，这种主导便成了主宰，教师给学生创设多大的自主学习空间，学生才能有多大的自主发展余地。教学关系处理不当，教学双方的信息不能得到有效交流，教学工作就难以顺利开展，如图2-5所示。

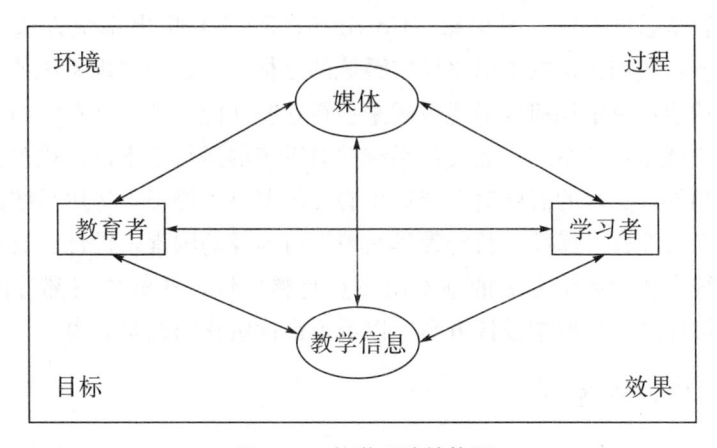

图2-5 教学系统结构图

◇ 教学设计与案例分析

教学系统也有不同的层次，教学作为教育的一种最基本的途径是构成教育系统的一个基本要素，但它独立存在的时候又自成一个完整的系统。教学因存在方式不同又形成各自独立的系统。学科教学、单元教学、课堂教学都可被看成是不同层次的教学系统。不仅如此，构成教学的基本要素，作为教学的子系统而存在，也可以自成系统。如，教师系统、学生系统、教学目标系统、教学方法系统、教学内容系统等。现从系统论的的角度分析一个教师的基本素养。一个教师应具备的基本素养包括：先进的教育理念、高尚的道德风尚、合理的知识结构、完整的能力结构和健全的身心素质。与上一级系统一样，每一级系统内的基本构成要素之间也是相互制约、相互影响的。道德风尚是教师知识获得、能力提升、理念形成的先导，教育理念是教师知识获得与能力形成的基础，健全的身心素质是其他素养形成的重要保障。任何一个要素的缺失都会导致系统的不完善，如图2-6所示。

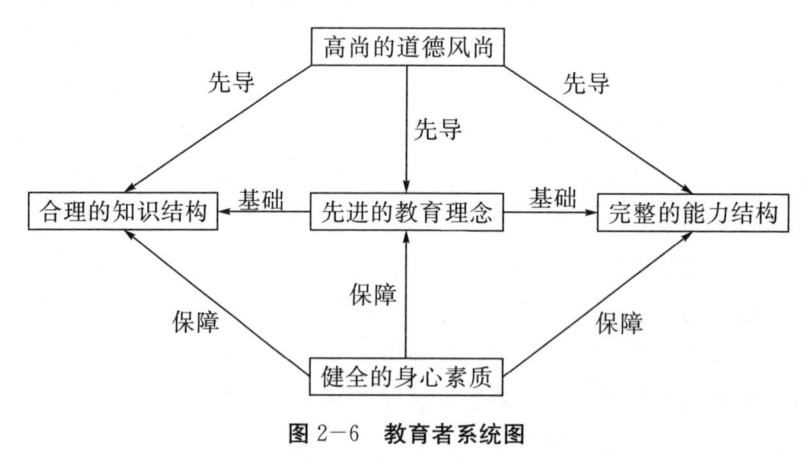

图 2-6　教育者系统图

（2）教学系统方法。科里根（Corrigan, R. E）指出系统方法在教育中的运用步骤：使用精确的术语来确定系统的目标；鉴别为实现系统的目标而必须执行的功能；决定如何以最优方式来执行这些功能；把各类资源组织成一个有机的、协调运行的系统；运转该系统并对系统的运行效率进行检验；根据存在的缺陷和外界变化的需要对系统做出必要的调整和修正。运用系统的方法设计教学，必须综合考虑某一特定教学情境下所涉及的因素，设计具有整体功能的教学系统。教学系统方法的基本出发点是整体性，从整体与部分的关系出发，选择最优级化的教学设计方案，以取得最优级化的教学效果。

（三）学习理论

学习理论是研究人类学习过程中的心理机制的一门学问，主要是对于学习的实质、学习的过程和规律以及制约学习的各种条件的理论探讨和解释。目前，影响较大的有行为主义、认知学派、人本主义与建构主义的学习理论。

1. 行为主义学习理论

行为主义学习理论又称刺激－反应理论，是当今学习理论的主要流派之一。该理论认为，人类的思维是与外界环境相互作用的结果，即形成"刺激－反应"的联结。代表人物主要有桑代克、斯金纳、班杜拉等。行为主义者认为，学习是刺激与反应之间的联结，他们的基本假设是：行为是学习者对环境刺激所做出的反应。他们把环境看成是刺激，把伴随的有机体行为看作是反应，认为所有行为都是习得的。

（1）桑代克的联结学习理论。

桑代克（E. L. Thorndike，1874—1949 年）通过对动物的实验研究得出，学习的实质是经过试误在刺激与反应之间形成联结。他受苏联心理学家巴甫洛夫的影响，认为学习只是一个可观察的刺激－反应过程，不需要观念上的介入，是一个试误的渐进的过程；认为神经系统中刺激同反应联系的形成是最基本的学习方式，并且认为学习应遵循三个基本的原则，即准备律、练习律、效果律。

准备律。指学习开始时的预备状态。联结的加强和削弱取决于学习者的心理准备和心理调节。当任何传导单位准备传导时，给予传导就引起满意；当任何传导单位不准备传导时，勉强要它传导就引起烦恼。

练习律。练习律又分为应用律和失用律：应用律是指一个联结的使用（练习），会增加这个联结的力量；失用律是指一个联结的失用（不练习），会减弱这个联结的力量或使之遗忘。一个已形成的可以改变的联结，若加以应用，就会使这个联结增强，反之减弱。

效果律。指凡是在一定的情境内引起满意感的动作，就会和那一情境发生联系，其结果是当这种情境再现时，这一动作就会比以前更易于重现。反之，凡是在一定的情境内引起不适感的动作，就会与那一情境发生分裂，其结果是当这种情境再现，这一动作就会比以前更难于再现。

桑代克强调练习和奖励对形成联结的重要性，但认为人与动物的学习没有根本区别，从而抹杀了人的学习特点。

（2）斯金纳的操作性条件学习理论。

斯金纳（B. F. Skinner 1904—1990 年）是美国著名的新行为主义心理学家。在巴甫洛夫经典性条件反射理论和桑代克的学习理论影响下建立了操作性条件反射学说。他把有机体的行为分为两类：一是应答性行为，一是操作性行为。斯金纳把几乎所有人类的条件作用或学习都看作是操作。操作性条件作用与两个基本原则相联系：第一，任何反应如果紧随强化刺激，该反应则具有重复出现的趋向；第二，任何能够提高操作反应率的刺激都是强化刺激。斯金纳强调行为发生后强化的重要性。他认为行为的后果在某种程度上决定人们是否将重复该特定行为，后果的类型及出现时间的选择能加强或消弱此行为。行为发生后及时强化，行为就加强，如果行为发生后不给予任何强化则行为可能消退。凡是能增强反应频率的刺激或事件都是强化物。人的行为主要受强化刺激的影响，强化物选择与强化程序、强化效果紧密相联，立即强化的效果优于延迟强化，部分强化（选择在部分正确反应后提供强化物）优于连续强化。惩罚不是强化，不能导致行为概率的增加。

(3) 班杜拉的社会认知论。

班杜拉（A. Bandura，1925—2021年）起初信奉新行为主义理论，随着认知学派和人本主义的兴起，20世纪60年代以后，在大量研究的基础上建立起了社会学习理论。班杜拉认为学习不但受外部环境的影响，而且也受认知调节和自我调节的影响。他强调人的行为是内部因素和外部环境相互作用的产物，即人的行为、认知与环境三种因素交互作用互为因果。

班杜拉认为，人类的学习有两种形式，一种是直接学习，一种是间接学习。人类的大多数行为都是通过间接学习——观察学习习得的。他把观察学习分为四个过程：注意、保持、动作再现和动机。在注意过程中，观察者注意并知觉榜样情境的各个方面。观察者容易观察那些与他们自身相似的或者被认为是优秀的、热门的和有力的榜样。在保持过程中，观察者记住从榜样情境中了解的行为，以表象和言语形式将它们在记忆中进行表征、编码及储存。在复制过程中，观察者将头脑中有关榜样情境的表征和符号概念转为外显的行为。在动机过程中，观察者因表现所观察到的行为而受到激励。观察者是否表现习得的行为受强化的影响，他把强化分为直接强化、替代强化和自我强化。学习的实质就是个体通过对他人行为及其强化性结果的观察，从而获得某些新的行为反应，或已有行为反应得到修正的过程。

行为主义学习理论对教学设计的影响主要有以下方面。

第一，重视学习前的预习和准备工作。桑代克的"准备律"主要涵盖了三层意思："在行动单元准备行动时，则该行动会产生满意的结果"；"在行动单元准备行动时，不让其行动，将会产生烦恼的结果"；"在行动单元不准备行动时，却强迫其行动，将会产生烦恼的结果"。这说明学习主体唯有在学习前具有观念和行动的准备，方能收到良好的学习效果，否则，即使有外界的学习压力，仍然无法达到预期的目的。激发学生的学习动机，使学生随时处于学习的准备状态是教学设计的首要任务。

第二，强化理论在教学设计中的运用。行为主义者普遍强调强化在教学过程中的作用。桑代克强调练习频次和教师的奖励在学生学习过程中的作用，联结通过有奖励的练习而得以增强。巴甫洛夫认为强化是通过不断地反复地"无条件刺激"而实现的，只有不断强化练习才能避免刺激的消退效应的出现。斯金纳对强化理论的研究更具体深入，明确了正强化与负强化的概念，区分了一级强化与二级强化的本质差别，并且提出了固定间隔强化、可变间隔强化、固定比例强化和可变比例强化四种模式。我国教学设计中历来重视练习与教师反馈信息的设计，正是运用强化理论进行教学设计的充分体现。

第三，强调复习巩固的学习效果，注意刺激分化。巴甫洛夫的条件反射理论中提到的"消退"和"抑制"理论说明复习在学习过程中的重要意义。同时要区分相近或相似的事物需要通过选择性强化和消退，使有机体学会对条件刺激和与条件刺激相类似的刺激作出不同的反应。

2. 认知学习理论

针对行为主义学习理论存在的问题，托尔曼、布鲁纳、奥苏贝尔、加涅等人把对学习问题的研究引向了人的内心世界，20世纪50年代左右，认知派学习理论迅速发展，逐渐成为时代主流。他们认为学习不是引起学习主体行为改变的过程，而是引起学习主体"内在能力和倾向的变化"过程。

(1) 托尔曼的符号学习理论。

托尔曼通过白鼠走迷宫的实验证明学习并非刺激与反应之间的联结，而是在头脑中形成一幅"认知地图"，即"目标—对象—手段"三者联系在一起的认知结构。对环境的认识是达到目的的手段与途径。学习的实质在于认识环境条件，形成"认知地图"（Cognitive map）。托尔曼认为认知地图的形成与中介变量（O）有关，即在S-R之间存在一个中介变量，行为主义的S-R公式应改为S—O—R，O代表有机体的内部变化。学习活动过程是学习者的内在强化过程。

托尔曼的符号学习理论，把认知主义的观点引进行为主义的学习联结理论，改变了学习联结理论把学习看成是盲目、机械的错误观点。他重视学习的中介过程，即认知过程的研究，强调学习的认知性和目的性，对认知学习理论的产生和发展产生了影响。

(2) 布鲁纳的发现学习理论。

布鲁纳认为,学生学习知识,主要是通过类别化的信息加工活动,积极主动地形成认知结构或知识的类目编码系统的过程。

认知结构就是人关于现实世界的内在的编码系统,是一系列相互关联的、非具体性的类目,它是人用以感知外界的分类模式,是新信息借以加工的依据,也是人的推理活动的参照框架。构成认知结构的核心乃是一套类别以及类别编码系统。

学习是类目及其编码系统的形成过程。客观世界是复杂多样的,人们认识事物总是通过创建分类方式,然后根据已有的类目编码系统与环境交互作用,将外来信息置于类目编码系统中的类目化活动来简化认识过程,适应复杂环境。如将"有羽毛""会飞"的不认识的动物归为"鸟类"。类目编码系统的形成总是从低层次的类目到高层次的类目。

与学生的认知结构发展变化相适应,教学过程应注重学科基本结构的教学,掌握学科的基本结构应从基本概念、基本原理、基本方法、基本态度着手,把握事物之间的根本联系。良好的知识结构形成一个个功能单元,并由此实现对新信息的的编码与加工。布鲁纳认为只要有正确的编码与加工,"任何科目都能按照某种正确的方式教给任何年龄阶段的任何儿童"。

在学习方式上布鲁纳提倡发现学习,让学生独立思考,改组材料,自己发现知识,掌握原理原则。

(3) 奥苏贝尔的认知-接受学习理论。

奥苏贝尔(D.P. Ausubel,1918—2008年)是美国当代著名的认知派教育心理学家。他认为布鲁纳的发现学习理论过分强调了发现的重要性,轻视了对系统知识的传授,容易造成学生基础知识薄弱、教育质量滑坡的不良后果。提出了有意义接受学习的基本观点。

奥苏贝尔认为,有意义学习是针对机械学习而言的。它指在学习知识的过程中符号所代表的新知识与学习者认知结构中已有的适当观念建立实质性和非人为的联系的过程。所谓实质性联系,指新符号或符号所代表的新知识观念能与学习者认知结构中已有的表象、有意义的符号、概念或命题建立内在的联系,而不仅仅是字面上的联系。所谓非人为联系,指符号所代表的新知识与认知结构中的有关观念表象建立的是符合人们所理解的逻辑关系上的联系,而不是一种任意附加上去的联系。

一种学习是机械的还是有意义的,取决于学习材料的性质及学习是如何进行的。有意义学习的客观条件是学习材料必须具有逻辑意义。主观条件包括三个方面。一是学习者要有有意义学习的心向；二是学习者认知结构中要有和新知识有关的适当的观念，这是理解新知识，使新旧知识相联系的基础；三是学习者必须积极主动地使具有潜在意义的新知识与认知结构中有关的旧知识进行相互作用，以加强对新知识的理解。

奥苏贝尔认为有意义的接受学习需要经过同化与先行组织者的作用才能进行。同化是学习者把新知识纳入已有的图式中去，从而引起图式量变的活动。先行组织者指先于某个学习任务本身呈现的引导性学习材料，其抽象、概括、综合水平高于学习任务本身，并与认知结构中原有的观念和新的学习任务相关联。正是先行组织者架起了已有知识与新知识的桥梁，使学习者能有效地同化和理解新的学习内容。

（4）加涅的信息加工学习理论。

加涅（R. Gagne）是20世纪最有影响的教育心理学家之一，他将行为主义的刺激－反应学习模式和认知心理学的学习分类模式融合起来，根据现代信息加工理论提出了学习过程的基本模式。

来自环境的刺激作用于感受器，通过感觉登记进入神经系统，成为短时记忆的内容，信息经过编码加工进入长时记忆，以备日后提取，从短时记忆或长时记忆提取的信息通过反应发生器进行信息转换，并经过神经传导作用于效应器，从而产生影响环境的操作行为。在这个信息加工过程中，"执行监控"和"预期"起着重要作用。执行监控指已有经验对现在学习过程的影响，它决定哪些信息可以从感觉登记进入短时记忆，如何进行编码，采用何种方式提取等。"预期"即动机系统对学习过程的影响。整个学习过程都是在这两个结构的作用下进行的，如图2－7所示。

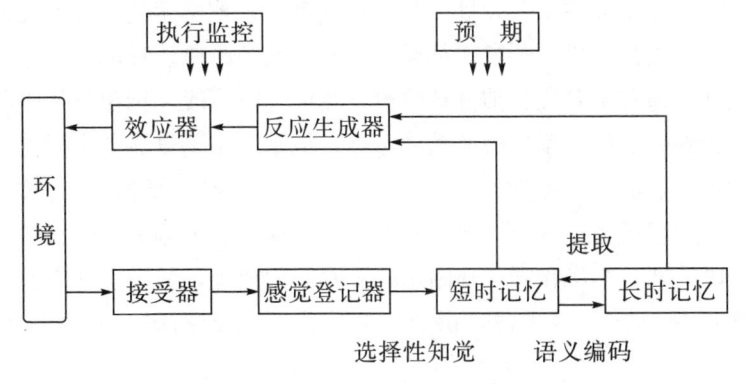

图2－7　信息加工学习过程模式图

(5) 认知学习理论在教学设计中的应用。

重视学习主体的主观能动性。作为认知心理学理论基础的格式塔教育心理学的代表人物苛勒认为，学习过程包括尝试错误和顿悟两个阶段，在这两个阶段，学习主体的主观能动性至关重要，它是实现顿悟的必备条件。布鲁纳提出的"发现学习"和"直觉思维"观念中倡导的启发式教学，鼓励学生猜测，丰富学习者的想象能力等思路都昭示着同样的理念：学习过程中必须充分发挥学习主体的主观能动性。加涅认为，学习主体的变化并非仅仅由外部刺激引起的，它是学习主体和外部环境相互作用的结果。奥苏贝尔强调新旧知识之间建立实质的非人为联系的过程也离不开人的主观能动性。

重视结构在学习中的作用。布鲁纳在《教育过程》一书中阐述了其主要的结构论教育思想。他指出："学校应当致力于教一门学科的总的性质即结构，而不是教一门学科的全部细节和事实。"他把学科的基本结构放在课程和教材编写的中心地位。认为重视学科结构有助于学生更容易理解整个学科的具体内容，有助于记忆学科知识，有助于促进学习迁移，有助于提高学习兴趣，有助于大、中、小学不同阶段学习内容的衔接。奥苏贝尔有意义学习理论指出"知识和信息的高效学习与保持主要依赖于认知结构的适当性"，也就是说学习者自身的知识结构，对其将来知识的获得起着关键性的决定作用。因为它决定着新知识构建过程中的可利用性、分化程度和稳定性、清晰性。唯有新的知识结构存在以上所述的内在的本质性的联系时，才能实现旧知识结构的改造和新知识的获得。

重视学习的层次性、阶段性。皮亚杰把认知发展分为四个阶段：感觉运算阶段、前运算阶段、具体运算阶段、形式运算阶段，奠定了认知发展阶段论的基础。布鲁纳在皮亚杰认知发展阶段论的基础上，把学生的认知发展划分为三个阶段：动作表征阶段、映象表征阶段、符号表征阶段。奥苏贝尔把智力的发展过程也划分为三个阶段：前运算阶段、具体运算阶段、抽象运算阶段。加涅根据由简到繁、由低级到高级的顺序原则，把学习水平分成 8 个层次：信号学习、刺激反应学习、连锁学习、言语学习、辨别学习、概念学习、原则学习、问题解决。加涅认为这 8 个学习层次前后存在递进和依赖关系。虽然各家对认知发展阶段的划分不尽相同，却昭示一个共同的道理，教学设计应遵循学习者的认知发展规律，由浅入深，由近及远，由低级到高级，循序渐进螺旋式发展。

3. 人本主义学习理论

人本主义心理学是 20 世纪五六十年代在美国兴起的一种心理学思潮。这一理论以人性为本位，强调人的潜能的发展、人的身心与情感的发展和自我实现，被称为与行为主义和精神分析学派并列的"第三势力"，代表人物主要有罗杰斯和马斯洛。

（1）人本主义的学习观。人本主义深信，学习是人固有能量的自我实现过程，强调人的尊严和价值，强调无条件积极关注在个体成长过程中的重要作用。学习的目的和结果是使学生成为一个完善的人，使学生的人格得到整体发展。根据学习对学习者的个人意义，罗杰斯把学生的学习分为无意义学习与有意义学习。所谓无意义学习（insignificant learning），是指学习没有个人意义的材料，仅涉及经验积累与知识增长，不涉及感情与个人意义，与完整的人（具有情感和理智的人）无关。有意义学习（significant learning），不仅仅是一种知识增长的学习，而是一种与每个人各部分经验都融合在一起的学习，是一种使个体的行为、态度、个性以及在未来选择行动方针时发生重大变化的学习。这种学习源于学习者的内在需求，能使学习者全身心投入，有利于促进学习者全面发展。

（2）人本主义的教育观。人本主义认为教育与教学过程就是要促进学生的个性发展，发挥学生的潜能，培养学生学习的积极性与主动性。罗杰斯提出了以学习者为中心的教学思想，强调将学生视为教育的中心，学校为学生而设，教师为学生而教。但教师的任务不是教学生学知识，也不是教学生怎样学，而是为学生提供学习的手段和条件，为学生营造一种自由、民主、和谐、融洽的，充满关爱与真诚的学习氛围，促进学生的自由成长。因此学生中心模式又称为非指导性教学模式。

（3）人本主义学习理论的应用。

追寻自我实现的教学目标。罗杰斯认为学习是为了实现自我，他把自我实现看成是促进人成长和发展的最大内驱力，甚至是推动社会前进的动力。学生在学习中有充分的自主性和灵活性，能自主确定学习目标，选择学习方法，安排学习步骤，制定学习方案，评价学习结果。

重视学习过程与方法。教学过程中罗杰斯更关注的是学生的学。他认为成功的教学不仅要研究教师如何教，更要研究学生如何学。他主张让学生自由学习、自由发展，他认为自由不是外在给予的，而是内在的"个人对自己是一个显示过程的认识"，"是使人敢于涉猎未知的、不确定的领域，自己作出决策的勇气这样一种品质"。自我发展是学生释放能量的最好的条件。为维护学生的自由学习,他得出了非指导性的教学原则。认为在早期的教育中,教师处于主动状态,充当着拿鞭子的角色,随着教育的发展,学生学习能力的提升,学生对教师的依赖性越来越小,最终完全独立学习,即达到"教是为了不教"的状态。

注重情感教育,营造学习氛围。罗杰斯认为,情感和认知是人类精神世界中两个不可分割的有机组成部分,彼此是融为一体的。因此,罗杰斯的教育理论就是培养躯体、心智、情感、精神、心力融汇一体的人。为实现这一目标,教师的情感投入是最为重要的。为此他对教师提出了三个基本要求:第一,是以真诚的态度对待学生。取掉一切伪装的"假面具",对学生坦诚相见,表露自己的真情实感。第二,给学生以充分的信任。对作为具有自身价值独立体的学生的任何思想与感情,都应予以认可,相信他们能够充分发展自己的潜能。第三,尊重和理解学生的内心世界。设身处地理解学生,尊重学生,不对他们的思想感情与道德品性作出评价和批评,增强学生的安全感,培养学生的自信心。

4. 建构主义学习理论

建构主义(constructivism)是一个广泛而模糊的术语。不同的人使用这一术语的含义并不相同。在学习心理领域,建构主义也不是一个全新的观点,皮亚杰、奥苏贝尔、布鲁纳、维果茨基都是建构主义者。皮亚杰认为,认知发展是一个建构过程,是个体在与环境不断的相互作用过程中实现的。人总是根据自己原有的经验解释现实,并建立它的表象。这一建构过程与图式、适应、同化、顺应等概念紧密相联。维果茨基认为,心理发展就是指个体心理在环境和教育的影响下,在低级心理机能的基础上,逐渐向高级心理机能转化的过程,高级心理机能的形成是社会历史文化发展的产物。教学要取得成效,必须考虑儿童的已有水平,并要走在儿童发展的前面。

20世纪80年代中期以来,建构主义作为一种新的认识论和学习理论在教育研究领域产生了非常深刻的影响。行为主义学习理论把学习看成是存在于个体之外的东西,是完全由客观事物本身决定的,而学习就是要把外在的、客观的内容转移到学习者身上。与客观主义相对立,建构主义强调意义不是独立于我们而存在的,个体的知识是由人建构起来的,对事物的理解不是简单地由事物本身决定的,人在以原有的知识经验为基础来建构自己对现实世界的解释和理解。不同的人由于原有经验的不同,对同一事物会有不同的理解。尽管建构主义的思想观点来源复杂，流派纷呈，但其对教育教学的基本认识是一致的。

(1) 建构主义的知识观。

知识不是对现实的纯粹客观的反映，它只不过是对客观现实的一种解释或假设，并不是对客观现实的准确表征或问题的最终答案，它必将随人们认识程度的深入而不断变革、升华和改写，并出现新的解释和假设。

知识并不是准确概括世界的法则，也不能提供对任何问题解决都适用的方法，人们在面临现实问题时，不可能仅靠提取已有的知识就能解决一切问题，而是在具体情境中，具体问题具体分析，通过对已有的知识进行改组、重组甚至再创造才能更好地解决问题。

知识不能以实体的形式存在于具体个体之外，尽管人们通过语言符号的形式赋予了知识一定的外在形式，并且获得了较普遍的认可，但并不意味着学习者对这样的知识有同样的理解，因为这些理解只能由学习者根据自己的经验背景而建构起来。

(2) 建构主义学习观。

主动建构的学习观。学习不是由教师把知识简单地传递给学生，而是学生建构自己知识的过程。学生不是被动的信息接收者，而是主动的信息建构者，学习者通过综合、重组、转换、改造头脑中已有的知识经验，来解释新信息、新事物、新现象，或解决新问题最终生成个人的意义。

社会互动的学习观。学习不是每个学生在头脑中独立进行的活动，学习者也不是一个孤立的自然的探索者，而是一个社会的人。学习者的学习总是在一定的社会文化环境中进行的，任何学习都是学习者与环境的互动过程。学习者通过对某种社会历史文化的参与而内化相关的知识和技能，脱离人类历史文化、与他人的经验或智慧无关的学习是不存在的。学习常常是通过学习共同体的合作与互动来完成的。个体的经验与行为能力决定了个体在学习共同体中的地位和作用，或为互动学习的中心，或处互动学习的边缘。而且这种互动的力度与所处的位置也处在不断变化发展的过程中。

情境性学习观。建构主义者强调学习、知识和智慧的情境性，提出了情境性认知的观点。认为知识是不可能脱离活动情境而抽象地存在的，学习应该与情境化的社会实践活动结合起来。知识不是独立于情境的知识符号，而是生存于具体的、情境性的、可感知的活动之中，只有通过实际应用活动才能真正被人所理解。

(3) 建构主义的学生观。

学生是信息意义的主动建构者。学生在学习知识时并不是一无所知，也不是把知识从外界直接搬到自己的头脑中，而是在过去已获经验的基础上，通过新旧知识经验之间的相互作用建构起新意义，从而充实和改造自己的知识经验。

教学不能无视学生的已有经验。学生的已有经验是新知识的生长点，但学生不能自行在已有经验上长出新知识，教学不是简单地由教师把外在信息强加给学生，而是要重视学生已有经验，引导学生发现新旧知识的联系，经过对知识的处理与转换，在已有经验中生长出新的知识经验。

学习是学习共同体进行的活动。学生的学习不是孤立地进行的，教师与学生、学生与学生相互协作形成学习共同体。由于经验的差异，学习者对同一问题的看法常常也是千差万别，通过对话交流、质疑互动，个体的经验得以改组，认识得以提升，个体正是在与群体的互动中得到发展的。

（4）建构主义学习理论的应用。

尊重学生主体地位，发挥学生主体性、主动性与能动性。知识不是客观存在的世界的信息，而是学习者根据自身已有经验对客观事物所作的解释或假设，忽视学生学习的主体地位，无论教师的表演多么精彩都不能导致良好学习效果的产生。只有学习活动，才能产生学习效果。

重视已有经验在学习新知识中的作用。皮亚杰认为学习过程就是通过同化与顺应，不断变革认知图式以适应环境的过程；奥苏贝尔强调先行组织者在新知识获得中的奠基作用，他说："如果我不得不把全部教育心理学还原为一条原理的话，我将会说，影响学习的唯一的最重要的因素是学习者已经知道了什么"；维果茨基强调教学应着眼于学生的最近发展区。无一不是把学生的已有经验作为教学活动的基础与前提。

创设学习情境。在应用建构主义理论教学中，要避免大量抽象概念的一般运用，要与具体的情境联系起来；对同一内容的学习要在不同的时间多次进行，教学内容在不同情境中的变化会给学生提供变式，使学生灵活掌握，了解更全面、充分；教学应在与现实相类似的情境中发生，教学过程应与现实生活中解决问题过程相类似。

提倡合作学习。教学活动不是教师或学生孤立进行的活动，师生之间的社会性因素是最重要的学习因素，因为从种系发展的角度，人的发展起源于社会活动，它有助于产生自我效能感，引发学生内部动机。学习者经验的差异，不仅不是学习的障碍，而且有利于经验的改组与重构，不同学习者的互动与交流可以使每一个人的经验都得到丰富、完善与验证，从而完成各自经验的建构过程。

（四）教育理论

1. 教育本质论

自从教育产生以来人们对教育本质的探讨就没有停止过。《学记》指出："教也者，长善而救其失者也。"《中庸》指出："天命之谓性，率性之谓道，修道之谓教。"孟子提出"得天下英才而教育之"，最早将"教育"二字连在一起来用。夸美纽斯指出教育的本质在"发展健全的个人"，洛克提出："教育目的在完成健全的精神与健全的身体"，裴斯泰洛齐提出："教育在使人各项能力得到自然的进步与均衡的发展"，赫尔巴特提出："教育在于涵养协调与多方面的兴趣。"杜威提出："教育即生长。"对教育本质的认识虽然不尽相同，但概括而言有下列几种观点。

（1）教育是上层建筑。认为教育受社会政治经济条件制约，又反过来为社会政治经济建设服务。教育通过培养人的思想品德，传授知识技能等，培养为社会服务的人才，属于社会意识形态的范畴，具有上层建筑的特点。

（2）教育是生产力。第一，认为教育是劳动力的生产过程，把可能的劳动力转变为现实的劳动力；第二，教育事业发展的规模和速度主要决定于生产力发展水平，取决于生产力发展的可能和需要，生产力发展的水平决定着教育事业的发展水平；第三，教育投资不是消费性投资，而是生产性投资。通过教育投资，可以把人才资源转化为人力资本；第四，教育通过生产科学技术，直接服务于生产。

（3）教育具有上层建筑和生产力双重属性。教育不仅仅与生产关系有着直接的联系，也与生产力有着直接的联系，教育既具有为生产实践服务的职能，也有为阶级斗争服务的社会职能。一方面，教育受社会政治经济制度影响，培养一定社会生产关系所需要的思想观念，服务于社会的上层建筑；另一方面，教育要适应社会生产发展的需要，培养掌握一定科学技术知识与生产能力的建设型人才，服务于社会的经济基础，二者不可偏废。

（4）教育是一种特殊的社会实践。认为教育是不能用生产力、经济基础、上层建筑等范畴来归类的社会现象。教育是一种有意识、有目的、有计划的培养人的社会实践活动。随着人类社会的产生而产生，随着社会的发展而发展。社会永存，教育也永存。

2. 教育目的论

教育目的是人们根据社会发展的要求和自身发展的需要，以观念或理念形式体现出来的、指导教育实践活动的、关于受教育者素质总体发展规格的预期设想或规定。

（1）个人本位的教育目的。此种观点把人作为教育的出发点与归属，认为人的价值高于社会价值，人生来就具有发展其身心的本能，教育的目的就是使这种本能得到高度完善和发展。裴斯泰洛齐认为："人为在世，可贵者在于发展，在于发展个人天赋的内在力量，使其经过锻炼，能尽其才，能在社会上达到应有的地位，这就是教育的最终目的。"[①] 斯宾塞认为，评判教育优劣的唯一标准就是是否能为人的完满生活做准备。教育的出发点在于，训练青年人怎样生活，使其能够学到完满生活所需要的各种有用的科学知识，以便为完满的生活做好准备。

（2）社会本位的教育目的。把满足社会需要视为教育的根本价值。此种观点认为，社会是个人赖以生存和发展的基础，教育是培养人的社会活动，教育培养的效果只能以社会功能的好坏来衡量，离开了社会需要，教育的价值就难以实现。涂尔干认为："教育在于使年轻一代系统地社会化。"[②] 凯兴斯泰纳认为，"一切教育的目的——是教育有用的国家公民"[③]。

（3）个体发展与社会发展的统一论。马克思通过对人与社会关系的考察得出，个人发展与社会发展是对立统一的历史过程。一方面，教育受到个体发展与社会发展的制约，个体与社会同为教育的出发点；另一方面，教育对个人与社会发展同时具有促进作用。教育只有既遵循个体身心发展规律，又遵循社会发展的规律，才能在促进个体与社会共同进步中形成良性循环。《中华人民共和国教师法》明确规定了我国教育目的是："教育必须为社会主义现代化建设服务，必须与生产劳动相结合，培养德、智、体等方面全面发展的社会主义事业的建设者和接班人。"既阐明了我国教育的社会需要，也规定了个体发展的质量规格。

（4）教育无目的论。这是杜威的教育目的观。建立在"教育即生长、即生活、即经验的继续不断的改造"这一教育本质的认识基础之上，杜威指出：

---

① 张焕庭. 西方资产阶级教育论著选［M］. 北京：人民教育出版社，1979：173.
② 张人杰. 国外教育社会学基本文选［M］. 上海：华东师范大学出版社，1989.
③ ［德］凯兴斯泰纳. 凯兴斯泰纳教育论文选［M］. 郑惠卿，译. 北京：人民教育出版社，1993：217-249.

"教育的过程，在它自身以外没有目的；它就是它自己的目的。"他还说："教育本身无目的。只是人，即家长和教师等才有目的。"从而鲜明地提出了"教育无目的"理论。杜威的"教育无目的"理论认为：教育目的只存在于"教育过程以内"，不存在有"教育过程以外"的目的；主张儿童的本能、冲动、兴趣所决定的具体教育过程就是教育的目的；将社会、政治需要所决定的教育总目的看作是"教育过程以外"的目的，并指斥其为一种外在的、虚构的目的表现。杜威的教育无目的论，本身并非完全否认教育的目的性，而是对脱离儿童实际、脱离教育实际的教育目的论的批判，认为只有在教育中才能真正找到教育的目的。

3. 教学过程论

教学过程就是教育者根据一定的教学目标，通过一定的教学手段和途径，在特定的教育环境中，将一定的教育内容传授给受教育者引导其身心健康发展，加速实现个体社会化的过程。对教学过程本质的认识大致有下列几种观点。

（1）教育过程是特殊的认识过程。这种观点从认识论的角度出发，把教学过程当成是一个特殊的认识过程，学生主要不是通过实践认识客观世界，而是在教师的指导下，以获得间接经验为主，学生由不知到知，由知之不多到知之较多，认知能力不断提高。

（2）教学过程是教师传授知识为主的过程。韩愈说："师者，传道、授业、解惑矣。"把教师置于绝对权威的地位，学生在教师的眼里常常是无道、无知的。赫尔巴特反对自然主义的教学原则，认为教育或教学应服从于"以教师为中心"的系统知识传授，教师应该使"学生对教师保持一种被动的状态"[1]。

（3）教学过程是教与学互动的过程。此种观点认为教学过程是教师与学生相互协作的过程。教与学共同构成了教学过程的基本矛盾，教学过程就是教与学的矛盾运动过程。在这一过程中教与学相互制约，相互依存，教师在教学过程中起主导作用，教师指导学习目标、学习内容、学习方法、评价学习效果，同时教师的教也受制于学生的学。教以学为依据、以学为目标，学习结果也是衡量教的效果的重要标准。学生在教学过程中发挥主观能动作用，学生的学习主体地位不可动摇，学生只有充分发挥学习的主动性、积极性才能在与教师的交流互动中掌握主动权，真正做学习的主人。

---

[1] 张焕庭. 西方资产阶级教育论著选[M]. 北京：人民教育出版社，1979：294.

(4) 教学过程是促进学生学习与发展的过程。洛克认为教育的目的并不是使学生完满地掌握所有知识，而是要启迪和训练他们的心灵，从而达到在运用所学的知识时，能够随心所欲、得心应手。裴斯泰洛齐认为教育的首要功能应是促进人的发展，尤其是人的能力的发展。我国新课程改革促成了教学目标的逐渐变革，过去以基础知识、基本技能为中心的教学观正逐渐转移到促进人的全面发展的教育目标上来。关注人的全面、协调、可持续发展，成为教学所追求的理想目标。

(5) 教学是一种特殊的社会实践活动过程。这种观点认为教学过程是人类的实践活动之一，有自身发展的规律性。教学主体，在教学实践活动过程中不断探索，不断实践，寻找教学活动的基本规律，并为新的教学实践活动服务。

4. 教学方法论

教学方法是为达到一定的教学目标，教师组织和引导学生进行学习所采取的方式、手段和程序的总和。中小学常用的教学方法有以下几种。

(1) 以语言传递信息为主的方法。以语言传递信息为主的方法，是指通过教师运用口头语言向学生传授知识、技能以及学生独立阅读书面语言为主的教学方法。在教学过程中，以语言传递信息为主的方法主要有讲授法、谈话法、讨论法、结合读书指导法。其特点是运用方便，交流内容广泛，能突破时空及其他操作条件的限制，参与度较高。

(2) 以直接感知为主的教学方法。包括演示法、参观法等。其特点是形象生动，有利于学习者获得感性经验。

(3) 以实际训练为主的教学方法。包括实验法、实习作业法与练习法等。以学习者实际操作为主，其特点是有利于增强学习者的亲身体验，对技能训练与能力提升效果好。

(4) 以引导探究为主的教学方法。包括讨论法、研究法等。其特点是有利于培养学生的探究能力和创新精神。

教学方法的选择和运用受多种因素制约，教学目的与任务、教学内容、学生已有的知识水平与学习习惯、教师的教学风格、教学环境与条件等。所谓"教学有法，法无定法"，没有一种"最好的教学方法"是可以通用的。

教师在运用教学方法时常常遵循这样几个原则。一是选择性原则，教师常常根据自己已掌握的教学方法，综合多种因素随机选择适宜的方法。二是借鉴性原则，通过观摩，交流等学习借鉴他人成功的教学方法。三是创新性原则，随着教学情境的不断变化，教师应善于进行教学方法的探索与创新。四是灵活性原则，教学方法不能生搬硬套或一成不变，常常根据教学的需要灵活选择，并在一堂课中同时运用多种教学方法。

5．教学评价论

教学评价是依据教学目标对教学过程及结果进行价值判断并为教学决策服务的活动。一般包括对教学过程中教师、学生、教学内容、教学方法、教学手段、教学环境、教学管理等诸因素的评价，但主要是对学生学习效果的评价和教师教学工作过程的评价。

根据评价基准的不同可以把评价分为相对评价、绝对评价和个体内差异评价；根据评价主体的不同可把评价分为自我评价和他人评价；根据评价功能的不同可把评价分为诊断性评价、形成性评价和总结性评价三种类型。

诊断性评价是在教学活动开始前，对评价对象的学习准备程度做出鉴定，以便采取相应措施使教学计划顺利、有效实施而进行的评价。诊断性评价的实施时间，一般在学年、学期、课程开始或教学过程中，需要获得学生学习的反馈信息的时候进行。其目的是确定学生的学习准备状态。

形成性评价是在教学过程中，为调节和完善教学活动，保证教学目标得以实现而进行的确定学生学习成果的评价。形成性评价的主要目的是改进、完善教学过程。

总结性评价是在某项教育计划或方案结束之后，对其最终成果进行的评价，也称"事后评价"。其目的是注重考察学生掌握某门学科的整体程度，概括水平较高，测验内容范围较广，常在学期中或学期末进行，次数较少。

教学评价对教学活动具有导向、激励、鉴别、诊断、改进和调节的功能。

科学评价常常遵循下列几项原则。

（1）客观性原则。是指在进行教学评价时，从测量的标准和方法到评价者所持有的态度，特别是最终的评价结果，都应该符合客观实际，不能主观臆断或参入个人情感。这就要求评价者的价值判断要以事实为依据，同时收集材料要全面、准确。

（2）教育性原则。指评价不仅注重评定等级、鉴别优劣，还应发挥评价的指导与促进作用。即通过别人的评价看到自己的优势与不足，以便认识差距、明确自己努力的方向，或增强学习者的自我效能感，增强学习信心，树立远大理想。

（3）系统性原则。指在进行教学评价时，要把教学作为一个完整的系统加以考察，对组成教学活动的各要素做多角度，全方位的评价，而不能以点代面，一概而论。由于教学系统的复杂性和教学任务的多样化，使得教学质量往往从不同的侧面反映出来，表现为一个由多因素组成的综合体。因此，为了反映真实的教学效果，必须把定性评价和定量评价综合起来，使其相互参照，以求全面准确地判断评价客体的实际效果，但同时要把握主次，区分轻重，抓住主要的矛盾，再决定教学质量的主导因素。

（4）科学性原则。指在进行教学评价时，要从教与学相统一的角度出发，以教学目标体系为依据，确定合理的统一的评价标准，认真编制、预试、修订评价工具；在此基础上，使用先进的测量手段和统计方法，依据科学的评价程序和方法，对获得的各种数据进行严格的处理，而不是依靠经验和直觉进行主观判断。

（5）发展性原则。教学评价是鼓励师生、促进教学的手段，因此教学评价应着眼于学生的学习进步和动态发展，着眼于教师的教学改进和能力提高，以调动师生的积极性，提高教学质量。

6. 教育理论在教学设计中的运用

教学作为一个复杂的系统工作，构成要素众多，制约因素更是不可胜数，对教学及其任何一个探讨，都可能上升至理论的高度，因而教育理论本身是浩渺无边的。教育本质、目的、过程、方法、评价等问题，是每一个教师教育实践或教学设计中都不能回避的基本问题，运用教育理论指导教学设计应注意以下问题。

（1）遵循教育教学规律。用科学的理论指导实践。没有理论指导的实践是盲目的实践。虽然教师职前培养经历了较为系统的教育理论学习，但学生为考试而学，学用分离的现象还是常见的，许多新入职的教师不是用教育学原理在指导教学实践，更多地是通过观摩学习有经验的教师的教学行为来设计教学。用科学的理论指导实践，不仅要求联系实际理解教育教学的基本理论，更要在教学实践的过程中运用所学的理论指导实践，使教学设计具有充分的理论依据。

（2）运用理论不能死搬教条。任何教育理念都是前人或他人对教育教学实践经验的概括总结，是他人对教育实践的理解与解释，不能完全真实地反映客观世界，它只能接近真理而不能穷尽真理。因此，运用理论指导实践，只能通过对理论真实含义的理解，寻找理论与现实的最大公约数，让教育理论成为教学设计与实施的支撑点。同时，实践的多样性非单一的教育理论可以解释清楚，常常需要运用多种理论，站在多个视角，才能对同一个现实问题有全面的认识。

（3）理论需要不断丰富和发展。马克思主义认为实践是检验真理的唯一标准，教育理论是否正确需要实践的检验，丰富的教育实践不仅可以验证理论，人们还可以在不断进行实践探索的过程中，总结经验，提升理论，使教育理论更加丰富与完善。

教学设计是一个与时俱进的活动，其理论依据也随人们对事物认识的不断升华，理论的不断创新而发展。自20世纪90年代以来，各种相关理论研究的渗透和移植，对教学设计的研究产生了重大的影响。如后现代主义、活动理论、阐释学、模糊逻辑、混沌理论、知识管理等多种学科领域的研究纷至沓来，共同辐射、拓展和重构教学设计研究的图景。这些相关理论的切入进一步动摇了传统教学设计的理论基础，为教学设计的研究提供了多样化的视角和辽阔的视野。

【案例】

《克和千克的认识》教学设计[①]

教学目标：

1. 在具体的生活情境中，使学生感受并认识质量单位克和千克，初步建立1克和1千克的质量观念，知道1千克＝1000克。

2. 使学生知道用秤称物体的方法，能够进行简单的计算。

3. 在建立质量观念的基础上，培养学生估量物体的意识。

教学重点：建立克和千克的质量观念。

教学准备：天秤、弹簧秤、小蜗牛、盐、多媒体课件等。

教材分析：学生在生活中都接触过质量问题，但质量单位不像长度单位那样直观、具体，不能用眼睛观察得到，只能用肌肉感觉来感知。为了让学生了解每一个单位的实际有多重，并能够在实际中应用，在教学过程中，通过多让学生看一看、掂一掂、猜一猜、称一称等实践活动，以增加学生对"克""千克"的感性认识。帮助学生形成质量观念；通过计算、称同一物体而得出的两种不同的表示方法使学生的猜想得到验证，具体地感知了克和千克之间的进率。在整个新知识的教学中，学生始终怀着饱满的热情、积极地去探索、去体验，主动地建构知识。

[①] 邵清艳. 教学设计技巧与艺术［M］. 长春：东北师范大学出版社，2012：28.

◇ 教学设计与案例分析

教学实录：

(1) 在生活情境中探索。

师：前几天同学们随家长去超市购买了一些物品，还收集调查了一些常用物品的质量，我们一起交流一下好吗？

生1：我妈妈买的牙膏是30克。

生2：我买的蛋卷是75克。

生3：火腿肠一根是45克。

生4：我的体重是31千克。

生5：一袋茶叶450克。

生6：一袋大米是25千克。

……

师：同学们说了那么多，你有什么发现吗？

生1：有的后面带"克"，有的后面带"千克"。

生2：比较轻的都用"克"做单位。比较重的用"千克"做单位。

师：同学们说得非常好，今天我们就一起来研究"克和千克"。

师：要知道我们购买物品的轻重，可以用什么方法？

生：用秤称。

师：我们一起来认识一下几种常用的秤（多媒体课件展示）。

师：你们在什么地方见过这些秤？

生1：在超市买东西用过电子秤。

生2：我跟妈妈买菜时，见过杆秤，盘子秤。

生3：我舅舅卖米用的是磅秤。

生4：我姥爷卖药材用的是天平。

师：同学们见识真广！我们一起来认识一下"天平"。（介绍天平的组成及用法）

(2) 在活动中体验感悟。

师：今天老师给大家带来了一个小客人，瞧！是什么？

生齐声说：一只小蜗牛。

师：想不想知道它有多重。（学生脸上洋溢着喜悦，齐声说想）

踩：那么我们选什么秤来称呢？

生：天平。

（教师示范操作，学生纷纷过来围观）

师：瞧！游码的左端停在刻度几？

生：1。

师：对！这只蜗牛重1克，1克究竟有多重呢？请你们用手掂一掂，然后猜一猜1枚2分硬币有多重？（学生兴趣很高，纷纷掂量、猜测）

生1：1克。

生2：2克。

师：到底是几克呢？请各小组称一称，看看谁估量得最准。

进行操作活动，稍后，就有同学"耶！我们猜对了！重1克"。

师：老师真为你们感到高兴！我们一起来掂一掂，感受一下1克的质量，你有什么感受？

同学们异口同声地说：好轻哟！

师：1克真的好轻。大自然中像这样轻的物体还有很多呢，你能说出生活中大约重1克的物品吗？

生1：一小块橡皮。

生2：2粒黄豆。

生3：1个扣子。

生4：1个小发卡。

生5：两块石子。

生6马上站起来补充说：必须是小石子，大石子一个就够了。

师：同学们真棒！举了这么多例子。大家桌上有一些物品，请同学们先掂一掂、估一估有多重，然后用天平称一称。（如果多一点或少一点，请你取整数）（学生们纷纷称方便面、数学书、文具盒……）

（3）在操作交流中明理。

师：请同学们从学具袋中拿出一袋盐，掂一掂、估一估，一袋盐有多重？

生1：300克。

生2：比300克多，好像是350克。

到底是多少克呢？我们一起来看看质量标准：500克。

师：一袋盐重500克，那两袋呢？

生：1000克。（板书）

师：请同学们再来掂一掂1000克重的盐。（学生掂量）

师：如果我们再来称一称这两袋盐的重量，用天平合适吗？

生：不行！重了。

师：今天我们还带来了弹簧秤，谁知道弹簧秤的用法？（学生介绍）

◇ 教学设计与案例分析

师：来！放进方便袋里称一称，看看！有多重？

生：1千克。（板书）

师：还是这两袋盐，计算得到的是1000克，用秤称是1千克，你发现了什么？

同学们纷纷站起来，异口同声地说：1000克等于1千克。

师：对！也就是说1000个1克等于1千克。

师：你能从你的材料袋里称出1千克重的物品吗？请各小组同学互相合作。（有的称，有的忙添物品，也有的在换物品）

师：大家真棒！请你先掂一掂自己小组的1千克物品，再掂一掂别的重1千克的物品。（学生相互传递，掂一掂，感受1千克的重量）。

师：掂过了1千克的物品，你有什么感受？

生1：1千克有点重。

生2：1千克的物品拎的时间长了胳膊有点酸。

生3：它们大小不一样，但都是一样重。

生4：都是1千克但有的物品多一些，有的少一些。

师：为什么呀？

生4：轻的东西就多一些，重的东西就少一些。

师：你分析的很有道理。（竖大拇指）

师：请各小组同学拿出自己的书包、凳子，先估计一下有多重，再来称一称。（小组活动，并记录下估计的重量和称出的重量）

（4）在实践活动中巩固应用。

①多媒体课件出示课本88页第一题。

②出示健康称，同学们称一称。

评析：

看似简单的一堂课，却包含了丰富的教学设计原理。

从系统分析的角度看，本课的构成要素有教育者、受教育者、教育信息、教育媒体、教育方法、教育过程、教育结果等，这些要素共同构成了一个完整的教学活动系统。任一要素的缺失都可能使本堂课残缺不全。

从教学目标的确定看，本课确定了认识"克"与"千克"的认知目标，猜、估、称、掂等能力目标，培养质量观念，体验愉快学习的情感目标，这些目标共同构成了本课的教学目标系统。从教育与社会的关系看，课堂并不是一个封闭的系统，而是与家庭、社会有着密不可分的天然联系，学生已有知识的获得与已有能力的培养都与家庭生活及社会实践密切相关。

　　从教育本质的角度，体现了以人为本。目标以学生发展为本，过程以师生互动、共同参与为本。课堂评价过程与结果并重，既注重对学生的肯定与激励，又注重对活动结果的客观评价。

　　从学习理论的运用看，本课充分体现了建构主义学习理论在课堂教学中的运用，同时人本主义、认知学派的观点与行为主义的学习理论也有所体现。首先，本课的教学设计，不是教师直接将已成定论的间接经验直接告诉学生，而是基于学生的生活经验，逐步引导学生建构起新的知识体系，这一过程中教师扮演了组织者、引导者、促进者、合作者的角色。学生是知识的主动建构者，通过回忆、估量、猜测、掂量、称一称等系列学习活动，充分体现了学习者的主体地位，学习的主动性、能动性得以充分发挥。通过与教师、同学的交流互动、合作学习，共同构建了课堂学习共同体。

　　从人本主义的学习观看，本课注重营造良好的学习氛围，用"同学们真棒！""竖起大拇指"等肯定其学习潜能，激发其学习动机。用学习方法指导，让学生在"做"中学，一步步增强"克"与"千克"的质量观念，不仅使学生学会了学习，也增强了学生的成就感与自豪感。从认知学派的观点看，本课的教学设计注重了新旧知识的联系。从超市购物发现"克"与"千克"，到大自然中寻找"1克"重的物品，再到"克"与"千克"质量观的确立，每一步都是在已有经验的基础上循序渐进，建立起新知识的生长点。

　　从行为主义的观点看，本课也采用了强化的措施，通过反复的称一称、猜一猜、估一估、掂一掂等使"克"与"千克"的概念不断得到强化。可见学习理论在教学中的运用不是相互排斥的，而是可以相互借鉴，取长补短，一堂课的教学设计可以运用多种学习理论指导，其中只有主次之分，没有对错之别。

二、教学设计的现实依据

　　教学或教学设计活动，总是在一定的历史条件下，在具体的教学情境中，对教学的资源进行合理配置与科学运用的过程。教学设计除了受一系列相关理论的制约外，还受一系列现实因素的影响。

（一）社会因素对教学设计的影响

教育本身是一种特殊的社会实践活动，其发生、发展过程无不受社会政治经济条件和社会历史文化的影响。

1. 社会政治经济发展对教学设计的影响

自古以来，社会的政治制度与经济发展水平与教学活动紧密相联。社会政治制度不同，教育目的及人才培养目标也不相同。在阶级社会，统治阶级享有对教育的领导权和受教育权，教学的目的是培养统治者，或服从统治的人，教学设计注重维护教师的权威，教学目标是培养维护统治阶级利益的人。现代社会，人民当家作主，普遍享有受教育的权利，随着政治民主化的进程不断推进，师生关系也逐渐从权威与服从的关系变成民主平等的关系。平等的师生关系，民主的课堂氛围越来越受到推崇，学生学习的主体地位日益突显出来，教学设计不仅重视教的设计，也更加重视学的设计。同时，特定的社会政治背景，对人们的政治态度、思想观念、社会价值和行为方式都有不同的要求，世界范围内意识形态之争在教学目的设计中还将长期存在。教学通过传播一定的政治观点，促进年轻一代的政治社会化，通过制造和传播政治舆论和思潮，影响着社会政治的稳定与发展，通过民主的教学设计，促进政治民主化进程。

教育发展总是与社会经济的发展水平相适应。一方面，经济发展为教学活动的进行提供一定的人力、物力和财力支撑；另一方面，不同的经济发展水平对教学的目标、内容等提出不同的要求。

首先，经济发展水平制约着教学目标的制定。不同的生产发展水平对劳动者的质量与规格要求不一样，农业社会，由于生产力发展水平低下，劳动过程简单，凭借土地、劳力和简单的生产经验就能进行生产，教学以培养国家管理人才，维护社会稳定为目的，教学内容脱离生产劳动。工业社会，科学技术广泛应用于生产，生产的社会化程度大大提高，技术性劳动代替了简单劳动，教学目标指向技术人才与管理人才的培养。现代社会，人类正逐渐步入知识经济时代，这对教学培养人才的质量与规格提出了新的更高的要求。1989年北京召开"面向21世纪的教育"国际研讨会。中外专家对21世纪人才素质的要求提出了7个"具有"，即：具有积极进取和创新的精神；具有在急剧多变的社会中较强的适应能力，乐于树立与社会发展相适应的思想观念、行为模式和生活方式；具有更高的思想品质和对人类的责任感；具有与他人合作，对科学和真理执着的追求；具有扎实的基础知识和基本技能，学会学习适应科技领域综合化；具有多种多样的个性和特长；具有掌握交往工具进行国际交流的能力。雷纳特·N·凯恩，杰弗里·凯恩在《创设联结：教学与人脑》中说"学校教育的作用之一，应当是为学生进入现实世界作准备。他们需要了解他们将成为什么样的人。他们将怎样面对挑战和他们能胜任什么样的工作"。"以学生为中心"的教学目标设计正在取代"知识中心"或"教师中心"型教学设计，成为21世纪教学目标设计的价值取向。

同时，生产力发展的水平制约着教学内容、方法、手段的设计与运用。随着科学技术不断进步，新信息、新知识、新理论层出不穷，教材编写总是落后于时代发展的需要，教学内容设计不仅仅是对教材内容的设计，增强信息收集、分析、处理的能力，及时将现代科学技术与社会思想发展的最新成果纳入教学内容设计的范畴，才能使教学与时俱进，培养走在教材前列的人才。当时代的车轮进入21世纪的时候，第四次工业革命的浪潮滚滚而来，人工智能、物联网、材料科学、量子计算等新技术不断涌现，新的科学知识不是以新的专业学科的形式出现在大学课堂，就是以渗透的方式进入各级各类学校的课堂教学之中。2019年3月，教育部印发了《教育部关于公布2018年度普通高等学校本科专业备案和审批结果的通知》，根据通知，全国共有35所高校获首批"人工智能"新专业建设资格。2019年底新冠疫情爆发以来，建立在新技术基础之上的线上教学很快火爆全球。

2022年11月底，人工智能对话聊天机器人ChatGPT推出，迅速在社交媒体上走红，短短5天，注册用户数就超过100万。2023年1月末，ChatGPT的月活用户已突破1亿，成为史上增长最快的消费者应用。人工智能对教育的冲击是任何人都回避不了的，过去的教学设计都是局限在人力的范围之内，人工智能的出现将会让过去许多的不可能成为可能，每一个教师都将会拥有一个无所不能的机器人助手，课堂将不再是师生共舞的课堂，而会是人机共舞的课堂。教学设计除了要考虑人的因素，还必须关注机器为课堂提供的可能性。

2. 社会历史文化传统对教学设计的影响

教育是文化的产物，一个国家的教育之所以区别于别的国家的教育，文化差异是一个很重要的原因。文化差异表现形式多种多样，既表现为教学内容的差异，也表现为教学习惯与行为方式等方面的差异。

首先，文化影响着学校教育的内容。学校教育的内容本身是作为文化产品的形式而存在的，精神文化是文化的核心成分，其中尤以价值观念最为重要。

◇ 教学设计与案例分析

价值观念是一个社会的成员评价行为和事物以及从各种可能的目标中选择合意目标的标准。它决定人们赞赏什么，追求什么，选择什么样的生活目标和生活方式。所谓东西方文化的差异，很大程度上指的是价值观念的差异。一方面，这种差异表现在人们对同一事物的看法不同；另一方面，更深层次的差异，还体现在教育目的的差异。与教学的技术及内容本身的差异不同，这一差异表现得更稳定、更深入、更持久。

其次，文化影响学校教育的行为方式。规范体系是文化的另一重要构成要素，它往往作为教学活动设计的背景而存在，有明文规定的规章制度、法律法规等，也有约定俗成的风俗习惯，各种规范之间相互联系，相互渗透，相互补充，共同调节着人们的思想方式与行为习惯。总体而言，东方文化重求和、求同、求稳，西方文化重求异、求变、求动，这在课堂教学的设计中也体现出明显的差异性。东方更强调纪律、规范、标准，西方更强调自由、灵活与创造。现代社会随着科学技术的快速发展，文化传播与交流更加频繁，多元文化并存的观念正得到广泛的认同。文化培育、文化传承、文化认同、文化交流与文化批判、文化改良、文化创新同时并存。教育教学领域的一次次重大变革实际上就是新文化与旧文化、本土文化与外来文化的一次次碰撞与交融，其结果必然是教育观念与行为方式的变革。

社会因素自然是纷繁复杂的，不仅指政治、经济与文化，也包括人口、宗教、历史等多种因素，只有把教学设计纳入社会大系统，在教学设计过程中，密切联系社会实际，让教学活动与社会实际同呼吸、共命运，教学才能与时俱进，获得活力与生机。

【案例】

课堂管理中的问题解决[①]

老师：正如我在课堂里所说，今天对玛丽说的话太出格了。最近像这样的事情接二连三地发生。我想该是结束这些行为的时候了。我之所以把你们4个人留下来，是因为我觉得你们4个人应该对这些行为负主要责任。

吉姆：就像我前面所说过的那样，我根本就没有说。而且，我不能待

---

① [美] Thomas L. Good, Jere E. Brophy. 透视课堂 [M]. 陶志琼，王凤，邓晓芳，等译. 北京：中国轻工业出版社，2009：105—109.

在这里，因为我必须去锻炼。教练要我们下课铃响后5分钟内到达。

保罗：是的，我也没有说过。我必须回家了，我今天要剪草坪。

老师：就让我们先把这几件事情说清楚点儿吧。首先，我对找出今天是谁说玛丽坏话让其尴尬的并不特别感兴趣。把你们4个叫到这儿来，是因为你们4个比其他任何人都干得多。而且，我们一直要待到这里，除非问题得到了解决。这也包括吉姆。如果你愿意，我会打电话给教练作出解释的。保罗，如果你愿意，我也会给你家打电话。但是你们两个也必须待在这里直到问题解决了才可以走。（吉姆和保罗都表示不愿意老师打电话）

吉姆：嗯，是大卫干的，不是我，而且大卫比我们谁都干的多。当我干的时候，通常也是因为他怂恿我才干的。（大卫瞪了吉姆一眼，但没有说话）

老师：吉姆，你也好不到哪儿去。大卫是做得多些，但你要对你自己的行为承担责任，你不能用这个来当作借口。如果你自己没有干坏事，今天你也就不会在这里了（吉姆沮丧地低下了头）。大卫，我想如果是你说的，那么你就应该向玛丽道歉，因为她感到特别尴尬。但是，我说了我不想谈论今天发生的事情。我想谈谈这几周来一直发生的事情，你们4个人与此很有干系。

保罗：嗯，我们不想再做这样的事了（吉姆和大卫马上点头，说"是的"，比尔只是严肃地点了点头）。

老师：不好意思。但是你们的表现并不够好。我已与你们都谈过了，而且不止一次。每次你们都说，你们不会再干坏事了，但是你们还是在做呀。看来我不能只是听你们说得好听，然后就了结了。我们得好好讨论几次，直到达成某种我认为可以接受的协议为止。

……

评析：

这是一段发生在美国课堂管理中的问题解决的对话。虽然简短，却深深打上了美国文化的烙印。首先，在师生关系上表现得平等，老师没有高高在上，体现出绝对的权威，对学生的问题横加指责，而是通过与学生对等交流的方式解决问题；二是发扬民主，给每个人都提供了申辩的机会，并且希望通过多次讨论达成双方都能接受的"协议"，而不是由学校或老师单方面对学生的不良行为作出处理"决定"；三是充分尊重学生的主体地位，积极调动学生问题解决的积极性与能动性，让学生逐渐认识到自己应该承担的责任，自己寻找问题解决的对策，并且从眼前的问题解决延伸到日常的问题解决,力求探索一般性的问题解决策略。这无论对几个当事学生还是班级日常管理都是有帮助的。

(二)教育者对教学设计的影响

教师是教学设计的主体,也是教学活动的主体,教学设计除了受客观因素制约外,教学设计主体自身的劳动特点、职责要求、职业素养、教学风格、个性特征等都对教学设计有直接影响

1. 教师劳动特点对教学设计的影响

教育对象及教学过程的复杂性决定了教学设计必须具有创造性。教育学家苏霍姆林斯基说"世界上,没有什么东西比人的个性更复杂、更丰富了"。[①] "每个孩子都是一个完整的世界——完全特殊的独一无二的世界"。[②] 因此,"教师的创造性劳动的最重要特征之一是他的工作对象——儿童,经常在变化,永远是新的,今天同昨天就不一样"。[③] 这就要求教师的教学设计,因时而化、因人而异。教育社会学家洛蒂(D. CLortie)指出:"比之专业的许多问题解决都基于科学的见解与合理技术的'确凿性',教师的工作几乎是由'不确定性'所支配的。一位教师在某课堂里有效的计划,不能保障在另一个教师、另一间课堂里有效。"[④] 因此,真正的教学设计,是每一个教师,在具体的教学情境中的教学设计,即使面对同样的对象,任何一个教学设计要素的改革都会带来不一样的教学设计效果。即使同样的教学内容,面对不同的教学对象,也会有不一样的教学设计。

2. 教师职责对教学设计的影响

当教师作为一个职业产生的时候,职责也就随之产生了,只是时代不同,对人才培养的要求不同,教师的职责也就不同。《学记》称"教也者,长善而救其失者也","长善""救失"可谓教师的职责,韩愈把"传道、授业、解惑"作为教师的职责。现代社会,教育服务社会与促进个体发展的功能日益强大,教师职业更显得责任重大。《中华人民共和国教师法》规定:"教师是履行教育

---

① [苏]苏霍姆林斯基[M]. 教育的艺术. 肖勇,译. 长沙:湖南教育出版社,1983:1.
② [苏]苏霍姆林斯基. 教育的艺术[M]. 肖勇,译. 长沙:湖南教育出版社,1983:5.
③ [苏]苏霍姆林斯基. 教育的艺术[M]. 肖勇,译. 长沙:湖南教育出版社,1983:8.
④ [日]佐藤学. 课程与教师[M]. 钟启泉,译. 北京:教育科学出版社,2003:212.

教学职责的专业人员，承担教书育人，培养社会主义事业建设者和接班人、提高民族素质的使命。"同时规定了教师的权利与应尽的义务。这些规定可视为对教师职责的规范性解释。教师职责为教学设计指示了目标与方向，只有明确教师职责，才能在教学设计时胸有成竹，把教学导向预期的目标。

3. 教师素养对教学设计的影响

一个教师的职业素养是做好教学工作的前提，也是教学设计的基础。古人云"道之所存，师之所存"，认为有知识就可以做老师，今天强调"学高为师，身正为范"，说明做一个好教师仅有知识不行，还必须有好的德行。2012年，教育部颁布了我国《教师专业标准》，从"专业理念与师德""专业知识""专业能力"三个维度，提出了对教师专业素养的六十多条基本要求，这些基本要求已成为培养、选拔、任用、考核教师的重要依据。三个维度紧密相联，"专业理念与师德"是教师专业发展的基础，"专业知识"与"专业能力"是教师行使专业职责的重要保障，三者相互制约，相互促进。教学设计是教师专业能力素养的重要内容，《教师专业标准》中关于"教学设计"的基本要求有三条。分别是：第三十八条，科学设计教学目标和教学计划。第三十九条，合理利用教学资源和方法设计教学过程。第四十条，引导和帮助中学生设计个性化的学习计划。这几条对教学设计的基本能力要求，既是教师能力素养的基本内容，更是制约教学设计成败的关键力量。

4. 教师的特色与风格对教学设计的影响

每一个教师因其天生秉赋、知识经验、成长经历、教学技能及人格的差异，必然形成独具特色的教学风格，有的擅长言语表达、有的擅长操作演示、有的注重情境创设、有的善于合作探讨。教学设计也像指挥作战一样，知己知彼，百战不殆。只有了解自己的优秀与不足，才能扬长避短，只有了解学生的差异，才能因势利导。阿伦·C. 奥恩斯坦说过，"好的教学不能归结为技术，好的教学来自教师的个性（identity）和整体性（integrity）。在每一节课上，我将自己和我的学生联系起来的能力，将学生和学科联系起来的能力，并不怎么取决于我所运用的方法，而更多地取决于我在多大程度上了解和信任我的自我（selthood）"[①]。教师一旦形成自己的教学风格，就找到了与学生进行对话

---

① [美] 阿伦. C. 奥恩斯坦. 当代课程问题 [M]. 余强，译. 杭州：浙江教育出版社，2004：98.

与交流的便捷通道，就容易形成一种高效的教学设计模式，在教学设计与实施的过程中，也就能得心应手，随心所欲。

【案例】

下面是两位美国教师在给学生上《独立宣言》和《美国宪法》时的教学片段。[①]

弗兰克老师的教学片段

仔细阅读第17章，因为这一章非常关键。事实上本章出现的问题在下一次单元测验时会占50%的比重。我会对这一章的事实提出许多问题，因为它是美国历史的重要部分。特别是这一章的《独立宣言》，它是非常重要的文献。你们也应该理解《美国宪法》的绪言，而且最终要能够进行讨论。让我们先来看一看重要的事实。第一，起草《独立宣言》的最重要的人物是谁？……

简思老师的课堂片段

简思老师在给与弗兰克老师的学生水平差不多的学生上同样的内容。她是这样开始的。

在我们讨论与《独立宣言》和《美国宪法》相关联的重要观点以及它们在美国历史上的作用之前，我想先提出四个问题，作为你们思考这部分内容的框架。现在请你们把这四个问题记下来，然后我会给你们一些时间对这些问题进行小组讨论：(1) 什么是抗议？(2) 在什么情况下抗议是恰当的？(3) 想一想你在学校里所拥有的权利和特权以及受到的约束。如果你要为本校拟定一部宪法的话，应该包括哪三个重要的方面？(4) 在什么范围内，你对本校良好管理的看法会与其他同学的差不多？

我们在正式讨论之前需要认真考虑这些问题，这样你们就会知道我们的宪法制定者面对的共同问题是什么了。在什么范围内不同的个体会以同样的方式来看待政府？他们对既有助于他们需要的满足、又对其自由有限制的服务有共同的期望吗？

明天，我们将为我们班级拟定一部"宪法"。在这周结束时，我们将更为正式地考虑《独立宣言》，由此我们尝试以下方式来理解《独立宣

---

① [美] Thomas L. Good, Jere E. Brophy [M]. 透视课堂. 陶志琼，王凤，邓晓芳等，译. 北京：中国轻工业出版社，2009：114.

言》：(1)《独立宣言》形成的历史背景。(2)影响《独立宣言》拟定者的哲学观念。(3)《独立宣言》对今天美国社会的影响。

评析：

不同的两个教师为水平相当的不同班级的学生上同样的学习内容，却体现了不同的教学风格。从两个教学片段可见，弗兰克老师的教学直接强调教学内容的重要性，并且以测验作为强化学习的重要依据，学习者虽然学习任务明确，但学习目的似乎是为了应付测验，难以激发学生主动学习的欲望。简思老师的教学设计与前者截然不同。不是直接从教学的主题——《独立宣言》和《美国宪法》入手，而是直接选择了与学生的学习生活紧密相关的几个问题，很显然，在历史与现实之间，学生更关注现实，在客体与主体之间，学生更关心主体。"抗议""权利""约束"与"共识"既与学生的学习、生活息息相关，也与本课的内容——《独立宣言》和《美国宪法》紧密相联，仿佛历史与现实是相通的。学生对这样的问题产生兴趣也是很自然的。不用说两个教师的教学设计，既体现了两者在教学思想观念上的差异，也体现了教学风格与教学水平的差异，必然还会带来教学效果的差异。

（三）学生对教学设计的影响

在教学对象分析中论述。

（四）学科差异对教学设计的影响

学科目标与内容的差异，决定教学目标与内容设计的差异。新课程标准为每一门学科都规定了具体的课程目标，教学设计必须围绕不同学科的课程目标，结合教学内容，设计具体的教学目标。

1. 人文学科的教学设计

在中小学，人文学科是个笼统的概念，主要包括语文、政治、历史、外语等科目。这类学科除教给学生专业知识外，往往还承担着对学生进行思想教育、情感陶冶的任务，更多地彰显出教育的人文性。情感性是人文社会学科的主要特点，也是其优势所在，教学设计注重情境创设，让师生身临其境，在和谐愉悦的氛围中产生共鸣，不仅有利于激发学习热情、提高学习效率，更有利于陶冶学生情操，培养学生积极的情感体验。主观性是人文学科的又一显著特征。一方面，人文学科的内容总是一定作者的思想、观点、感情的反映，不像自然学科具有客观性、准确性，可以通过实验的验证；另一方面，人们理解人文社会学科的时候也总是带有个人色彩，所谓一千个读者就有一千个哈姆雷特。因此，对人文学科的教学设计追求的不是答案的规范化、标准化与科学化，不是答案的唯一性，而应当尊重学习者的认知差异，设计开放性的教学情境，寻求问题解决方案的丰富性与多样性。

2. 自然学科的教学设计

中小学的自然学科主要包括数学、物理、化学、生物、地理等，这些学科是构成中小学生科学知识体系的核心，是培养学生科学意识和科学精神的摇篮，是引导学生用美的规律去认识自然、探索物质世界奥妙的主要途径。自然科学反映着客观世界的构成及发展规律，人们对自然科学的认识，不是通过臆想和猜测，而是通过实证，它追求的不是答案的丰富多样性，而是精确性与唯一性。自然科学中所形成的原理、公式、定理，不会以人的意志为转移，可以进行随意的解读与运用，但必须有确定的内涵。因而，教学设计总是追求准确性与规范性，尽可能引导学生学会用事实、用数据说话，感受概念、定理、公式、实验等客观规律所蕴含的逻辑力度和简明形式之美，引导学生在对客观世界的发现中体验迎面而来的神秘感、畏惧感、庄严感、神圣感、崇高感，并为之激情澎湃。

3. 艺术学科的教学设计

艺术学科是人文学科的重要组成部分，但因为其特殊的学科价值，使之在基础教育"三足鼎立"的学科结构中获得了独立的地位。艺术学科具有在审美教育中其他学科无法比拟的功能，因而，其教学设计具有与其他学科同等重要的意义。但是多年来，除艺术专业考试外，我国的高考把艺术学科排除在外，使艺术学科与艺术学科的教学设计成了"被遗忘的角落"，艺术学科被称为"豆芽学科"，艺术学科教学也就随性而为。我国新一轮课程改革确立了艺术教育的重要地位，重新唤醒人们对艺术的追求，提升人们的审美能力，必须重视艺术学科的教学及教学设计。艺术学科具有形象性的特点，无论音乐、体育还是美术都可称为形象艺术。形象和本质是意象。"'意象'是艺术的本体。不管是艺术创造的目的，艺术欣赏的对象，还是艺术品自身的同一性，都会归结到'意象'上来。对于艺术来说，意象统摄着一切：统摄着作为动机的心理意绪，统摄着作为题材的经验世界，统摄着作为媒介的物质载体，统摄着艺术家和欣赏者的感兴"。① 可见，意象是艺术本质的决定性因素。因此，作为艺术学科教学设计的重要原则就是不能丢失了这个"意象"，或者说，不能让艺术的本质被非艺术的教学所取代和掩盖。在教学设计与操作中要注意用各种媒体将艺术形象清晰、鲜明、生动地展现在学生面前，以激发学生的形象思维；同时艺术欣赏与艺术创造过程，离不开学生的艺术技能的参与，因此，创设艺术参与的情境，提高学生的艺术操作技能，使学生的艺术认知与艺术表现能力相互交融，必然会收到意想不到的艺术教学效果。

（五）教学环境对教学设计的影响

教学环境包括教学所处的自然环境与社会环境。一方面，自然环境为教学设计提供可利用的自然资源；另一方面，良好的自然环境，有利于营造良好的学习氛围，使学生保持良好的学习状态。社会环境包括宏观的社会政治、经济、文化等大环境，也包括微观的学校内环境，主要指学校人际关系、教学设备设施以及课程资源等。这里主要谈学校内环境对教学设计的影响。

首先是人际关系对教学设计的影响。学校人际关系主要包括师生关系、教师间关系、教师与学校管理者的关系、同学关系以及学校与社会间的人际关系。其中师生关系与教师间关系是制约教学设计的最核心的人际关系。它决定了师生之间、教师之间能否进行有效的教学交流与合作。良好的师生关系与同事关系，能激发学生与同事共同参与教学的热情，有利于合作式、探究式、互动式教学的设计与实施。反之，人际关系不良，不管教师的教学设计多么理想，也不能得到学生与同事的配合与支持，教学实施只能是教师一人独善其身。

其次是教学设备与设施对教学设计的影响。教学设计离不开对教学设备与设施的规划与使用。不同的教学目标与教学内容需要运用不同的教学手段与方法。教学设计必须考虑教学环境所提供的条件与可能性。如多媒体辅助教学设备、实验仪器、教学网络资源等，这些条件直接影响现代教学技术的应用，好的教学环境有利于教学的实施和提高教学效率。通过多媒体教学可以使抽象的东西直观化，让学生有个形象的认识，如分子运动、光线、电场线等；可以使瞬变过程延时化，让学生看到事物发生发展的过程，可以加大教学容量，让学生在短时间内接受大量的信息刺激，同时可以改变学生的学习方式，使学生在接受教师提供的信息的同时，通过网络平台自主收集、选择、处理信息。这不

---

① 叶朗. 现代美学体系 [M]. 北京：北京大学出版社，1999：112-180.

仅有助于学生课堂知识的学习与理解，更有利于学生自主学习能力的培养。

思考题

1. 教学设计为什么要寻找理论依据，谈谈理论在教学设计中的价值。
2. 简述拉斯韦尔的"五 W"理论的基本内容，谈谈这一理论对教学设计的影响。
3. 评价贝塔朗菲的系统论，如何运用系统论指导教学设计？
4. 简要叙述学习理论的主要流派及其基本观点，比较分析各流派的优势与不足。
5. 如何运用建构主义学习理论指导教学设计？
6. 有人说，不学教育学原理一样可以当老师，你赞同吗？谈谈你的理由。
7. 举例说明社会因素对教学设计的影响。
8. 教学设计如何体现课程思政？

第三章 教学设计的模式

一、教学设计模式的概念

模式指某种事物的标准形式或使人可以照着做的标准样式。它是人们对解决某类问题的实践经验的概括和总结。虽然每个人对同一事物的认识有差异,人们处理同一件事物也有不同的行为方式,但长期的社会实践使人们认识到应对同样的社会问题采取大致相同的行为方式,才能收到理想的行为效果,这种认识或行为上的类别化或标准化逐渐形成模式化的认知或行为方式。模式一旦形成,可以无数次地使用那些已有的解决问题的方案,无需重复同样的探究过程,从而提高了活动的效率。教学设计模式是人们教学实践经验的概括与总结,根据教学对象和教学目标,确定合适的教学起点与终点,将教学诸要素有序、优化地安排,形成教学方案,是每一个教学设计都不容回避的问题。对回答这类问题提供参照样式和指导的方法论就是教学设计的模式。

二、教学设计模式的分类

根据教学设计所依据的学习理论的不同可分为:行为主义的教学设计、认知学派的教学设计、建构主义的教学设计三种模式。

行为主义的教学设计模式,主要是在行为主义心理学的基础上发展而来的,它们的共同之处是从人的行为的角度来观察人的心理,试图找出人的行为的本质及其变化的规律。行为取向的教学设计模式是基于行为控制而设计的,其宗旨在于完善人的行为。华生(J. B. Watson)的经典行为主义教学论,桑代克(E. L. Thorndike)的联结主义教学论都可归于行为主义教学论之下。斯金纳的程序教学论认为教学过程是可以自定步调、自我控制的行为导向过程,通过合理的程序设计,可以实现人机统一,提高学习效率。

认知学派的教学设计模式,是以认知心理学为基础的教学设计模式,认知心理学的一个共同之处，就是致力于研究人的智能或认知活动的性质及其过程。尤以皮亚杰的认知发展理论、布鲁纳的认知发现说、奥苏贝尔的认知同化说影响最大。基本特征是，基于学生的认知发展进行教学设计，其要旨在于发展学生的认知能力和水平。其中具有代表性的教学设计模式包括：20世纪50年代、60年代的布鲁纳（Bruner）的教学设计模式，以瓦根舍因（W. Wagenschein）为代表的范例教学模式，赞可夫的发展性教学设计模式，70年代的加涅的教学设计模式，奥苏贝尔的教学设计模式等。

建构主义的教学设计模式，以建构主义教学理论为基础，强调学习的本质是学习者主动建构心理表征的过程，教学过程是教师和学生对世界的意义进行合作性建构的过程，学习环境由情境、协作、会话和意义建构四个要素构成。建构主义的教学设计强调在整个教学过程中以学生为中心，教师起组织者、指导者、帮助者和促进者的作用，利用情景、协作、会话等学习环境要素，充分调动学习者的主动性、积极性和培养其首创精神，最终达到使学习者有效地实现当前所学习知识的意义建构的目的。在这样的建构主义的模式下，目前已开发出了许多教学设计模式，"情景教学""随机访问教学""支架式教学"是其中比较典型的三种教学模式。

根据教学设计围绕主体的不同可分为：教师主体的教学设计、学生主体的教学设计、教师学生双主体的教学设计三种模式。

一是教师主体的教学设计模式。强调教师是教学活动的主体，教学设计围绕教师的"教"进行，主要理论依据是奥苏贝尔的"有意义接受学习"理论、"先行组织者"教学策略与动机理论。教学设计是以教师为中心，强调教学准备与教学实施环节的设计。这一模式有利于教师主导作用的发挥，有利于系统科学知识的传授，有利于学生基础知识的掌握，但容易忽视学生自主能力与探究精神的培养。

二是学生主体的教学设计模式。以建构主义的教学为基础，强调以学生为中心，以问题为核心来驱动学习，学习问题必须在真实的情境中展开，要求设计能保证学习任务展开的环境、学习任务必须提供学习资源、认知工具和帮助等内容，应设计多种自主学习策略，使得学习能够在以学生为主体中顺利展开。以"学"为主的教学系统设计由于强调学生是学习过程的主体，是意义的主动建构者，因而有利于学生的主动探索、主动发现，有利于创造性人才的培养。但以"学"为主的教学系统设计仍有其自身的局限性，只强调了学生的学，而忽视教师主导作用的发挥，忽视师生之间的情感交流和情感因素在学习过程中的重要作用；而且由于忽视教师主导作用，当学生自主学习的自由度过大时，还容易偏离教学目标的要求。

三是教师与学生双主体的教学设计模式。这一模式强调教学活动是师生双方合作进行的活动，教师是教的主体，学生是学的主体，教师在教学活动中起主导作用，学生是学习活动的主人，在教学过程中应充分发挥学习主体的主观能动性。双主体的教学设计模式是介于以教为主和以学为主之间，吸收其长处，避免其短处，注重双主体之间的相互关系，以教导学，以学论教，教与学相互依存，相互制约，共同构建了完整的教学活动系统。其总体思想是教师通过教学意图和策略影响学生。这一模式既充分体现了教师的主导作用，又充分体现学生的自主能力，有利于充分发挥学生学习的能动性与创造性。

根据教学设计的价值取向不同可以把教学设计分为过程模式与问题模式。

教学设计的过程模式把教学看成是由一系列相对稳定的步骤或程序组成，它们是分析（Analysis）、设计（Design）、开发（Develop）、实施（Implement）、评价（Evaluate），简称 ADDIE 模式，教学设计中的肯普模型、迪克—凯瑞模型、史密斯—雷根模型属于过程设计模式，其共同的特点是强调教学的基本环节设计，具有一定的可操作性，适合教师单元或单课的教学设计。

教学设计的问题模式，认为教学设计的目的就是解决教学问题。这一模式注重提供教学的整体方案和有关问题解决的策略包和知识库，设计者根据问题实际，在策略包和知识库中提取必要的元素组成具体的问题解决方案。问题模式关注的基本问题有：①希望学习者真正学到什么？②如何激发学习者的兴趣和动机？③如何使学习者认识到教学的价值及其与生活的关联性？④如何让学习者运用自己的知识去解决真实场景中的问题？⑤学习环境中是否提供了足够的信息、指导和支撑？针对问题解决的教学设计理论和模型，通常没有固定的设计程式，而是提出了相应的设计要素和对各要素设计的具体策略或建议，这对教师的教学设计更具指导意义。

三、教学设计模式的特征

教学设计的基本模式尽管有不同视角或者不同的关注焦点，但就教学设计模式的存在方式、形成过程与模式的运用来看，存在着一些共同的特征。

系统性特征。系统理论与思维无疑是各种教学设计基本模式的方法论武器，教学设计的系统性包含两层含义。从构成教学的基本要素看，教学是教学主体、教学目标、教学内容、教学手段、教学方法、教学评价等多种要素构成的整体，教学设计过程就是分析构成教学的基本要素并理顺其关系的过程。从教学的实施与教学设计的过程来看，教学或教学设计又是由一系列环节组成的程序性操作的过程，一个环节的缺失则可能导致整个操作系统的失败。

结构性特征。教学设计模式一旦成型，就表现出一定的结构化特征。早期的教学设计模式大多是线性的，例如，迪克－凯瑞模式就是一个典型。肯普认为一个教学系统由学生、目标、方法、评价四个基本要素构成，基本要素及其关系组成教学系统开发的出发点和大致框架，并由此提出了一个教学系统开发的椭圆型结构模型。教学设计模式的结构并非一成不变，或都可以作精确描述的，史密斯和雷根认为，实际的教学设计工作并不一定完全是套用刻板的序列，在许多情况下，教学设计的多项活动是同时开展的或者循环往复多次的，尤其是在"心里"进行设计活动时更是如此。所以，他们也强调指出，现实情境中的教学设计模式如果要确切地加以图示表达，可能更像是一团环环相扣、层层相依的"线球"。

建构性特征。任何一种教学设计模式都不是事先客观存在的事物，而是主观见之于客观的活动成果。模式的形成过程是人们反映客观教学生活，主动建构教学模型的过程。设计者无论运用现成的教学设计模式，还是建立新的教学设计模式，都受其已有经验与思维方式的制约，即使运用成熟的教学设计模式，也会因个体对模式的理解不同，而使模式发生或多或少的改变，使理论模式与应用模式之间存在一定差异。比如，同样是教师中心模式，有的教师重主导，有的教师更重主宰。

稳定性特征。教学设计模式的形成非一朝一夕，是人们对教学设计实践经验的概括和总结，是在广泛认同和大量使用的基础上形成的，一旦形成就难以轻易改变，无论教师中心模式，还是双主体教学模式都有着悠久的历史。迪克和凯瑞的系统方法模式，已有了三十年的历史，至今仍是人们进行教学设计的重要参照模式。一般说来，教学设计若没有受到教育理念重大变革的影响，其教学设计模式的变革也相对较小。

实用性特征。教学设计的目的就是为了解决教学实施中的基本问题。教学设计的基本问题可以归结为如何确立目标、如何导向目标、如何评估目标。史密斯和雷根模式的特色之一，就是从基本问题出发来考虑教学设计过程，他们认为，在最一般的意义上来说，教学设计者的任务无非是要回答三个基本问题：①我们要到哪里去（教学的目标是什么）？②我们怎样到那里去（需要有什么样的教学策略与媒体）？③我们如何知道是否达成了目标（如何检测？如何评估与教学调整）？问题解决不仅是教学设计所追求的目标，也是评价一个教学设计是否成功的重要依据。

四、几种经典的教学设计模式

教学设计模式虽然多种多样，但影响较大的主要是以下几种经典的教学设计模式。

（一）迪克和凯瑞模式

迪克－凯瑞教学设计模式是迪克与凯瑞在20世纪60年代创建的，迪克－凯瑞教学设计模式采用了系统化方法。系统化的方法强调任务中各环节之间的关系，任务过程中的每一步作为下一步的条件，对于是否达到目标要求，通过反馈进行检测，如果没有达到要求，就要对该过程进行反复修改直至达到既定教学目标。模式的结构流程如图3-1所示。

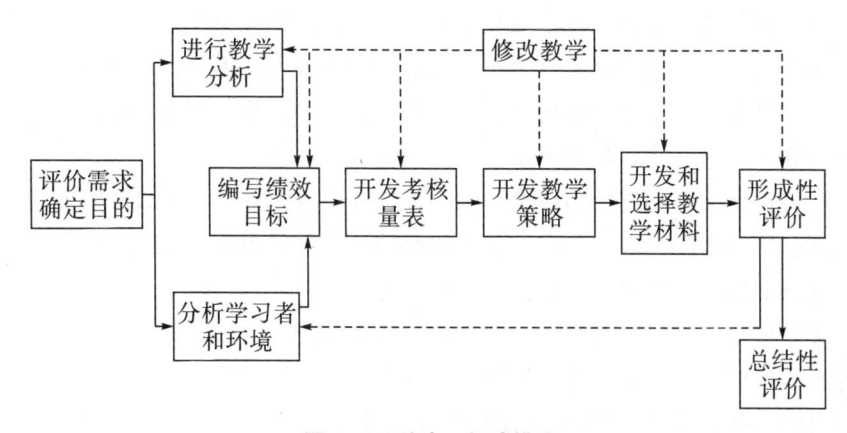

图3-1 迪克－凯瑞模式

这一模式十分注重教学过程的系统性。他们认为教学过程是将教学看成一个系统的过程，这一过程的每一个成分对成功的学习而言都是至关重要的。这一模式包括十个相互联系的组成部分，这些组成部分是教学设计人员用来设计、开发、评价和调整教学的一系列步骤（程序）和技术。

（1）确定教学目标。作为教学活动的第一步，首要的任务是确定教学目标，即教学设计者要明确学习者在完成教学任务后应该学会什么。

（2）进行教学分析。分析实现学习目标所需要的步骤，分析下位技能，确定实现这些步骤所必须掌握的技能。

（3）分析学习者和环境。学习者是教学活动的出发点与归属。对学习者学习起点及个别差异的了解是教学设计的重要依据。要更好地了解学习者和学习环境，就必须在教学中进行学习者分析，从而更准确地把握影响学习者学习绩效的因素。根据这些因素对学习者进行分析，制定出相应的教学策略，从而促进教学效果的提高。

（4）编写教学具体目标。绩效目标是关于学习者在完成一个教学单元后能够做什么的描述，是教学设计的关键。教学目标的编写不仅仅是为了明确学生的学习目的，更重要的是帮助设计者选择教学内容、运用教学策略、评估教学效果提供依据。

（5）开发考核量表。通过开发标准化的考核量表，可以对学习者的学习结果进行标准化评价。学习者通过标准参照考试，可以对自己的学习结果进行评价，对自己的学习情况作出分析总结，调整学习行为，提高学习的有效性。教师通过进行标准参照考试，可以充分了解学习者对学习目标的掌握情况。根据这些反馈情况，对教学设计作出补充和修改，从而使整个教学更加完善。

（6）开发教学策略。包括对教学内容的安排顺序和组织形式，并对学习者的学习活动顺序和组织以及教学与学习活动的传递方式等进行规划设计。

（7）开发与选择教学材料。包括对教学材料的收集、分析、处理，以及对教学材料的呈现方式与学习者学习方式的指导等。

（8）设计与实施形成性评价。教学设计无论多么完美，在教学实践中总会出现这样或那样的问题，要想在教学材料的开发过程中及早发现这些问题，就要实施形成性评价收集用来改善教学材料的信息。

（9）修改教学。通过对形成性评价的数据分析，及时发现先前教学设计环节存在的问题，并及时改进，使教学设计各环节目标趋于一致。

（10）总结性评价。在教学设计开发完成之后，就要通过总结性评价对所开发教学活动和程序进行最终评价，以确定它在现实教学中是否具有有效性。

以上十大步骤代表了迪克和凯瑞倡导的运用系统方法设计教学的程序。这些程序之所以被看成是系统方法，乃是因为它们是由一组相互作用的成分构成的，每一个成分都有其自己的输入和输出，整合之后产生了预期的产品。这一模式有利于明确学习目标，对学生的学习与教师的教学具有明确的导向作用。

（二）肯普模式

这一模式由肯普（J. E. Kemp）在1977年提出，后来又经过多次修改才逐步完善，如图3-2所示。该模式的特点可用三句话概括：在教学设计过程中应强调四个基本要素，需着重解决三个主要问题，要适当安排十个教学环节。

第三章 教学设计的模式

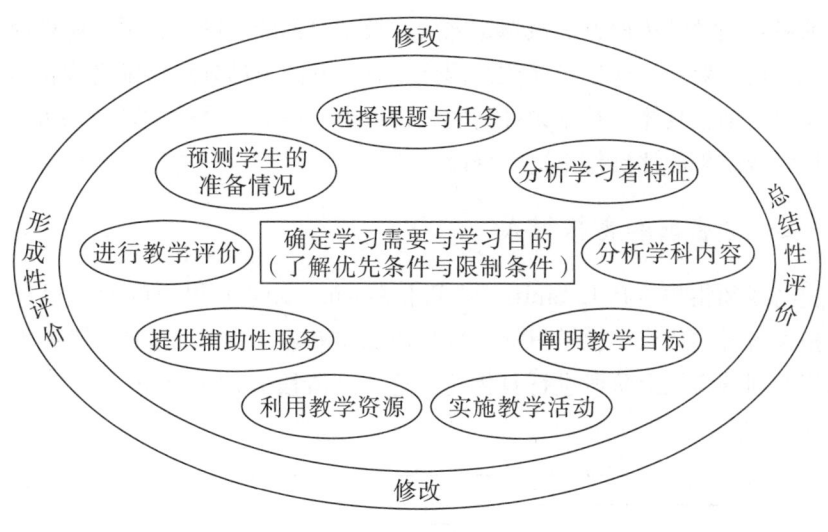

图 3-2 肯普模式

四个基本要素主要指：教学目标、学习者特征、教学资源和教学评价。差不多在任何一个教学设计模型中都可以见到其踪影。这四个最基本的成分形成了系统的教学规划的框架。

三个主要问题为：①学生必须学习到什么（确定教学目标）；②为达到预期的目标应如何进行教学（即根据教学目标的分析确定教学内容和教学资源，根据学习者特征分析确定教学起点，并在此基础上确定教学策略、教学方法）；③检查和评定预期的教学效果（进行教学评价）。

肯普认为，一个综合性教学设计有十个成分：①确定学习需要与学习目的；②分析学习者特征；③分析学科内容；④向学习者阐明教学目标；⑤选择课题与任务；⑥预测学生的准备情况；⑦实施教学活动；⑧利用教学资源；⑨提供辅助性服务；⑩进行教学评价。肯普认为，虽然十个成分构成了一个逻辑的、顺时针的序列，但教师在操作每一个成分时不一定非要按此顺序。这也是使用这一椭圆形模型的理由。一个椭圆没有一个特定的起点。每个人都可以按他们自己意愿实施这一教学设计过程，不管从哪里切入，都可以根据他们认为符合逻辑的或合适的顺序进行设计。在椭圆形模型图示中，这些要素之间并不是用直线或箭头相连的。一般来说，事物的前后衔接表明的是一种序列、线性秩序。虽然肯普使用椭圆形模型的目的是想传递一种灵活性，但也不否认十个成分也可以有某种序列联系。使用椭圆形图示的另一个原因是十个成分之间存在着灵活的相互依赖性。对于一个成分做出的决定可能会影响其他的成分。例如，尽管已经陈述了教学目标，但学科内容的具体项目可能会增加或重新排

83

序，或者，当教学传递方法被选定之后，教学目标的意图会比最初陈述时更为清晰，这就需要对目标进行修改。因此，这一椭圆形的外层伴随着评价与修改两个程序，即在具体的教学设计与实施过程中，任何一个教学环节都可以根据对其过程或结果的评价作出适当修改。

（三）史密斯和雷根模式

史密斯和雷根（P. L. Smith & T. J. Regan，1993）提出的教学设计过程模式把学习者的特点、教学目标、教学资源和策略、教学评价和修改按照四个基本问题划分为三个阶段进行具体化。这三个阶段分别是分析、策略和评价。如图 3-3 所示。

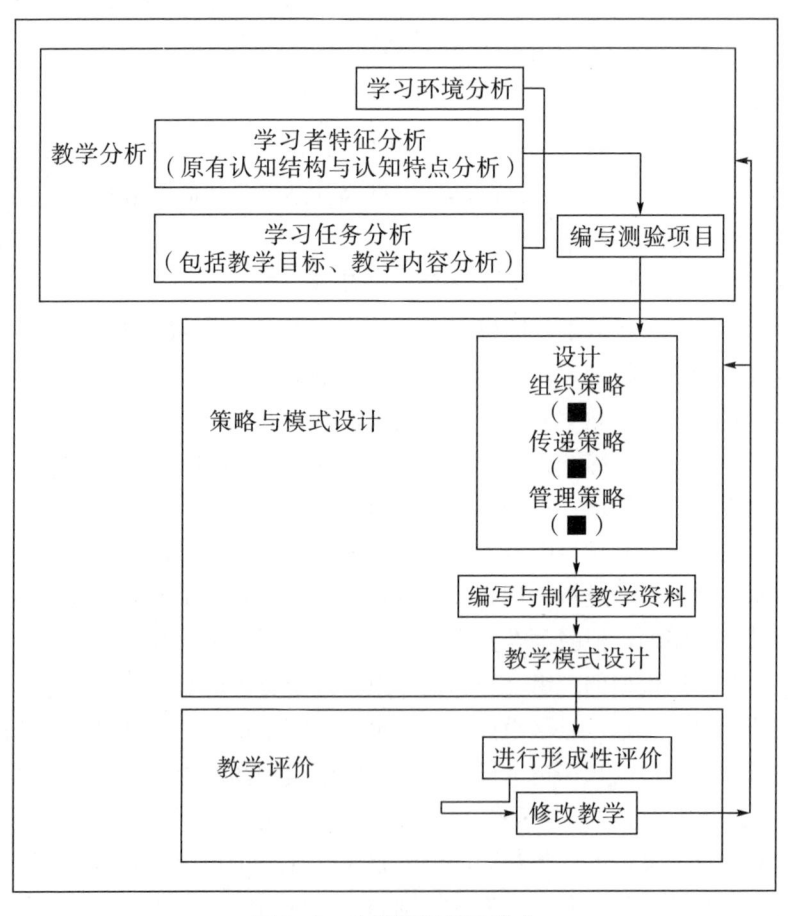

图 3-3 史密斯和雷根模式

在第一阶段,分析学习环境、学习者、学习任务,制定初步的设计栏目;在第二阶段,确定组织策略、传递策略、管理策略,设计好教学过程;在第三阶段,进行形成性评价,对预期的教学过程予以修正。这三个阶段或三个设计活动是绝大多数教学设计模式都予以强调的。

分析情境、学习者与任务阶段。设计人员要尽可能多地了解学习者所处的环境,了解学习者本身的特点以及了解要求学习者完成什么样的学习任务。还要了解学习任务本身,了解学习者究竟需要掌握多少知识技能才能完成学习任务。

教学分析阶段设计人员要回答的问题主要有以下几点。

(1) 学习者所处的学习环境是什么样的?

(2) 学习大概需要花费多少时间?这些时间是否有保障?

(3) 学习者是否有实际操作的学习机会?

(4) 学习者对参加学习的兴趣有多大?他们将得到什么样的回报?

(5) 哪些人是预期的学习者?是什么吸引着他们?他们有什么样的教育背景?

(6) 所有的学习者都需要达到相同的目标吗?

(7) 为了掌握新的知识技能,学习者需要有什么样的基础?

(8) 学习者需要掌握什么样的知识技能?

(9) 如何评估学习者是否达标?

教学策略阶段。教学策略是教学实施的关键,教学效果必须注重以下三类教学策略的设计。

(1) 教学组织策略:指有关教学内容应按何种方式组织,秩序应如何排列以及具体教学活动应如何安排(即如何做出教学处方)的策略。

(2) 教学内容传递策略:为实现教学内容由教师向学生的有效传递,应仔细考虑教学媒体的选用和教学的交互方式。传递策略就是有关教学媒体的选择、使用以及学生如何分组(个别化、双人组、小组或是班级授课等不同交互方式)的策略。

(3) 教学资源管理策略:在上面两种策略已经确定的前提下,如何对教学资源进行计划与分配的策略。

评价阶段。评价既包括对学习者的评估,也包括对教学的评估。在设计评价活动时,设计人员要明确下列几个问题。

(1) 教学内容是否准确无误?

(2) 为了得到改进教学的信息,我们需要什么样的反馈?我们是否需要安排试验教学？是一对一试教还是小团体试教？

（3）为了了解教学中还存在哪些不足我们需要提出怎样的反思性问题？

（4）在实际教学中应该做出哪些调整？

史密斯和雷根的教学设计模式突出的特点是强调三类教学策略的设计，并把重点放在教学组织策略上，而教学内容的组织和有关策略的制定，必须充分考虑学生原有的认知结构，这与认知学习理论密切相关，是对行为主义教学设计理念的重大改进。

（四）马杰模式

马杰（Mager R. F.）作为当今国际上公认的最有影响的培训与教育专家之一，著有《有效教学的设计》（1997年第2版）。以当今教学与培训设计的先进理念为依托，依据教学分析、设计、开发、实施和评价等阶段（即教学设计或培训设计界通用的 ADDIE 模式），讨论了一系列关于教学设计的基本问题。马杰认为，教学设计总是要求思前顾后、通盘考虑的。教学系统开发程序不限于哪个学科、专业和职业，如果不考虑教学目的，程序设计是基本相同的。其教学设计模式中的各个步骤要义如下。

（1）教学分析阶段。首先，实施业绩分析。业绩分析程序通过分析实际做的和应该做的事情之间的差距，寻找消除差距的具体措施，尽量避免教学失误。其次，开展目标分析。目标分析并非只在教学设计和开发的某处存在，只要教学意图不够明确就需要进行目标分析。当希望学习者有令人满意的表现却不能说出他们应该有能力做什么时，就有必要做目标分析。最后，完成任务分析。任务分析是对进行一项相对连续任务的个体行为序列先后所做的说明，而不管其任务的步骤主要是认知的（心理的）还是心理动作（身体的）。任务分析之后，有可能得出要完成任务人们应具备哪些技能。正是通过任务分析才能确保重要的技能知识的传授不致遗漏。

（2）教学设计阶段。马杰认为教学设计阶段有四项主要任务。第一，说明教学具体目标。具体目标来自人们执行任务之前所需的技能，规定了教学的最终指向。教学目标描述了预期状态下的教学结果，说明了学习者必须能做什么才被认为是有胜任能力的。第二，明示技能分层。明了技能之间的相互关系。遵循技能形成的逻辑顺序设计课程内容，提高资源与设施的利用率。第三，确定教学对象。明确哪些人会在教学中受益，通过了解这些关键特征，有可能使教学更好地适合每一个学习者。包括选择具体目标、示例、术语、媒体及充分考虑到每个学习者达成目标的程序。第四，规定课程先决条件。课程先决条件说明了学习者在能从教学中获益之前而必须先具备的东西。先决条件来自说明教学对象和课程中哪些该教哪些不该教。

（3）教学开发阶段。马杰认为教学开发包括拟定标准测试、提供针对性练习、选择教学内容、选择传递方式等七个步骤。第一，拟订标准测试。标准测试是衡量学习者和教师教学有效性的重要依据，学习者经教学后能达到预期的目标，教学就可以进入下一单元序列，若未能通过测试，教学将在原有活动中继续。第二，提供针对性练习。这一步描述了应该提供什么"素材"，才使得学习者掌握教学内容成为可能。此时要列出所需设施和工具及教学环境，列出一些在实际岗位条件下所涉及的人。因为练习是教学活动必不可少的一个部分，所以安排适当的教学操练是很重要的。第三，选择教学内容。通过对目标、标准测试、针对性练习和说明教学对象，就能够得出有利于完成每个目标的教学内容，确保他们学到的是必须知道的东西，而非无关的或已经知道的内容。第四，选择教学传递方式。这一步主要决定媒体和其他资源。通过这种方式学习者懂得在开始练习之前应需要知道什么。在确定内容之后进行媒介的选择，这通常是容易而省时的。第五，安排教学模块。包括确定具体目标的操练和对练习的结果如何作出反馈。第六，进行试教。试教是教学实施的重要一步。通过试教可以诊断教学是否有效，以及正式实施之前需要做哪些改进。重视教学效果的人坚持在上每一堂课之前至少有一次"试教"。第七，教学单元排序。这一步把教学单元按一定的次序排列，以便维持或提高学习者的动机，在已有的基础上建构新的或复杂的技能，对已学的知识进行定期练习。

（4）教学实施阶段。教学实施由制定上课程序、做好上课准备、实施教学三个环节构成。上课程序可看作是一堂课的上课路线图，是按理想状态和特定条件而设计的，它为学习者和教师提供一个参照依据。这个路线图告诉学习者课与课之间有怎样的联系，在进行其他课程单元时，哪些单元应先掌握，同时帮助学习者确定下一步应该做什么。上课准备是教师在教学实施之前所做的准备工作，包括界定成功的教学要素，激发学习动机，应用和控制能加强业绩表现的有利结果，排除教学有序进行的障碍。实施教学，在每一个教学单元开始前，学习者应先了解具体目标，然后决定是否需要教学或操练。在教学完成后，应该让学习者表现其对具体目标的掌握程度。如果他们达到或超出了标准，就可以提前进行下一单元，否则就应该采取补救措施。

（5）教学评价或改进阶段。教学实施的效果如何，有待通过教学评价，作出价值判断。教学改进由明确改进条件和采取必要的步骤运用改进条件两部分构成。其程序涉及对教学实践的现状和预期的教学进行比较，即对"实际是什么"和"能够是什么"做出比较。评价达到预期目标,教学就能依序进行,评价未达预期目标,则需要对教学进行改进。

马杰的教学设计模式,以教学设计的基本问题为出发点。着重回答三个基本问题:①我们要到哪里去(教学的目标是什么)?②我们怎样到那里去(需要有什么样的教学策略与媒体)?③我们如何知道是否达成了目标(如何检测?如何评估与教学调整)?例如,马杰认为,如果将教学设计要回答的三个基本问题转换成教学设计工作者要做的事情,那么可以是:①实施教学分析以确定我们将到哪里去。②开发教学策略以确定我们如何到那里去。③开发与实施评价以确定我们如何知道是否达成了目标。

分析阶段和设计阶段可保证教学是做值得做的事情;开发阶段确保教学能够预期有效;实施阶段使教学实际有效;评价和改进教学阶段使教学尽可能持续有效。

(五) 加涅模式

罗伯特·加涅(Robert Mills Gagné)是美国教育心理学家。加涅模式是加涅将认知学习理论应用于教学过程研究而提出的一种教学策略。加涅认为,教学活动是一种旨在影响学习者内部心理过程的外部刺激,因此教学程序应当与学习活动中学习者的内部心理过程相吻合。根据这种观点他把学习活动中学习者内部的心理活动分解为九个阶段:引起注意→告知学习目标→刺激回忆→呈现刺激材料→根据学习者特征提供学习指导→诱导反应→提供反馈→评定学生成绩→促进知识保持与迁移,与之相应的教学设计模型也分为九个阶段,见表3-1。

表3-1 加涅九段教学法

教学阶段	"学"的过程	"教"的过程	芝麻街英语课堂环节 (以 K3 为例)
教学准备	注意 (attending)	引起注意	Warm up
	预期 (expectancy)	告知学习目标	Chant & Learn-Intro Reading-Intro
	提取原有知识 (retrieval to working memory)	回忆先决条件或相关知识	

续表

教学阶段	"学"的过程	"教"的过程	芝麻街英语课堂环节（以 K3 为例）
知识获得和作业表现	选择性知觉（selective perception）	呈现新的内容	Chant & Learn—Practice Reading—Practice
	语义编码（semantic encoding）	为学习者提供指导	
	反应（responding）	引出行为	Chant & Learn—Use Reading—Use Interactive Onboard Game
	强化（reinforcement）	提供反馈	
保持与迁移	提取和强化（retrieval clues）	测量行为表现	Sing & Dance Make & Play Handicraft Writing
	提取并概括化（generalization）	促进保持与迁移	Goodbye & Review Homework

第一阶段：教学目的。目的在这里被定义为一种理想的事态。这一阶段中设计者先明确自己的教学要达到什么样的理想状态。

第二阶段：教学分析。首先是确定达到终点目的需要什么样的技能，其次是要确定学生是否具备这些技能，然后揭示目标并决定教学顺序。

第三阶段：起点行为和学生的特征。这一步常与上一阶段信息加工分析同步进行。这一阶段的目的是确定学生具备的技能，从而根据不同的学生选择不同的教学起点。

第四阶段：作业目标。这是一个承上启下的阶段。设计者将教学的需要和目的进一步转化为作业目标。因为作业目标才是可观察、可测量的行为陈述，这才能为下阶段设计提供可能。

第五阶段：标准参照的测验项目。测验的目的是要确定学生是否习得了所需要的技能。成绩评估因用途不同分为两种，即形成性评价和总结性评价。前者是通过数据以改进教学为目的的评价，后者是在计划以最后形式确定后对整个教学活动的评价。

第六阶段：教学策略。加涅认为教学策略是帮助学生以自己的努力实现计划。它常表现为教师编写的课时计划。这一阶段教师必须能够将所要学的知识、教学设计理论和自己对学生以及目标学习的经验三者有机融合为一体。

第七阶段：教学材料。这里的材料指用于传递教学事件的印刷物或者其他各种形式的媒体。教学材料是帮助教师达成教学目的的重要手段。选择和开发材料是教师进行教学设计工作的重要部分。

◇ 教学设计与案例分析

第八阶段：形成性评价。这一步骤的目的是为修改和改进教学提供数据，以便让教学尽可能地对最大量的学生有效。

第九阶段：总结性评价。将系统看作一个整体，对其效果的研究就被称为总结性评价。它是在系统进行了形成性评价之后，对其广泛应用之后的综合评价。

加涅的教学设计模式，吸收了行为主义和认知主义两大学习理论的优点，主张既重视外在刺激（条件）与外部反应（行为），又重视学习者内部心理过程的作用，教学就是安排适当的外部条件来影响和促进学习者的内部心理过程，使之得到更理想的学习效果，这一模式既强调教师这一主体在教学过程中的主导作用，又重视学生这一主体在教学过程中的主观能动作用，体现了教学设计双主体的特点。

尽管教学设计的模式各不相同，但设计所关注的基本问题是一致的，如学习主体、教学目标、教学内容、教学过程、教学策略与教学评价等，对这些问题的不同解答构成了不同的教学设计模式。

【案例】

教学设计过程分析[①]

活动目标：

1. 通过活动，使学生进一步掌握分段整理数据的方法，会用统计表和条形统计图表示数据，体会统计在现实生活中的应用，发展统计观念。

2. 使学生在活动中了解自己的同学，了解自己的班级，培养关心他人、关心集体的思想意识，体会合作的意义，感受集体的力量。

活动准备：

学生已有的《成长档案》，成长记录项目包括：学号、出生年月、身高、体重、个人爱好、个人愿望等基本情况。

活动过程：

一、"了解谁"——产生统计需要

出示本班学生变动情况统计表：

[①] 苏教版《义务教育课程标准实验教科书数学》四年级（上册）第84—85页。

	本学期转出	上学期末	本学期转入
人数	1	42	5

从这张表中你知道了什么？（学生自由发言）

小结：从表中我们可以知道，新学期我们转进来5名新同学，转走了1名同学，46名同学组成了一个新的班集体。在这个大家庭中我们要互相帮助，团结友爱。（放背景音乐：《相亲相爱一家人》）你们是否了解自己班里每一名同学的个人情况呢？（板书：了解谁）

"了解什么"——明确统计内容

提问：你们想了解自己班里同学的哪些情况呢？（板书：了解什么）

学生自由发言。可能想到：想了解同学的身高、体重；想了解同学的出生年月；想了解同学的兴趣爱好；想了解同学的家庭成员；想了解同学的家务劳动情况。（板书：身高、体重、年龄、生日、兴趣……）

引导：同学们想了解的内容真多！今天这节课我们就来"了解我们自己"。（板书课题：了解我们自己）让我们先了解班级同学的身高、体重、年龄、生日、参加兴趣小组等情况，好吗？（"我们"加横线，下面板书：班级）

二、"怎样了解"——确定统计方法

1. 讨论收集数据的方法。

小组讨论：要统计这些内容，应该怎样了解，怎样收集这几方面的数据呢？（板书：怎样了解：收集数据）

全班交流，教师介绍一些收集数据的方法。（板书：个人了解、小组收集、查阅档案、问卷调查……）

2. 分工合作收集数据。

要求：为了便于同学们进行统计，我们采用分类统计的形式，把身高、体重归为第一类统计内容，把生日、年龄、兴趣小组归为第二类统计内容。（板书：第一类，第二类）每个小组在两大类中各选一个统计内容展开统计活动。（教师协调各小组选择的内容）

小组分工：4人负责收集数据，1人负责汇总，1人负责校对监督。（板书：分工合作）

学生分小组收集、整理数据，教师巡视，指导学生进行组际合作，组织相同研究内容的小组开展交流活动。

91

◇ 教学设计与案例分析

汇报：你们小组收集的是哪一方面的数据？请把你们收集的数据展示给大家。

提问：收集好数据接下来该做什么？（板书：怎样呈现：统计表，统计图）

三、"了解后怎样呈现"——制作统计图表

1. 讨论统计图表的分段方法。

找出范围：从刚才小组的汇总中，你知道我们全班同学的身高范围了吗？

分段整理：根据最大数与最小数之间的差距，你认为身高怎样分段比较合理？其余统计项目呢？

2. 各小组合作完成统计表与统计图的制作。

3. 小组汇报与相互评价。

4. 小结：通过刚才的统计活动，大家已经了解了我们自己。说说你了解了些什么？了解了我们自己这么多的情况，有什么用呢？（板书：有什么用处）（学生自由回答）

四、"了解有什么用处"——知道统计用途

谈话：统计不仅能帮助我们了解自己，还可以帮助别人了解我们，从而解决一些实际问题。

1. 订做校服。

提问：学校要给同学们做校服，应该给服装厂推荐哪一张统计表呢？

追问：是否可以直接推荐这一张身高情况统计表呢？

引导学生联系前面学过的知识，明确应该按照服装行业的统一规定将学生的身高情况按大号（140～149cm）、中号（130～139cm）、小号（120～129cm）重新分段统计。

学生按要求重新分段统计。

2. 最受欢迎的节目。

提问：学校举行艺术节，最受我们班同学欢迎的会是哪一个节目呢？应提供哪张统计表？

学生交流，并说明选择的理由。

统计的最终目的是为了应用。在学生通过统计活动获得需要的相关数据和合适的呈现方式后，教师创设两个生活化的问题情境，让学生根据信息选择统计图表或改造统计图表，体会统计的作用与价值。

五、回顾反思，拓展延伸

总结：通过今天的统计活动，你们有什么收获？

延伸：如果把我们学校的同学都看做"一家人"，你想了解什么呢？（板书：学校）课后，我们可以和自己的伙伴再次合作，收集学校同学的有关数据开展统计活动。

评析：

本课的设计抓住了几个关键问题：目标、对象、实施过程与方法、结果与评价。

首先，目标明确。通过活动，使学生进一步掌握分段整理数据的方法，会用统计表和条形统计图表示数据，体会统计在现实生活中的应用，发展统计观念。增强了解自己、他人、班级的意识，培养与人合作的意识与能力。

其次，对象明确。"四年级的学生"与"学习成长档案袋"既有利于对群体的认识，也有利于对学生个体的了解。

过程与方法是设计的重点。课文从"相亲相爱一家人"的情境创设开始，让学生产生"了解谁"的统计需求；确定了需要了解的对象，接着便是了解的内容，学生通过"了解我们自己"经历了统计内容的产生过程。在收集数据方法的处理上，让学生根据实际情况小组合作与交流，以及对学生已有的《成长档案》的数据处理体验了多样化方法的运用。此后，教师充分利用集体讨论、小组合作、汇报交流等组织形式，引导学生完成对统计数据的整理，让学生运用已有的统计知识完成统计表与统计图的制作，使学生的学习上升到了较高的层次。

最后，通过拓展延伸使学生把统计的方法运用到更广阔的领域，从而掌握了一般性的问题解决的原理与方法。

从结果与评价看，整个教学过程遵循了学生认知发展的规律，层层推进，逐层深入。教师主导与学生主动相结合，师生共建学习共同体，情感体验、认知发展与行为训练相结合，实现了知识、能力与情感的协调发展。

五、教学设计模式的批判与构建

（一）教学设计模式的批判

长期以来，教学设计在指导教学实践中的作用都得到人们的充分肯定，无论教学设计的专家还是一线教师对教学设计都推崇有加,但事实告诉我们:预设的教学设计与生成的教学实践之间还有相当的距离,教学设计并不能解决教学实践中生成的具体问题。以至于教学设计的研究专家及教学人员不得不对教学设计本身提出质疑。[①] 教学设计研究专家 Rose(2002)结合自身体验坦陈:拿我自己来说,作为一个教学设计研究者,我深深感到,与那些具有考古学、英国语言文学和植物学背景的教育学人士相比,我并没有什么优势。W. Dick(1986)认为一种旨在通过对教学进行系统设计、开发和评价,以改善和提升学生学业成绩的学科,理应非常有教学实用价值,却又不能为公立学校所广泛接受,其间的原因耐人思考。Willis(1995)从七个方面描述了传统教学设计范型的特点:①过程是序列化的和线性的;②设计是自上而下的和"系统的";③是目标导向的;④专家对教学设计工作来说必不可少;⑤精心设计的教学顺序和教学技巧相当重要;⑥目的是传授既定的知识;⑦总结性评价必不可少。传统教学设计的思维"核心"是程式化的,主要关注的是如何执行、完成某种任务,用公式化方式简化和解释一系列复杂过程。[②]

我国学者钟志贤认为,传统教学设计范式的局限性表现在以下八个方面。

(1) 滞后于时代。它是基于工业时代思维模式或适应工业时代的产物,以科学理性主义、经典逻辑实证主义为哲学基础,信奉客观主义学习理论或教学哲学观。同时,具有封闭系统的倾向,难以反映社会变迁的需求和积极吸纳、整合相关研究成果。

(2) 要素还原论。其思维方式表现为典型的笛卡尔思维方式——要素还原主义或"原子论"分析思维,认为复杂的学习或教学系统可以还原为一个个微小的组成部分,只要对每个微小组成部分实施控制,就可以达到整体系统的效果。同时,复杂知识可以还原和分解为简单知识,对知识的教学可以进行缜密的程序设计。

(3) 决定论思维。认为知识是外在于学习者的客观存在,是可以通过传送或灌输方式"给予"学习者的实体。教师和教科书是知识权威的化身,学习者是等待被知识"填装"的容器。教学过程是遵循客观规律,按照固定的程序和步骤传递客观知识的过程,而且其结果完全是可预测和可重复的。教学既然是传递既定的"客观知识",那么,学生就是被教学塑造的对象,教学实际上就

---

① 钟志贤. 传统教学设计范型批判[J]. 电化教育研究,2007(02):5—10.
② Willis, J. (1995). A Recursive, Reflective Instructional Design Model Based on Constructivist- Interpretivist Theory [J]. Educational Technology, Vol. 35 (11~12):10—11.

是对学生施加控制的过程,教学活动必然具有外在控制性质。教和学之间是一种"传递—接受"的关系,是一种简单的、线性的因果联系,是确定性、决定论和可预测的关系。

(4) 悬置设计主体。是自上而下的、专家驱动的设计思路,带有明显的工程设计或技能训练设计经验的推演痕迹。设计前提通常是精确性、可预测性和决定性的,设计结果往往是规定性、权威性、指令性和处方性的。这种方式不仅以简单化思维处理复杂的教学系统,而且悬置、剥夺或屏蔽了教师作为教学设计主体的空间。

(5) 去情境化的设计。追求所谓"一般性和通适性的"教学设计模式,通常设定一种理想化的教学状态,构建线性的、程式化的模式,强调设计的准确性和使用的优先性,忽视教学情境的独特性和教学主体对理论转换生成的必然性,带有"用模式寻找问题"的导向。这种教学设计"看上去很美",实际上却是脱离教学情境的"真空设计",是去情境化(decontextualized)的设计,其实际适用性和生存力(viability)非常有限。

(6) 低阶能力的目标倾向。强调记忆、解决良构问题的低阶知识学习,忽视高阶能力(尤其是高阶思维能力)的学习,忽视潜能开发、人格培育、创新与实践能力的发展,忽视过程与方法、情感态度和价值观的学习、培养与熏陶等。

(7) 繁琐的形式主义。由于追求客观性、精确性、程式化的思维使然,传统教学设计范型是一种繁琐哲学。精确细致、循序渐进、密密麻麻的流程图实际上是一种形式主义,貌似严谨缜密,却严重缺乏实用性和操作性。这种繁琐的形式主义在现实中的弊端暴露无遗:一是消解了教师创造性设计的空间,容易使教学变得僵硬呆板,缺乏生机和活力;二是忽视了教学过程的动态性、复杂性及不确定性,难以处理教学中各种随时可能出现的、难以预期的教学问题;三是繁杂性、重复性的教学设计根本不符合教师工作实际。

(8) 预成论的操作方式。教学设计一般在教学活动之前进行,教学活动严格按照教学计划来实施,似乎教学设计和教学活动是可以截然分开的。这种操作方式是预成论的立场所决定的。事实上,实际的教学设计离不开设计主体的作用,这是因为每个教师在任何时候所面临的教学情境都不一样,都有其独特的教学个性或教学风格,而且对理论和规则的理解与应用都存在一个"阐释学处境"。因此,教师不是被动套用程式化设计方案的机器,而是根据具体的教学情境,创造和实施教学设计的主体。

教学设计的模式虽然各不相同,但一旦形成,就会成为教学设计创新的桎梏，正确认识传统教学设计范式的局限性，有利于超越传统模式，构建适应时代需要的教学设计新模式。

（二）教学设计模式的构建

Reigeluth（1991）指出，传统教学设计遵循的是工业时代大规模批量生产的思维模式。在这种思维模式下，无论什么样的软件、硬件都难以发挥促进学习的功用。时下，教学设计所面临的重要任务就是改变工业时代的思维模式。信息时代对教学设计改革不仅提出了严峻的挑战，也提供了极大的可能。为了真正实现从"标准化生产"的教学向梦寐以求的"量身定制"的教学设计变革，必须实现如下方面的转变：①从基于年级、班级水平的学业进步走向个性化的、持续发展的学业进步；②从基于固定时间的教学走向基于掌握的教学；③从基于教师的教学走向基于资源的教学；④从教师作为讲授者向教师作为促进者转变；⑤从个体竞争学习走向群体协作学习；⑥从被动学习走向主动学习；⑦从常模参照测验走向标准参照测验；⑧从以比较为目的的成绩评定向分项目水平的成绩评定转变。[①]

Banathy（1991）的视野更宽，他认为教学设计要突破发展的瓶颈，必须实现教学设计思维方式和价值观念的更新与超越：从对教学内容系统设计转变到关注教育——社会大系统的设计；超越以往仅就学校内部教学系统考虑的边界，将"整个社会"作为考虑的范围；应强调将现代教育技术与社会环境结合起来，开辟应用一切学习资源，实现教育社会化、民主化、个性化的广阔途径。只有结合时代变迁对旧教育体制进行彻底改造，才能将新的教育带入21世纪，也只有这样，教学设计才能与社会协同演进，并获得推动社会变革的能力。现有的教学设计研究基本上是对"以教学为焦点"的教学设计的改良，没有突破原有的思维框架。教学设计应当选择"以学习经验水平"为焦点，才能构建起面向信息时代的新教学体系。[②]

超越传统教学设计模式，必须看到教学情境的复杂性和独特性，重视教师和学生的主体意义，回归教师和学生的教学设计话语权。教师是教学的设计者和使用者，教师所面对的教学情境总是特别的，变化不定的，难有重复性的可能，更不可能由他人来设想、设定或包办。一切事先规定的教学设计程式，无

---

① Reigeluth, C. (1991). From ISD to ESD: Educational Technology and its Underware [J]. Educational Technology, 31 (11): 33—34.

② Banathy, B. (1991). Comprehensive Systems Design in Education—A Design Imperative Leap Out from the Existing System [J]. Educational Technology, 31 (5): 54—55.

论多么精致和完美，都是一种"去情境化"的理想假设。这也是所谓优秀教案不具备普遍意义的根本原因所在。真正的教学设计是"教学情境"的使动，教学主体根据情境需要不断调控和生成的过程或结果，具有鲜明的情境性、个性和随机性。在此基础上构建的教学设计模式必然会具有随机性、生成性与情境性的特点，整齐划一，一成不变的教学模式将不复存在。

思考题

1. 什么是教学设计模式？建立教学设计模式意义何在？
2. 学生中心的教学设计模式有何特征？如何构建以学生为中心的教学模式？
3. 试比较行为主义的教学设计模式与建构主义的教学设计模式有何不同？
4. 简述 ADDIE 教学设计模式的基本内容，并对这一模式作简要评价。
5. 教学设计的问题模式关注哪些基本问题？这一模式对教师的教学设计有何指导意义？
6. 比较几种经典的教学设计模式，看看他们在教学设计中共同关注了哪些问题？
7. 简要评价迪克和凯瑞教学设计模式。
8. 加涅的教学设计模式对教学设计有何影响？你能对九段教学法作出调整或改进意见吗？

第四章 教学对象分析

一、教学对象分析的意义

在构成教学的诸要素中，人是最关键的因素，教学对象是教学的主体，是教学的出发点与归属点，教学对象分析是保障教学活动顺利进行的有效举措。

（一）教学对象分析有利于正确处理教学关系

理顺教与学的关系是教学活动顺利进行的重要保证。不同的教学观对教师与学生在教学过程中地位与作用的认识不一样，教师中心论者认为，教师是教学活动的中心，对教学目标确定、教学内容选择、教学方法运用及教学评价起决定作用。学生是知识的被动接受者，需要服从教师的管教。夸美纽斯把教师比作给予万物光亮和温暖的"太阳"，学生都得围绕太阳旋转。赫尔巴特强调教育或教学应服从于"以教师为中心"的系统知识传授，其目的是使教师更有效地教。学生中心论者认为教育应遵循儿童的自然发展规律，教师应为儿童的发展营造良好的自然生长环境。建构主义强调平等对话的师生观，认为"没有对话就没有交流，没有交流就没有教育"。[①] 不同的教学观总是建立在对教学对象分析理解不同的基础之上。教师中心论者忽视了学生作为学习者所具有的内在发展潜能与主观能动性，学生中心论者则夸大了学生的自主意识，削弱了教师的主导作用，平等对话论者忽视了师生之间在知识、能力、地位和作用上的不平等，把师生之间在人格上的平等，泛化到教学活动的全过程。教学对象分析通过对学习者学习现状、学习需求、学习目标等一系列因素的分析，确定教学对象在教学过程中的学习主体地位，充分发挥教学对象在教学过程中的学习主体作用。既不能丧失学习主体地位，也不能用学习主体取代教学主体。

---

① ［巴西］弗莱雷. 被压迫者教育学［M］. 顾建新等，译. 上海：华东师范大学出版社，2001：31.

（二）教学对象分析是确立教学目标的起点

教学具有明确的目的性，教学活动目的是直接指向教学对象的。教学对象不同，其教学目的也不一样。同一年级或同一班级的教学对象，有相对一致的年龄特征或认识水平，因此确立基本一致的教学目标有利于学习者达到教学的基本要求。同一年级不同班级之间存在学习差异，要求教学目标的确定也要体现班级差异。即使同一班级，教学对象之间还存在个别差异，那么个性化教学目标的确定也就是教学设计的必然选择。根据教学对象的差异，因材施教确定教学目标有着悠久的历史传统。近年来，个性化教育教学改革潮流风起云涌，把尊重人的个性，培养人的创新精神与实践能力作为教学目标的新指向，已在教学设计中产生了广泛而深远的影响。

（三）教学对象分析是选择教学内容的依据

教学内容是达成教学目标的中介，学生的成长需要精神食粮，教学过程中同师生发生交互作用、服务于教学目的达成的动态生成的素材及信息都是这类精神食粮。学校给学生传授的知识和技能，灌输的思想和观点，培养的习惯和行为等的总和都可称为教学内容，也叫课程。长期以来，人们将教材和教学内容等同起来，这种认识是片面的。教材仅仅是形成教学内容的一个"载体"，作为发挥实际作用的教学内容，其特性不同于教材内容。教学内容有三种表现形态，物化的内容、内化的内容、外化的内容。物化的内容指以书籍、电子信息、实物等形式存在的教学内容，是经过加工后客观存在的教育信息资源。内化的内容是教育者经过信息加工把存在于主体外的教育信息资源变成自己理解、记忆中的教育信息资源。外化的内容指教育者把自己加工储存的信息资源通过外在表现的形式与学习者进行交流互动的内容。一个教师掌握的教学内容无论多么丰富，针对具体的教学对象与教学目标必然要进行教学内容选择，选择内容除了根据课程标准、教材、教学情境等因素以外，教学对象分析是关键的要素。不同的教学对象有不同的学习需求，最大限度地满足学生学习的需要、发展的需要，在课程与教学的设计上做到学科课程与活动课程结合、分科课程与综合课程结合、显性课程与隐性课程结合、必修课程与选修课程结合才有利于学习者知识的获得、能力的提升、品德的养成，有利于促进学生全面发展。

◇ 教学设计与案例分析

（四）教学对象分析是选择和运用教学方法的关键

教学方法是教师和学生为了实现共同的教学目标，完成共同的教学任务，在教学过程中运用的方式与手段的总称。工欲善其事，必先利其器。教学方法及手段是教学成功的利器。常言道："教学有法，法无定法"，选择和运用教学方法关系到教学的成败。人们在教学实践的基础上总结出教学方法选择和运用的依据，认为根据教学目标、教学内容、教学情境、教学对象、教师特长等选择教学方法能收到理想的教学效果。那么如何根据教学对象分析确定教学方法呢？第一，根据教学对象发展目标选择教学方法。以知识理解为中心的发展目标，常选择传递接受式教学方法；以技能训练为主的发展目标，常选择操作实践性教学方法；以情感陶冶为主的教学目标，常选择参与体验式教学方法；对培养创新精神为主的教学目标，常选择探索发现式教学方法。第二，应根据教学对象的知识结构与能力水平选择教学方法。教学方法与学生的元认知水平及程序性知识的掌握有很大的关系，如果学生缺乏学习的程序性知识，对自己的学习过程缺乏认知、监控与调节的能力，那么教学方法的选择与运用就应该注重教法设计、加强学法指导。第三，根据教学对象的学习习惯选择和运用教学方法。一方面，根据现有的学习习惯在教学方法的选择上扬长避短，选择学生乐于接受的教学方法；另一方面，教学方法的选择应有利于良好学习习惯的养成。

（五）教学对象分析是教学评价的基础

教学评价是根据一定的教学目标，运用一定的科学方法，通过系统地收集教学信息资料，对教学活动作出价值判断的过程。良好的教学评价对教学活动具有导向、激励、诊断、调节等功能，尽管教学评价有许多参照的标准，但教学对象始终是教学评价的中心。教学对象是教学的出发点，也是教学活动的归宿。教学对象的发展水平是衡量教学质量最有力的因素。因此，对教学对象的分析是教学评价的基础。教学对象的发展指标是评价内容选择的依据。教学评价评什么？与学生的发展指标紧密相联。"应试教育"只关心学生的考试成绩，因此考试成绩几乎成了教学评价的唯一指标。素质教育呼唤学生全面发展，学生的创新精神、实践能力、情感态度、人格特征都会成为教学评价的内容，学生即使对所学的内容茫然不知，但能集中注意、用心思考，其学习过程本身也应得到肯定性评价。教学对象的个性特征是评价方法选择的依据，针对学生的个体差异，打破传统教学评价一刀切评价模式，采用多维的评价标准，用发展的、辩证的眼光看待每一个学生的优势与不足，为每一个人充分、自由的发展创造条件。教学对象的认知水平是确定评价主体的依据，教学对象不仅是认识和发展的主体，也是评价的主体，学习者对学习活动的自我评价过程也是学习者自我认知、自我监督、自我调控的过程，有利于学习者维持良好的学习状态，提高学习效率。

二、教学对象分析的内容

如何确定教学对象分析的内容，要看教学对象的哪些因素在影响和制约着教学过程与教学效果。与教学对象有关的因素不胜枚举，但就教学设计而言，教学对象发展的一般规律、生理特征、心理特征、起点状态与学习需求是对象分析不可或缺的内容。

（一）学生发展的规律性

1. 学生的发展是自然性与社会性的统一体

人的存在首先是自然的存在，因此，首先应遵循自然规律。卢梭提出了"自然教育"的原则。夸美纽斯认为："在自然、社会和人类的活动中存在着普遍的规律，一切好的教育、教学、原则、规则、方法都受这种普遍规律支配，必须服从（或适应）这种普遍规律，这就是自然适应性。"[1] 认识人的自然属性是教育的前提，它为我们应对学生的行为问题提供了认识论基础。但人如果只有自然性，和动物就没有什么两样了，人类社会从产生开始就过着与动物不完全一样的生活，他的所有行为都打上了社会的烙印。马克思认为"人的本质并不是单个人所固有的抽象物，在其现实性上，它是一切社会关系的总和。"[2] 这种社会关系直接表现为个体与社会政治、经济、文化、科学之间的相互关系。

学生的发展必然受社会因素制约，发展成果也必须融入社会、服务社会。杜威认为："教育过程有两个方面：一是心理学的，一是社会学的，它们是并列并重的，哪一个也不能偏废；否则，不良后果将随之而来。"[3] 承认学生主

---

[1] 单中惠，杨汉麟. 西方教育学名著提要 [M]. 南昌：江西人民出版社，2004：95.
[2] 中共中央马克思恩格斯列宁斯大林著作编译局. 马克思恩格斯文集：第 1 卷 [M]. 北京：人民出版社，2009：501.
[3] 赵祥麟，王承绪. 杜威教育论著选 [M]. 上海：华东师大出版社，1981：2.

体自然性与社会性的统一，就是既要尊重学生先天的遗传素质及发展规律，又要重视环境与教育对学生发展的影响，多方协同为学生营造良好的发展环境。

2. 学生的发展是主体性与客体性的统一体

马克思在考察人与人、人与社会的关系时充分认识到人具有主客体二重性。当人能动地认识客观世界的时候，人就是主体。当人成为别人认识和改造的对象的时候，人就是客体。

最早明确提出"学生是主体"这一命题的是苏联教育学研究者巴拉诺夫等人，他们主编的《教育学》明确提出"儿童是教育的主体"[1]。王策三先生将学生视作教学认识的主体，他认为"人的全面发展的最根本的特征就是有主体性。培养全面发展的人就是要发展人的主体性。抓住了主体性，就抓住了全面发展的精神实质。主体性集中体现了人的一切优秀的品质和个性，是德、智、体、美、劳各方面好的品质、好的本领的综合表现"[2]。进入21世纪，对学生主体性的研究与认识不断深入，以学习者为中心的教学设计得到教育工作者的广泛认可。承认学生的主体地位，主张学生应该在学习活动中体现出自己的学习权威，在学习目标确定、学习内容选择、学习方法运用、学习资源分配上做学习真正的主人。

学生的客体性最集中的表现就是受动性。学生在教育过程中，自始至终都作为客体被认识着和被改造着，接受和吸收着教师通过活动施加的影响。但与其他种类的客体不同的是，学生客体被认识和改造的同时发挥着主体性。[3] 学生作为客体，是教师认识、了解、接受、引导、调控的对象。没有这种客体性，教师就失去了工作的对象，只是这一客体不同于自然界的客体，而是具有能动性、主体性、创造性与自主性的客体。主体与客体并非绝对对立，二者是辩证的对立统一关系。

3. 学生的发展是方向性与顺序性的统一

人的心理的发展总是指向一定的方向，并遵循一定的发展顺序。方向性指个体的发展遵循从幼稚到成熟再到衰老的过程，包括自然性发展与社会性发展。自然性发展主要指人的生理发展，指人的身高、体重随年龄增长而增长，

---

[1] 巴拉诺夫，沃莉科娃，斯拉斯捷宁，等. 教育学 [M]. 李子卓，赵玮，韩玉梅，等译校. 北京：人民教育出版社，1979：77.
[2] 王策三. 教育论集 [M]. 北京：人民教育出版社，2002：223—224.
[3] 黄甫全. 试论学生主、客体双重性的动态模式 [M]. 东北师大学报，1992，(6)：95.

生理机能逐渐成熟的过程。随着年龄的增大，生理机能也会逐渐衰老或退化。这一过程是不可逆的，即，按照自然生长的规律，人是不可能返老还童的。社会性发展主要指人的心理的发展，包括一个人的认知、情感、人格与行为的发展。认知的发展，每个人都是从无知开始的，随着年龄的增加，一个人的知识就会变得愈来愈丰富，人也会变得愈来愈有智慧。同时人的认知总是表现出一定的价值取向，使认识也带有方向的色彩。因此，教育一开始就注重加强对人的世界观、人生观、价值观的引领，使教育具有明确的目的性与方向性。情感的逐渐丰富与人格的日趋完善也是个体发展的总体趋势。

个体发展的顺序性指人体的结构与机能按照一定的顺序逐渐发育成长、成熟或衰老。如胎儿的发育总是按头脑、躯干、四肢的顺序展开，生理机能总是按神经系统、运动系统、生殖系统这样的顺序逐渐成熟。儿童思维的发展也是按动作思维、形象思维、抽象思维的顺序逐渐展开。

遵循个体发展方向性与顺序性统一的规律，有利于明确教育目标，使教育活动的程序与个体发展顺序一致。否定了这种方向性与顺序性，人的发展就会不知所终，甚至受到伤害。

4. 学生的发展是能动性与受动性的统一体

人的发展是能动性与受动性的统一。马克思认为"人以一种全面的方式，也就是说，作为一个完整的人，占有自己的全面的本质。即通过自己同对象的关系而占有对象。对人的现实性占有，它同对象的关系，是人的现实性的实现，是人的能动和人的受动。"[①] 能动性是主体最突出的一个特性。每一个发育正常的主体都具有能动地反映客观世界的能力。由于受主体经验及环境的制约，每个人的能动性都是不一样的，人总是以自己的认知结构来解释外在刺激，这就是为什么教师给予同样的刺激，但学生的反映却各不相同。人的受动性体现在三个方面：人的接受性、外在性与被动性。没有接受性，一切外在影响都不会产生作用。外在性指人的行为或活动受外在的目的或诱因的驱动，服从于外在目的。被动性指人的行为或活动非本人自觉自愿，而是受某种外力强制而产生的。能动性与受动性的统一，增强了教育的目的性，使缺乏自觉性的学生也不得不克服困难达成外在要求的学习目标，完成规定的学习任务。

---

① 中共中央马克思恩格斯列宁斯大林著作编译局. 马克思恩格斯全集：第42卷［M］. 北京：人民出版社，1979：123.

5. 学生的发展是共同性与独特性的统一体

人的发展是共同性与独特性的统一。心理学研究表明：处于一定年龄阶段的儿童，有着共同的身心发展特征，但由于遗传、环境、教育和个体实践的差异，又使个体发展具有明显的个性色彩。

共同性是学习主体共同具有的基本属性。即每一个主体都具有共同的心理现象或心理特征，都要遵循个体发展的基本规律，其活动都具有社会性，必须遵守社会的基本规则或要求。共同性是人类共同生活的基础，没有共同性人类将分崩离析，人与人之间不能和谐共处，没有共同性社会规则将不复存在。正是由于共同性的存在，才有了班级授课的教学组织形式，一个教师才可以面对众多的学生进行批量教育。

但人又是个性化的。"个性化是现实的个人在创造财富的社会物质生产活动中的表现形式，没有人的个性化，社会就失去其赖以存在的基础"。[①] 每个人都具有与生俱来、与众不同的遗传素质。后天的生存环境、生活条件、个体实践又具有很大的差异性，这自然形成了独特的社会个体，正是由于个性的独特性才形成了丰富多彩的世界。独特的个体必然对教育提出独特的需求，共同性与独特性的对立统一，要求教师既要顾全大局，又要因材施教。

6. 学生的发展是继承性与发展性的统一体

人的发展是继承性与发展性的统一。一方面，主体的继承性通过遗传从父辈那里获得先天的解剖生理特征，这种继承为人的发展提供了可能性，遗传素质先天不足的人，无论如何努力，都难以达到很高的发展高度。另一方面，主体通过文化传承，继承了人的社会性，使人能按社会要求规范自己的行为，塑造人的精神。同时，人生来就具有自我发展的倾向。亚里士多德认为，一切人类知识都来源于人类本性的一种基本倾向。"求知是人类的本性"。[②] 卡西尔说："从人类意识最初萌发之时起，我们就发现一种对生活的内向观察伴随着并补充着那种外向观察。人类的文化越往后发展，这种内向观察就变得越加显著。"[③] 发展性是主体不满足已有水平而不断寻求自我超越的内在特性。发展性使学生源源不断地产生学习内驱力，也是外在激励的基础，没有发展的内在

[①] 刘秀华. 人的个性化与社会化关系的哲学阐释 [J]. 湖北大学学报（哲学社会科学版），2006 (6)：683.

[②] 亚里士多德. 形而上学 [M]. 北京：商务印书馆，1981：1.

[③] 卡西尔. 人论 [M]. 北京：西苑出版社，2004：6.

动力，任何外在影响都难以改变学生的学习行为。继承性与发展性相辅相成，继承是发展的基础，发展是对继承的延伸与批判。

7. 学生的发展是连续性与阶段性的统一

人的发展是持续性与阶段性的统一。人的发展的连续性指个体发展是一个持续不断的渐进的变化过程。个体从孕育生命到死亡的过程中，身体的结构与机能以及心理变化与社会适应都处在不断的量变与质变交替运行的过程中。当身心发展在同质状态下进行，未引起身体或心理的结构或机能变化的时候，发展表现出较强的连续性，就人的终身发展而言，也是一个持续不断的过程，有人把一生的发展分成多个阶段，各阶段之间也没有一个明确的时间界限，阶段与阶段之间是连续不断的。当身心发展不能在同质内持续进行的时候，身体的结构或机能会产生质的变化以适应成长的需要，人的发展就会进入下一个阶段，这就是发展的阶段性，比如青春期儿童的生理特征就会发生明显的变化。皮亚杰将儿童认知发展分为感觉运算阶段、前运算阶段、具体运算阶段和形式运算阶段，就是告诉人们教育必须遵循儿童认知发展规律，根据不同阶段儿童的认知特征施加相应的教育影响。

连续性与阶段性的统一要求教育既要考虑学生的终身学习终身发展，也要抓住不同发展阶段的关键特征，实施针对性教育。同时，不同的发展阶段也是相互制约、相互影响的，前一阶段的良好发展为下一阶段的顺利发展奠定基础，只顾眼前利益的教育不利于学生的可持续发展。

8. 学生的发展是平衡性与不平衡的统一

人的发展是平衡性与不平衡统一的过程。这种平衡与不平衡的统一表现在两个方面，一方面表现为发展的过程，另一方面表现为发展的结果。就发展过程而言，皮亚杰认为个体发展是平衡与不平衡交替进行的过程。皮亚杰认为个体对环境的适应是通过同化与顺应的方式进行的。所谓同化是指当主体面对新的刺激情境时，利用已有图式或认知结构把刺激整合到自己原有认知结构之中的过程。它引起图式的量变，表现为认知发展的一种暂时平衡。所谓顺应是指当主体不能利用原有图式接受或解释新刺激时，通过调节原有认知结构，创立新的图式，使之适应客体的过程。它引起图式的质变，是图式的重建和调整，这一过程意味着机体的平衡被打破，进入不平衡期，当质变完成以后，新的平衡建立起来，事物开始新质的量的积累，当新的平衡不能适应更新异的刺激的时候，又会产生新的顺应，进入新的不平衡状态。就发展结果而言，每个人的

◇ 教学设计与案例分析

发展都是与众不同的，都有各自的优势领域。但是这种不均衡并不影响个体的发展，相反正是这种不均衡性突出了人的个性，使每一个人都与众不同。同时，即使有了发展的不平衡，个体也能够以相对平衡的方式适应环境，因为个体总是根据自己已有的发展水平，与环境保持互动关系。

个体身心的发展就是这样在平衡与不平衡交替进行中完成的。尊重发展的平衡性，就会维护学生发展的同质状态，采取积极的措施，促进学生量的积累，而不是拔苗助长，急功近利地寻求发展的突变。尊重发展的不平衡性，就是要在学生原有认知图式急待改变以适应新异刺激需要的时候，为新图式的构建，提供动力支持，促进质变的发生。就是要尊重学生的发展个性，以个性化的教育方式满足学生个性化的发展需求。

9. 学生的发展是潜在性与可能性的统一

个体发展是潜在性与可能性统一的过程。蒂利希从存在主义角度出发，视"潜在性"为人运用自己的自由之前的种种潜在可能，是未实现的事态与状态。可能性是指事物发生的概率，包含在事物之中并预示着事物发展趋势的量化指标，可表述为可以实现的事态或状态。研究表明，人的潜能是无比巨大的。人类对大脑的研究表明，人脑约有140亿个神经细胞，与银河系的星星数量大致相等，相当于140亿个多功能电子计算机，可以存储105比特的信息量，一般人只使用了约10%的大脑功能。20世纪初，美国心理学家威廉·詹姆斯说："与我们应该成为的人相比，我们只苏醒了一半。我们的热情受到打击，我们的蓝图没能展开，我们只运用了我们头脑和身体资源中的极小部分。苏联学者伊凡·叶夫里莫估计，人类平常只发挥了极小部分的大脑功能，如果人类能够发挥大脑的一半功能，将轻易地学会40种语言，背诵整本百科全书，拿到12个博士学位。"但受现代科学技术发展水平的限制，人的潜能尚未能得到有效的开发，即目前脑潜能全面开发的可能性是极低的，甚至不具全面开发的可能性。可能性是基于人们对个体发展各种制约因素的考量，当我们能最大限度地消除影响个体发展的消极因素，为个体发展创设最佳情境，提升最佳选择的时候，发展的可能性就会大大提升。

发展的潜在性与可能性统一要求我们正视人的发展潜能，为个体可能的发展创造条件，让可能性变为现实性。

10. 学生的发展是优势性与互补性的统一

加德纳的多元智力理论告诉我们，人的智力表现在多个领域，包括语言智能、逻辑数学智能、空间智能、肢体动作智能、音乐智能、人际智能、内省智能、自然探索智能和存在智能九个方面，且每个人在各领域的表现是不均衡的，都有自己的优势领域，语言智能高的人，数理逻辑智能不一定就高。这一理论可以帮助我们认识和了解学生，发现学生的优势领域，进行培优性教育，也可以帮助我们发现学生的薄弱环节，进行补差性训练，最终促进学生的全面发展。互补性指当个体发展在某方面存在缺陷的时候，一定会用另一方面的发展进行补偿。比如，当一个人视觉机能受到损伤以后，其听觉机能会得到补偿性发展。俗话说"金无足赤，人无完人"，个体总是想方设法地用一方面的优势去弥补另一方面的不足。"勤能补拙"说的就是用性格上的勤奋去弥补智力上的不足。同时互补性还表现在一方面的发展对另一方面发展的积极影响。个体身心发展的系统性特征表明，一方面的良性发展对其他方面的发展都会起到积极的促进作用。比如，良好的认知有助于产生积极的情感体验，有助于良好的意志品质和行为习惯的养成。

个体发展优势性与互补性统一的规律告诉我们，教育既要寻找学生的优势领域，促进学生的特色发展，也要具备系统的整体的观念，关注不同领域之间的相互联系。

（二）教学对象的生理特征

1. 小学生的生理特征

小学生年龄一般在六七岁至十一二岁。在这段时期，他们的身体组织器官正处于生长发育的高峰期。骨骼急剧生长，手、脚，特别脚骨长得最快，胸骨横径在加宽，女孩子的胯骨也在增大。肌肉随着骨骼的变化而发达起来，但不够强壮，缺乏耐力，容易疲劳，不易长时间从事过于激烈的体育活动。心肺迅速增大，特别是心肺容积和血管容积以及肺活量，都较出生时增长了近一倍。由于心肺容积增大，使他们有更大的可能性从事较为激烈的体育活动，但是，与成年人相比，他们的骨骼、肌肉成长尚未健全，心肌收缩力量较弱，心脏的神经调节机能还不够完善。

小学生身体的快速发展为儿童心理发展提供了物质基础，为他们从事学校学习活动提供了保证，而脑及高级神经系统的发育更是他们心理发展的前提和重要的物质基础。总的来说，从生理机质上看，他们与成年人相比仍有明显的差异，这是在教学设计过程中应十分注意的。

2. 中学生的生理特征

中学生年龄一般在十一二岁到十七八岁之间,是一个人从幼稚走向成熟的时期,包括少年期(相当于初中)与青年期(相当于高中),合称青少年时期。这是一个人生理发育处于高峰并逐渐趋向成熟的时期。这一阶段,中学生的身体和生理机能都发生了急速的变化,身高、体重、肩宽、胸围都发生了非常明显的变化。身高的快速增长是中学生在这个时期身体变化最明显的特征,据统计,在青少年发育期内,平均每年长高约6~10厘米之多。女孩在12岁时成长发育最快,男孩在14岁时才迅速发育。体重主要反映在肌肉的发展、骨骼的增长以及内脏器官的增长等。女孩12~13岁时,平均每年体重增加4.5公斤左右;男孩在14岁左右,体重要增长5.5公斤。

青少年时期的一个重要特征是"性"的发育和成熟,它标志着人体生理发育的完成。少年期第二性征日益明显,女孩主要表现在乳房隆起、体毛出现,骨盆变宽和臀部变大等;男孩主要表现在出现胡须、喉结突出和嗓音低沉、体毛明显等。在性的的机能上也趋于成熟,性腺的发育成熟使女孩出现了月经,男孩发生遗精。依据近些年有关学者的研究,青少年出现了青春发育期提前并加速发展的现象,这种具有时代性的发展加速现象是受当代经济和科学技术高度发展、现代文明的普及以及全球气候条件的变化等多因素影响所致。

经过青春发育期,中学生的大脑和神经系统日趋成熟,与成人已没有了显著差异,为中学生心理的发展,特别是抽象逻辑思维的发展创造了条件。同时生理机能的快速发展也导致青少年心理的急剧变化,为教学管理带来了挑战。

(三) 教学对象的心理特征

中小学生的心理特征既是学生发展的重要内容,也是学生发展的基础,中小学生的心理特征包括注意特征、认识特征、情感特征与人格特征,随年龄的增长逐渐从具体到抽象、从低级到高级、从不成熟走向成熟。分析心理特征是认识教学对象,进行有效教学设计的重要举措。

1. 学生注意的发展

学生注意的发展表现在注意有意性逐渐提高和注意品质的发展两个方面。

在学生注意的发展中,无意注意的发展先于有意注意,注意的有意性逐渐增强。小学低年级儿童的无意注意已相当成熟,一切能引起成人无意注意的对象也能引起小学低年级儿童的注意。并且儿童的认识活动常依赖于无意注意。

研究表明：无论学习对象，还是学习过程本身，直观、形象生动、新奇、运动状态、对比度强、刺激强度大、熟悉的事物往往容易引起低年级儿童的无意注意。到了小学中、高年级，儿童的有意注意迅速发展，儿童学习的动机，以及对学习任务的理解影响着注意的效果，小学高年级学生有意注意的作用超过了无意注意，学习具有更强的目的性。中学阶段，学习者的注意主要以有意注意为主。

注意有意性的发展，经历了外在动机向内在动机转化的过程。学生最初的有意注意缺乏自觉性和目的性，需要教师或成人给定学习目标，并且对自己的注意进程缺乏自我监控能力。一旦失去外力监督，学习者就容易分散注意或停止注意。随着学生年龄的增长，学习的有意性与目的性逐渐增强，能自行确定学习目的，有意调控自己的注意。

学习者注意品质的发展表现在注意的广度、稳定性、注意转移和分配四个方面。

注意广度是单位时间内儿童注意对象的数量。小学儿童注意广度随年龄的增强、经验的丰富而扩大，材料的性质和组织方式影响着儿童注意的广度。熟悉的、容易的、组织有序的事物会提高儿童注意的广度。注意稳定性指把注意集中保持在某一对象上的时间的长短。小学儿童注意稳定性随年龄的增长而提高。研究发现，7~10岁儿童的注意可持续20分钟，10~12岁约为25分钟，12岁以上儿童可维持30分钟。并且，小学儿童注意的稳定性有性别差异，女生的稳定性高于男生。小学教师常采用变换教学内容、形式、教学方法等手段维持学生的注意力。注意转移指根据学习任务的需要将注意从一个对象转移到另一个对象上。随着儿童学习目的性增强，注意转移的能力也得到提升。注意分配指在同时进行一种或几种活动的时候，把注意力指向不同的对象；或在进行某种活动时，同一时间内，把注意指向两种或几种不同的动作。研究表明，二年级以前的儿童注意分配能力较差，学习上常常顾此失彼，丢三落四的现象较常见，二年级以后，儿童注意分配能力得到较快发展。

与小学相比，随着认识水平提高，学习目的性增强，中学生学习的有意注意占主导地位，注意的品质趋于成熟，注意的稳定性较强，能根据学习任务的变化及时进行注意的分配或转移。

运用学生注意发展的规律设计教学，首先，应遵循从无意到有意的原则，尽量赋予注意对象或学习过程无意注意的特性，使学生的学习进入自然而又轻松愉快的状态。减少教学无关刺激的影响，以免使学生注意分散，比如教师的服饰、发型不宜过于耀眼，对课堂偶发事件要进行及时处理，与教学无关的因素要进行有效控制，充分利用学生无意注意的特性组织教学。其次，让学生明

◇ 教学设计与案例分析

确学习目的，激发其学习动机，注重学生良好学习习惯的养成教育，利用学生有意注意发展的规律，提高学生学习的目的性、自觉性和有效性，尤其是中学生，随着对学习目的与意义的认识加深，学习的自我调控能力增强，有意注意的作用更加明显。同时，教学过程中两种注意交替进行，既有助于完成教学任务，达成学习目的，也有助于活跃学习氛围，缓解学习压力。

2. 学生认知的发展

学生认知的发展包括感知觉、记忆、思维与想象的发展。

学生感知觉发展的特点。感知觉是认识的初级阶段，是高级认识活动发展的基础。学生感知觉发展表现在以下几个方面。

(1) 感知的有意性、目的性逐渐加强。小学低年级儿童还不能自觉地根据一定的目的来控制自己的感知活动，不善于使自己的感知服从于规定的任务和要求。他们在感知的过程中，无意性和情绪性表现得很明显。在教学的影响下，小学阶段，儿童感知的目的性、自觉性逐渐提高，感知过程成为儿童能自觉支配的过程。到了中、高年级，儿童便能在教师的指导下，按照教学的要求，排除干扰，从感知的对象中选择出基本的、重点的、需要感知的主要方面，自觉地进行观察，获得有关方面的感性知识。中学阶段，学生已能根据任务和学习目的的要求，自觉收集材料，获得对事物的感性认识。不仅如此，随着自制力的加强和智力的发展，学生知觉的持续性也随着年龄的增长，逐渐由短暂向持久过渡，能坚持较长时间观察事物，从而保证学习任务的完成。

(2) 感知的分析综合能力不断提高。小学低年级儿童的感知往往是整体的、笼统的、不精确的。他们对事物的观察比较粗糙，缺乏精细的分析、比较，不善于区分事物的主要方面及特征，以及事物各部分之间的关系。随着知识的增长和心理水平的提高，特别是在教师向他们反复提出复杂感知任务，并指导他们进行细致的观察时，他们逐步学会分析比较事物，能找出事物的主要方面及各部分之间的联系和关系。这样，学生的感知逐步向深入与精确的方向发展。到中学阶段，学生已能具体而准确地感知事物，而且能透过现象，看到事物的本质。

(3) 空间知觉和时间知觉的发展。从空间知觉来看，受过训练的学前儿童，一般能正确辨认正方形、长方形、三角形、圆等形状的物体。进入小学后，在教学影响下，特别是在学习算术过程中，他们的形状知觉发展很快，不仅能很好地掌握一些几何图形的名称，而且还逐渐掌握了各种几何图形的概念。在辨别方位上，初入学儿童能很好地辨认前后、上下、远近，但对于左右方位则常常要和具体事物联系起来,才能正确辨认。从时间知觉来看,小学阶段儿童一般已能辨别"昨天""今天"以及"日""月""年"等概念,能利用时间标尺来估计时距,能在语言水平上理解时间关系。但小学阶段学习者空间与时间知觉的发展还不够完善,对"世纪""宇宙"等概念还缺乏足够的理解。中学阶段,随着学生认识水平提高,学习者对时间与空间的知觉水平大大提高,能够理解或想象诸如"史前文明""光年"等概念的含义。

学生记忆发展的特点。学生记忆能力与水平的发展,均随年龄的增长而提高。主要表现在记忆由无意识记为主向有意识记为主转化,机械识记与意义识记的发展,以及在保持与回忆上的发展。

从记忆的目的性来看,初入学的儿童,还不善于掌握自己的记忆活动,无意识记占主导地位。他们能很好地记住自己感兴趣的东西,对不感兴趣而需要学习的东西,不易记住。随着年龄的增长,儿童识记的有意性、目的性逐步发展。中年级以上的儿童学习目的逐渐明确,有意识记日益发展,逐渐占主导地位,高年级儿童识记的自觉性、主动性更高,他们能主动地掌握识记,按照一定的任务进行识记并记住自己虽不感兴趣,但必须掌握的材料;也能努力去记住那些记不住或难记的东西,并能检查自己的识记效果。中学阶段,学生记忆的目的性很强,主要根据考核与评价的内容选择记忆对象,根据记忆内容的重要性确定投入的记忆强度。

从识记的内容来看,词的逻辑识记在迅速发展。小学低年级儿童对具体的、直观的材料容易识记,对抽象的词、公式和概念的识记有较大的困难。由于在学习中,他们必须识记和回忆的几乎全是用词表达的材料,必须识记和回忆事物发展的规律,抽象的概念、原理和法则等,因此,在教学影响下,小学阶段,儿童词的抽象识记能力在迅速发展,但由于理解水平有限,学习者对词的逻辑识记效果不是很好。到了中学阶段,学生的抽象逻辑思维得到很好的发展,对抽象的概念,能通过分析、归纳、推理的方式进行识记,且识记的准确性与持久性都有所提升。

从记忆方法看,从机械识记占主导地位向意义识记占主导地位发展,以理解为基础的意义识记和逻辑思维能力的发展有密切联系。

小学低年级更多的是运用机械识记,他们背书时常常是从头到尾,逐字逐句地反复背诵。随着儿童概念掌握水平不断提高,小学儿童识记的这种状况迅速发生变化,儿童能改变单纯依靠机械反复的识记方法,学会从意义上,逻辑上掌握学习材料,采用意义识记。由于各学科教材内容要求他们必须在理解的基础上识记,必须学会分析事物的主次方面,找出事物的内在联系,并对所识记的材料进行逻辑思维的加工，高年级儿童意义识记逐渐占主导地位。到中学阶段，学生意义识记水平进一步提高，意义识记在识记中占主导地位，对识记内容加工理解的水平更高，懂得运用记忆的策略，对识记对象进行深入地、精确地加工，将无意义的识记内容作人为的意义化处理，比如将元素周期表编成歌曲来记忆，记忆效果大大提高。

运用学生记忆发展的规律设计教学。

首先，应运用无意识记的规律，精心选择教学内容，灵活设计教学过程，赋予学习内容及学习过程形象直观、生动有趣的特点，为学生营造轻松愉快的学习环境，使学生不需要非常刻苦努力就能对学习心向往之，学习过程乐在其中。

其次，运用有意识记规律设计教学，明确学习的目的与任务，使学生知道应当记什么，记的牢固程度和完善程度，使学生逐渐学会根据教学任务要求有目的、自觉地去记住必须记住的东西。

同时，要运用无意识记与有意识记交替进行的规律设计教学。单纯凭兴趣学习或仅靠理解都不利于学习目标的达成，有意识记与无意识记相结合，既可增强教学的目的性，又会使记忆过程变得轻松愉快。

运用记忆规律设计教学，还应该在教学中，把机械识记和意义识记结合起来，对无意识的材料尽量赋予人为意义后加以识记。教学中要提高小学儿童的识记效果，需要机械识记和意义识记互相配合，才能收到相辅相成、共同促进的作用。意义识记的基础是理解，理解的东西比不理解的东西，记得迅速、牢固、持久，回忆起来更容易。所以意义识记比机械识记具有更多的优越性，在教学中应以意义识记为主。但是意义识记又必须有机械识记帮助，才能保证识记的精确性。

运用记忆规律设计教学，必须根据遗忘规律，帮助学生与遗忘作斗争。艾宾浩斯研究表明：遗忘的进程是不均衡的，呈现"先快后慢"的趋势。在学习停止后的短时间内，遗忘特别快，后来逐渐缓慢，相当长时间以后，几乎不再遗忘。跟遗忘作斗争，除了运用识记策略，一开始对识记材料进行深加工，在理解的基础上记忆，还应及时复习，按时强化，把新知识及时纳入已有的知识结构，并适时提取加以应用。

【案例】[①]

昨天语文老师留作业，要求背诵第九课《飞机遇险的时候》第二自然

---

① 刘晓明，张明. 中小学心理健康教育[M]. 长春：东北师范大学出版社，2011：150.

段。王磊同学认真地去背,很快就记住了,并且让妈妈听了一遍,然后高高兴兴地出去玩了。可是今天在语文课上老师提问了他,万没想到他把其中的一部分给忘掉了。老师批评了他,并且问:"为什么不完成作业?"王磊说:"我昨天都背下来了!"同学们唧唧喳喳地议论起来:"没背下来,还撒谎呢!""背下来,怎么现在不会呢?"同学们的话像针一样刺痛了王磊的心,他委曲极了,趴在桌子上哭了起来。

评析:

王磊在课堂上的现象属于遗忘的表现,研究表明:遗忘与记忆同时发生,当忘记现象产生的时候,遗忘同时开始了,遗忘的规律是先快后慢,学生在头一天记住的东西,在第二天发生遗忘是正常的现象。教师设计教学时要告诉学生遗忘现象的存在,并且要根据遗忘的规律及时组织复习,跟遗忘作斗争,力争取得良好的记忆效果。

学生想象的发展。想象是人脑对已有表象进行加工改造而创造新形象的过程。学生想象发展的总趋势是,由无意想象发展到有意想象,由再造想象发展到创造想象,由远离现实的想象发展到更富于现实性的想象。

第一,小学儿童想象的有意性随年级增高逐渐加强。入学不久的低年级儿童的想象仍带有幼儿时期的特点,离开想象主题自由联想,小学阶段,儿童想象有意性的发展与教学要求密切相关,在各科教学中,教师要求小学儿童要按照教学的目的产生符合教材内容的想象,这就促进小学阶段儿童想象的有意性、目的性的加强。

第二,小学儿童想象的创造性成分逐渐增大。小学低年级儿童的想象鲜明、生动、富于模仿性和再现性。想象内容最初具有实在事物的复制和简单重现的性质,创造加工的成分不多。以后在各科教学和各种课外活动影响下,由于表象的积累和丰富,注意、观察等能力的发展以及抽象逻辑思维的发展,不但能形成更充实、更生动、更富于创造性成分的再造想象,而且以独创性为特色的创造想象也日益发展起来。高年级儿童能对他们已获得的表象作出真正的创造性的改造,使之产生自己直接经验中从没有过的新的结合,能够进行新的构思,创造出某种全新的、别出心裁的东西,创造想象显著发展起来。

第三,小学儿童想象的现实性逐步提高。低年级儿童的想象往往脱离现实,具有较多的虚构成分,随着年龄的增长,儿童已有表象的特征变得具体而丰富,因此想象的新形象的特征也由少到多,结构配置由不合理到合理,对现实生活的幻想也愈来愈多。

与小学生相比,中学生的想象获得进一步发展。有意想象占主导地位,想象的目的性更强,能根据教学内容想象具体的教学情境。同时中学生的想象更具现实性,多了理性的成分,少了幻想的成分。想象的创造性成分也日益加强,能根据已有的经验,通过在新旧知识之间建立联系,创造新的事物。

根据儿童想象发展的规律设计教学,应创造条件,采用多种手段,丰富儿童的表象和言语。表象是想象的材料,表象的数量和质量直接影响想象的水平。在教学中要正确运用直观教具,为学生提供实物、图片和文字、语言等各种描述材料,并要使学生正确理解图画和语词标志的意义。通过组织学生参观展览会、博物馆、旅游、阅读文学作品,进行园艺生产劳动和实验等方式,扩展学生的眼界,丰富学生的经验,扩大想象的范围。同时,表象是通过言语的形式加以表现的,从想象的程序来说,学生的想象又是从具体、直观的水平,逐步过渡到概括性、逻辑性的水平。因此,教学过程中,教师的言语是启发学生想象,促进学生言语发展的重要因素。教师用正确、清晰、生动形象化的语言描绘事物,不仅能唤起学生的表象,使学生获得生动的知识,同时也为他们作出示范,有利于学生语言表达能力的提高。

学生思维的发展。思维是人脑对客观事物进行的间接的概括的反映。学生思维发展的一般趋势是从以具体形象思维为主要形式向以抽象思维为主要形式过渡,这是学生思维发展的基本特征。

初入学儿童的思维有明显的具体形象性,到了中、高年级,随着教学内容的深化,他们思维中的抽象概括成分也逐渐增加,最终出现以抽象逻辑思维为主的思维形式。在整个小学阶段,从具体形象思维向抽象逻辑思维过渡应该理解为一个发展过程,在儿童发展的不同阶段,始终都存在着具体形象成分和抽象概括成分,只不过在不同阶段,它们各自所处的地位不同罢了。因此,小学低年级儿童的思维有明显的具体形象性,并不是说他们不能进行逻辑思维,不能学习理论知识,不会进行抽象概括、判断推理,不能得出合理的结论。同样,小学高年级学生能够进行抽象逻辑思维,也不等于说他们不再需要具体形象思维。恰恰相反,在整个小学阶段,其中也包括高年级儿童。他们的思维还带有很大的具体性,他们的抽象和概括还多是对事物的具体、直接的属性的抽象和概括。

与小学生相比,中学生的思维获得进一步发展。抽象思维处于优势地位,且抽象思维的水平也进一步提高。首先,中学生能根据学习目的与任务的要求,自觉组织并调控自己的思维活动,思维条理清晰、逻辑性强。其次,思维方式多样化,中学生已懂得运用思维的策略,在学习中运用发散思维、逆向思维、直觉思维等解决问题。最后,逻辑思维由经验型向理论型过渡,初中阶段多见经验型思维，高中阶段多见理论型逻辑思维，辩证逻辑思维能力的发展是高中阶段逻辑思维能力发展的重要表现，说明高中阶段学生思维能力已达到成人水平。

面对学生思维发展的这一特点，教师的责任在于：在确定教学内容，采取教学方法时，既要考虑儿童思维的具体形象特点，使教学符合他们的思维发展水平，又要创造条件，促进抽象概括能力的提高，而不是一味地迁就和消极适应这一特点，以加快完成从具体形象成分为主向抽象、概括成分为主的过渡。

学生思维发展的另一个基本特征是思维的基本过程日趋完善。思维过程包括分析、综合、比较、抽象、概括、具体化。

分析与综合是思维的基本过程。分析是在头脑里把事物的各种属性，各个部分、要素、方面或阶段，分别加以思考的过程。综合是在头脑里把事物的各种属性，各个部分、要素、方面或阶段，结合起来组成为整体来加以思考的过程。分析与综合是同一思维过程不可分割的两个方面，是彼此相反而又相互联系、相互制约的过程。

在认识发展的不同阶段，分析与综合具有不同的水平。儿童首先在自己的活动中有了对具体事物进行分析综合的实际经验，然后随着年龄的增长，知识经验的丰富，分析综合水平不断提高，才发展到不直接依赖具体事物而在头脑里进行抽象的分析综合。

比较是在头脑里确定事物之间的共同点和差异点。比较离不开分析综合，比较是在分析综合的基础上进行的。小学低年级儿童在进行比较时不善于区分本质与非本质特征，在完成具体任务时，也不善于用比较的方法解决问题。研究表明，学生比较能力的发展趋势是从正确区分具体事物的异同到区分抽象事物的异同；从区分个别部分的异同到区分许多部分关系的异同；从直接感知条件下进行比较发展到运用语言在头脑中引起表象条件下进行比较。

抽象是在头脑里抽出一些事物的本质属性，舍弃其非本质属性的过程。概括是在头脑里把抽象出来的本质属性推广到一类事物上去，使之普遍化的过程。抽象和概括实质上是更为高级的分析、综合。人们借助抽象与概括，就能认识事物的本质，由感性认识上升到理性认识，实现了认识过程的飞跃。学习者的抽象概括水平随年龄的增长逐渐提升，由直观形象的水平向形象抽象再到本质抽象的水平发展。

具体化是把抽象出来的一般认识应用到具体对象上的心智活动，例如，运用数学公式解答数学问题。

学生思维发展的第三个特征是思维的品质日趋发展。

◇ 教学设计与案例分析

一是思维的广阔性与深刻性的发展。思维的广阔性表现在善于从多方面、全面地去分析研究问题，着眼于事物之间的联系和关系，找出问题的本质，并能在许多不同知识和实践的领域内进行创造性思考。思维的深刻性表现在善于深入钻研问题，能从纷繁复杂的现象中抓住事物的本质和核心，并能预见事物发展进程。

二是思维的独立性与批判性的发展。思维的独立性表现在善于独立思考，独立地发现问题和解决问题，有自己的独立见解，不盲从、不迷信权威。思维的批判性则表现在善于根据客观事实和情况，冷静地、慎重地考虑问题和分析问题，个人的见解经受得起实践的检验。

三是思维的逻辑性和概括性的发展。思维的逻辑性表现在思考问题时遵循逻辑规律，提出问题明确，推理符合逻辑规则，论证具有严密的逻辑顺序，条理清楚，有理有据，结论正确，合乎客观实际，富有说服力。人们要提高思维的概括能力，善于把分散的、个别的问题进行概括，得出一般性的理论，以指导实践活动。思维的概括性能提高触类旁通、举一反三的能力，使认识不断深化，这是认识能力发展的关键。

四是思维的灵活性和敏捷性的发展。思维的灵活性表现在善于"审时度势"，根据客观条件的发展变化，按不同的时间、地点和条件，及时地、灵活地运用原理、原则，随时修正自己的假设和谋划。思维的敏捷性表现在善于迅速而正确地看出事物的实质，抓住问题的关键，作出正确的判断，当机立断提出解决问题的正确途径和方法。

根据学生认知发展的规律设计教学，应从以下三个方面着手。

（1）应丰富学生的感性知识。整个小学阶段，儿童思维活动的直观形象性是很突出的，即使到了高年级，他们形成概念、理解教材、进行判断推理也常常离不开感性材料的支持。到了中学阶段学生的抽象逻辑思维得到发展，对词语的理解能力增强，对抽象事物的理解仍需要感性经验做基础。因此，帮助学生掌握大量内容丰富、印象深刻、生动而准确的感性知识是发展学生抽象逻辑思维，增强学生理解能力的重要举措。

（2）发展学生的语言。语言是思维的工具。学生思维的发展是同他们语言的发展密切联系的，因此，学生语言的发展水平与他们思维的发展有着直接关系。一般说来，如果对自己的思考过程、解题过程能用语言表述出来，那么，这就表明他的思考过程是清楚的，对知识是理解的。因此，教师应该经常要求学生用口头语言叙述自己对问题的理解和相应的解题过程。

（3）帮助学生掌握思维方法。比如针对小学儿童思维水平不高的特点，引导学生以直观材料帮助思维。中学生抽象思维发展水平较高，应在指导学生掌握逻辑思维特性的同时，发展思维的批判性与创造性。掌握思维的方法，要帮助儿童逐步提高思维过程中的各种基本能力，如分析综合、比较、抽象概括、具体化能力等。其中分析综合是思维过程的基本成分，而抽象概括是思维过程的核心。

3. 学生情感的发展

情感是人对客观事物是否符合需要、愿望和观点而产生的体验。学生会因受到奖励而高兴，也会因受到批评而懊恼，一方面，情感依赖于认识，有什么样的认识就会有什么样的情感体验；另一方面，情感对认识也有反作用。美国心理学家爱泼斯坦非常重视提高学习成绩和获得学习成功中的情绪因素。他认为，导致学业成绩优秀的一个关键因素是情绪，人们控制情绪的水平，决定了他们发挥其智力的效度。日本心理学家村山茂雄研究发现，良好的情绪状态可以大大提高学习效率，相反，消极的情绪对心理过程起破坏、瓦解或阻断的作用。

儿童进入学校后，由于生活条件的变化，他们在情感的内容、稳定性和自我调节情感的能力等方面有了进一步的发展。

小学阶段，儿童情感稳定性的发展。小学阶段儿童情感很容易表现出来，在整个小学阶段，小学儿童情感带有很大的情境性，容易受具体事物、具体情境的支配。小学低年级儿童的情感稳定性是比较差的。在与同伴的交往中常常因一点小事影响同学交往，但朋友关系很快又能得到恢复。随着儿童知识经验的丰富、抽象逻辑思维能力的发展以及自我意识的提高，他们情感的稳定性也逐渐增强，情感的境遇性减少，选择性提高，逐渐产生了较长时间影响整个行为的情感体验。到了中、高年级，同伴之间不会因为一点小事情就感情破裂，也不会因学习上的成败而表现出强烈的情绪反应。

小学阶段，儿童情感可控性的发展。在小学低年级儿童身上时常可以看到学前儿童那种容易冲动、外露、可控性比较差的情感特点。如低年级儿童常常因为游戏入迷而忘记了有计划的学习活动。随着经验的积累、认识水平的提高，中、高年级儿童情感调控能力逐渐发展起来，在面临具体学习任务时，能进行有效的自我克制，待完成学习任务后再去从事游戏或其他与学习无关的活动。

小学阶段，儿童情感丰富性和深刻性的发展。儿童入学后，实践活动的领域扩展了，学习活动、集体活动、劳动、文体活动和社会生活对儿童提出更多更具体的要求,这些要求一旦被儿童掌握,便会成为他们的社会需要,并反映在情感生活之中。儿童的情感随活动范围扩大,活动内容变得愈来愈丰富。同时随着经验的积累、认识水平的不断提高,儿童的情感逐渐分化,情感活动的对象逐渐从自己、父母、同伴、教师等近距离、具体的对象,指向学校、社会、国家,甚至人类等抽象的对象。儿童对美的追求也从漂亮的玩具、衣服等具体事物,发展到对美的言行、美的心灵等深层次追求。

但就整个情感发展而言,小学阶段儿童的情感发展水平还不够高,在情感的稳定性、丰富性、可控性和深刻性方面都不及成人,情感还比较脆弱,容易受到伤害。

随着认识水平不断提高,生理发育不断成熟,中学生的情感发展也日趋成熟,情感的稳定性、可控性、丰富性和深刻性逐渐提升。随着中学生认识水平不断提高,学生的情感日益分化,内容变得丰富,对人的情感从对自己的情感体验,逐渐分化出指向他人的友情、亲情、爱情,对事物的体验随着认识的角度不同分化出道德感、理智感和美感等多种类型。这一时期中学生生理与心理都处在急剧变化的状态,在认知与行为上面临许多困惑与挑战,独立与依赖,开放与封闭,稳定与多变的矛盾与冲突随时困扰学生的学习与生活。但就总体发展水平而言,初中学生的情感稳定性和深刻性还较差,初中生早恋现象是学生对爱情的初步体验,但常常缺乏稳定性,有时存在友情与爱情相混淆的现象,初中生的情感表现短暂而强烈,遇事易冲动。高中生的情感则趋于稳定与成熟,情感的深刻性与丰富性接近或达到成人水平,有较强的道德感、理智感与美感。

遵循学生情感发展的规律设计教学,应从以下几个方面入手。

(1)确定学生情感发展的教学目标。学生情感发展是全面发展的重要组成部分,新课程改革确立了包括情感、态度、价值观在内的三维教学目标,要求教学设计关注学生的情感世界,使学生的言行符合一定的社会道德规范要求,增强学生的道德感。培养学生的好奇心、求知欲以及对真理的不懈追求,增强学生的理智感。提高学生的审美能力,丰富学生的精神生活,提升学生的美感水平。

(2)利用学生情感发展的特性设计教学。随着年龄的增长,学生情感的稳定性、可控性、丰富性与深刻性逐渐增强,教学设计应体现学生情感发展的年龄特征。小学生的情感发展具有情境性、可变性、发展性等特点,教学设计应与儿童情感发展水平相符。小学阶段,儿童的情感更容易受具体情境的影响,并且年级越低,儿童认识事物的抽象概括水平有限,情感的情境性愈强,创设适宜的教学情境，布置优美的教学环境，丰富多彩的教学手段，形式多样的活动设计都可能调动儿童参与学习的热情，使儿童产生愉快的学习体验。根据儿童情感稳定性较差的特点，教学设计应避免单调乏味，善于运用变式，唤醒儿童的激情状态，使儿童的学习保持在旧的情感尚未消失，新的情感接踵而来的状态。

中学阶段，随着学生认识水平提高，情感体验越来越深刻，情感随情境的变化的波动性较小，情绪活动具有隐蔽性，情感的表达方式更趋理性化。根据学生的情感特征设计教学，重在提高学生的认识水平，增强学生学习过程中的理智感，激发学生学习的内在动机。

【情境创设教学案例】

人教版二年级下册第9课《日月潭》第四自然段。

"要是下起蒙蒙细雨，日月潭好像披上轻纱，周围的景物一片朦胧，就像童话中的仙境"。

这句话描写了日月潭下雨时候的朦胧美，而对于7—8岁的二年级同学来说，很难真切地感受到这种美，即便是有所感觉，也是一种非常笼统的感觉，至于"朦胧""像童话中的仙境"，他们不可能有真切的感受。正好上这一课的时候是春雨绵绵的三月，我们的学校在东湖边。一天早读课，细雨蒙蒙，我带着学生来到东湖边的放鹰台上，指点着孩子们朝东方的湖面上看去。逐渐启发：

"想一想，下雨天与晴天看东湖景色有什么不一样？"

小孩们边看边说："湖上笼罩了一层雾。""远处的磨山被雾遮住了，只看得到山的影子。"

老师描述归纳："因为有雾，我们看不清山上的朱碑亭，只看得到山的影子，这就叫'朦胧'。"

进一步引导："今天天公施了魔法，给东湖披了一层轻纱，晴天的一些景物都变了，它们都变成了什么呢？边看边想。"

学生七嘴八舌："远处的湖堤变成了卧在湖里的龙。""湖面上的小木船隐隐约约，像露出水面的鱼背。""划动的皮划艇也像鱼，像一条条游动的大鱼。""磨山就像一尊巨大的弥勒佛像，正欣赏着眼前的美景。"

"你们现在有什么感觉吗？"

"我感觉好美！""我感觉好静！""我感觉这就像仙境一般！"

老师再归纳提炼一下："这仙境里卧着龙，游着鱼，弥勒佛开心地欣赏着，这真像童话中的仙境！"

就这样，同学们一步步地感受到了"朦胧"，感受到了"童话中的仙境"。回到课堂来读《日月潭》，"这段描写你想怎么读？"孩子们有了感觉，纷纷举手，一个一个读得很有自己的味道。"你为什么这样读呢？""'朦胧'是模糊看不清，得仔细看才行，所以要慢一点。我读的时候在想，日月潭下雨的时候有雾遮住，周围的景色会变成什么呢？变成了鱼？也有龙和佛吗？我特别想知道，所以我有点激动。"瞧，我们把孩子带到景色中去，引导他们去看去想，把生动的景象与抽象的词语相对应地联系起来，让孩子们把对景象的感觉迁移到对文字的理解和情感上，他再读的就不是文字，而是文字后面的景和情，这该多好！

评析：

儿童的情感是在认知的基础上产生的，本课采用了情境创设的方式，让学生身临其境感受"朦胧"与"仙境"之美。使《日月潭》变得不再遥远，学生通过在大自然中观察、思考、交流与对话，亲身感受了自然之美，把学生对《日月潭》的认知，由凭空想象变成了对现实情境的加工，让"朦胧"和"童话中的仙境"变得更具体、更真实。既培养了学生的认知能力、表达能力与合作学习的精神，又有利于情感目标的达成。学生通过走近自然、观察自然、与自然对话，培养了学生热爱自然、热爱生活的情感。因此，这一情境创设既是情感目标达成的重要途径，也是运用情感促进认知的良好例证。

4. 学生意志的发展

意志是人在行动中自觉克服困难以实现预定目的的心理过程。儿童入学以后，面临学习、生活、纪律等各方面的困难，克服这些困难既需要儿童的意志品质，儿童的意志品质也在克服困难的过程中成长。就整个中小学阶段而言，儿童意志的发展具有下列特点。

（1）意志行动的动机和目的性日渐增强。首先，小学低年级儿童行为的动机和目的主要来自外部，常常由教师或家长为其提出学习要求，其活动的动机与目的指向是短暂而具体的，抽象而远大的动机与目的对儿童的行为还不具有较强的调节作用。随着年龄和经验的增长，中年级以上的儿童内在学习动机逐渐增强，学习目的逐渐变得远大。到中学阶段，学生的学习目的性更强，不需要太多的外力作用，能自觉地克服困难，达成学习目的。其次，小学阶段的儿童，特别是低年级儿童行为动机和目的的稳定性不强，难以长时间为达到目的而采取积极的行动。中学阶段，学生学习的内在动机增强，学习目的较稳定，能较长时间追寻学习目标，采取积极的学习行动。最后，小学儿童解决动机冲突的方式从具体向抽象发展。低年级儿童问题解决更多地受具体情境的影响，随着抽象思维能力的发展，高年级儿童更善于运用分析、归纳的方式寻找问题解决的一般策略。到中学阶段克服困难的毅力逐渐增强。

小学阶段的儿童克服困难毅力随年龄的增长、年级的升高而逐渐增强。观察发现低年级儿童在面对困难时更容易表现出紧张、焦虑、懦弱、缺乏耐心等心理特征。随着年龄的增长，儿童克服困难的毅力逐渐增强，能正视现实，通过自身努力寻找克服困难的办法。

（2）学生意志品质随年龄的增长而得到发展。意志品质包括自觉性、果断性、自制性和坚持性。

小学低年级儿童的自觉性是比较差的，他们不善于主动地、独立地调节自己的行为。中、高年级儿童意志的自觉性逐渐发展，能够自觉地完成教师布置的作业和分配给他们的任务，但还不够成熟，儿童的行为易受情境变化的影响。中学生随着抽象思维能力提升，理解能力增强，行为的自觉性也随之增强，高中阶段达到成人水平，能自觉克服困难，达成学习目标。

小学阶段的儿童意志的果断性还是比较差的，他们不善于仔细、全面地考虑问题，然后再作出决定，付诸行动。在教学的影响下，随着儿童思维能力的发展，意志的果断性也得到了较好的发展。随着年龄的增长，在教育的影响下，儿童意志果断性的水平逐步提高，优柔寡断和冒失的不良品质则逐渐减少。但受经验的制约，小学阶段，学生自主决定还有一定的困难；初中阶段，随着学生认识水平提高，独立意识与成人意识增强，意志的果断性有了较快发展，遇事能果断作出决定，但易冲动，常常因考虑不周而后悔；高中阶段，学生的抽象思维与辩证思维都得到很好的发展，对事物的认识更加理性，意志的果断性达到成人水平，其判断不仅正确，也更加稳定。

（3）小学阶段，儿童意志的自制性品质随年级升高而稳步发展。小学低年级儿童自制性品质发展较快，到了小学中年级，自制性品质趋于平稳，保持在一个水平线上，中年级以后又出现了一个快速发展时期，使意志自制性品质达到了一个新的更高水平，到了高年级，自制性品质发展又出现了一个新的稳定时期。到了初中阶段，学生身心发展又处在一个快速成长的时期，生理与心理的急剧变化，使学生的认识与情感发展都具有波动性，认识水平与行为能力的矛盾有时会趋于激化，意志品质的自制性也会出现波动，时而坚强，时而软弱，有时甚至有下降的趋势。高中阶段，学生的思维已发展成熟，行为更具理性，意志的自制性品质得到发展，接近或达到成人水平。

（4）小学阶段，儿童意志的坚持性是逐步发展起来的。小学低年级儿童的意志比较薄弱，坚持性比较差，他们更多地依赖外部影响来坚持完成一件工作或一项行动。到了中、高年级由于教育、教学和平日的意志磨炼，小学儿童逐渐能在学习、生活中坚持克服困难、完成任务，但总体而言，行为难以持久；初中阶段，意志的坚持性有所发展，学生对自己感兴趣的事情表现出良好的意志品质，但随着兴趣的改变，坚持性也会发生变化；高中阶段，学生的学习、生活目标明确，学生的行为能持续指向预期目标，表现出良好的坚持性。

根据儿童的意志发展的特征设计教学，应从以下几方面入手。

（1）明确目的，激发动机。研究表明，学习动机与学习目的紧密相联，当学习者认为学习目的对自己意义重大的时候，动机就强烈，此时克服困难的意志也较强；当学习目的不明确或当学习者觉得学习结果对自己不重要时，动机就减弱，克服困难的毅力也随之减弱。学生对学习目的的理解随年级的增长而提升，小学生学习目的的确定具有形象性与情境性，中学生的学习目的具有间接性与概括性，能够为远大的理想采取学习行动。

（2）难易适度，分量适当。儿童意志品质发展的需要表明，小学教学设计难度不宜过高，也不宜过低，学习内容不宜过多，也不宜过少。难度过高，分量过多，超越儿童现有发展水平，容易使儿童望而生畏，即使通过意志努力也难以达到预期的目的。难度水平过低，分量过少，儿童学习不需要意志努力，但预期目标与起点状态没有明显差距，儿童难以实现预期的发展。中学生有了一定的知识与能力储备，学习内容与学习难度有了较大提升，有条件面对升学与就业的竞争压力，但过分加大学习难度，增加学习分量，也不利于中学生健康成长。

（3）循序渐进，逐级提升。就整个小学阶段而言，儿童意志水平虽然不高，但随着年龄的增长，年级的升高，儿童的意志品质始终处于发展状态，但尚未达到成熟的水平，教学设计应考虑学生的承受能力，不宜有过高的要求。即使到了高中阶段，学生的意志品质趋于成熟，其承受能力也是有限的。因此，教学设计应循序渐进，适时增加学习的难度，使学习始终保持在学生的最近发展区。

（4）及时强化，养成习惯。当学生觉得学习面临巨大困难的时候，必然难以产生愉快的情感体验。"书山有路勤为径，学海无涯苦作舟"无疑会给学生消极的学习暗示，相信没有多少学生愿意去做苦差事。对学生积极的学习行为进行强化，使之形成习惯。习惯成自然，即使有难度的学习，学生也会因为习惯养成而不觉得有多困难,从而降低意志努力的程度,增强愉快学习的体验。

【案例】[①]

丽丽不能按时完成当天的作业,在学习中碰到困难时,不是垂头丧气,就是一蹶不振,不能为之刻苦努力,上课不能集中注意力,不是走神,就是做小动作或睡大觉。她认为自己不是读书那块料,不愿意多看书,多钻研,一拿起书本就头疼。她不能很好地利用时间,一会儿学习,一会儿干别的事,结果一事无成。本来快期末考试了,丽丽决定努力复习一天,可同学小云上门来找她到少年宫看演出,她本来不想去,可是看同学来找她,她不好意思拒绝,于是就去了。她经常立志,经常下决心,但是情绪不好时又灰心失望,什么也不愿意学。

评析:案例中丽丽的表现是典型的意志薄弱。她上课不能集中注意力,说明她意志的自制力品质较差;她不能很好地利用时间,一会儿学习,一会儿干别的事,这表明她意志的自觉性品质不好;而本来计划学习,同学找她又不好意思拒绝,这表明她意志的果断性品质不良;她经常立志,经常下决心,但坚持不下去,说明她意志的坚持性品质较弱。总体而言,丽丽意志薄弱,教学设计既要考虑该生意志薄弱的一面,不能对其提出太高的要求,更要考虑对其意志品质本身的培养。

5. 学生人格的发展

人格是个体在行为上的内部倾向,它表现为个体适应环境时在能力、情绪、需要、动机、兴趣、态度、价值观、气质、性格和体质等方面的整合,是具有动力一致性和连续性的自我,是个体在社会化过程中形成的给人以特色的身心组合。中小学生的人格处在不断发展的过程中,在发展的各阶段又具有相对稳定的特征。一般说来小学阶段的儿童的人格在低年级和高年级处在急剧变化的时期,而中年级则处于相对稳定的时期。初中阶段是人格形成的又一个高峰期,高中阶段人格基本定型。

下面就学生的自我意识、学习动机、个性心理特征作简要分析。

学生的自我意识发展。自我意识是自己对所有属于自己身心状况的意识。包括自我认识、自我监督和自我评价。自我意识的发展是人格形成和发展的重

---

① 刘晓明,张明. 中小学心理健康教育[M]. 长春:东北师范大学出版社,2011:188.

要条件。与其他心理现象的发展一样，小学儿童自我意识的发展水平也是由低到高的。埃里克森把一个人的人格发展阶段分为紧密相联的八个阶段，小学阶段的主要任务是培养儿童的勤奋感。就小学阶段的发展而言，小学一年级到小学三年级发展的速度较快，尤其是一、二年级之间发展尤为迅速；三年级至五年级期间，自我意识的发展相对平稳；而小学五、六年级期间，自我意识的发展又出现加速的现象；初中阶段，学生的自我意识有了进一步发展，具有较强的独立意识，能比较全面地认识自我，并具有一定的自我监督与调控的能力，但自我评价容易出现偏差，或自以为是，过高地估价自己，或妄自菲薄，过低评价自己，同时也很在乎别人对自己的评价；高中学生自我意识的发展趋于成熟，能比较客观公正地评价自己，不会轻易因为别人的评价而改变对自己的认识，高中生的自我监督与调控能力较强，能为了既定的目标而调控自己的行为。

学生的需要与动机的发展。需要与动机是构成学生个性倾向的重要组成部分。研究表明，小学儿童需要的发展随年龄的增长，需要类型日渐丰富，需要层次逐渐提高。动机的发展逐渐由外在动机为主向内在动机为主转化。外在动机在小学阶段的儿童学习活动中发挥重要作用。随着认识水平提高，中学生的学习目的更加明确，更加指向社会需要或个体高层次需要的满足，因而内在动机的作用更加明显。儿童的需要是多方面的，但教学过程中儿童活动、认识、交往与成就的需要对学习影响尤其显著，愈是高年级的儿童愈关注自己高层次的需要。

小学阶段儿童有着强烈的活动需要，他们不仅关注活动过程，也关注活动结果，活动内容与形式随年级的升高而变得更加丰富多彩。低年级儿童更喜欢趣味性、竞赛性的游戏活动，到了中高年级，满足学习需要的认识活动愈来愈受到重视，学习者更关注什么样的学习行为会带来好的学习结果。

认识需要是学生的主导需要，表现为小学阶段的儿童对学校生活的向往、热爱和对学习任务的重视和完成等行为，中学生对学习过程及学习结果的情感体验。研究表明，学习者认识需要的内容随年级的改变而变化，低年级儿童把有一位好老师、一本好课本、学习过程的趣味性作为认识需要的主要内容；高年级学生则把获得丰富知识、培养各种能力、培养良好品质、享受认识过程作为认识需要的重要内容，中学生在认识需要满足的过程中理智感更强。

进入学校以后，儿童交往的范围随之扩大，交往的需要也日益强烈，与同学、老师的交往成为儿童交往需要的重要内容。儿童与教师的交往带有崇敬与服从的倾向，教师角色的权威性，使儿童更乐于接受教师指导，服从教师安排，相信教师评价。与同伴的交往更是小学阶段的儿童不可或缺的，小学期间，儿童与同学交往意识强烈，共同的认识、共同的活动，使儿童更容易相互理解、相互接纳，儿童之间的交往能使彼此产生案例感与归属感。

与小学生比，中学生的交往不仅范围有所扩大，层次也有所提高。中学生不仅保持了与家人、同学和老师的交往，随着认识水平提高，活动范围扩大，社会交往圈子也越来越大。只是初中生在社会交往之初还缺乏鉴别力，交往带有盲目性与随意性。到高中阶段，学生交往的圈子相对稳定，共同的志趣与学习目标，共同的价值观念与行为方式成为人们交往时着重考虑的因素。正常的人际交往不仅有利于满足学习者的心理需要，也是学生合作进行有效学习的重要途径。

学生的成就需要是交往需要与自我实现需要相结合的具体表现，研究表明，小学生的成就需要主要表现在学业上，小学二、三年级儿童对学业成就的期望通常高于现实，对学业成绩持积极的期待。到中、高年级，小学阶段的儿童对学业上的失败更能客观面对，越来越倾向于通过社会比较来评价自己的成绩。随着年龄的增长，学习者的抱负水平有所提高，对学业失败的焦虑日益增长。研究表明，中学生感觉学习压力更大，因学习而引起的心理问题更加严重。

学生个性心理特征的发展。个性心理特征包括能力、气质与性格。

能力是保障学习活动顺利进行的心理条件，有一般能力和特殊能力之分。学生能力发展存在年龄差异、类型差异、水平差异与能力发展早晚的差异。能力发展受多种因素制约，遗传因素、生理成熟、知识经验以及教育方式等。学生的能力随经验的增长呈逐渐上升的趋势，小学生低年级儿童无论生活能力还是学习能力都比较弱，对儿童的教学要求必须量力而行。到中学阶段，随着学生能力增强，学习任务加重，学习的强度也比小学时大得多，但不同的人对学习的需求是不一样的，过度的学习要求不仅会带来过重的学习负担，也会降低学生的学习效果。

气质是心理活动动力方面比较稳定的心理特征，表现为心理活动的速度、强度、稳定性与指向性等方面的特点和差异组合。古希腊医生希波克拉底把气质分为胆汁质、多血质、黏液质和抑郁质四种气质类型。巴甫洛夫研究发现，神经系统存在强度、平衡性和灵活性等基本特征，不同特征的组合形成了不同的气质类型。并且认为每一种气质类型都有比较稳定的心理特征，这种特征受遗传素质的制约，并不随年龄的变化而有太大的变化。

学生性格的发展总体而言日趋成熟，但发展是不均衡的。初入学的儿童随着生活环境的变化，其态度与行为方式有较大变化。待其适应环境以后，在小学二至四年级性格发展较慢，随着经验的积累，小学高年级儿童性格发展进入高潮期，儿童对事物的态度和行为方式形成了自己的雏形；初中阶段是儿童向成人性格过渡的关键期，积极的行为引导，可以使学生的性格在初中阶段基本定型；进入高中，学生的性格基本稳定，处事的态度与行为方式一般不再有大的变化。

总体而言，小学阶段，儿童性格的态度特征逐渐形成，但不够稳定，容易受环境的影响而发生改变。高中阶段，学习者的世界观基本形成，对事物的态度一旦形成，不会轻易发生改变。

性格的情感特征在整个小学阶段都不够稳定，易受情境变化的影响，初中生的情感较为丰富，但仍有波动现象，高中生的情感具有深刻性、丰富性和稳定性。

小学生性格的意志特征发展水平不高，依赖性较强，容易遭受挫折。初中生性格的意志特征表现出两极性，顽强与怯弱并存，理智与冲动同在。高中阶段，学生性格的意志特征表现在自觉性、自制力、坚持性方面都有明显进步。

性格的理智特征在小学低年级发展较平稳，且发展水平不高，小学高年级随着抽象思维的发展，儿童的理智水平有了较大提高，为进一步学习打下良好基础。中学阶段学生的理智感增强，学习者对学习过程和学习结果都能进行理性分析，尤其进入高中阶段，一般情况下，学习上不会产生大起大落的现象。

根据学生的人格特征设计教学时应注意以下几点。

（1）尊重学生气质，设计差异教学。儿童的气质不同，往往表现出不同的学习态度与学习风格，多血质的儿童活泼好动，缺乏稳定性；抑郁质的儿童敏感多疑，情感脆弱；胆汁质的儿童性情暴躁，反应激烈。只有了解并尊重儿童的气质特征，设计个性化的教学与评价方式，才能真正做到因材施教，促进每一个学生的健康发展。

（2）增强自我意识，引导自主学习。遵循学生自我意识发展的规律，一方面，应了解并重视学生自我意识的发展水平，在低年级的教学设计中，正视儿童自我认识缺乏，自我监督和调控能力较低的情况下，充分发挥教师在教学过程中的主导作用。高年级的教学设计更多地发挥学习者自我监督、自我调控的作用，体现学生的学习主体地位。另一方面，加强对学生自我认识的引导和自我监督调控能力的培养也是教学设计的应有之义。

（3）引导学习需求，激发学习动机。学习需要是教学设计的出发点，教学设计一方面要诊断、评价并满足学习者现有的学习需要，另一方面还要及时引导学生需要的发展。当学习者现有的需要是积极的、健康的、与发展目标相一致时，教学设计以满足现有需要为主；当学习者的需要与发展目标不一致，或需要不明确时，教学应及时引导学生的需要，利用新的学习需要激发新的学习动机。比如，小学高年级的女孩，一部分人已进入青春早期，情感上容易产生新的需要，可能会导致早恋产生，教学设计一方面要正视儿童身心发展的这一特点，另一方面要因势利导，引导儿童树立正确的性别意识、角色意识和自我意识，把对异性的追求转移到对学习成就的追求上。

（4）加强能力训练，提升学习效率。一般的教学设计，通常以掌握知识为中心，知识掌握虽然对能力发展有促进作用，但知识与能力并不完全呈正相关，知识更不等同于能力。新的学习观表明：在知识爆炸的时代获得知识的能力比获得知识本身更重要，因此，教学设计不仅应有利于学生获得知识，更应当引导学生树立正确的学习观念，端正学习态度，掌握学习的规则、程序与方法等，学会学习。

（5）养成良好性格，巩固学习成果。性格是一个人对客观事物所持的态度与习惯化的行为方式，是通过后天的学习实践活动形成的。性格一旦形成，对一个人的行为有极大的影响。中小学是儿童性格形成的关键时期，将为以后的学习与发展奠定良好的基础。教学设计应注重对学生性格的塑造。就整个中小学而言，儿童行为的发展是有意性、目的性、自觉性逐渐增强，到高中则趋于稳定。有助于学生性格养成的教学设计，一方面，要尊重学生的天性，遵循学生身心发展的规律，因势利导；另一方面，要明确目标，对学生的学习活动提出明确、具体的要求，并对学习者积极的行为反复强化，使之形成习惯。

【案例】[①]

　　李炯确实是个聪明的学生，不仅学习成绩好，体育、艺术各方面都有一手。升入重点高中后，他的优势更加突显出来。每次运动会、文艺演出都会有他的拿手项目。同学们羡慕他，老师们夸奖他，可他由此变得目中无人，不仅与同学们的距离越来越远，认为张三这个不行，李四那个太差，和他们在一起没意思，而且对老师也不再尊敬，认为也"不过如此"。渐渐地同学疏远他，老师批评他，可他认为这是对他的嫉妒，愈发变得孤零零的了。

---

① 刘晓明，张明. 中小学心理健康教育［M］. 长春：东北师范大学出版社，2011：207.

评析：李焖的问题是个性心理特征方面的问题。主要表现在性格与能力方面。性格是一个人对客观事物所持的态度与行为方式，受环境的影响，在社会实践的过程中逐渐积累，塑造而成的。李焖由于天赋较好，能力较强，长期受到老师和同学的赞扬，逐渐养成了一种自视甚高，唯我独尊的自我意识，于是目中无人，不仅看不起同学，甚至也看不起老师。对他人态度傲慢，不懂得尊重他人，最终受到环境的排斥。教学设计不仅要注重对学生知识的传授，更要注重对学生性格的塑造，只有协调好个体与环境的关系，培养学生的健全人格，才能使学生获得环境的支持，为学生的学习与发展营造良好的氛围。

（三）学生学习需求分析

1. 学习需求分析的含义

学习需求指学习者当前的学习状况与期望达到的学习状况之间的距离，或者说，是学习者已经具备的水平与期望学习者达到的水平之间的差距。"期望达到的学习状况"指学生应当具备什么样的素质结构，包括社会、学校和家庭对学生以及学生自己对学习者在知识、能力、品德、心理等方面的期望，"目前的学习状况"指学生已经具备的知识、能力、品德等方面的素养。"学习需求"正是这二者之差。要找到学习需求，就必须分别了解期望学生达到的学习状况和他们目前的学习状况，这个分析过程就是学习需要分析。[①]

2. 学习需求分析的意义

学习需求分析是教学设计的基础。教学设计是一个问题解决的过程，只有发现了问题，认清问题的本质才能着手对它进行解决。考夫曼（R. Kaufman）指出："在教育（和训练）的领域中，我们曾尝试了无数的方法，进行了大量的革新。我们修改教学内容，调整教与学的关系，还曾使教学的各方面自动化……但是，我们的努力几乎未能为教育带来许多改观。"真正的原因是教学目标与实际需要脱节。教学中，人们所关心和致力研究的往往是如何改进教学内容、方法、形式、媒体等，而较少考虑所确定的教学目标与客观的实际需要是否"有关"（relevant）。换言之，较多关注教学工作的"效度"（validity），

[①] 张祖忻. 教学设计中的学习需要分析 [J]. 外语电化教学，1990 (3)：12.

即实现既定目标的程度，而较少关心教学的"效用"（utility），即实现该目标的价值、意义如何。能否发现教学中的实际需要及存在问题，搞清楚问题的性质，并选择最佳的解决方法，是保证教育工作成功之关键所在。通过学习需求分析，有助于教师、教学技术人员及学生等明确要解决的问题，并寻求积极的问题解决的办法。

学习需求分析有助于理顺问题与方法、目的与手段的关系。教学设计从学习需要分析开始，这本身就理顺了问题与方法、手段与目的的关系，即以问题的分析和确定作为出发点，形成总的教学目标（解决"是什么""为什么"），然后寻找相应的解决问题的方法即达到目的的手段（即"如何"做），从而最终解决问题。如果教学的目标脱离教学的实际需要甚至是错误的时候，无论所采用的方法是多么科学，后继工作必然陷入盲目，为实现目标而使用各种手段的努力必然付诸东流。

学习需求分析是教学能力提升的重要环节。需求分析能力是教师教学能力的重要组成部分，教师教学能力提升的方式多种多样，实践、反思是教学能力提升的最主要的方式。教师在需求分析的过程中学会了如何把握分析的对象、运用分析的方法，在问题分析的过程中把握事物发展的内在联系及其规律性，提升了问题分析的能力。

3. 学习需求分析的内容

分析学习需要，一般要做好两方面的工作，一是深入实际调查研究，分析教学中是否确实存在需要解决的问题；二是分析存在问题的性质，以确定教学设计是否解决该问题及解决问题的的途径是什么。分析学习需要工作的重点是研究学习者的学习状况，而不是教师教的情况，尽管教和学是密切相关的。

需要强调的是，学习需求不仅仅是学习者个人的需求，也包括社会需求，以及对学习者的现状分析。明确学习需求分析的内容，是需求分析的关键所在。

（1）社会对人才的要求。任何个人的学习需求总是在一定的社会大背景之下产生的，不同的时代，政治经济发展的水平不同对人才的需求也不一样，我国教育的总目标是培养德智体美劳全面发展的社会主义建设者和接班人。随着科学技术的不断进步，人类正逐步进入知识经济时代，这个时代对人的学习能力、实践能力、创新精神以及信息素养都提出了更高的要求。学习者只有了解社会发展需求，正确把握未来社会发展的趋势，才能未雨绸缪，为适应变革的社会打下坚实的基础。

（2）个体发展的要求。学生作为一个学习者，每个人都有自己独特的个性。由于每个人遗传素质不同，生存环境各异，不仅存在个体学习经历、个体经验的差异，也有不同的学习动机、学习态度与学习目标，学习者个体间的差异必然表现为不同的学习需求，正确认识学生的个体差异是进行个性化教学设计，实施因材施教的前提和基础。

（3）学习现状分析。学习现状是学习者在学习要求方面已达到的水平，包括学习者群体或个体在学习态度、知识、技能、情感等方面的发展水平。下面就通过分析学习者的态度现状、学习者的起始水平、学习者的学习风格和现有学习资源条件的现状等方面对学习者的学习现状进行分析。

学习态度是学习者对学习所表现出来的一种比较稳定的心理倾向，由认识、情感和行为意向三种心理成分构成。学习态度对学习内容的选择和学习行为的激发有直接的影响。判断学习者学习态度最常见的方法是态度问卷量表，温斯坦（C. E. Weinstein）和帕玛博士编制的《中学生学习策略量表》、张庆林编制的《中小学主体教育主体性问卷》等问卷量表中都涉及了关于学习者学习态度的调查。此外，观察、访谈等方法都可用于学习态度分析。

起点状态分析包括学习者的知识起点状态、技能起点状态等。教学过程要解答学习者到哪里去的问题，必须首先了解学习者在哪里。

知识起点分析是学习者获得知识的基础。奥苏贝尔说，"如果我不得不把教育心理学的所有内容简约成一条原理的话，我会说：影响学习的最重要的因素是学生已知的内容。弄清了这一点后，进行相应的教学"。奥苏贝尔认为，当学习者把教学内容与自己认知结构联系起来时，意义学习便发生了。所以，影响课堂教学中意义接受学习的最重要的因素，是学习者的认知结构。所谓认知结构，就是指学习者现有知识的数量、清晰度和组织方式，它是由学习者已有的事实、概念、命题、理论等构成的。因此，要促进新知识的学习，就要增强学习者认知结构中与新知识有关的观念。所以，首先就要了解学习者原有的认知结构状态，这样才能准确地将新知识纳入学习者原来的认知结构中，而学习者知识起点能力的分析就是要对学习者原来具有的知识结构的状态进行分析。

技能起点能力分析是学习者技能形成的基础。加涅（R. M. Gagné）和布里格斯（L. Wager）等人提出对学习者起点技能分析的实质就是对学习者技能先决条件的分析。从最一般意义上说，先决条件（prerequisite）或称前提条件，是在终点目标学习之前所需完成的目标，它能促进学习或使学习成为可能，其中那些对终点目标起着决定性作用的前提条件称为必要性先决条件，它是所习得性能的组成成分，那些对终点目标仅起支持性作用的前提条件称为支持性先决条件，它主要是促进学习更容易或更快进行。

对技能先决条件分析最常用的方法就是层次分析方法，即从终点技能开始，"逆向"或"自上而下"逐步分析达到终点能力所需要的从属知识和技能，一层一层分析下来，直到能够判断从属技能确实被学习者所掌握。如图4-1所示。[1]

技能起点能力分析步骤如下：

A. 确定终点技能，即学习者最终需要习得的技能。学习者根据新的学习内容和新的学习任务确定终点技能。

B. 分析下位技能。按金字塔结构将所有技能有层次地排列起来，下位技能排在上位技能之下，通过分析不断扩充层级结构。

C. 判断下位技能是否是学习者已经习得的技能。如果是则分析结束，最下层的技能就是学习者的技能起点；如果不是，则继续分析，直至学习者已掌握技能。判断一项技能是否被掌握的常用方法就是问卷调查、采访调查、试卷测试、实践操作等方式。

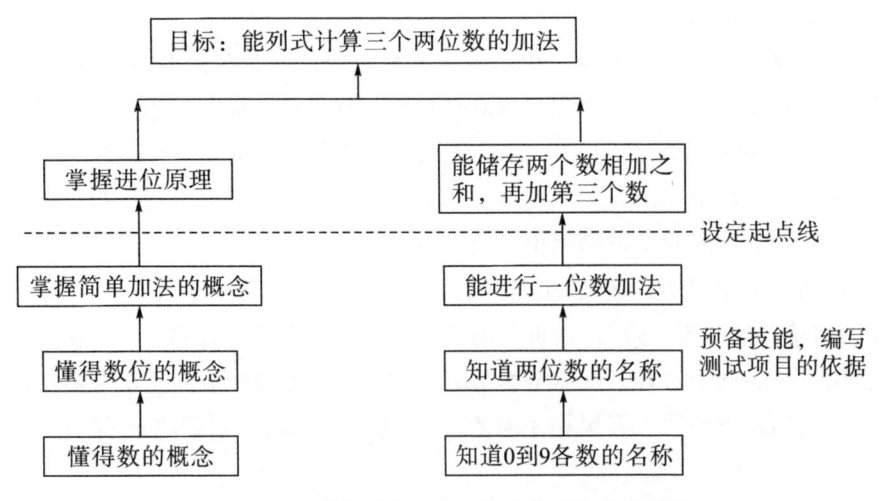

图 4-1 小学数学中一个层级分析及起点确定图

4. 学习者学习风格分析

学习风格是学习者持续一贯的带有个性特征的学习方式，是学习策略和学习倾向的综合。学习者的个体性、差异性更多地反映在学习风格上。同样的内

---

[1] 张祖忻. 教学设计——基本原理与方法 [M]. 上海：上海外语教育出版社，1994：109.

◇ 教学设计与案例分析

容，不同的学习者可能采用不同的学习风格，不同的学习风格可能产生不同的学习效果。因此，正确洞察和把握学生的学习风格可以提高教学设计的针对性与实效性。

学习风格的类型存在多种划分标准，根据感知觉通道的类型不同可将学习风格分为听觉型、视觉型、动觉型和综合型几种类型。美国心理学家威特金（H. A. Witkin，1916—1979年）等人根据知觉活动对外参照依赖的程度把学习风格分为场依存型和场独立型两类。场依存型和场独立性的个体，表现出不同的认知风格。场依存者是人际定向，往往更多地利用外在的社会参照来确定自己的态度和行为，特别是在模棱两可的情况下，他们比较注意别人提供的社会线索，优先注意他所参与的人际关系的情况，对其他人有较大兴趣，表现出善于与人交往的能力；在解决熟悉的问题时，不会发生困难，但让他们解决新问题则缺乏灵活性；一般较少独立性，易于接受外来的暗示。场独立者是非人际定向，在社会活动中不善于人际交往，对社会线索不敏感，社交能力差；在解决新问题时，善于抓住问题的关键，灵活地运用已有的知识来解决问题；更有主见，处事有自主精神。

研究结果还表明，场独立性随年龄递增而增长，女性比男性更依存于场。但是，整体来说，场依存性和场独立性没有好坏之分，而且可以通过训练而得到改变。大卫·库伯（David kolb）在总结了约翰·杜威（John. Dewey）、库尔特·勒温（Kurt Lewin）和皮亚杰经验学习模式的基础之上提出自己的经验学习模式，亦即经验学习圈理论。由于每个人的内在性格、气质的"差异性"，以及生活、工作阅历、教育知识背景的"差异性"，从而导致每个学习者的"学习风格"的"不一致"。根据学习圈理论，可以将学习者的学习风格大致分为四类：经验型学习者、反思型学习者、理论型学习者和应用型学习者。库伯认为，这四种类型的学习风格不存在优劣的价值判别，它们之间有一定的互补性。

【案例】[①]

小裴，是小三班的学生。他有一个特点，当堂学的生字，记不住，记不牢，回生特别快。后来，教师发现这个孩子是一个图像类型学习者，凡是那些形象、有趣的生字，他都能很快记住，并且不会忘记。而教师所采

[①] http://blog.sina.com.cn/s/blog_79b4e0eb01015jjw.html.

取的识字教学模式，往往是让学生把生字拆分成几个部分，或用熟悉的字加减偏旁来记，有时也让学生数笔画、反复书写。这样的方法只适合那些文字类型学习者和听觉类型学习者，因此，老师运用"字理识字教学法"，解析字理，把识字教学形象化、趣味化，如"秋"字，把它编成谜语"一半绿来，一半红，一半怕水，一半怕虫"，还根据谜面画了一幅简笔画。这种教法，让小裴两眼放光，他很快就记牢了。教"看"字，我摆了一个孙悟空的手搭凉棚极目远眺的姿势，那些以触动觉为主要学习方式的孩子也很快便记住了这个字。

评析：每个学生都有自己的学习风格，有人长于视觉学习，有人长于动觉学习，有人依赖天赋，有人依赖环境，有人喜欢独立学习，有人喜欢他人指点。风格不同，效果各异，案例中的学生长于形象记忆，只要能把学习内容或学习过程作形象化处理，学生就会收到理想的学习效果。该教师充分考虑了学生的学习风格，为学生的学习创设了形象、生动的学习环境，使抽象的事物形象化，获得了良好的教学效果。教学设计不仅要考虑一个学生的学习风格，还要考虑全体学生共同的学习需求，以及不同学生不同的学习风格，尽可能为不同类型、不同风格的学生提供个性化的学习需求服务，最大限度地满足全体学生的学习需要。

5. 学习资源和约束条件分析

现有学习资源和学习条件的分析是学习者现状分析的一个重要组成部分，只有准确了解学习者所拥有的学习资源和学习条件才能保证学习者学习目标设置的可行性。通常情况，学习资源是指在学习过程中可被学习者利用的一切要素，主要包括支持学习的人、财、物、时间、空间、信息等，其具体组成要素见表4-1，而约束条件则是指在解决学习问题时起限制或阻碍作用的事物。

表4-1　学习资源的组成要素

学习资源	描述	例子
人员	促进学习的人	教师、学生、管理人员、同伴、小组
材料	学习载体	课本、参考书籍、课件、电子信息、学习资料等
信息	学习内容	事实、概念、规则、原理等
教学设备	信息传输的工具	幻灯、投影仪、计算机、录音机、学习软件、实验设备等

续表

学习资源	描述	例子
场所	学生学习的物理环境	教室、图书馆、实验室、校外基地
经费	学习所需费用	杂费、生活补助费等
时间	学习所需要的时间	教师讲授时间、自主学习时间、课外学习时间等

学习资源既是学习的重要组成部分，也是学习的约束条件。资源的合理配置和充分运用是教学活动顺利进行的重要保证。有效的资源利用不是某个单一的资源能发挥作用的，必须是各种学习资源的合理配置与相互作用。比如对信息资源的利用离不开教学主体——教师与学生，也离不开信息载体与信息传输工具，同时还必须在特定的时间、特定的地点来进行有效的信息传输。任何一种资源配置和使用不当都可能对教学效果产生约束作用。

教学设计除了满足社会需求与个体发展需求外，需求分析还要考虑各教学相关方的需求，比如家长对孩子的学习要求，教师自身的发展要求，学校办学特色要求，以及地方政府对教学的特别要求等。

6. 学习需求分析的方法

常用的学习需求分析的的方法有内部需要分析法和外部需要分析法两种。

学习的内部需要分析法是将学习者学习的现状与组织机构所确定的目标相比较，找出两者之间存在的差距，从而了解学习需要的一种分析方法。它把既定的目标作为分析学习需要的前提。其假设是：学生的学习需要是学习现状与学习目标之间的差距，学校教学目标主要依据新课程标准来确定。而学习现状则通过对测试、观察、座谈、作品分析等方式来获得关于学生知识、能力、品德、情感等方面的信息资料，通过对收集的信息资料分析整理，得出对现状的价值判断，并以此作为教学设计的依据。内部需求分析往往局限于教学活动内部，常常造成教学与社会需求脱节，因此外部需求分析也常和内部需求分析结合使用。

学习的外部需求分析法，是将学习者学习的现状与社会的要求进行比较，找出两者之间差距的一种分析方法。外部的需求分析法就是要找出学生学习现状与社会实际要求两者之间的差距，以论证开展教学设计的需要。这种方法的特点是，它要求我们根据社会目前和将来发展的实际需要来发现教学中存在的问题，制定新的教学目标。外部的需求分析法是调节教学与生活、学校与社会的重要措施之一。在此基础上开展教学设计，符合系统方法的基本原则。即一个系统的目标之建立，应以环境对系统的要求为主要依据。

无论运用何种分析方法，都应重视将调查研究过程中获得的具体情况和数据加以客观地分析、整理。在完成情况分析和数据统计工作以后，设计一张"需求分析表"，见表4-2，把有关的分析、统计情况以列表的形式表现出来。在适当的时候，邀请学生代表、教师、主管教学的领导、校外有关人员等参加学习需要评价，向他们汇报调查分析的结果，并请他们共同拟定初步解决方案。

表4-2 学习需求分析表

项目	期望	现状	差距
动机			
知识			
能力			
情感			
社会要求			
家长要求			
学习资源			

期望与现状的差距常常是教学设计要解决的主要问题。常用的问题分析程序有以下几个方面。

（1）分析现状，明确优势与不足。了解学习者的学习动机、已有的知识及能力水平，教学资源的准备情况是否能适应学习需要等。

（2）期待适宜，准确定位目标。根据课程标准及学生的实际情况，确定适宜的教学目标，用语言描述出学习者经过努力可达到的预期水平。

（3）认识差距，寻找应对策略。激发学生的学习动机，合理配置教学资源，运用恰当的教学方法、手段等，达成教学目标。

有学者认为：分析学习需要往往是以教学中存在的问题作为起点，教学设计主要考虑七个方面的教学问题：教学中是否有不适合学习者的学习目标？教学传送方式是否有效？教学能否提高学习者的动机、兴趣？是否能够达到学习目标？课程中是否增加了新的学习目标？学习者的组成是否有变化？资源和约束条件的情况如何？[①]

---

① 徐上海，王峻梅.以学生为中心重视学习需要分析[J].交通职业教育，2008（4）：16.

◇ 教学设计与案例分析

（四）特殊群体分析

学生特殊群体指与正常学生群体相比较而言的一个学习群体，主要指留守儿童、单亲家庭学生、学困生等。这些群体虽然在各地分布不均，但同样的群体都有着共同的心理与行为特征。分析群体特征是提高教学设计针对性与教学有效性的前提和基础。

留守儿童（the "left-behind" children），是指父母双方外出到外地打工，而自己留在家里生活的儿童。流动儿童指随父母外出打工，流动在外学习的儿童。在我国主要指农村留守儿童。全国妇联 2013 年发布的《中国农村留守儿童、城乡流动儿童状况研究报告》显示，我国留守儿童数量超过 6000 万人。由于缺乏有效的监护，留守儿童在学习、心理、品德等方面都存在着比普通群体更为严重的问题。研究表明，留守儿童在学习上表现出学习目的不明、学习动机不强、学习习惯不良、学习效果不佳等特点。品德方面，留守儿童因长期与父母分离，父母疏于行为上的监管与道德成长的正确引导，在道德观念、道德情感、道德人格以及道德行为等方面都表现出不同程度的偏差，有的甚至出现严重的过错行为和强烈的反社会倾向。留守儿童的心理健康状况也显著低于非留守儿童。女性留守儿童的 SCL-90 量表的总均分及躯体化、抑郁、焦虑和恐怖 4 个因子分数显著高于男留守儿童。人格方面：55.5％的留守儿童表现为任性、冷漠、孤独；由于缺乏与父母的正常情感交流，性格日趋内向，乐群性低；普遍存在性格孤僻，情感脆弱，自暴自弃，上进观念淡薄；自卑拘谨，自制力差。

【案例】[①]：

小豪是一个小学二年级的学生，一年前，小豪父母离异，他和弟弟被迫分开，分别跟随父亲和母亲在异地生活。小豪的母亲迫于生计外出打工，将他寄养在外公外婆家。几年来，生活状况的急剧变化，在他内心产生了很多的负面情绪。他的心灵非常的脆弱，有着强烈的不安全感，脾气暴躁，易冲动，容不得别人的批评，表现出较强的虚荣心和反抗心理。他固执、偏激，我行我素，不计后果，出了问题又缺乏责任感。他学习不理想，非常自卑，总担心别人瞧不起自己，上课经常通过一些怪异的行为，

---

① http://gcxx.jdjy.cn/Moral/ShowArticle.asp?ArticleID=1126.

如大喊大叫、故意用笔盒敲打桌子等,以引起老师和同学的注意。

评析:留守儿童问题比较复杂,既表现为问题的多样性,也表现为问题成因的复杂性。留守儿童的主要问题表现为学习问题、生活问题、心理问题、品德问题等方面,尤其是在缺少父母监管与指导的情况下,心理与行为问题特别突出,教学设计不仅要关注学生"学什么?""怎么学?",还要关注学生的学习背景,关注学生的学习动机、学习态度、情感需求与行为习惯。小豪父母离异,已使其丧失家的温暖,母亲外出打工,更使他没有归属感与安全感。通过各种怪异的行为引人注目,是希望得到关爱,引起重视。

教学设计:对此类学生应给予更多的情感关怀,在满足其情感需求的前提下,引导他形成自己的学习需求。

单亲家庭儿童,由于父母离婚或其他原因导致家庭不完整的儿童称为单亲家庭儿童。据不完全统计,中国目前已出现单亲家庭800多万家。而由于离婚案件的增多,单亲家庭的比例也越来越高。调查显示,单亲家庭的学生在心理上、学习上、思想行为上存在的问题普遍比完整家庭的孩子严重。学习上主要表现为学习动机不强、学习困难、作业拖拉,学习成绩下降、产生厌学情绪,自控能力差、影响课堂纪律。情绪和情感不稳定,常大起大落,恐惧,焦虑,忧郁,悲伤,情感脆弱,过度敏感,多愁善感,固执,好走极端,有时过分冲动,不考虑后果。性格上孤独冷漠,早熟,对人戒备心重,防范意识强,甚至有抵触和敌视心态。人际交往上不合群,不喜欢与人交往,有意疏远别人。经常自卑自责,消极地看待自己,害怕困难,不作任何努力轻而易举地放弃自己的目标。有的孩子道德识辨能力不强,自控力差,盲目模仿社会上的不良行为,如打架、骂人、说谎、逃学、搞恶作剧、破坏公物,有些孩子甚至有偷盗、赌博行为。有些孩子吸烟、酗酒、个别的早恋、离家出走等。

学困生指学生的智力水平正常且没有感官障碍,但由于学习方法不当、学习习惯不良导致其学习成绩明显低于同年级学生,不能达到预期的学习目的的学生。造成"学困生"的原因有很多,如认知方面,情感方面,行为习惯方面,学习态度方面,性格方面,等等。认知方面,学困生往往学习目的不明,不能理解学习的意义,学习动机不强。情感方面,没有学习兴趣,性情急躁,情绪不稳定,缺乏自信,意志薄弱。行为上没有掌握正确的学习方法,不懂得运用学习策略,没有养成良好的学习习惯,做事浅尝辄止,随意性强。人际交往方面,学困生显得自卑,缺乏主动交往的意识,其行为往往也得不到其他同学的认可,人际关系较为紧张。有的学困生在某一方面表现出明显的学习障碍，有的学困生同时在多个方面表现出学习障碍，最终导致学习效果不佳。

分析特殊群体设计教学应注意以下几个方面的内容。

(1) 应考虑特殊群体形成的原因。任何特殊群体在学习、生活上的不良表现都有其产生的根源，只有分析原因，才能对症下药，解决问题。

(2) 明确学习目的，激发学习动机。特殊群体的学生对学习的目的与意义都缺乏正确的认识，对为谁学习，为什么学习的问题不甚明了，因此，学习愿望不强烈，加强对学生的世界观、人生观教育，培养学生对自己、对家庭、对社会、对国家的责任感，有利于激发学习动机，为学习行为奠定坚实的基础。

(3) 尊重学生人格，给予积极的情感关怀。特殊群体学生往往都存在情感需求缺失的现象。满足学生尊重与爱的需要，为特殊群体学生营造良好的学习、生活环境，给予学生更多的人文关怀，是培养学生积极乐观的情绪特征，激发学习热情的有效举措。

(4) 创设学习情境，指导学习策略，提升学习效果。特殊群体学生的根本问题是学习问题，学习既是学生发展的有效途径，也是学生发展水平的有力证明。为每一类特殊群体的学习创设良好的学习情境，指导学生探索运用科学有效的学习方法必有助于提升学习效果，把学生的学习、发展带入良性循环的轨道。

【学困生案例】[①]

张同学是一名小学三年级的学生，由于家庭的特殊原因，加之该生本人学习惰性较大，所以学习成绩较差。平时作业常常出现少做，甚至不做的现象。其书写速度快，快中不能求好，字迹马虎，作业质量不高。课堂上表现时好时坏，个人缺乏自信、缺乏持之以恒的精神。但是该生性格随和，爱劳动，成绩虽不太好，但是许多同学都乐于和他交往。

评析：

针对小张这样的学生，教学设计应从下列几方面着手。第一，应了解学困的表现与成因。张同学学习困难的表现是学习目的不明、学习动力不足、学习兴趣不浓，因而在学习上没有自觉性与主动性，行动缺乏自制力，一旦失去外力监控，学习结果便没有保障。分析其原因，主要受环境因素的影响，也与自身的行为习惯有直接的关系。第二，应有针对性的教

---

① http://blog.163.com/lbx_chenfeng/blog/static/11507711720112693937297/.

学策略设计。针对学生的不良习惯，教学设计应从改变认知，明确学习目的开始，激发学生主动产生学习需求。第三，应帮助学生建立信心，对转化工作应有耐心。该生学习困难非先天因素所致，课堂也有表现好的时候，这是建立信心的基础，加强家校合作，改变学习环境，为学生创设成功的学习情境必有助于建立信心，持之以恒，能形成他良好的学习习惯。第四，为学生建立具有人文关怀的学习支持系统，必然是转化该生的有效举措。针对学生性格随和、乐于交往的特点，教学设计时，加强同学间的合作学习，尤其是让具有良好学习习惯与学习方法的同学与该生一组学习或结对学习，让学生首先在小组内体验成功，既有利于维护学生的自尊，也有利于培养其学习信心，最终取得良好的教学效果。

思考题

1. 为什么要进行教学对象分析？对象分析对教学设计有何影响？
2. 教学对象分析的内容有哪些？如何作教学对象分析？
3. 学生发展有哪些基本特性？你还认识到哪些发展特性？
4. 如何理解学生发展是自然性与社会性的统一，主体性与客体性的统一？
5. 学习需求分析的内容是什么？如何作学习需求分析？

第五章 教学目标设计

一、教学目标设计的内涵

教学目标，指教学中师生预期达到的学习结果和标准。教学目标区别于课程目标，课程目标指实施课程后预期的学习结果，它是培养目标在学科课程上的体现，是对学生学习结果总的基本要求。而教学目标指一节或几节课上要完成的具体目标，它是课程目标的细化和具体化。因此，教学目标设计指的是教师对学生学习后所期望达成的结果与水平的设想，它是教学设计系统中的重要组成部分，也是教学过程设计和教学评价设计的前提。教学目标不是客观存在的学习结果，受多种因素制约，即使使用同样的教材，教学对象不同，教师对教育的理解不同，确定的教学目标也不一样。由于教学目标对教学实践与结果评价具有明确的指导作用，因此需要进行教学目标设计。

二、教学目标设计的意义

教学目标设计无论对教师的教还是学生的学都具有重要意义。

首先，教学目标对教学活动具有导向的作用。教学目标的存在使教学活动自始至终都有明确的目的性，教学活动总是向着这一目标前进。教学如果方向错了，每前进一步都会与目标相去甚远。"应试教育"追逐的是以知识为中心的教学目标，不可能考虑学生的全面发展。注重创新人才培养，就要打破过去高度集中、高度统一、高度规范的教学观念与模式，使教学过程更加开放，更注重对学生独特个性与创造性思维的培养。提倡素质教育，就要考虑一个人的知识与能力、情感与态度等方面的协调与配合，真正促进人与人、人与社会、人与自然的全面、协调可持续发展。

其次，教学目标对教学具有激励作用。目标总是高于学生现有的发展水平，它像一个指路明灯，激励人们前行。教学目标确定以后就可以激发学生的学习动机，使学生产生达到目标的愿望。教学目标既有对学生统一的、基本的要求，也有个性化的要求。统一的目标更有利于达成共识，形成一致的学习行为、良好的学习氛围。个性化教学目标的确立，更有利于学习者对号入座，根据自己的学习动机、学习兴趣、已有水平，寻找自己的"最近发展区"，使每一个人都能得到最大限度的发展。

教学目标对教学活动还具有调控功能。教学目标一旦确立就对教学活动起着调控作用。它凝聚各种教学因素，汇集各种教学力量，使之为达成目标而共同努力。一方面，目标使教师随时对照反省自己的教学行为，一旦偏离目标，自觉拨乱反正。另一方面，目标也使学生调整学习行为，在考试成绩仍然是衡量学生学习成效最重要的指标的时候，许多学生都为自己确定了考试目标，并通过不断地修正目标与修正行为寻找新的平衡。

教学目标是联结教学各要素的纽带。构成教学的基本要素复杂多样，有教师、学生、教学内容、教学手段、教学方法、教学环境等。各要素的协调配合是获得最佳教学效果的重要保证。教学目标正是联结教学要素的纽带。"传道、授业、解惑"使教师和学生为共同的目标走到一起。教学内容的选择、教学方法的运用莫不以最大限度地达成教学目标为最佳选择。运用现代教学手段，也是为了提高信息传递的效率，加速学生理解运用知识的进程，优美的教学环境也是为学生营造良好的学习氛围，这一切无不与教学目标紧密相联。

教学目标是检查评价教学活动的重要依据。教学目标作为预设的教学结果，是测量和评价教学活动成功与否的重要依据。科学定位的教学目标是经过师生共同努力可能达成的预期结果。根据目标检查评估教学活动，可以对照出教学过程各要素、各环节的成败得失，诊断问题、分析原因、寻找对策。用"全面发展"的教学目标来对照"应试教育"的教学成果，就会发现不管考试成绩多好，都难以掩盖畸形教育导致的学生片面发展弊端。

【案例】

  董利允老师执教人教版语文六年级下册"我最好的老师"一课时制定的教学目标如下。[①]

  （1）通过查工具书或联系上下文，理解文中的"编造、驳倒、论证、权威"等词语的意思。

[①] 魏宏聚，申建民. 中小学课堂教学设计切片诊断（上）[M]. 北京：科学出版社，2019：75.

（2）抓住文中最能说明怀特森先生特点的句子，读懂课文内容，理解作者为什么认为怀特森先生是"最好的老师"。

（3）结合课文内容和拓展资料，联系生活实际，体会每一个人都应该具有独立思考和独立判断事物真伪以及怀疑能力的重要性和不迷信书本、不迷信权威的科学态度。

（4）学习本文通过具体的事例来说明道理的写作方法，选取生活中的一个故事写下来，并写出其中蕴含的道理。

评析：

每一项目标描述，都具有明确的指向性，发挥着引导学生学习行为的功能，学生按目标要求"理解""读懂""体会""写出"就能如期达成教学目标。懂得"最好的老师"是能教会我们独立思考和独立判断事物真伪的能力的老师。同时"理解""读懂""体会"并"写出"学生的学习行为随时起到激励和调控作用，教学过程中师生皆以此等目标，作为教学活动推进的依据。教学效果如何也不是由老师主观判断的，而是以能否"理解""读懂""体会"，并"写出"作为评价标准的，可见，教学目标发挥了统帅教学过程的作用。

三、教学目标分类

（一）布卢姆的教学目标分类

以美国芝加哥大学教授布卢姆（B. S. Bloom）为首的一个委员会，从20世纪50年代起用分类学的方法分析学生在课堂中发生的各种学习状况。并在此基础上将教学目标分为认知领域、情感领域和动作技能领域。

1. 认知领域的目标分类

布卢姆在《教育目标分类学，第一分册：认知领域的目标》中将认知领域的教学目标从低级到高级分为知识、领会、运用、分析、综合、评价六个方面。①知识是指对具体事物或普遍原理的回忆，对方法和过程的回忆，或者对一种模式、结构或框架的回忆，它包括具体的知识、处理具体事物的方式方法的知识、学科领域中的普遍原理和抽象概念的知识；②领会是指掌握材料的意义和含义，它具体包括转化、解释和推断；③运用是指回忆适当的抽象概念或原理，并把它们运用于特定的材料；④分析是指把材料分解成各个组成部分，弄清各部分之间的相互关系及其构成的方式，它具体包括要素分析、关系分析和组织原理的分析；⑤综合是指将各种要素和组成部分组合起来，以形成一个整体，它具体包括进行独特交流、制订计划或操作步骤、推导出一套抽象关系。它强调创造能力，需要产生新的模式和结构；⑥评价是指为了某种目的，对观念、作品、答案、方法和资料的价值作出判断，它包括依据内在证据来判断、依据外部准则来判断。

2. 情感领域的目标分类

情感领域的目标分类主要由克拉斯沃尔（D. R. Krathworhl）完成，包括接受、反应、价值的评价、组织、由价值或价值复合体形成的性格化五个方面。①接受包括觉察、愿意接受、有控制的或有选择的注意；②反应包括默认的反应、愿意的反应、满意的反应；③价值的评价包括价值的接受、对某一价值的偏好、信奉；④组织包括价值的概念化、价值体系的组织；⑤由价值或价值复合体形成的性格化，包括泛化心向、性格化。

3. 动作技能领域的目标分类

动作技能领域目标分类主要由辛普森（E. J. Simpson）完成，包括七个等级：①知觉：指运用感官获得信息以指导运作；②定向：指对稳定的活动的准备；③有指导的反应：指复杂动作技能学习的早期阶段，包括模仿和尝试错误；④机械动作：指学习者的动作已形成习惯，能熟练地、自信地完成动作；⑤复杂的外显反应：指包含复杂动作模式的熟练动作操作；⑥适应：指技能的高度发展水平；⑦创新：指创造新的动作模式以适应具体情境。

布卢姆的教学目标分类告诉我们，获取知识并不是教学所达成的全部目标，有效的教学不仅要关注学生认知领域的目标，还要促进学生态度和情感的发展，以及运动技能的发展，使学生拥有健康的体魄。

（二）加涅的教学目标分类

美国心理学家加涅（R. M. Gagne，1977）在其所著《学习的条件》一书中将教学所能产生的结果分为五类：言语信息、智力技能、认知策略、运作技能和态度。

1. 言语信息

知识或书本知识教学活动的目标之一，是向学生传递各种言语信息。学校

◇ 教学设计与案例分析

教育主要是通过言语信息把人类社会积累起来的知识一代一代传递下去。言语信息作为一种能力的学习，意味着一个人能够以一种陈述的方式来表述他已经习得的东西。根据各种言语信息的复杂性程度不同，言语信息有以下三种类型：①命名：给物体的类别以称呼；②表述：用简单命题（句子）表述事实；③知识群：各种命题和事实的聚合体。

2. 智慧技能

学生运用符号概念与环境相互作用的能力。包括辨别、概念、规则、问题解决四个层次。①辨别指学生能够对不同的刺激给予不同的反应，或者从众多刺激中辨识出相同的刺激；②概念指对具有共同属性事物的概括性认识；③规则指数个概念合在一起表达的完整的意义。如"三角形的面积等于底乘以高的一半"是一条规则。它由三角形、面积、底、高等概念及其关系构成；④问题解决指运用各种习得的规则去解决问题的心理过程。

3. 认知策略

认知策略指学习者自主调节和控制其内部的心理活动从而获得知识的一切方法。加涅认为教学生学习认知策略，使学生学会学习，比教学生获取知识本身更为重要。正如"授人以鱼，不如授人以渔"。学生学会了认知策略，就可以自行获取新知识。加涅认为应该教学生三方面的认知策略，包括：记忆的策略、组织的策略、元认知策略。认知策略与智慧技能紧密相联。智慧技能指向学生的外部环境，认知策略调控学生的内部行为。智慧技能与认知策略是学生学习活动的两个方面，智慧技能的形成有赖于良好的认知策略，认知策略在智慧技能的运用中得以体现。

4. 动作技能

动作技能指通过人的一般活动而习得的一套熟练的运作系统，这种能力的掌握会使操作变得精细、流畅、及时。加涅认为，尽管动作技能在教学目标中不是最重要的内容，但始终是一个重要的方面。在教学活动中，动作技能只有经过长期不断的练习，才能日益精确和连贯。只有当学生不仅能够完成某种规定的动作，而且这些动作已经被组织成一个连贯的、精确的和在一定时间内完成的动作时，他才真正获得了这种技能。

5. 态度

影响和调节一个人行动的内部状态。加涅认为,态度是一种获得的内在状态,它会影响一个人对某些事情采取行动的选择。加涅认为一个人的态度是通过与他人相互作用的一系列结果习得的。态度一旦形成,难以突然改变。

(三)巴班斯基的教学目标分类

苏联教育家巴班斯基运用系统的、整体的观点和方法,对教学目的进行了整体分析。他认为,教学目的具有整体性,应将教养、教育和发展的任务统一起来。在此基础上,巴班斯基根据总的教育教学目的,综合规划和具体确定了以下简要明确、实用性强的课堂教学目标体系。

1. 教养性任务

教养性任务指指导学生掌握科学知识,形成专业的学习技能和技巧。科学知识包括事实、概念、定理、规律性、理论以及世界的概貌。专业的学习技能和技巧包括有关学科和科学领域所特有的实际技能技巧。例如,在物理学和化学方面,主要有解题、演示、进行实验室实验、做研究性作业等;在地理方面,主要有使用地图、地理测验、借助指南针和其他仪器测定方位等;在数学方面,主要有解题和使用各种计算尺、对数尺、模型等;在植物学和生物学方面,主要有使用植物标本、模型、实验标本、显微镜等。

2. 教育性任务

教育性任务指教师应设法掌握对学生进行共产主义教育的各个基本方面,包括培养他们的辨证唯物主义世界观,进行思想政治教育、劳动教育、道德教育、美育和体育。具体来说,教育性任务主要包括:①促进学生形成基本的世界观观点;②促进学生形成道德的、劳动的、审美的和理论的观念、观点和信念;③促进学生形成在社会中相应的行为方式和活动方式;④促进学生形成理想、态度和需要的系统以及进行体格锻炼。

3. 发展性任务

发展性任务指培养学生一般的学习技巧,发展学生的智力、意志、情感和动机(需要、兴趣等)。具体说来,发展性任务主要包括:①培养(继续培养、巩固)一般的学习技能技巧(拟定答案提纲、比较、概括、使用书籍、阅读和书写速度、自我检查等);②促进培养学习意志和毅力(通过解答疑难问题、引导学生参加讨论等加以培养);③培养学生的情感(通过在课堂上创造惊奇、愉快、妙趣、离奇等情绪体验的情境来培养);④培养学生的学习兴趣(指出所学问题对发展科学、技术、生产的意义,指出这些问题对学生的职业定向以及培养爱好的作用,把游戏的情境引入教学等)。

巴班斯基认为,为了实现以上具体的课堂教学目标,教师应做到以下几点:第一,在研究该学科、该章节、该课题时,要了解各种可能的教养、教育和发展任务,熟悉教学大纲、教科书内容和教学法参考资料;第二,认真考虑该班学生的年龄特点,以及他们的学业程度、教育水平和发展水平,具体确定任务;第三,比较各种任务的意义,考虑完成任务的时间,突出若干主要教养、教育和发展的任务;第四,突出该课的"最高任务"。

(四)梶田叡一的教育目标分类

日本大阪大学的梶田叡一认为,学校应该通过多种多样的教育活动,实现以下"两个保障":一是"保障学力"。通过顺次地设定适当的学习课题,并予以充分的指导,使学生系统地掌握知识、理解、技能,以保障每个学生达到一定的内容和水准的具体的学力;二是"保障成长"。通过各种各样的活动,使学生的思考力、自信心和意志力,一步一步地形成起来,以保障每个学生的人格得到成长和发展。在梶田叡一看来,这两个"保障"具有同等的重要性。学校的责任在于保障所有学生至少达到"最低限度、最小限度"的教育要求。这种要求不限于基础的知识、技能。他认为,从教育目标实际的形态角度,学校教育至少应包括以下三种类型的教育目标:达成目标(基础目标)、提高目标和体验目标。

1. 达成目标

达成目标指要求学生必须掌握的具体知识和能力,是任何人都应达到的要求。例如,掌握特定的具体知识、理解、技能,对于特定的对象发生兴趣等。

2. 提高目标

提高目标指要求学生朝某个方向不断深化、不断提高、不断发展的目标。例如,逻辑思维能力、鉴赏力、社会性、态度、价值观等综合性的高级目标。

3. 体验目标

体验目标不是以学生中产生的某种行为变化为直接目的，而是以产生特定的内在体验、感受为目的。教师可以通过师生之间的情感交流、对话和分析学生的习作等来了解学生这种内在体验达到的程度。

梶田叡一认为，以上三种类型的教育目标是互相促进、相辅相成的。例如，只有通过某种体验目标之后，才能向提高目标进一步发展；也只有完成了某种具体的达成目标之后，才能向提高目标的方向深化。

（五）我国教学目标分类

我国的教学目标分类研究和目标教学改革实验形成规模始于20世纪80年代末。布卢姆的掌握学习策略、教育目标分类学和教学评价等理论在我国得到广泛传播，促进了目标教学的发展，以及教学目标分类研究的不断进步。

我国的教学目标分类源于我国全面发展的教育方针，1957年，毛泽东同志指出："我们的教育方针应该使受教育者在德育、智育、体育几方面都得到发展，成为有社会主义觉悟的有文化的劳动者。"从此，德、智、体、美、劳，"五育"齐发展，便成为我国教育教学的行动指南。教学目标也从组成教育的各个方面得以体现。

20世纪80年以前，我们基础教育的教学目标以"基础知识、基本技能"为主，即所谓"双基"模式，后来随着人们对教学目标认识的不断进步，逐渐发展成为由"基础知识、基本技能、基本能力"构成的"三基"目标。

2001年，教育部发布《基础教育课程改革纲要（试行）》掀起了我国规模最大的新一轮课程改革，提出了"知识与能力、过程与方法、情感态度与价值观"组成的"三维目标"。"三维目标"之说并非是对我国教学目标的准确概括，而是对新课程标准所描述的总的教育目标的移植。《基础教育课程改革纲要（试行）》（教基〔2001〕17号）在"课程标准"部分指出，国家课程标准"应体现国家对不同阶段的学生在知识与技能、过程与方法、情感态度与价值观等方面的基本要求，规定各门课程的性质、目标、内容框架，提出教学和评价建议。"这句话指的是要在上述三个方面来拟定课程目标，至于某门课程怎样根据这三个方面来拟定课程目标或教学目标，当根据本门课程与教学的任务与特点而定。尽管如此，人们还是习惯于从三个维度来确定教学目标。

知识与能力目标。知识，主要指个体作为一个现代公民在生产、生活中必须具有的人文、社会和自然科学方面的基础知识。把人类社会长期积累起来的基础知识传授给学生使之内化为学习者自己的知识或智慧，是教学的最基本的目标。能力包含基本能力与基本技能两个方面。基本能力包括观察力、注意力、记忆力、思维能力、想象力与创新能力，这是一个人具体能力发展的基础。基本技能包括动作技能和智慧技能。动作技能指由一系列实际动作以合理、完善的程序构成的操作活动方式，如雕刻、绘画等。智慧技能指借助内部言语在头脑中进行的认知活动方式。

过程与方法目标。即让学生了解学科知识形成的过程、"亲历"探究知识的过程；学会发现问题、思考问题、解决问题的方法，学会学习，形成创新精神和实践能力等。确立过程目标，主要针对过去教学过程对学生学习过程的忽视，真正确立学生学习的主体地位，使学生成为学习的真正的主人。亲历阅读、交流、对话、习作、综合学习等学习行为，使学习过程成为学生生活世界的一部分，而不是看教师表演的观众。方法，是师生解决教学问题、达成教学目标的具体措施，它既是课堂教学的目标，又是课堂教学的操作系统。"方法"应是具体的，而不是抽象的，应伴随知识的学习，技能的训练，情感的体验，审美的陶冶，如影随形，而不能流离其外。一堂好课，必然是师生投身教学过程，探索教学策略，改进教学方法，寻求教学过程最优化的过程。

情感态度与价值观目标。情感不仅指学生的学习兴趣、学习责任，更重要的是生活态度、求实的科学态度、宽容的人生态度。价值观不仅强调个人的价值，更强调个人价值和社会价值的统一，不仅强调科学的价值，更强调科学价值与人文价值的统一；不仅强调人类的价值，更强调人类价值和自然价值的统一，从而使学生内心确立起对真善美的价值追求以及人与自然和谐发展的理念。

三维目标在一个空间内构成了立体的教学目标体系。在知识技能方面规定了教学的知识的起点和终点；在过程与方法方面构建了联系目标能力与原有能力的问题情境；在态度情感方面确定了目标态度的内容和相应的态度活动情感体验。三维目标体现了教学应使学生在知识、能力和态度情感三方面和谐发展的课程改革理念。在实际的教学活动中，这三方面是相互联系、相互促进的。学科思想方法、学习能力只有在具体的学科知识的学习过程中才能得到发展，从价值观和方法论的角度审视知识教学，可以使学生站得更高，看得更远。

三维目标的划分也受到了专家们的质疑，其中"过程与方法"目标是质疑的重点。客观地讲，任何目标的达成都需要经历一定的过程，运用一定的方法，将"过程与方法"定位为目标，确实难以自圆其说。而对过程与方法目标的描述，其实质可归纳到能力的范畴。会用什么样的方法解决问题，是对学生行为能力的要求。

2014年教育部研制印发《关于全面深化课程改革落实立德树人根本任务的意见》，提出"教育部将组织研究提出各学段学生发展核心素养体系，明确学生应具备的适应终身发展和社会发展需要的必备品格和关键能力"。2016年，中国学生发展核心素养研究成果发布。中国学生发展核心素养以培养"全面发展的人"为核心，分为文化基础、自主发展、社会参与三个方面，综合表现为人文底蕴、科学精神、学会学习、健康生活、责任担当、实践创新等六大素养，具体细化为国家认同等十八个基本要点。各素养之间相互联系、互相补充、相互促进，在不同情境中整体发挥作用。为方便实践应用，将六大素养进一步细化为18个基本要点，并对其主要表现进行了描述。此后，核心素养成为各级各类学校教学目标设计的重要参照依据。各学科纷纷根据学科实际发掘了学科核心素养，并把这些素养具体化为课堂教学目标。

四、教学目标设计的基本要求

教学目标设计受多种因素制约，要达成理想的教学目标，必须处理好制约教学活动的各项因素之间的关系，贯彻好以下几个原则。

（一）科学性原则

科学性原则指教学目标的设计应遵循儿童身心发展规律与教育教学发展的规律，以科学理论作指导，准确定位教学的预期目标。遵循这一原则，首先，要掌握儿童身心发展的规律，准确把握同一年龄阶段儿童身心发展的特征，找准每一个儿童的"最近发展区"，为教学对象量身定做教学目标，最大限度地满足不同学生的学习需求。其次，应遵循教育发展的规律，准确把握教学构成要素的内在联系，以及教学与个人、教学与环境、教学与社会的关系，以科学选择教学内容、科学运用教学方法、科学协调教学关系，来保障科学定位教学目标。

（二）系统性原则

系统性原则指以系统论的观点作指导，根据课程与教学目标的系统性特征，用系统的方法来设计教学目标。首先，教学目标本身是一个系统，教学既有初始目标，也有终极目标，任何一个教学目标都最终指向终极目标，即塑造完美的个人与理想的社会。系统的教学目标必须明确教学对象的已有水平，并在此基础上准确定位预期的发展目标,避免"吃不饱"与"吃不了"的现象发生。其次,教学活动本身也是一个系统。一方面,教学目标设计应在教学大系统中规划设计教学目标,既考虑教学总体目标、长远目标,又考虑学科教学目标、阶段教学目标,以及具体的课堂教学目标。另一方面,教学又是高一级的系统——教育,以及更高一级的系统——社会的子系统。因此,教学目标设计要综合考虑构成教学的各要素及其相互关系,考虑教学在社会大系统中的地位以及与其他要素的关系。正确处理教学主体与客体、过程与方法、手段与目的、历史与未来、学校与社会之间的关系。

(三) 全面性原则

全面性原则指教学目标的确定应有全局观念,做到对象与目标的全覆盖。一是教学对象全覆盖,既考虑全体学生的共同学习需要,也能满足不同个体的学习需求。二是教学目标全覆盖。我国的教育方针确定了全面发展的教育目的,体现在教学目标上也必然关注儿童的全面发展。力求知能并重,德体双修,培养全面发展而又个性鲜明的创新型人才。三是全面考虑各种与教学相关因素,正确处理教学活动内外矛盾,在考虑各方需求,综合各种因素的基础上确定教学目标,而不是仅根据课程标准或学生需求来确定教学目标。

(四) 层次性原则

学生发展的渐进性和学生发展的个体差异性决定了教学目标内容的层次结构性。首先,学生的发展是渐进的,他们总是先记忆简单的知识,才进一步记忆复杂的知识;先发展低层次的能力,再发展较高层次的能力。这要求我们的课堂教学目标具有层次性,以适应学生的渐进发展。其次,学生发展存在个体差异性。不同层次学生有不同的学习需求,为各类学生提出预期能达成的教学目标,真正体现因材施教,让每个人都有学习成就感。再次,要考虑同一教学对象不同层次的学习需求,让需要层次论的观点在教学目标中充分体现,既满足学习者理解、尊重的需要,也满足学习者潜能开发、价值实现的需要。最后,不同层次需求主体也有不同的教学要求。教学不仅要满足学习者的学习需求,同时还肩负社会的要求、国家的期待,以及教育者自身的需求,因此教学目标的设计,不能"一切为了学生",而应该实现学习者个体与社会的协调发展。

(五) 具体性原则

具体性原则指教学目标的确定要明确具体,避免含混不清。目标对行为具有导向和激励作用,但如果目标太抽象、太笼统,无论教师还是教学对象都会无所适从。遵循具体性要求:①目标指向明确。知识、能力、态度或行为,不管哪一方面,必须明确目标的内容。②目标描述具体。即用易感知、可度量的词语对目标水平进行描述,使学习者心中有一个明确的参照标准,随时可以对照检查,校正学习行为,最终达成学习目标。

五、教学目标设计的程序

教学目标的确定受多种因素制约,大至一个国家的政治制度、经济发展水平、历史文体传统、教育方针政策,小至教学的具体内容,个别学生的行为表现。因此目标的设计往往也是由大到小,逐层分析,最终确定教学目标。

(一) 社会背景分析,找准时代脉搏

教育与社会发展之间存在着极为密切的关系。社会政治制度制约着教育发展的方向;生产力发展水平影响着人才培养的规格和教育目的的制定;社会历史文化制约着教育的价值取向与教育的特色与风格。

一定社会的政治制度,决定着教育的性质,从教育的领导权到个体的受教育权,从基本的教育目的到各级各类学校具体的办学目标,从国家教育制度到学校管理规章,无不受政治制度影响。政治制度对教育的制约主要通过制定法律、法令、制度、条例来进行,同时通过决策、教育行政管理和检查评估等机制来实现。分析国家的政治制度,就是要把教育置于一定的政治大背景中,既关注国家的大政方针、发展战略,也关注教育的政策法规,明确教育的战略地位与重要作用。

一定的经济发展水平为教育的发展提供了物质条件,也对教育在人才培养规格方面提出了一定的客观要求。教育适应经济发展的需要就必须与时俱进,教学内容及时反映现代科学技术的新成果,并培养适应现代科学技术发展需要的创新型人才,新课程要求培养人的"创新精神与实践能力"正是教育适应经济社会发展需要的必然选择。

教育与文化关系极为密切,就内涵来讲,教育本身是文化的组成部分。文化对教育的影响是多方面的,一个国家的文化特点决定了教育的特点,一个国

家的教育,从制度到观念,再到教育内容、教育方法以至教学目标、教学评价,无不打上深深的文化烙印。西方的教育注重培养个性鲜明的人,东方的教育注重培养循规蹈矩的人,文化差异导致东西方对人才质量规格要求也迥然不同。

(二)领会教育方针,明确教育目的

教育方针是国家为了发展教育事业,在一定阶段,根据社会和个人两方面的发展需要与可能制定的具有战略意义的总的政策或指导思想。内容包括教育的性质、地位、目的和基本途径。新中国成立以后,我国的教育方针在探索中前进。

1949年第一次全国教育工作会议确定了我国第一个新民主主义的教育方针,提倡"民族的、科学的、大众的"教育。

1957年,毛泽东同志指出,"我们的教育方针,应该使受教育者在德育、智育、体育几方面都得到发展,成为有社会主义觉悟的有文化的劳动者"。这一方针成为我国较长时期内教育工作的指导方针,反映了社会主义发展对人才规格的要求。

1985年,《中共中央关于教育体制改革的决定》再次对教育方针进行了明确规定,指出"教育体制改革的根本目的是提高民族素质,多出人才,出好人才"。"所有这些人才都应该有理想、有道德、有文化、有纪律,热爱社会主义祖国和社会主义事业,具有为国家富强和人民富裕而艰苦奋斗的献身精神,都应该不断追求新知,具有实事求是、独立思考、勇于创造的科学精神"。这一方针既体现了全面发展的一贯思想,又融入了时代发展对人才规格的新要求。

1995年,《中华人民共和国教育法》把我国的教育方针表述为:"教育必须为社会主义现代化建设服务,必须与生产劳动相结合,培养德、智、体等方面全面发展的社会主义事业的建设者和接班人。"这一方针立足社会要求,提出了人才培养的性质、人才规格与人才培养的途径,这是国家再次以法律的形式规范了我国的教育方针。

以上关于我国教育方针的表述,各个时期虽然不尽相同,但其一方面,反映了不同的历史时期,政治经济发展对教育的不同要求;另一方面,新中国的教育方针,确定了我国教育的社会主义性质,这为我国教育的发展指明了方向。"全面发展"对我国人才培养的规格也提出了明确的要求。这正是对我国人才培养的总的目标要求,回答了教育应培养什么样的人的最基本的问题,是一切教育实践活动的出发点。但教育目的的高度概括性与抽象性使其对实践的指导意义也变得抽象了，将目的具体化，必须确定课程目标与教学目标。

（三）分析课程标准，确定课程目标

课程标准是规定某一学科的课程性质、课程目标、内容目标、实施建议的教学指导性文件。课程标准与教学大纲相比，在课程的基本理念、课程目标、课程实施建议等几部分阐述得更详细、明确，特别是提出了面向全体学生的学习基本要求。

国家课程标准是教材编写、教学、评估和考试命题的依据，是国家管理和评价课程的基础。体现了国家对不同阶段的学生在知识与技能、过程与方法、情感态度与价值观等方面的基本要求，规定了各门课程的性质、目标、内容框架，提出教学和评价建议。

课程标准的结构，一般包括总纲和分科课程标准两部分。总纲规定学校教育的总目标，分科课程标准规定各科教学目标和教材纲要。分科课程标准是根据不同的学科或学习领域设计的课程实施的标准性文件。由于涉及内容广泛，学科课程目标往往分为总目标和阶段性目标。

以《小学语文新课程标准》为例，把总体目标表述为：

（1）在语文学习过程中，培养爱国主义感情、社会主义思想道德和健康的审美情趣，发展个性，培养合作精神，逐步形成积极的人生态度和正确的价值观。

（2）认识中华文化的丰厚博大，吸收民族文化智慧。关心当代文化生活，尊重多样文化，吸取人类优秀文化的营养，提高文化品位。

（3）培植热爱祖国语言文字的情感，增强语文学习的自信心，养成良好的语文学习习惯，初步掌握学习语文的基本方法。

（4）在发展语言能力的同时，发展思维能力，激发想像力和创造潜能。学习科学的思想方法，逐步养成实事求是、崇尚真知的科学态度。

（5）能主动进行探究性学习，在实践中学习、运用语文。

（6）学会汉语拼音。能说普通话。认识3500个左右常用汉字。能正确工整地书写汉字，并有一定的速度。

（7）具有独立阅读的能力，学会运用多种阅读方法。有较为丰富的积累和良好的语感，注重情感体验、发展感受和理解能力。能阅读日常的书报杂志，能初步鉴赏文学作品，丰富自己的精神世界。能借助工具书阅读浅易文言文。九年课外阅读总量应在400万字以上。

（8）能具体明确、文从字顺地表述自己的意思。能根据日常生活需要，运用常见的表达方式写作。

（9）具有日常口语交际的基本能力，学会倾听、表达与交流，初步学会文明地进行人际沟通和社会交往。

（10）学会使用常用的语文工具书。初步具备收集和处理信息的能力。

阶段性目标分为第一学段1~2年级，第二学段3~4年级，第三学段5~6年级，第四学段7~9年级，并分别进行了阐述。如第一学段课程目标包括：

第一学段（1~2年级）

识字与写字：

（1）喜欢学习汉字，有主动识字的愿望。

（2）认识常用汉字1600~1800个左右，其中800~1000个左右会写。

（3）掌握汉字的基本笔画和常用的偏旁部首，能按笔顺规则用硬笔写字，注意间架结构。初步感受汉字的形体美。

（4）写字姿势要正确，字要写得规范、端正、整洁，努力养成良好的写字习惯。

（5）学会汉语拼音。能读准声母、韵母、声调和整体认读音节。能准确地拼读音节，正确书写声母、韵母和音节。认识大写字母，熟记《汉语拼音字母表》。

（6）学习独立识字。能借助汉语拼音认读汉字，用音序检字法查字典。（部首）

阅读：

（1）喜欢阅读，感受阅读的乐趣。初步养成爱护图书的习惯。

（2）学习用普通话正确、流利、有感情地朗读课文。学习默读。

（3）结合上下文和生活实际了解课文中词句的意思，在阅读中积累词语。借助读物中的图画阅读。

（4）阅读浅近的童话、寓言、故事，向往美好的情境，关心自然和生命，对感兴趣的人物和事件有自己的感受和想法，并乐于与人交流。

（5）诵读儿歌、童谣和浅近的古诗，展开想象，获得初步的情感体验，感受语言的优美。

（6）认识课文中出现的常用标点符号。在阅读中，体会句号、问号、感叹号所表达的不同语气。

（7）积累自己喜欢的成语和格言警句。背诵优秀诗文50篇（段）。课外阅读总量不少于5万字。

写话：

（1）对写话有兴趣，写自己想说的话。（写想像中的事物，写出自己对周围事物的认识和感想）

（2）在写话中乐于运用阅读和生活中学到的词语。

（3）学习使用逗号、句号、问号、感叹号。

口语交际：

（1）学讲普通话，逐步养成讲普通话的习惯。

（2）能认真听别人讲话，努力了解讲话的主要内容。

（3）听故事、看音像作品，能复述大意和自己感兴趣的情节。

（4）能较完整地讲述小故事，能简要讲述自己感兴趣的见闻。

（5）与别人交谈，态度自然大方，有礼貌。

（6）有表达的自信心。积极参加讨论，敢于发表自己的意见。

综合性学习：

（1）对周围事物有好奇心，能就感兴趣的内容提出问题，结合课内外阅读，共同讨论。

（2）结合语文学习，观察大自然，用口头或图文等方式表达自己的观察所得。

（3）热心参加校园、社区活动。结合活动，用口头或图文等方式表达自己的见闻和想法。

分析课程标准，确定课程目标必须把握这样几个环节：一是深入学习理解我国《基础教育课程改革纲要》，它规定了我国人才培养的总目标："使学生具有爱国主义、集体主义精神，热爱社会主义，继承和发扬中华民族的优良传统和革命传统文化，具有社会主义民主法制意识，遵守国家法律和社会公德；逐步形成正确的世界观、人生观和价值观；具有社会责任感，努力为人民服务，具有初步的创新精神、实践能力、科学和人文素养以及环境意识；具有适应终身学习的审美情趣和生活方式，成为有理想、有道德、有文化、有纪律的一代新人。"这是深入理解学科课程标准的指导性文件。二是明确学科课程标准的总目标，这是结合学科特点贯彻落实《基础教育课程改革纲要》重要举措。三是明确阶段性目标，这是结合当前实际分析处理教材的重要依据。

（四）分析教材，确定教学目标

教学目标是教学活动预期要达成的学生学习活动的结果。它是课程目标，特别是课程阶段性目标的具体化，它通常由学科教师根据教材内容确定。教材内容是由教材编写的专家根据课程标准的要求与学生身心发展的特点编写而成，既反映当代社会政治经济发展的需要，也顺应儿童健康成长的需要。分析教材确定教学目标应遵循下列几项基本要求。①以课程标准为指导理解教材。同样的教学内容，不同的人有不同的理解，所谓"仁者见仁，智者见智"，课程标准使人们对教材的理解趋向共同的课程目标与教学目标。②从学习领域或学科的角度分析确定教学目标。教材内容的丰富性决定了教学目标达成的多样性，要实现全面发展，必须对教学对象施加全方位、多层次的影响，这不是一节课的教学所能完成的。③特定的教学内容有特定的教学目标。教材是教学的重要依据，教材内容的差异性，必然导致具体教学目标的差异，并不是每一堂课都必须确定"三维"目标，更不是所有的教学内容都要确定相同的教学目标，只有根据教学内容的差异，确定各具特色的教学目标，才能激发学习者学习兴趣，提高学习效率。④结合教材内容，开发教学资源，实现教学目标。教材是教学的重要依据，但不是教学内容的全部，结合生产、生活实际，有效开发利用教学资源，更有利于培养学习者的创新精神与实践能力。

教学目标的设计过程是一个从宏观到微观，从抽象到具体的认识发展过程。背景分析，把教学活动置于社会发展的大背景中使教学活动始终能适应社会政治经济发展的需要，具有鲜明的时代性。教育方针分析使教学活动始终具有明确的发展方向，保证了教学发展的连续性与稳定性。课程标准分析，明确了教学培养人才质量规格的总的要求。教学内容分析使教学目标更加具体、明确，是实现上一级目标的关键。没有对上一级目标的分析，具体目标就没有明确的方向，没有对下一级目标的落实，上一级目标就只能纸上谈兵，各层分析，相互依存，最终促成教学目标的实现。

教学目标设计受多种因素制约，除了以上几方面以外，学习对象分析、教师自身特点分析、对教学规律的把握及相关教学理论的理解与运用等都对教学目标的设计有较大影响。因此，同样的教学内容，不同的教师有不同的教学目标设计，教学目标设计的多样化，正是教育价值追求多元化与个性化教学的体现。

【案例】

杨贤艳老师执教《望海潮》一文的教学设计分析

学科：语文

教材版本：人教版

教师：杨贤艳
年级：高一
课时：1课时

一、课标要求分析

《高中语文新课程标准》在课程理念里这样明确表述："要充分发挥语文课程的育人功能，全面提高学生的语文素养及整体素质；注重语文应用、审美与探究能力的培养，促进学生均衡而有个性的发展。"基于此，对于诗歌教学，课程标准解释道："阅读古今中外优秀的诗歌作品，理解作品的思想内涵，探索作品的丰富意蕴，领悟作品的艺术魅力，用现代的观念和历史发展的观点审视古代诗文的思想内容，并给予恰当的评价。"同时，对于诗歌教学，它要求"背诵一定数量的我国古代诗文名篇，学习中国古典诗词格律的基础知识，了解相关的中国古代文化常识，丰富文化积累，为形成传统文化的底蕴打下扎实基础"，它还进一步要求："学习鉴赏诗歌、散文的有关知识和基本方法，初步把握诗歌的不同艺术特性，注意从多个角度和层面发现作品意蕴，不断获得新的阅读体验，尝试进行创作，乐于展示创作结果、交流创作体会。"由此看来，诗歌的教学要以诵读为主，并引导学生对诗歌进行理解把握，激发学生对古代诗歌的热爱之情。

二、考纲要求分析

考试说明对诗歌考点的总体要求是"阅读浅易的古代诗文"，同时提出两点具体要求：(1) 鉴赏文学作品的形象、语言、表达技巧。(2) 评价文章的思想内容和作者的观点态度。从命题角度看，"形象、语言和表达技巧"是考查的重点。《望海潮》作为北宋婉约派代表词人柳永的投赠名作，在语言上独具特色，可以以此为示范，引领学生由字词进入诗文优美的意境，提高学生对字词的品味咀嚼能力。

三、学科核心素养分析

语文学科核心素养包括语言建构与运用、思维发展与提升、审美鉴赏与创造、文化传承与理解。其中审美鉴赏与创造指学生在语文活动中体验、欣赏、评价、表现和创造美的能力及品质。文化传承与理解指学生在语文学习中，继承中华优秀传统文化，理解、借鉴不同民族和地区文化的能力，以及在语文学习过程中表现出来的文化视野、文化自觉和文化自信的态度。

◇ 教学设计与案例分析

诗歌作为我国优秀的文学作品，对学生审美鉴赏与创造及文化传承与理解这一核心素养尤其重要。

四、教材内容分析

《望海潮》一课选自人教版高中语文必修4第二单元。此单元共选取四位名家的词作，重在品味赏析宋词的情思与意境。从整个语文学科教学体系来看，此单元在必修教材的"阅读与鉴赏"板块教学中，特别是在"品味与赏析"这一教学内容里占据着重要地位。

五、学生情况分析

学生虽然在必修1第一单元里已经初步接触到词的相关知识，在必修3第二单元的学习中了解了诗歌鉴赏的基本技巧和方法，但基本上还停留在对某一具体的诗词的理解上，未能经过归纳总结而上升为鉴赏评价的能力。《望海潮》是第二单元的第一课，这一课对学生领悟并掌握宋词，提高对诗歌炼字的把握能力很重要。

六、教学目标分析

知识与技能目标维度。

1. 了解作者，掌握诗词的诵读技巧。
2. 品味诗词富有表现力的语言，体会词中壮阔优美的意境。
3. 熟悉诗词中铺陈、点染的表现手法。

过程与方法维度。

1. 反复吟咏，感受词的韵律美。
2. 小组合作探究，利用换字法品味诗词富有表现力的文字，利用联想和想象体会词优美的意境。
3. 利用示例了解点染技巧并能巧妙地迁移明确此词的技法。

情感态度与价值观维度。

感受词的魅力，感受宋初杭州物阜民丰的盛景，培养对祖国河山的热爱之情。

评析：

本课教学目标确定之前，执教者分别对"课标要求""考纲要求""学科核心素养""教材内容""学生情况"进行了分析。这一系列的问题分析并不是毫无关联的，他们都与教学确立紧密相关。

一堂课的教学目标是本课结束以后预期应达到的教学效果，如何处理教材？如何建立教材、学生与生活之间的联系？离不开对"课标要求"与

"教材内容"等的深度分析。分析"课标要求"及"学科核心素养"有利于把握学科特点，在教学目标确定时，注重提升学生语文素养，发挥学科的育人功能。本课"掌握诵读技巧""品味诗词意境""感受词的韵律美"便是学科素养的体现。

分析"考纲要求"是高中阶段教学设计的必要环节。高中面临升学考试的重要任务，如何在提升素质的同时，也能提升学生的应考能力，"考纲"便是"指挥棒"。"考纲分析"时，"形象、语言和表达技巧"是考查的重点。目标3"熟悉诗词中铺陈、点染的表现手法"便是对考纲的呼应。

"教材内容分析"在于准确认知本文在单元及学科教材中的地位和作用。教材分析认为"从整个语文学科教学体系来看，此单元在必修教材的'阅读与鉴赏'板块教学中，特别是在'品味与赏析'这一教学内容里占据着重要地位"。因此在确定教学目标时，品读与鉴赏的意味就比较浓厚。

"学生情况分析"在于准确把握学生的学习现状，这也是确定学生学习状况的关键，只有找准学生的"最近发展区"才能引导学生向目标迈进。本课学情分析认为学生对诗词鉴赏已有初步了解，但归纳总结能形成迁移的品鉴能力尚未形成，这也是确定目标时所应努力的方向。

无论是"学科标准"分析还是"教材分析"，前期的分析愈深入具体，教学目标就愈明确，教学设计与实施的效果就更加明显。

六、教学目标设计的步骤

人们在进行教学目标设计时虽然没有统一的规定，但大多具有下列几个基本环节：教学目标分解、教学任务分析、教学起点确定、教学目标表述。

（一）教学目标分解

所谓目标分解是指将上一级的目标逐渐具体化的过程。作为任课教师设计的每一堂课的教学目标，常常是为上一级目标服务的，是从上一级目标分解而来的。政治经济发展水平与个体发展需要，为教育提出了人才培养的总的基本要求，国家通过政策法规的形式规范这一基本要求，并以教育方针的形式体现出来。课程标准将教育方针的基本要求具体化，并以学科课程标准的形式分解到各门具体学科或学习领域。学科课程标准将学科教学目标分解为总体目标与阶段性目标。阶段性目标为总体目标服务，并以年级目标的形式具体化，年级目标又分解为数个单元教学目标，单元目标由相似的内容体现出来，目标具有一致性。一个单元目标又由数个课时目标组成。因此课时目标的设计是一个从上到下进行教育目的、教育目标、课程目标、年级目标、单元目标、课时教学目标的逐级分解过程。也是一个从课时目标逐级追寻人才培养总目标及教育目的的过程。每一级目标的分解，既要考虑上级目标的要求，也要考虑下一级目标的实际，作好相关的因素分析。比如，将学科领域目标分解为单元目标需要考虑以下几个环节。①明确学科目标；②分析教学对象，明确学习需求；③选择学习内容，明确学习任务；④明确学习任务与学科目标的关系，有效组织学习任务；⑤单元学习目标表述。单元目标表述要明确学生通过本单元的学习达到什么样的预期结果。相对于课程目标而言，单元目标具有较强的具体性与针对性；但相对于课时目标而言，单元目标又具有概括性与抽象性。如，人教版二年级下册语文第一单元教学目标：

（1）会认38个生字，会写38个字。
（2）能够正确流利地朗读课文、背诵课文。
（3）抓住标点符号，能够理解"！、？"所表达的语气，并能够朗读出来。
（4）能够体会春天的美景，体验投身到大自然怀抱中去的情趣，激发学生热爱春天，热爱大自然的情感。
（5）有背诵古诗的兴趣。
（6）爱读科学童话故事，能从童话故事中吸取力量，陶冶情操。
（7）体会栽花种草的价值，认识到为别人创造幸福，自己从中也能得到快乐。

目标分解为下一环节的任务分析提供了依据，目标分解愈具体，任务选择才能愈明确。

（二）教学任务分析

任务分析最早由在第二次世界大战从事军事培训的心理学专家米勒提出。他认为在学习心理学理论与人员培训之间存在一段距离，他们需要设计一种过程来填补这段距离，而这个过程就是任务分析。Slavin1（1991年）认为，教学任务分析就是将教学目标分解成一系列子目标或步骤，以指导学生达到终点目标的程序。进行任务分析时，教师应考虑下述三个问题：①需要什么样的先行知识和技能；②完成任务需要什么样的步骤；③完成步骤时应遵循什么样的顺序。由杨心德和徐钟庚编著的《教学设计中的任务分析》一书中认为，教学任务分析可以被定义为，在开始教学活动之前，对教学目标所规定的、需要学生习得的能力或倾向的构成成分及其层次关系详加分析，为学习顺序的安排和教学条件的创设提供心理学依据的一种教学设计技术。

任务分析是对学生为达到单元目标的规定所需要学习的知识、发展的能力、形成的技能、情感、态度、价值观念及其相互关系的具体剖析。根据单元教学目标来确定课时教学目标时，这种任务分析常常与单元教学内容结合进行，因此，任务分析也叫教学内容分析。这种分析通常从已确定的教学目标开始提问和分析：要求学生获得教学目标所规定的能力，学生必须具备哪些次一级的能力？要培养这些次一级的能力，学生需要完成什么样的任务？这种提问和分析一直进行到教学起点为止。单元教学目标分为知识、能力、情感、技能等多种类型，任务分析可根据不同的类型划分由远及近、寻根究底，直到将目标化解为一个个可操作的任务或行为。

（三）教学起点确定

任何教学目标都是建立在已有的教学起点的基础之上的，教学起点不是教师的起点，而是学生已有的发展水平。教学过程就是在学生已有水平和预期目标之间行走并最终达到预期目标的过程。教学起点的确定，直接关系到教学目标作用的发挥和教学的有效性。起点太高，超越了学生现有发展水平，学生力不从心，一开始就会输在起跑线上；起点太低，学生在原有的发展水平状态徘徊不前，浪费学习时间。准确定位教学起点需要进行合理的学情分析：①学习动机状态分析。主要分析学习动机的来源，是内在动机还是外在动机；学习动机的强弱，看学习愿望是否强烈；学习动机的稳定性，看学生是否具有持续学习的愿望。②认知水平状态分析。主要分析学生掌握知识的情况，这是学生学习新知识的前提和基础。③学习能力状态分析。包括学生的一般学习能力与特殊学习能力。一般学习能力包括注意力、记忆力、思维能力与想象能力。特殊学习能力指学生在特殊学习领域所运用的信息获取与加工的能力，包括各种学习技能的形成。学习能力是高效率学习的重要保证。④期望目标定位分析。这个预期目标不是教师为学生确定的目标，而是学习者自身确定的学习目标，这一目标更符合学习者的实际需求，这是把外在的教学要求转化为学习者内在需求的内在动力。自我目标定位高，有利于激发强大的内在学习动力，但定位过高也可能增加挫败感。自我目标定位过低，则容易丧失学习兴趣，缺乏学习热情。

教学起点与学习任务分析密不可分，适宜的教学任务必定是基于教学起点的教学任务，教学起点也必定是在完成特定任务基础上的教学起点，对二者的分析往往同时进行。

（四）教学目标表述

教学目标确定以后，常常需要通过一定的语言把学习者预期所要达到的学习结果表达出来。学生学习的结果，既有内在的心理活动，也有外在的行为表现，内容丰富、形式多样，要用简单的语言作表述实为不易。下面再作详细阐述。

七、教学目标的表述

如何科学地表述教学目标以保证所制定的教学目标明确、具体、有效是教学目标设计应解决的重要技术问题。目前流行的几种表述方式有马杰模式、ABCD模式、格朗伦模式三种类型。

（一）马杰模式

马杰模式也称行为目标模式（(behavioral objectives model)。行为目标是以具体的、可操作、可观测的行为的形式来陈述的教学目标，它指明教学活动后学生所发生的行为变化。行为目标的主要特点有三个方面：第一是强调目标的具体性、可操作性、可观测性。第二是统一性，即行为目标适应于所有人，而且对所有人都采用同样的标准。第三是预定性，即行为目标是在教学活动进行之前预先确定的，而不是随着教学活动的展开或者在教学活动结束之后才根据实际结果来确定的。

马杰认为，教学目标应描述课堂结束时学生的终点行为，即学生在课堂教学结束后会做什么。一个完整的教学目标由三个要素构成。

1. 行为表现

行为表现指学生在教学结束之后能做什么，它用行为动词来表示，这种行为可以通过观测得到。行为表现是课堂教学目标最重要的组成部分，是学生是否达到教学目标的具体证据。

2. 条件

条件指学生在什么情况下表现出终点行为。一般说来，包括"提供条件"和"限制条件"两类，具体包括环境因素、人的因素（独立、小组或在教师指导下），设备因素（借助何种设备），信息因素（如教科书、笔记本、词典等），时间因素（速度、时间限制等）。

3. 标准

标准指学生达到目标时表现出来的可以接受的最低行为水平。标准一般从行为的速度、准确率和质量三方面来确定。它对行为作具体说明，使目标具有可测性。例如，"不借助字典（条件），学生能够将一段简单的法语翻译成英语（行为表现），如果文章中每 100 个单词的翻译错误不超过 5 个，每 100 个单词的翻译不超过 20 分钟，翻译被视为正确（标准）。"

（二）ABCD 模式

ABCD 模式是马杰模式的进一步发展，ABCD 分别代表构成教学目标的四个要素。A 即 "audience"，指 "学习者"。行为目标描述的是学生的行为，而不是教师的行为。把目标描述为 "教给学生……" 或 "教师将……" 都是不妥的。B 即 "behavior"，指 "行为"，要求说明通过学习后，学习者应能做什么。用行为动词描述学生所形成的可观察、可测量的具体行为。C 即 "conditions"，指 "条件"，要求说明上述行为在什么条件下产生。对条件的表述有四种类型：一是允许或禁止的条件；二是提供信息或提示；三是时间限制；四是完成行为的情境，如，"与人对话时，能用……表达自己的观点。" D 即 "degree"，指 "程度"，要求明确上述行为的标准，用以评价学习结果所达到的程度，如 "正确率达 90%" 等。

目标表述例句。"运用五笔输入法，打一篇 200 字的短文，打字速度每分钟不少于 30 个字，错误率不超过 3%。"

该目标表述中，省略了行为主体——"学习者"。

"行为" 是 "打字"，它是目标表述最基本的成分，行为表述的基本方法是用一个动宾结构的词或短语，行为动词说明操作的行为，宾语说明操作的对象。教学目标的明确性主要取决于行为动词的可观察性与可操作性。

"条件" 是 "运用五笔输入法"。条件是学习者表现行为所处的环境、设备、运用手段、时间以及人等因素的限定，在实际表述时，有时条件要素可以省略。

"标准" 是 "打 200 字的短文，打字速度每分钟不少于 30 个字，错误率不超过 3%"。它对学习者打字的速度、准确性等方面作出了具体规定，标准要素有时也可省略，比如 "背诵课文" 一般指的是 "全面、正确地背诵课文"。

（三）格朗伦模式

格朗伦（Gronlund，N. E.）于1972年提出了一种将学生内部认知过程和外部行动结合起来的课堂教学目标编写方法，即所谓的总体目标——具体行为的方法（general objectives-specific behaviors approach）。格朗伦认为学习的实质是内在心理的变化，因此教育的真正目标不在具体的知识、技能或能力的行为表现，而在内在的经验或情感的发展，而内在的心理变化不能直接观察或测量，为了间接地测量这些变化，需要列举反映这些内在变化的行为表现，使有关目标具体化。为此，他把课堂教学目标分为两个水平：一是总体目标。侧重描述学生内部的心理发展，用"记忆""理解""分析""应用""创造"等抽象语言来表述学习结果，反映教师总的教学意图。二是具体行为。侧重描述学生达到目标时的具体行为，是总体目标的具体化，是达到总体目标时具有的行为，是评价总体目标是否实现的依据。如语文课讲"议论文写作中的类比法"可表述如下。

1. 理解议论文写作中的类比法（总体目标）
1.1 用自己的话解释运用类比法的条件。
1.2 在课文中找出运用类比法阐明论点的句子。
1.3 对提供了含有类比法的课文，能指出包含了类比法的句子。
1.1-1.3 为具体行为。

马杰模式、ABCD模式、格朗伦模式各有所长。马杰模式、ABCD模式强调教学结果的可见性和可测性，但对于学习者的内在心理活动及情感目标表述困难。格朗伦模式的不足之处在于难以统合总体目标与具体目标。

（四）教学目标表述的基本要求

教学目标的表述不能拘泥于某一种模式或某一种方法的限制，而必须根据目标的层次、学习任务的基本要求、学生的特点等情况具体分析，完整、准确地表述教学目标必须遵循以下基本要求。

1. 主体性

因为教学目标指的是学生的学习结果，不指教师在教学过程中做什么、怎么做，行为主体是学生，而不是教师。由于表述目标的句子的主语是学生，"学生"二字可以不出现。

2. 全面性

我国的《课程标准》把教学目标分为三个维度："知识和能力""过程和方法"与"情感态度和价值观"。因此，教学目标设计和表述一般应该包括这几个方面。但教学实践中，每一堂课的教学目标不尽相同，因此，三个维度也不是平均分配的，应根据实际需要各有侧重。

3. 准确性

准确性是指行为动词的使用，行为条件的交待和表现程度的定位，要符合《课程标准》某一学段的目标，符合教材实际和学生实际，不拔高，不降低要求。这个要求是规范教学目标的前提。学生的学习行为丰富多彩，很难用几个词语准确界定。

4. 可测性

可测性是指目标表述明确、具体，不笼统、模糊，具有质和量的具体规定性，教师自己或他人能够依据目标去观察和检测学生的行为状态，对教与学两个方面做出合理的评价。

5. 包容性

由于学生的学习过程和学习结果都具有不确定性，因此，教学目标设计也应具有包容性。即在强调学生是学习主体的同时，不否认教师在学习目标达成过程中也在发挥主体作用；在强调教学目标达成全面性的同时，不排除特定情境下目标的单一性；在注重目标表述准确性的同时，关注意外目标的生成性；在强调目标量化、可测的同时尊重学习者的主观感受与内在体验。

【案例一】

《小壁虎借尾巴》（小学语文第二册）教学目标分析[①]

教学目标：

1. 利用拼音读准生字的音；能看着课后练习中的拼音读出并写出

---

① 汪文华. 新课程小学语文教学设计教学目标表述的问题及其规范 [J]. 新课程研究，2006（2）：9—11.

165

句子。

2. 能默写课文中12个生字和16个词，并能说出这些字词在课文中所指的意思。

3. 能按"谁—看见—谁（什么）—在哪里—怎么样地—干什么"的句式仿写句子。

4. 能正确、流利、有感情地诵读全文，并能背诵课文3、4、5段。

5. 能借助插图理解课文内容，了解小鱼、老黄牛、燕子尾巴的功能及壁虎尾巴的特点。

6. 结合课文内容，激发学生热爱自然科学的兴趣，学会礼貌待人。

评析：

这篇课文教学目标用了三个维度进行陈述，第一个维度涉及语文知识与能力，从知的角度，认识了生字、词语，学习了新的句式，了解了小鱼、黄牛等尾巴的功能。从能力的角度，明确了学生读、写、说、背诵、造句、理解等方面的能力。第二个维度，涉及学生学习的过程与方法。要求学生"利用拼音读准生字"，"按照句式仿写句子"都是在引导学生经历学习过程，注重学习策略的运用。第三个维度，涉及学生的情感态度与价值观念。要求学生"有感情地诵读全文""热爱自然科学""学会礼貌待人"。同时三个维度的目标，并不是截然分开的，而是相互融合，在知识能力培养的过程中，注重方法的运用与情感的培养，共同构成了一个完整的教学目标。

【案例二】

《浅水洼里的小鱼》（国标教材人教版二年级上册）教学目标分析

（1）能正确、流利、有感情地朗读课文，理解课文内容，唤醒并坚定学生关心、帮助弱者的信念；在学习中让学生体验合作的快乐。

（2）学习并掌握本课的生字新词，理解由生字组成的词语，并养成良好的书写习惯。

评析：

这个教学目标的表述存在以下几个主要问题。

1. "理解课文内容""掌握本课的生字新词""理解由生字组成的词语"的表述不准确。

（1）要求对课文内容达到"理解"，对于二年级学生是不妥当的。因为《课标》中第一学段的阶段目标没有提到这样的程度。

（2）课文中的生字一、二年级应"多认少写"，不是全部生字都要求"学会""掌握"。

（3）《课标》中第一学段的阶段目标明确指出"结合上下文和生活实际了解课文中词语的意思"，要求"理解"显然拔高了。

2. 行为主体的表述混乱。"能正确、流利、有感情地朗读课文，理解课文内容"与"学习并掌握本课的生字新词，理解由生字组成的词语，并养成良好的书写习惯"的主语是"学生"。"唤醒并坚定学生关心、帮助弱者的信念；在学习中让学生体验合作的快乐"的主语是"教师"。

3. 目标不可测量、不可评价、不具体明确。

（1）"唤醒并坚定学生关心、帮助弱者的信念"，不仅行为主体不正确，而且无法评价"唤醒和坚定"。

（2）"在学习中让学生体验合作的快乐"是错误的表述，"体验""快乐"根本无法去观察；"在学习中"是一种行为"进行态"，不是目标表述的要素。

（3）"本课的生字新词""生字组成的词语"没有明确指出是哪些，对象模糊，表现程度没有规定。

（4）"养成良好的书写习惯"是一句"正确的废话"，因为单靠一堂课的学习是不可能"养成"习惯的。

八、教学目标设计常见的问题

在当下实际教学过程中，目标的设计与呈现又是一种怎样的现状呢？

（一）没有明确的目标

相当一部分老师在上课的时候，并没有呈现明确的学习目标，就连一些名师也是这样。可能老师在备课的时候有预设目标，只是没有呈现给学生，这样，尽管教师心中了然，可学生却不甚明了，只好被动地由老师牵引着进行学习活动，以致一节课结束了，教师并不清楚自己目标的达成情况。在这样的课堂上，学生是没有很大收获的。

◇ 教学设计与案例分析

（二）目标定位不准

目标定位不准，过高或者过低都违背教育规律，最终的学习效果不好。之所以目标定位不准确，是因为教师对新课程标准和学生的研究不够深入，有时会把语文课上成思想品德课、生物课等，脱离了语文学科的特点。

（三）割裂目标

教师有时生搬硬套三维目标，使教学目标割裂开来，举例如下。

有教师执教人教版九年级语文上册"陋室铭"确定的教学目标：

1. 知识目标。

（1）掌握作者刘禹锡等背景资料和文体等文学常识。

（2）在疏通文义的基础上识记重点的文言字词（实词的意义和虚词的用法），了解特殊文言句式的翻译。

2. 能力目标。

（1）能够当堂成诵。

（2）理解文章的主旨，领会作者托物言志的写法。

（3）学习并了解文中对偶等修辞。

3. 德育目标。

学习作者安贫乐道、伟岸傲物的志趣情操，培养学生高洁的情操。

我根据目标设计标准做了如下修改。

（1）能够准确说出"铭"这种文体知识。

（2）借助注释和工具书分类识记重点文言字词（实词的意义和虚词的用法），能准确说出其意思，能结合具体语句说出骈体文句式的特点。

（3）结合课文分析托物言志的写法，理解作者高洁傲岸的情感并能说出文章的主旨。

（四）教学目标表述有错误

第一，学生是学习活动的执行者，因此，行为的主体不能是老师；第二，行为动词要具体可操作，不要概括、模糊；第三，评价标准要能够呈现出来，具有可测量性。

【案例】

初中数学《多边形及其内角和》教学目标设计[①]

1. 会应用多边形内角和公式进行计算。
2. 经历探究多边形内角和计算方法的过程，培养学生的探究能力。
3. 感受教学的转化思想，认识多边形知识的实际应用价值。
4. 新课程标准对本节课的教学要求多边形及其内角和是在三角形内角和的基础上拓宽和发展，是从特殊到一般的深化，是后面学习多边形镶嵌的基础，也是今后学习空间几何的基础。学好多边形内角和的内容，可以为学生认识探索客观世界中不同形状物体存在的一般规律打下基础，对发展学生的空间观念和几何直觉有很大帮助。
5. 通过本节课的学习，学生能够了解多边形的内角、外角等概念，并通过不同的方法探索多边形的内角和与外角和公式，会应用它们进行相关计算。

新课程改革要求教师在制定教学目标时，应体现国家对不同阶段的学生在知识、技能、情感态度与价值观等方面的基本要求。明确的教学目标是实现教学优化的重要前提，是教学方法的选择、教学媒体运用和教学评价的依据，是教师教、学生学的指南。如果目标不明确或者有偏差，教学行为就表现出盲目性和随意性，导致教学效率低、教学效果差。所以在教学中如何设计好体现新课程理念的教学目标是摆在教育者面前的一个重要任务。

评析：

本节教学目标从制定标准来看，存在以下几个问题。

第一，此目标制定得比较笼统，提出的目标不够明确。"会利用多边形内角和公式进行计算"提得比较笼统，没有体现出目标的递进关系，即学生应该先认识多边形，会找出多边形的内角和外角，进一步再记住多边形内角和公式，会用公式求多边形的内角和。

第二，数学教学目标的制定，应考虑它独有的特点，即四个维度（知识与技能、数学思考、解决问题和情感态度与价值观）。对于思考和解决数学问题，应注重培养学生从多个角度、多个方法来思考问题，应该引导

[①] 魏宏聚，申建民. 中小学课堂教学设计切片诊断（上）[M]. 北京：科学出版社，2019：41—43.

学生去思考和探究多边形内角和推导的方法。通过把多边形转化为三角形来体会转化思想在几何中的运用，同时让学生体会从特殊到一般的认识方法。

第三，八年级的学生已经具备了独立思考、合作探究的能力。教师在制定教学目标时应该充分考虑到这一点，让学生去合作、探究、推导多边形内角和公式，这样才会激发他们学习数学的兴趣，培养他们的发散性思维。

根据教师设计意图，上述目标可改为：

1. 会找出多边形的内角、外角，能通过不同方法探索多边形内角和与外角和公式，并会应用它们进行有关计算。

2. 通过把多边形转化为三角形体会转化思想在几何中的运用，同时让学生体会从特殊到一般的认识方法。

3. 通过猜想、推理等数学活动，感受数学学科的探索性以及数学结论的确定性，提高学生学习数学的兴趣。

思考题

1. 什么是教学目标设计？教学目标设计意义何在？
2. 教学目标分类的依据是什么？如何进行教学目标分类？
3. 简要叙述并评价布卢姆的教学目标分类学说。
4. 从"双基"目标到"核心素养"看我国教学目标变迁？
5. 教学目标确定应遵循哪些基本原则？如何设计教学目标？
6. 如何表述教学目标？简要评价教学目标表述的ABCD模式。

第六章 教学内容设计

一、教学内容概述

(一) 教学内容的含义

教学内容是学与教相互作用过程中传递的主要信息，一般包括课程标准、教材和课程等。当下正值新课程改革，基于生成性教学思维理念，人们对于教学内容有了新的认识。教学内容，系指教学过程中同师生发生交互作用、服务于教学目的达成的动态生成的素材及信息，学校给学生传授的知识和技能，灌输的思想和观点，培养的习惯和行为等的总和，也叫课程。

(二) 教学内容的产生和发展

教学内容随着教学活动的产生而产生，也随着教学活动的变革而不断发展。在原始社会，学校还没产生，教学与生产、生活融为一体，教学内容也与生产、生活内容紧密相连。成人给儿童传授生产经验和群居生活共同遵守的风俗习惯，这可以说是最早的教学内容。

随着社会的发展，文字的出现，学校的产生，教学内容逐渐从生产、生活中提炼总结出来，并随着不同教育目的的需要而不断发展。在阶级社会，统治阶级为了维护自身统治，教学内容侧重宗教礼仪、文法与修辞等。我国封建社会的教学内容主要有"四书"和"五经"。而生产经验和生活实用知识、技能的传授在广大劳动人民当中，主要依靠父子相传或师徒授受。虽然有时也把实用科学如医学、数学等列为教学内容，但不是主流，更未能成为我国科举考试时人材选拔的内容。在西方，古希腊斯巴达服从战争的需要，注重体育和军事训练为主要教学内容；雅典除了重视军事与体育外，还注重培养公民在履行公共义务时所具有的理智、聪慧和公正等品质，注重体育、智育与审美教育的协调发展，这既反映了当时国家发展的需要，也体现了个体发展对教育的要求。

◇ 教学设计与案例分析

在资本主义上升时期，由于生产的发展和科学的进步，学校教学内容日益丰富。设置的学科种类日渐增多，夸美纽斯提出了"把一切事物教给一切人"泛智教育的思想，主张所有儿童都应接受学校教育，并系统地阐述了分科教学的思想与方法。培根生活在自然科学蓬勃发展的时期，他提出了"知识就是力量"的经典名言，试图对整个人类知识全部加以改造建立新的科学知识体系，开创了近代科学教育发展的新时代。生物、地理、物理、化学等自然学科逐渐成为学校教学的重要内容。

我国的教学内容在漫长的封建社会，受八股考试制度的制约，教学内容长期脱离生产、生活实际。19世纪末，受"西学"影响，我国开始办新学堂，重科学教育，一方面大量派遣留学生到国外学习西方先进的科学技术，另一方面引进自然科学技术，开设新的课程。新中国成立以后，各级学校的教学内容变革从来没有停止过。2001年，我国新一轮《基础教育课程改革纲要》试行，提出了课程内容改革的目标是"改变课程内容繁、难、偏、旧和过于注重书本知识的现状，加强课程内容与学生生活以及现代社会科技发展的联系，关注学生的学习兴趣和经验，精选终身学习必备的基础知识和技能"。课程结构上，"改变课程结构过于强调学科本位、科目过多和缺乏整合的现状，整体设计九年一贯课程门类和课时比例，设置综合课程，以适应不同地区和学生发展的需求，体现课程的均衡性、综合性和选择性。这是指导我国教学内容变革的纲领性文件。

（三）教学内容与教材的关系

长期以来，人们总是将教材和教学内容等同起来，认为课程标准要求什么教师就教什么，这种认识是片面的。教材仅仅是形成教学内容的一个"载体"，作为发挥实际作用的教学内容，其特性不同于教材内容。

教材的具体内容由事实、概念、原理及它们的内在联系构成。

1. 事实

教材中的事实，就是历史上或社会上发生的事件过程或者是试验中进行的过程和结果。描述学科和解释性学科都含有大量的事实资料，如历史、地理情况，动物的分布与解剖等事实资料，抽象和概括性的学科，数学、物理、化学课同样有事实的依据材料。教材中的事实都是已知的发生过或发现了的事物，不是捏造和想象的事实。

2. 概念

它是反映客观事物本质的思维形式,是对教材中大量事实资料的理性加工,是具有抽象性质的理性认识形式。

3. 原理

是已经被验证了的、公认的、不需要加以论证的命题,是教材科学性的重要标志。

4. 内在联系

主要是指教材中事实、概念、原理之间的内在关系。教学内容是师生对课程内容、教材内容与教学实际的综合加工。一方面,师生合理地利用教材教学,对教材内容进行选择、取舍、加工;另一方面,师生可以科学地加工教材,合理地组织教学过程。它不仅包括教材内容,还包括了引导作用、动机作用、方法论指示、价值判断、规范概念等,包括师生在教学过程中的实际活动的全部。因此,教材内容只不过是教学内容的重要成分。

教材是教师教与学生学的重要依据,是教学内容的主要载体。因为教材是由学科课程及教学方面的专家根据课程标准的要求编写的,具有权威性和科学性,因此人们总是以为教书就是教教材,教材也就成了教学内容的全部。尤其当全国实行统一的教材,统一的考试的时候,教师更是奉教材为准,不得越雷池半步。新课程实施教材多样化,教材开发多元化,课程类型有国家课程、地方课程和校本课程,教材不仅有书本式,也有电子信息资源及音像制品等。教学内容也不仅仅以教材为载体,而是以显性或隐性的方式存在于书籍、电子产品、实物、观念或行为方式之中。即对学习者所施加的一切影响的总和。

二、教学内容设计

教学内容虽然以教材为主要依据,但教材之外的内容却是浩瀚无边的,即使使用同样的教材,使用的主体不同,对教材内容的开发与组织也会大相径庭,要充分发挥教学内容的育人功能,离不开教学内容设计。

(一)教学内容设计的含义

教学内容设计,就是要解决好"教给学生什么,学生学习什么"才能完满

◇ 教学设计与案例分析

达到教学目标的问题。但是，通常人们并不以为教学内容设计存在什么问题。课程标准定下来了，教材定下来了，教学内容也就随之定下来了，还需要设计什么？其实，教师在备课时总是要选择教材、研究教材、处理教材的，不仅如此，新课程还要求老师必须具备课程资源开发的能力，尤其是在信息爆炸的时代，课程资源无处不在，选择什么样的资源进入教学过程，实际上，就是在进行教学内容的设计。什么是教学内容设计呢？曾天山认为"教学内容设计是教师认真分析教材、合理选择和组织教学内容以及合理安排教学内容的表达或呈现的过程。是教学运筹的核心环节之一，也是教学方案设计的重要组成部分。"[①]

准确把握教学内容设计的含义，必须把握以下几个特征：一是内容的选择性。把握内容的来源。教材是教学内容的主要来源，但不是唯一的来源，教学除了依据教材，还要联系生活、联系实际，教材外的知识浩如烟海，都有可能成为教学内容，但不能都成为教学内容，需经过教学组织者根据教学目的与任务的需要精心筛选，才能成为教学内容，而且教材内容也不完全是教学的内容，也需要经过教师的选择，使之进入教学活动过程，教材内容才转化为教学内容。二是内容的组织性。教学内容不是杂乱无章的信息堆砌，而是具有内在逻辑联系的信息组合。无论教材上的信息，还是教材外的信息，只有当它与学习者已有认知水平相近的时候，才能真正成为学习者的学习内容，因此内容的组织必须遵循学生认知发展的规律，使知识组织顺序与认知发展顺序一致。三是内容的呈现方式。教学内容的呈现方式多种多样，呈现方式不同，感知的效果就不一样。低年级的学生对于用抽象语词呈现的事物感知效果较差，用实物或形象趣味的方式呈现的事物感知效果较好。抽象、静态的教学内容呈现方式，高年级的学习者更容易感知一些。总体而言，用直观、形象、动态的方式呈现的教学内容，各年龄阶段的学习者都能获得较好的感知效果，而抽象、静止、单调的内容呈现方式，学习者感知与理解的效果较差。

（二）教学内容设计的意义

教学内容设计有利于达成理想的教学目标。教学目标是选择和组织教学内容的重要依据。教学目标的方向性决定了教学内容的选择也是有方向的，当内容与目标的方向一致时，就有利于教学目标的达成，当内容与目标的方向相悖时，就会阻碍目标的达成。知识目标的达成，注重教学内容的科学性与内在逻

[①] 曾天山. 教材论［M］. 南昌：江西教育出版社，1997：116.

辑联系，情感目标则需要选择便于情境创设，有利情感熏陶的教学内容。即使同样的教学内容，对组织形式的设计也在一定程度上影响教学目标的达成。

教学内容设计有利于发挥教师的主导作用。教师主导作用的发挥，离不开对教学内容选择与组织实施。首先，教学内容主导学生认知发展的方向。学生认知的发展，总是在对教学内容的感知、理解、巩固和运用过程中发展起来的。离开教学内容，学习就成为无源之水、无本之木，学习活动将不复存在。其次，教师通过教学内容的设计，主导学生情感的发展。人的情感是在认知的基础上产生的，有什么样的认知，就有什么样的情感体验。教师在教学过程中发掘结合实际，贴近学生生活的教学内容，常会使人身临其境，学生的情感也随着教学内容的变迁而发生变化。教学内容的设计，最终影响着学生的行为变化。学习过程是学生知、情、意、行协调发展的过程。当教学内容经过学生的消化和吸收，从外在输入的信息转变为学生的内在观念的时候，学生的认知水平才能不断提高，情感才能变得丰富而深刻，教学内容才能最终转化为教学成果。

教学内容设计有利于提高教学效率。教学效率是师生在单位时间内投入的教学资源与教学效果之比。虽然教学效率受多种因素制约，但教学内容设计无疑对教学效率产生巨大影响。学者有四失，教者必知之：人之学也，或失则多，或失则寡，或失则易，或失则止。此四者，心之莫同也。知其心，然后能救其失也。教也者，长善而救其失者也。（《礼记·学记》）教学内容的设计必须结合学习者的最近发展区，做到难易适度，份量适当，机会适宜，学生适应。唯其如此，才能取得最优化的教学效果。

教学内容设计是教学发展的基本要求。教学作为一种特殊的社会实践活动也有一个发生发展的过程。教学的发展不是某一独立要素的孤立发展，而是构成教学的基本要素的全面的协调发展。是教学主体、目标、内容、手段、形式、方法的有机结合，而不是简单相加。任何一个要素或环节的缺失都会使教学陷入困境。尤其是在知识爆炸的时代，人们处在信息的包围之中，科学选择和合理组织教学内容，对教师提出了更高的要求。教学发展要求对教学内容设计更科学、更精细、更合理。

（三）教学内容设计的要素分析

教师在进行教学内容设计时，需要认真分析学生的课程标准（教学目标）和教材等教学要素及其之间的关系。如图6-1所示。

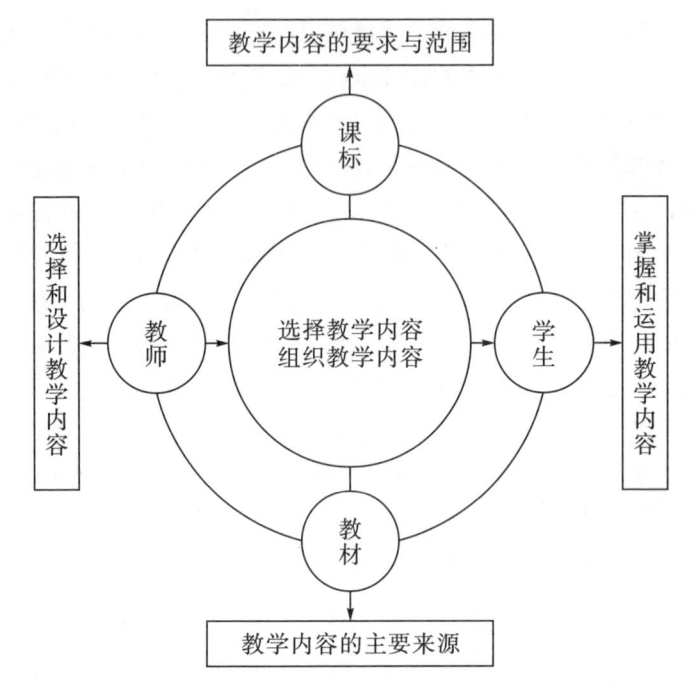

图 6-1 教学内容设计的要素分析

1. 教学主体分析

教学活动最关键的要素是人,在教学要素的分析中,对教学主体的分析是第一位的。教学主体包括教师与学生。教师是教的主体,分析教师有利于增强教学主体的自我意识,明确自己的优势与不足,以便在教学设计时扬长避短,最大限度地发挥教师在教学过程中的主导作用。对学生的分析是教学主体分析的关键。由于课堂教学的主体是学生,因此,对于课堂教学的要素分析及设计都应建立在对学生的特征充分了解的基础之上。对学生的分析主要包括对学习者共性和个性的分析。前者主要包括学习者共同的年龄特征,包括生理特征与心理特征。尤其是学习者的认知特征、情感特征与意志特征。后者主要是学习者的个体差异性,主要包括学习者各自已有的知识背景、不同的学习经历、学习动机、学习态度、学习方法、学习习惯等。了解共性是组织班级教学,达成集体教学目标的前提条件,认识个体差异是进行个性化教学设计,满足学习者个性化学习需要的重要保证。

2. 教学目标分析

教学目标主要是依据课程标准所提供的内容范围和目标要求来设置的,是教学所要达到的预期结果。过去，教师往往根据自己对教材的理解来确定教学重点与教学难点，而对学生学习目标的达成关注较少，这就容易造成目标主体的缺位。因此，在目标分析时，教师不仅要分析课程标准中的目标要求，也要将这些目标要求及时转化为学生的学习目标。由于学生的认知水平仍存在年龄特征与个体差异性，因此，教师在确定学生的学习目标时，也要确定全体学生应达到的基本要求与不同层次学习者的分层的学习目标。比如，语文《变色龙》一课的教学目标可以这样设计：

全体学生能够借助工具书正确地读、写"劈、戳、戮、胚、蔑、恐吓、异想天开、洋溢、径自、娇贵"等字词；

全体学生能够在教师的指导下找出表现人物性格的字、词、句；

全体学生能够用自己的价值观去评价沙皇俄国的专制统治，通过对课文中的人物形象的认识，学生能体会具有正直、诚信和有正义感性格的重要性；

大部分学生能够结合课外资料合理分析归纳奥楚蔑洛夫、赫留金、市民等人物形象，清楚表达自己对课文中的人物形象的认识；

少数学生能通过查阅资料，在结合时代背景深入分析、评价奥楚蔑洛夫的同时，理解《变色龙》的实质。

这样的教学目标，为学生提出多样化的学习目标，给予了学生多种选择的机会，使学生可以根据自身的学习能力与学习兴趣进行选择，从而使他们不同的学习需求得到更好的满足。

3. 教材分析

教材是教学内容的主要来源和重要依据。对教材的分析主要包括两个方面：一是对教材内容范围的分析，二是对教材内容结构的分析。前者主要在于明确教材内容与课程标准中的内容是否具有一致性，教材内容中的素材和案例对于学生学习是否恰当等。认真分析教材内容范围，有利于教师科学、合理地选择教学内容，确定教学的重点、难点。后者主要分析内容的组织形式，确定不同的组织形式是否与学生的心理顺序相吻合。由于教材是一种特殊的物化课程，因此具有特定的内容结构体系，教材的这种内在结构实质体现了基于知识的逻辑顺序与学生的心理发展顺序的相互关系。在对教材内容结构进行分析时，教师可以借鉴教材的内容结构，将其中的知识架构转化为符合学生心理顺序的教学内容结构。

◇ 教学设计与案例分析

教材分析是在认真阅读教材文本的基础上,理解具体内容的编排顺序,读懂具体内容的结构特点,弄清楚文本内容在教材体系中的地位和作用,文本内容与前后知识的逻辑联系,以便组织教学时,思路清晰,逻辑严密,既避免不必要的知识重复,浪费教育资源,又有利于加强新旧知识之间的联系,防止知识脱节,形成学生良好的认知结构。

教材分析还要理解文本内容与课程目标及教学目标之间的关系,让每部分教学内容,都能承载具体的教学目标,以便深入发掘教材的教育要素,发挥教材的育人功能。无论知识目标还是能力目标达成都是建立在对具体教学内容组织的基础之上的,只有让内容处于激活状态,变成学生的学习活动,教学目标才能从预设变成现实。

【案例】

《涉江采芙蓉》教材内容分析[①]

《涉江采芙蓉》是人教版高中语文必修 2 第二单元《诗三首》中的内容,选自《古诗十九首》。《古诗十九首》作为后世诗歌典范,本身就具有"语浅情深"的重要特点,抒发的都是人生最基本、最普遍的几种感情,具有深远的意义。因此,本课的设计就以此为切入点,激发学生的共鸣,期待学生能够在反复品读中体会诗中的思想感情,欣赏诗歌独特的艺术手法,能够对诗歌作品有自己的看法和评价。

此外,本节课作为高一语文备课组阅读训练系列"诗从远方来"的组成部分,我们也希望学生能够在对《涉江采芙蓉》的赏析过程中总结出古代诗歌的鉴赏方法,从而能够在教师引导下自主地去阅读更多的相关作品,加深对中国传统文学的理解与认识,提升自己的文化品位。

评析:本文对教材内容的分析把握了教材体系中诗歌教学的主要任务及主要教学目标,一是培养学生的诗歌鉴赏的能力,二是在反复品读中体验诗歌所表达的思想感情。同时,作者不是孤立地看待本诗的内容,而是作为古诗词阅读训练系列"诗从远方来"的组成部分,希望通过本文的教学,引导学生在诗歌欣赏的过程中掌握诗歌的表现手法与诗歌的鉴赏方法,养成读诗评诗的好习惯,提升自己的文化品位。

[①] 石艳梅. 有效课堂教师专业发展——基于"四化"课堂教学案例[M]. 北京:光明日报出版社,2021:28.

教学内容分析还要分析教材内容的重难点。教材内容的重难点，是指教材体系中知识体系的核心组成部分，能最大限度地承载学科基本知识与基本原理，能最大限度承载学生核心素养培育的功能，是事关全局，直接影响其他知识学习或学生素养形成的教学内容。如数学学科的基本公式与基本定理，语文学科能体现文章中心思想，达成主要教学目标的教学内容等。如"数与代数"是整个小学数学教材的重点；整数的认识和四则运算又是"数与代数"的重点；其中，又以20以内的加减法、表内乘法和相应的除法为重点，在20以内的加减法中，又以进位加法和退位减法为重点。

教学内容的难点指难以被教师解释清楚，难以被学生认知的教学内容。这样的内容要么具有抽象性，难以被理解；要么具有隐蔽性，难以被感知；要么具有独立性，难以建立与旧知识的联系，将其纳入原有的认知结构；要么具有复杂性，千头万绪，难以进行归纳整理；要么具有相似性，容易混淆，难以进行有效区分。这些教师难教、学生难学的内容，通常被看作是教学的难点。例如，在两位数除多位数的除法中，试商就较为复杂，应用题从题意理解到列出算式，对小学生来说就比较困难。连续退位减法、分数除法、最小公倍数的求法、圆面积公式的推导等，因其原理复杂隐蔽而构成教学内容的难点。

抓住教学内容的重点，能起到四两拨千斤的作用，提纲挈领地解决教学中的问题，让学生有效整合新旧知识迅速形成新的认知框架，达成学习目标。解决教学中的难点问题，有利于排除学习障碍，打通知识关节，避免学习中的肠梗阻发生。

教学内容的难点也可能是教学的重点，也可能不是教学的重点。重点看内容的价值，难点看学习的过程。重点求突出，难点求突破，同属于重难点的内容，突破了难点也就突出了重点。教学组织的过程中，突出重点的内容往往需要反复强化，而突破难点的内容，则更强调精确理解。

【案例】

《涉江采芙蓉》教材内容重难点分析

教学重点。

（1）由浅入深理解诗歌的内容和情感，体会《涉江采芙蓉》"语浅情深"的基本特点。

（2）读写结合，结合历代诗评形成对文学作品的初步评价。

教学难点。

（1）多角度理解诗歌，感悟不同角度带来的不同审美情趣。

(2) 结合背景，理解《涉江采芙蓉》中抒发的情感的普遍意义，从而感受《古诗十九首》的永恒魅力。

评析：文章的重点确定为"理解诗歌内容"，领悟"语浅情深"的写作特点，提升诗歌"评价"能力。抓住这几个关键环节，可谓抓住了文本的要害。有利于达成诗歌理解的认知目标，感同身受的情感目标，诗歌赏析的能力目标。而教学难点"多角度理解诗歌"并将此文延伸至《古诗十九首》确实具有一定的难度，但这一难点的突破，更有利于培养学生的发散思维、创新思维，使学生评价、鉴赏诗歌的能力得到迁移，实现为迁移而学的目的。

（四）教学内容设计的基本原则

1. 基础性内容与发展性内容相结合的原则

教学内容的基础性是学科基础与学生生活基础的统一。基础性是教学内容的主干，是保证知识得以展开的主要的构架。[①] 当今知识经济时代，信息知识激增，而教师教学进行知识传授的功能是极为有限的。基础知识适应性广、包容性大、概括性高、派生性强，只有选择人类知识中的基础性部分，才有助于学生将来在此基础上掌握新的知识，扩展自己的知识结构，使所学的知识起到长期的基础性和迁移性作用。在这种意义上的基础性教学内容，一是学生身心健康发展的基础性内容，二是学生适应社会生活的基础性内容，三是学生终身学习和发展的基础性内容。教学内容的发展性体现之一是"认知性"，用现代的哲学思想、时代理念重新诠释传统的内容，使之获得现代意义和价值；体现之二是"延展性"，即要把课堂内容变成连接课堂与课外的桥梁，注意内容的质的延伸和量的扩展；体现之三是学生主体性的发展，体现学生发展的自主性、主动性和创造性。教学过程是一个促进学生身心发展的过程，教学过程的"发展性"特征要求设计的教学内容要把基础性内容和发展性内容结合起来。

2. 教的内容与学的内容相结合的原则

教师规划好教的内容与学的内容，更有助于保证学生自主、创新地学习。规划好"教"与"学"，首先，对课程标准的掌握和运用。其次，教材观的转

---

① 郭思乐. 数学教材的思想性原则 [J]. 学科教育，1991 (2)：9—13.

变,"用教材教"而不是"教教材"。教科书是教学内容的主体,但仅仅依据教科书来安排全部内容是不够的。教学内容广义上讲是学生应掌握的知识、技能,应该获得的思想、观点,以及良好行为习惯形成的总和[①]。因此,虽然任何经过有关部门审定的教材都会有其独特的价值,但教师应根据学生实际水平及独特的培养目标对教材内容加以选择,以适应特定的教学需要和学生学习需要;对于选定的教材内容,教师要掌握理解教材的特点,认真分析教材的内涵,准确把握教材的重点、难点和关键处,努力理清教材的知识点,进而创造性地加工处理教材,使教材内容符合教学需要,对学生具有可接受性。最后,教材既是教本,又是学本。教师还要加工"教材"使之成为"学材",学生才能使用"教材"进行学习。

3. 适应学生心理发展规律的原则

学生的身心发展水平制约着教学功能的发挥。要发挥教学的作用,教学内容的组织和呈现必须符合学生身心发展的连续性和阶段性、稳定性和可变性、方向性和不可逆性、协调性和不均衡性、共同性和差异性等规律,必须考虑学生身心发展的年龄特征、认知水准、兴趣爱好、经验基础、能力高低、情感倾向及健康状况,才能真正被学生所接受。为此,首先,要精心选择和组织教学内容。所选内容应以学生的心理水平为基础,在学生的"最近发展区"内,既能使学生通过努力可以掌握,又能促进学生的发展,使学生的学习任务具有挑战性;所选内容应能锻炼学生的思维,启迪学生的心灵,使学生在感悟中产生浓厚的学习兴趣、强烈的学习情感和积极的学习欲望。其次,组织内容时要把学科知识系统的内在逻辑顺序和学生学习活动内在的认知顺序相结合,使教学内容符合学生的认知发展规律。最后,教学方法要力求具体形象、生动有趣、灵活多样,呈现的教学内容才能更好地被学生所接受,但也要符合教学实际和教学需要,要努力完成教学任务,实现教学目标,促进学生发展。

4. 民主性和灵活性相结合的原则

现代教学内容选择的宗旨是促进全体学生的全面发展。为此,第一,在教学内容的价值取向上,应该突破阶级、阶层的文化局限和利益矛盾,尽量反映大众阶层的教育需求,体现教育公平的精神,坚持民主化的道路,以提高人的一般素质为核心,牢固地坚持育人至上的宗旨,坚持促进人的全面发展的价值

---

① 盛群力. 试论系统设计教学中的备课程序[J]. 教育研究,2001 (5):67—71.

方向，努力提升人的主体能力和创造精神，使选择的教学内容更好地为个人发展的个性化和社会化服务。第二，在教学内容的安排上，应适应不同发展水平区域的需要，考虑不同学校及学生的差异性，为他们提供自主选择的余地，也为教师因地制宜地开发地方课程资源提供选择的空间。第三，在教学内容的文化价值方面，应坚持文化进步与文化相容的原则，把人类进步的先进文化作为教学内容的重点，并积极接纳多元文化，以丰富教学内容的素材。第四，在教学内容的宏观形式上，应多种不同方式并存，比如，分科课程和综合课程并存、学科课程与活动课程并存、显性课程与隐性课程并存、核心课程与外围课程并存、微型课程与长期课程并存，以发挥每种课程形式的特长，并使不同的课程形式之间取长补短，促进教学内容宏观组织方式的优化。第五，在教学内容的微观组织上，需要处理好纵向组织与横向组织的关系、逻辑顺序与心理顺序的关系、直线式和螺旋式的关系。在实际的教学内容设计中，应该把它们有机地、灵活地结合起来，注意它们之间的协同配合，以促进教学内容微观组织方式的优化。教学过程是教书和育人紧密结合的过程，教学过程的"教育性"特征要求设计的教学内容要具有民主性和灵活性。

三、教学内容设计的步骤

（一）教学内容的选择

教学内容有两种存在的方式，一种是可能的教学内容，一种是现实的教学内容。可能的内容范围极广，根据课程标准编写的教材，媒体信息、网络资源、教师经验、教学过程中师生相互作用所产生的一切信息都可能成为教学内容，但事实上并非一切有用的信息都会成为教学内容，由于课堂容量有限，师生收集、处理信息的能力各不相同，因此就存在对教学内容的选择问题，只有经过教学内容选择，可能的教学内容才能成为现实的教学内容。教学内容的选择受多种因素制约，国家的教育方针、课程标准、教学目标、学生需要、教师实际等都对教学内容的选择有影响。

1. 教学内容选择有几种不同的价值取向

一是学术理性取向。强调教学内容选择的目的是让学生掌握学科基础知识和基本技能，以促进学生的智力和理性思维发展，进而发展和开拓人类先进的文化遗产。因此，教学内容选择要重视对传统文化的传递与继承，教学内容体系要以科学逻辑形式组织,并且按照学习者的认识水平加以编制,以逻辑组织严密的分科内容的形式出现。教学内容设计要以教师讲授、学生练习等方法为主,注重学生对学科知识的记忆和重现,并以此作为评价的标准。因此在教学内容选择上强调忠实于教材的逻辑体系,让学生掌握系统的学科知识为主要目标。学术理性的内容选择取向有助于学生掌握系统的科学文化知识以及继承、发展和开拓人类先进的文化遗产。由于教学内容及评价实施的历史长远,积累了丰富的教学经验和教学材料,使教学内容丰富、充实、系统。不足之处是学科的封闭性容易造成知识内容统一体的割裂,教学内容容易脱离学生的现实生活,而且较少顾及学生的需要和兴趣等个性特征。

二是认知发展取向。强调教学内容选择要有利于发展学生的认知技能,教学内容选择的目的是教会学生学习,以促进学生认知过程的发展。因此,教学内容设计的核心是帮助学生发展能用于更广阔社会背景下的认知技能。教学内容本身不重要,重要的是给学生提供达到特定认知过程目标的机会,提供发展学生智力的有利环境和条件,使学生通过与环境及学习材料的互动发展认知技能。因此,教学内容的选择,不是着眼于学生掌握系统的科学理论知识,而是有利于学生的学习参与,有利于培养学生的认知能力。这样的内容不追求知识的系统性与完整性,更注重情境性与生成性。

三是人本主义内容选择取向。强调以学生的发展为本,教学内容选择的目的是促进学生的全面发展,达到学生的自我实现。因此,教学内容选择的核心是根据学生的兴趣、需要、能力、经验以及发展水平去选择和组织教学内容,从学生发展的完整性出发,突出教学内容的综合性和整体性;教学内容设计要以意义学习和非指导性教学为主,重视融洽、真诚、开放、相互支持的教学氛围和学生主动地、积极地、自主地学习,重视教师作为"促进者"的角色;教学内容设计要采用另类的评估方法,重视学生的自我评价,以分析学生的成长和发展过程。人本主义的内容选择取向,体现出以人为本的思想,注重人的非智力因素的培养,重视人的自我实现教育,强调人的自由和自尊,这既符合时代的要求,更是教育规律的反映,但对社会需求的关注较少。

四是社会重建的内容选择取向。强调教学内容选择的目的是让学生了解社会、认识社会、适应社会,帮助学生掌握进入社会所需要的技能,进而采取行动改造社会,以创造美好的未来社会生活。因此,教学内容选择要以社会的需要和现实问题为核心,注重社会功能性知识,即着眼于使学生掌握社会生活所必须的知识、技术、技能;教学内容选择要有利于采用以问题解决为本的教学方法,有利于学生的小组讨论活动、探究发现活动和社会实践活动的开展;教学内容选择要有利于评估学生的社会责任感及解决社会问题的能力。社会重建的内容选择取向有利于充分发挥教学的社会功能，培养学习者的社会责任感。容易忽视教育本体功能的发挥，忽略对学习者发展的培养。

五是科技发展内容选择取向。强调教学内容选择的目的是使学生的学习按照一个有系统和可预测的方式进行，特别是要为学生提供一个循序学习活动为本的有效系统，借以改变学生的行为。因此，教学内容选择要以传统科目内容为主，但必须配合预定的具体学习目标，并强调运用资信、科技的知识和手段；教学内容选择要有利于加强教学反馈，提高教学效率，采用电脑辅助教学、掌握学习法、程序教学等教学方法；教学内容选择必须便于配合明确的教学目标，采用标准参照评价和形成性评价。科技发展内容选择趋向重视教学的技术成分和规则，能够通过合理安排学习程序和步骤、合理使用电化教学手段来提高教学效率。但验证以进行程序化处理的内容不便选择。

2. 教学内容的选择标准

一般说来，教科书是教学内容的主体，但仅仅依据教科书来安排全部教学内容是不够的。因此，需要教师恰当选择教学内容。那么，如何选取那些最重要、最值得学习的内容呢？我们认为首先应该依据国家规定的各门学科的课程标准，它对各门学科的教学内容从质和量上作出了规定，为我们提供了选择教学内容的根本依据。在此基础上，有学者提出了在选定教学内容时，应特别注意遵循的六条标准。

（1）科学性。科学性是选择教学内容最重要的标准。科学性指教学内容观点准确、论据确实、表述规范，甚至连字、词、句和标点符号也无错误。特别是针对中小学设计的教学内容，更要精益求精，不得有半点马虎。因为中小学生辨别能力差，所以不得因教学内容的错误而使学生形成错误概念。

（2）基础性。基础性指精选基础知识、基本规律为教学的主干内容。该条标准是由知识众多与教学时间有限这对矛盾决定的。精选基础知识、基本规律，首要的问题是正确认识何谓基础知识。所谓基础知识、基本规律就是"保证知识得以展开的主要的构架"[1]，是教学内容中必须透彻理解的部分，且能独立完备地辐射出众多结果的基础知识。这就是说基础知识、基本规律应同时具备两个特征：一是处于知识体系最底部的知识，是需透彻理解的知识；二是能引申出众多迁移结果的知识。基础知识、基本规律适用性广、包容性大、概

---

[1] 郭思乐. 数学教材的思想性原则——论数学思想的教育 [J]. 学科教育，1991（2）：9—13.

括性高、派生性强。只要突出了这些知识，就能真正起提纲挈领的作用。这样我们才能在主体结构上突出主干内容，建立合理的"基本结构"，保证基础知识和规律被学生熟练掌握和运用。例如，小学数学中"求一个数的几分之几是多少"这样的应用题实际上是分数乘法意义的直接应用，没有作为一个类型单独来讲的必要。又如中学平面几何圆幂定理或有关四点共圆的定理，在解决一些题目中虽然很方便，但如果从整个数学教学来看，这些结论的母定理在教材中已经具备，如圆幂定理能由圆内外角、弦切角定理和有关三角形相似定理推出，因此从突出基本知识出发，也没有必要浪费很多时间来讲解这两个定理。

(3) 发展性。发展性指教学内容蕴含了培养学生能力的显著成分与价值，通过教学能显著地促进学生发展。"发展学生的能力"已成为当今国内外教育界最为关注的问题。发展学生的能力应在教学内容的选择上得到体现。从培养能力出发，在教学内容的选择上，人们往往过多地注重知识的实用价值。诚然，传授知识的一个重要目的是让学生能适应社会生活，面向生产劳动，但传授知识还有另一个重要目的，就是通过知识传授培养能力。后者往往被人们所忽略，尤其是在当今世界科技竞争极其激烈的情况下，培养能力显得更为重要，因此把发展性列为教学内容选择的标准是十分重要的。根据发展性标准，那些对培养学生的能力特别有效、有用的内容，尽管其实用性不够强，也应列为学习的重要内容。如平面几何内容在现实生活中虽然实际作用不大，但它对学生逻辑思维能力的培养有特殊的作用，是其他材料不可替代的。同样，小学数学中的算术解题方法，对培养小学生的思维能力也有类似的作用。

(4) 可接受性。可接受性指立足于目标，把高难度和量力性有机结合起来，使内容的难度恰好落在学生通过努力可以达到的潜在能力的"最近发展区"上。根据皮亚杰的理论，教学内容具有可接受性就是指教学内容要适应学习者的运算水平。皮亚杰将学前、小学和中学三个年龄阶段儿童思维发展分成前运算、具体运算和形式运算三种水平。根据皮亚杰的理论，教学内容具有可接受性可从两方面考虑：一是设计的内容刚好适合儿童思维发展的年龄特征，这是教学内容设计的通常做法；二是设计的内容可适当高于儿童的现有思维发展水平。虽然内容难度较大，但可通过教给儿童解决问题的策略来让儿童接收教学内容，这样，即使需要形式运算来完成的任务，亦可运用具体运算来解决。例如，若概率内容放在高中，一般用排列、组合来介绍；若放在初中，则可用树图等浅显的方法来介绍；又若放在小学，则可用讲事物发生的可能性来进行。由此看来，这种设计思想对促进学生能力的发展大有好处，值得大力提倡。

(5) 时代性。时代性指教学内容在体现人类知识宝库的精华时，也能反映

◇ 教学设计与案例分析

科学发展的最新成果,体现现代社会甚至未来社会所要求的知识,具有鲜明的时代特点。随着科学技术的日新月异,一些陈旧的内容已逐渐被新的具有时代性的内容所代替。如东欧一些国家在中学物理课程中增加了航天学和宇宙研究方面取得的重大成就;在地理课程中,反映了新观点(生态系统观点)、新的研究问题(能源、人口、环境)和新的技术(计量、遥感)。又如美国的明尼苏达州伯恩斯威里中学开设了"明天的思考"和"未来的问题"两门课,将未来学研究的内容引入中学课程,引导学生对未来进行思考。同时,时代性也体现在能反映现代社会及未来社会的发展及要求上。如我国现行九年义务教育小学教材就增加了保险、税收、利率等内容。

(6) 多功能性。多功能性指同一内容可以达到多种教学目标。教学目标可以分成两种:显式目标(智慧技能、言语信息和动作技能)和隐式目标(认知策略和态度)[①]。许多教学内容都蕴藏着多种目标,教师要注意挖掘,以便收到"一石二鸟"或"三鸟"的教学效果。例如数学教材重在传授数学知识,培养学生的智能,但同时也兼有培养学生思想品德的作用;同样,德育教材虽然重在培养学生的高尚情操、品德,但同时也担负着培养学生智能的任务。

(二) 教学内容的组织与编排

教学内容是联系教与学的纽带,教学内容的编排是对已选定的教学内容进行的组织安排,使之与构成教学的其他要素相互协调,具有一定的系统性或逻辑性,便于最大限度地发挥教学内容的育人功能。选择后的教学内容是确定的,但教学内容的组织方式却是多种多样的。教学内容的组织与编排直接影响到教学效果。

1. 教学内容编排的理论观点

关于教学内容组织编排的理论有很多,较有影响的观点有三种:布鲁纳的螺旋式编排理论、加涅的直线式编排理论和奥苏贝尔的渐进分化和综合贯通理论。

(1) 布鲁纳的螺旋式编排理论。布鲁纳认为,每门学科都具有一个由基本概念所构成的知识结构,教学应该让学生了解学科的基本结构,也就是应该学习掌握各种基本概念、基本原理以及它们之间的相互关系和规律等。注重学科知识基本结构的教学,有助于学生解决学习中遇到的各种问题。对于一门学科中非常重要的基本概念,不仅要让学生尽早接触,而且应该在不同的认知阶段反复

---

① 杨开城. 对教学设计理论的几点思考 [J]. 教育研究,2001 (5):62—66.

学习。不同认知阶段的学生对同一概念的认知是不一样的，在不同学生认知阶段对同一概念的反复教授和加深理解，便形成了课程与教学的螺旋式序列结构。它体现了从简单到复杂、从低级到高级的教学逻辑，符合学生认识发展规律。

（2）加涅的直线编排理论。加涅从学习理论的观点出发，把教学内容转化为一系列能力目标，然后按这些目标之间的心理学关系，即从较简单的辨别技能的学习到复杂的解决技能的学习，把全部内容按等级来排列。加涅认为教育的最终目的是获得解决问题的能力，但是要想获得解决问题能力，必须获得其他一些辅助的能力，这些能力之间是分层的，只有掌握了较低层的能力，才能学好较高层次的能力。也就是说，复杂知识的教学以对简单知识的学习为基础，掌握简单知识是学习复杂知识的先决条件。实践证明，这种教学内容的编排方式，有利于促进学生对高级技能的掌握。

（3）奥苏贝尔的渐进分化和综合贯通理论。奥苏贝尔认为人的认识过程往往先认识事物的一般属性，然后在这种一般认识的基础上，逐步认识具体细节。为此他提出了渐进分化原则："该学科的最一般和最概括的观念应首先实现，然后按细节和具体性逐渐分化。"即教学应按照"自上而下"的内容序列，由一般到具体、从整体到细节的序列纵向组织。然而要想使学生对整个学科都融会贯通，还应该注意知识的横向联系，新旧知识的互相作用，注意强调学科的整体性。

2. 教学内容的组织原则

（1）知识序与认知序相结合的原则。从知识性来看，每门学科的知识都是有机的整体，各个概念和各条原理之间具有内在的逻辑性、系统性、连贯性和关联性，这种内在联系即为知识本身的"序"。这一序列是由事物本身发展的规律所决定的，如生物进化、社会历史发展其内容都是线形的，可以通过向前的、进化的、按年代发展或从起源出发的方法来排列。这样的组织方式与研究的社会现象、自然现象的顺序和客观事物本身发展的顺序相一致。按知识序组织的教学内容能使学习者对事物的发展过程有比较完整的认识。认知序指个体认识发展的顺序。认知理论研究表明：学习者的认知发展也有内在的程序性和连贯性。总是由浅入深、由表及里、从现象到本质、由低级到高级一步一步发展起来的。这就是学习者的认知序。学科知识的序不一定就是学习者认知的序，因此教学内容的组织既应考虑知识的序，又必须遵循学生认知的序，只有通过对教材的合理组织把教材的知识结构和学生的认知结构很好地结合起来，才会有利于学生快速有效地掌握知识。

◇ 教学设计与案例分析

遵循知识序和认知序相结合原则组织教材，通常的做法有：一是以学生思维发展的年龄特征为起点来组织教学内容，如就认知学习而言，低年级小学生应尽可能通过直接的经验来学习，而高年级学生则可通过语词符号学到大量知识；二是从简到繁、由近及远、由具体到抽象、由简单技能到复杂技能来组织教学内容；三是以智力活动形成阶段来组织教学内容，如由外部的、物质的、展开的活动来揭示新知识，帮助学生由外部的、物质的、展开的操作活动过渡到内部的、压缩的心智活动；四是以旧中有新、新中有旧来组织教学内容，使新知识有"固着点"，能较快地同化到已有的知识结构中。在教学实践中，通常儿童年龄较小，教学内容设计考虑其认知特点越多；反之，则考虑知识体系更多。以上组织教学内容的四种方式通常需要综合运用，灵活处理。

以"自然资源"概念的教学为例，教学内容可以组织如下：

步骤1：教师呈现例证：植物、汽油、动物、煤炭、河流、建筑物、家具、电能。

步骤2：学生提出假设：有生命的，大量的，是可以获得的东西，人们生产、生活中需要的。

步骤3：学生针对自己的假设对例证做出标志，教师在此基础上标注出正确的反应例证：植物——是，汽油——否，动物——是，煤炭——是，河流——是，建筑物——否，家具——否，电能——否。

步骤4：学生根据教师所标注出的正反例证，修改自己的假设（补充和删除），并说明理由：有生命的，大量的，可以获得的东西，存在于自然界中的（补充），人们生产或生活所需的。

步骤5：教师对学生假设做出反馈，引导学生确认概念的基本属性，给出概念的定义：自然资源是指存在于自然界中，能为人类所利用的物质与能量。

(2) 理论与实践相结合的原则。以教材为载体的教学内容，往往注重学科知识的系统性与完整性，注重基本概念与基本原理的解释，理论性较强，并且对基本概念与基本原理的学习也有利于掌握系统的学科知识体系，形成良好的知识结构。但基本概念与原理是对实践经验的高度概括总结，具有概括性与抽象性的特点，高于学生已有的认知发展水平。遵循理论与实践相结合的原则，一是要求教师组织教学内容时尽可能发掘教材中的实践性素材，如教学案例、故事、图例等，通过教材中的形象案例理解抽象的道理。二是联系学生生活实际，发掘教学过程中学生学习生活的典型案例，并通过学生亲身参与，获得相关学习经验。比如学习"长方形"的概念时,可以通过让学生在教室里"找""画""剪""量""比"长方形等方式,获得关于长方形的基本知识。三是联系生产、生活实际,让学生运用所学知识解决实际问题。学习知识的真正目的在于运用知识,运用所学知识解决实际问题,不仅是学习目的的基本要求,事实证明,实践性学习也是一种行之有效的学习方式,不仅有利于提高学习的效率,也有利于知识的巩固与运用。

(3) 整体与部分相结合的原则。整体与部分是就知识存在的状态而言的。任何知识都不是孤立地存在的,必然存在于一个系统之中,甚至可以说任何知识都可以被看作是一个系统,但它同时又是大系统中的一个或几个要素。因素在进行教学内容的组织时一定要考虑系统与要素的关系,即整体与局部的关系。整体是一个变化的概念,可以把一个问题作为一个整体,也可以把一篇课文、一个单元、一门学科作为一个整体,甚至可以把一个人的整个知识系统作为一个整体。从目标达成的角度而言,知识性内容、情感性内容、技能性内容也构成整体性内容。教学内容组织中的整体观要求在进行教学内容组织编排时,注意学习内容之间的横向联系,不仅要注意概念之间、问题之间的纵向联系,还要注意从横向方面加强概念原理、单元课题之间的联系,学科之间的联系,以及知识、技能、情感各部分内容之间的协调衔接,以促进学习者融会贯通地去学习。有些单元内容虽然是相对独立的,但也不能忽视横向联系,因为学习者要理解一种新的知识就必须要同已知的、熟悉的知识进行比较。任何新知识只有纳入已有的知识系统,成为整体中的一部分,才是真正被掌握了的知识。

(4) 统一要求与因材施教相结合的原则。经过选择的教学内容并不是对全体学生施加影响的教学内容,针对不同的教学目标、教学对象,需要不同的教学内容,适合全体学生学习的教学内容具有基础性、普适性的特点,而适应学生个体发展差异的教学内容往往具有层次性与独特性的特点。教学内容组织中的统一要求是指对全体学生的基本要求,这些内容以教材为主,是在浩瀚的学科知识海洋中经过课程设计专家精选后的内容,是学科教学对学习者的基本要求。如基本概念、基本原理,是学科知识的基础,是进一步学习深层次知识的"先行组织者"。统一要求的内容是教学内容组织的主体,是完成教学任务,达成教学目标的关键。因材施教的内容是针对学生的个体差异,符合学生个体发展需要的内容,这一类内容具有层次性和差异性的特点,是对基础性教学内容的拓展、升华与补充,这些内容的组织不要求面向全体,可以面向某一个群体,也可以面向某一个学生。统一要求与因材施教相结合使教学内容更系统,结构更完善。

◇ 教学设计与案例分析

（5）预设与重组相结合的原则。教学内容的组织有两种典型的方式，一种是预设的方式，一种是重组的方式。预设的内容组织指教师在备课的时候设定的内容组织方式，其目的是增强教学内容组织的计划性与预见性，是对教学内容组织的预演，不足之处在于缺乏情境的支持，难以预见教学进程中生成的教育信息。重组的教学内容设计，指教学实施过程中，教学内容的组织者根据教学情境的变化，对教学内容的组织进行重新设计。这种重组的教学内容组织主要表现在以下几个方面：一是增加教学内容，当预设的教学内容不能满足学生的学习需求时，教师应及时增加教学内容的分量与难度；二是减少教学内容，当教学内容超越学生的接受水平的时候，教师应及时减少教学内容的分量或降低教学内容的难度；三是生成新的教学内容，伴随教学活动的进行，师生在互动的过程中必然会生成新的教学信息，对这些信息及时进行筛选并融入预设的教学内容，不仅有利于丰富教学内容，更使教学过程充满活力与生机；四是调整教学内容的组织程序，教学内容的预设组织程序与学生的认知发展顺序并不完全一致，随着教学过程的不断进行，学生已有经验与预设的教学内容之间总会存在一定的差距，调整教学内容的组织顺序，把新的教学内容合理安排在学生的最近发展区，在新内容与学生已有的认知结构之间找到结合点，使知识序与认知序相统一，不仅能最大限度地发挥教学内容的教育功能，也体现出教学过程最优化的原则，促进学生身心健康发展。

四、教学内容设计的方法

对教学内容的设计方法，见仁见智。根据设计主体的参与性可分为独立设计法与合作设计法；独立设计指任课教师是教学内容设计的唯一主体，教师根据自身对课程标准的理解、对学生的认识、对教材的分析，选择组织教学内容。这一方法的优点为在于能最大限度地发挥任课教师的主观能动性，教学内容的设计逻辑性强，方便教学实施。合作设计法指教学内容的设计主体多元化，除了任课教师是教学内容设计的主体外，教学内容设计还有效接纳同学科教师及学生的参与。接纳学生参与教学内容设计，能最大限度地满足学生的学习需求，增强教学的针对性与有效性。接纳同学科或其他学科教师参与教学内容设计，有利于拓宽任课教师的设计视野，博采众长，使教学内容的设计更丰满、更完善。同时这一设计过程也有利于教学相长，有利于教师间相互交流学习，促进教师的专业成长。但合作设计的方法需要花费大量的时间，同时面临着观念的冲突与选择的困难。

根据内容选择的指向不同可分为聚焦法与发散法。聚焦法指教学内容的设计紧紧围绕学生，紧扣课程标准与教材，教学任务明确，目的性强，教学内容设计以确定性的教材内容为主，不敢越雷池一步。发散法指教学内容设计虽然同样以课程标准为依据，以教材为基础，但能大大超越教材，联系学生实际，联系社会生产、生活实际，教学内容的设计注重对不确定的内容的选择与生成。聚焦法与发散法也不是必然矛盾与对立的，两者结合使用，相得益彰。即在内容设计之初注重问题聚焦，以学生、以教材、以课标为中心考虑教学内容的设计，紧接着教学内容设计由中心向四周发散，尽可能考虑教材与生活、学校与社会、现实与将来的联系，最终回到课标为依据、学生为中心的焦点上来。这样的教学内容设计张弛有度、收放自如，但发散法对教师的知识结构与课堂驾驭能力提出了更高的要求。

有学者概括出"三步三问三点"的教学内容设计方法。[①] 所谓"三步"法是指教学内容的设计可分三步进行；所谓"三问"是指在查找、选择教学内容时围绕三个问题展开；所谓"三点"是指在梳理及编排教学内容时从"三个点"出发来进行。"三步"指：

第一步：确定教学目标（目的）。一定要明确：通过教学，究竟想教会学生什么？

第二步：查找、选择所需的教学内容。教学内容的选择以"要达到教学目标需要哪些知识点"为依据。

第三步：对选出的内容进行梳理及合理编排。要对所选择的教学内容进行归类，不同类型知识要设计不同的教学方案。

"三问"指：

第一问："达标"所需的"核心知识"是什么？

第二问：需要哪些基础知识给予支持？

第三问：若要提高，选择哪些提高内容为好？

"三点"指：

第一点：认真分析各知识点之间的因果关系，设计好讲述内容的排列秩序和编排结构。

第二点：确定"重点"内容，设计如何突出重点的方法。

第三点：挑出"难点"内容，设计如何克服难点的对策。

---

① 陈文鑫. 教学内容设计浅析 [J]. 高教研究与实践，2010（12）：38–40.

五、不同教学内容的教学设计

（一）知识的教学设计

进行教学设计，可以通过对所教的知识类型加以鉴别，根据所教知识类型的特点来进行合理的设计。现代认知心理学把知识概括为陈述性知识、程序性知识和策略性知识三类。根据这三类知识的特点，可以进行不同侧重的教学设计。

1. 陈述性知识的教学设计

陈述性知识指个人具有的有关世界"是什么"的知识。检查的标准是看学生能否回答"是什么"的问题。陈述性知识可以分为三种。①有关事物的名称或符号的知识，如关于 DNA 符号的意义。②简单的命题知识或事实知识，如"重庆是中国重要的工业城市"。学生获得了这样的简单命题或事实的意义即获得了这种知识。③有意义的命题的组合知识，即经过组织的言语信息。我国心理学家皮连生把陈述性知识的掌握过程分为六个阶段：注意与预期、激活原有知识、选择性知觉、新旧知识的相互作用、认知结构的改组或重建、根据需要提取信息。与之相适应的陈述性知识的教学过程设计也分为六个阶段：①引起与维持注意；告知教学目标；②提示学生回忆与巩固原有知识；③呈现经过组织的新信息；④阐明新旧知识的各种关系，促进新知识的理解；⑤指导学生复习与记忆策略；⑥测量与评价认知结构的特征。

依据陈述性知识的特点进行教学设计需注意以下几点。

第一，确定教学目标应以学生回忆知识的能力为中心，要求学生口头或书面叙述学到的有关知识，以此检查他们是否具备了这种能力。

第二，设计教学内容要注重确立新旧知识之间的联系，找准联系点。

第三，确保学生把新旧知识联系起来，找到新知识的生长点。为帮助学生理解新知识，可以考虑教材呈现方式与讲解，利用多媒体教学手段揭示事物发展的过程，通过关键点的提问引起学生的关注与思考，运用及时的反馈进行针对性的补救等。

第四，使学生学会控制自己的知识理解过程，即发展学生的元认知能力。

2. 程序性知识的教学设计

程序性知识是关于"怎么办"的知识。包括智慧技能和动作技能。在程序性知识的教学设计中，要将设计的重点放在如何帮助学生形成运用概念、规则和原理解决问题的能力。认知心理学的研究发现，程序性知识在头脑中以产生式表征，形式是"如果……则……"例如，识别直角三角形的产生式为："如果该三角形有一个角是直角，则该三角形就是直角三角形"。正如命题可以组成网络结构一样，产生式也可以组成产生式系统，或称控制流。产生式系统中的前一个产生式中的结果可成为后一个产生式的条件。经足够练习后，产生式系统的一系列动作能自动发生，不需要人清晰地回忆每个动作产生的条件。

根据程序性知识的特点进行教学设计时需注意以下几点。

第一，明确判断教学目标达到的标准是学生面对各种不同的概念与规则的运用情境，能顺利地进行识别、运算和操作。

第二，把作为教学内容的概念或规则放入相应的知识网络中进行讲解与练习，如在讲上位概念时，主要应唤起、充实下位概念；在讲下位概念时，主要应帮助学生同相应的上位概念联系起来，使新知识能顺利地纳入相应的知识网络中。

第三，概念的讲解与练习要注意正反例的运用。正例有助于概括和迁移，但也可能导致泛化；使用反例有助于辨别，使掌握的概念达到精确。

第四，如果教学内容是规则，应着重引导学生将新习得的规则广泛运用于新情境，做到一旦见到恰当的条件（"如果"），便能立即作出反应（"则"）。

第五，对于那些由一系列产生式组成的较长的程序性知识，应考虑练习内容与时间的分散与集中、部分与整体的关系，一般先练习局部技能，然后进行整体练习。

3. 策略性知识的教学设计

策略性知识是关于"如何学习"的知识，主要是认知策略。例如，如何在较短时间内记住尽可能多的英语单词。策略性知识也是一种程序性知识，不过，一般程序性知识所处理的对象是客观事物，而策略性知识所处理的对象是个人自身的认知活动。在陈述性知识具备的条件下，学生处理问题的差异就是由他们的策略性知识所决定的。加涅认为策略性知识的教学设计强调两种基本的认知策略，即学习的策略和思考的策略。学习的认知策略是一种集中注意、组织信息、细化内容、熟悉使用和检索知识的智慧策略；思考的认知策略是一种导致发现、发明或创造性的知识技能。在策略性知识的教学设计中，要将涉及的重点放在如何帮助学生掌握一般学习活动的策略知识和创造思维活动的策略知识，以促使学生学会学习。

◇ 教学设计与案例分析

根据策略性知识的特点进行教学设计，需注意以下几点。

第一，确立策略性知识的地位。在所拟定的教学目标中，必须有检查"学生学会学习"的教学目标。如要求学生学会设计图表，系统整理所学的某节、某章内容；学会用比较法鉴别事物、事件等的异同；能总结自己学习中的有效方法等。传统教学目标常常仅有检查陈述性和程序性两类知识的教学目标，而忽略了对策略性知识的要求与检测。

第二，教学内容应结合陈述性知识和程序性知识的教学，突出学习方法的教学，或者专门开设学习方法课，教给学生如何预习、复习、记笔记及如何学会选择性注意、如何反思等具体学习方法。

第三，教师要学会如何教策略性知识，要善于将内隐思维活动的调节、控制过程展示出来，使学生能够效仿。

可以说，只有既善于教授陈述性知识、程序性知识，又善于教授策略性知识的教师才是一个真正的好教师。

【案例】

"认识百及百以内的数"[①]

这是一堂一线教师的教学设计实录与反思的教学案例。

"数一数"活动1：初次数数。

我在每个学生的桌面上，摆放了数目不同的学具（如云豆、小正方体、小棒、铅笔等），每人一袋，并且每组同学的学具、学具个数都不同。新课伊始，我把这些学具送给他们，激起了他们探究的欲望：都想知道自己的礼物是什么，有多少。于是我先让他们估一估，在众多答案中，我终止了猜测，提出"如何检测谁估计的比较准"这个问题，学生自然地产生数一数的愿望。

学生们都把学具轻轻地倒在桌面上，小心翼翼地数起来：

"45、46、47、48…91、92、93、94、95，我有95根小棒。"

"98、99、100。陈老师，我正好有100颗芸豆！"

"我只有88根铅笔。"

"我的小正方体是103个，哇，比100还多呢！"

---

① 陈晓梅，张丹. 在富有挑战的教学活动中发展学生的数感——"生活中的数"的教学案例分析[J]. 小学数学教师，2005（5）：1—8.

我不停地巡视，与同学交流，发现学生几乎都是"一个一个地数"，而且数完后，把所有的学具堆成一堆，无法让别人看清是多少。想象中的多种数数方法，两个两个地数、5个5个地数、10个10个地数并没有出现。如何不直接要求他们，而是使他们自己感受数数方法的多样化，真正发展数数的经验呢？我灵机一动提出了一个具有挑战性的问题。

"数一数"活动2：如何让别人看清楚。

"同学们，看到你们数数、汇报结果时认真高兴的样子我也特别快乐。可是，你们每人数过后的豆子、小棒、小正方体、铅笔都一堆一堆地放到一起，你们知道多少，别人不知道。你能不能想个好办法，让别人一看就知道是多少呢？"

学生又静静地坐下来，有的紧锁眉头，有的看着自己的学具认真思索，有的开始摆学具……大约半分钟的时间，我说："你们小组内商量一下，看有没有好办法。"学生们开始交流讨论。我又穿梭于他们中间，认真地听着、看着，并适时地指导，我满意地笑了。

"陈老师，我们小组想出了好办法，你看，只要把云豆10颗一堆，10颗一堆，就知道有多少了。"

"我们把小棒10根一捆，10根一捆，有几捆就是几十，如我的小棒能捆9捆，剩7根，和在一起就是97根小棒。"

"你们的办法可真好，老师为你们喝彩！（掌声）那你们怎么都想到10个一堆或10个一捆呢？还有没有其他的方法？"

"10个10个地数比较快。""10个10个地数别人很容易看出是多少（指着自己的芸豆说）。""也可以5个一堆5个一堆，但我们感觉不如10个10个地数好。"

…………

"再次祝贺你们！接下来就请你们根据刚才的方法，再来数一数吧。"

学生们很快数出了学具的个数，有的说刚才数错了，是96不是95；有的说是102不是100……他们把学具10个一堆，或10根一捆地摆好，自信地看着我。

"数一数"活动3：如何得到100。

"同学们，这节课我们就是认识一百及一百以内的数（板书课题）。刚才谁数的数正好是100？"

只有一个人举起了手（我只给学生准备了一袋），其他同学都有点"沮丧"。于是我便进一步问道："只有亮亮的正好是100，那你怎样才能

195

◇ 教学设计与案例分析

得到 100 个呢?"

"我有 95 颗芸豆,只要再给我 5 颗就是 100 颗了。"

"我有 99 根小棒,再加一根就是 100 根。"

……………

可爱的学生们把多余的送回到学具袋里,不够的到学具袋里拿,都得到了 100 个,并不停地说:"这些就是 100 个!""100 颗芸豆就是这么多。""10 个一堆正好 10 堆小棒。"此刻,我确信孩子们都经历并得到 100 这个数,于是让学生把 100 个再合到一起,告诉他们自己手中的 100 个学具就这么多,之后便让学生三数 100。我再次走进他们中间,出现了多种数数的方法,比如:1 个 1 个、2 个 2 个、5 个 5 个、10 个 10 个,他们数的不仅流畅而且比较准确。

本节课在活动中结束。

评析:

认识"百及百以内的数"的教学内容设计,对陈述性知识、程序性知识及策略性知识均有涉及。

首先,从陈述性知识的设计来说,本课确定的教学目标是认识百及百以内的数,培养学生的数感。但学生对"百"的数感的确立发展不是一朝一夕的事,需要教师有意识的引导和培养。针对学生 20 以内的已有数数基础,教师设计了初次数数活动,让学生根据已有的数数经验初步感知百及百以内的数。为确立"百"的概念,教师以"谁数的数正好是 100?"这一问题引起全体学生对"100"的关注,并设计了"如何得到 100"的再次数数的活动。从初次数数的结果看,学生数的虽不是 100,但很多学生数的数都接近 100,并通过再次数数,找到得到 100 的方法。这使新旧知识之间的联系自然形成,不露痕迹。学生所数近似 100 的数字,正是"100"这个新知识的生长点。学生在数数、认数的过程中培养了数的观念与认知能力。

其次,从程序性知识的教学内容设计来看,教学非常注重学生对百及百以内的数的认识程序。教学从数学具开始,唤醒学生的数概念,紧接着用数量在一百左右的学具,让学生感知"百"这个数概念的存在。用"如何得到 100"的问题设计,突出以"100"为中心的概念教学,同时通过学生对学具的加减运算追求"100"的结果,来使学生区分"100"与"100"以外的数,对"100"的数感得到强化。

第三,从策略性知识的教学内容设计来看,本课非常注重学生"如何学习"，一是借助学具，把抽象的数字形象化，符合儿童以形象思维为主的认知特点。二是数数活动，一方面每个儿童都参与了学习过程，另一方面在活动中学习数学，加强了数学与生活的联系，培养了儿童在生活中的数感。为培养数学思维，本课还设计了"如何让别人看得清楚的"的数数活动，学生通过讨论、归纳、分析，想出了按群计数和数数策略多样化的学习方法，使同学对学具的数量一目了然。这种分组、分类的学习方式不仅有利于提高学习效率，更有利于培养学生主动探索数学学习的规律与法则的能力，提升学生的认知发展水平。

事实证明：陈述性知识、程序性知识与策略性知识的教学内容设计常常是紧密相联的，陈述性知识的教学必然遵循一定的认知程序，总是伴随一定的认知策略进行的，策略性知识也总是在获得陈述性知识和运用程序性知识的过程中得以体现的。程序性与策略性知识运用得好必有利于陈述性知识的获得与巩固。同样系统性的陈述性知识的获得也是程序性知识与策略性知识获得与运用的基础。

（二）动作技能的教学设计

学生的学习与生活离不开一系列动作的支撑，走路、吃饭、唱歌、写字等都是一个人的动作表现。心理学家认为，动作技能是在练习基础上由一系列实际动作以完善的合理的程序构成的操作活动方式。按动作的精细化程度不同可以把动作技能分为粗大动作技能与精细动作技能；按动作的连续性程度可以分为连续的动作技能与非连续性动作技能；按动作环境的稳定性程度可以把动作技能分为连续性动作技能与非连续性动作技能。

动作技能的形成是指通过练习逐渐掌握某种外部动作方式并使之系统化的过程。费茨（T. W. fitts）和波斯纳（M. I. Posner）（1964年）将这一过程分为以下三个阶段。

认知阶段。指学习者通过指导者的言语讲解或观察他人示范的动作模式，或自己按照操作说明或使用手册的要求，试图对所学技能的任务、性质、要点进行分析、了解和领会。这一阶段的主要任务是领会技能的基本要求、重点，掌握形成技能的局部动作。学习者的注意范围比较狭窄，精神和肌肉容易紧张，动作连贯性差，并且容易出现多余动作。指导者的任务是通过给学习者提供关于任务的基本信息，帮助学习者完成对任务的了解。

联系形成阶段。在这一阶段，练习者逐步掌握了一系列局部动作，并开始将这些动作联系起来形成连贯性的动作系统。在这一过程中，学习者不断接受反馈信息、逐步消除错误，把已掌握的局部动作、个别动作联系起来，但此时的联系并不紧密、牢固，在实现动作转换时常出现短暂的停顿现象。在这一阶段，练习者对动作技能的视觉控制作用逐渐减弱，肌肉运动感觉的控制作用逐渐增强，动作间的相互干扰减少，紧张程度降低，多余动作逐渐消失。

自动化阶段。这是动作协调和技能完善的阶段。在此阶段，各个局部动作联系成为一个完整的自动化的动作系统，整个动作能依照准确的顺序以连锁反应的方式完成。练习者能依照动作指令的变化自动调节动作，实现动作随意转换，多余动作完全消失，意识控制大大减弱。

动作技能的形成受多种因素制约。内在因素主要有学习者的学习动机，已有经验和学习者的生理成熟水平，学习者的智力水平与人格特征等。外在因素主要有示范与指导、练习、反馈等。动作技能的教学设计主要是根据学习者技能形成的内在因素，调控和把握好外在的制约因素。

1. 示范与指导

在动作技能的教学设计中，示范与指导是必不可少的。示范是指将技能演示出来以便学习者能直接观察到动作的成分。示范的方式可以由教师直接向学习者演示，也可以使用熟练操作者的视频资料或图片，无论采用哪一种示范方式都要求示范的动作准确、规范，而且示范要求也是先分解、后连贯，先慢后快，以便学习者对动作的细节有充分的理解。

示范要取得理想的效果，必须与教师的言语指导相结合。教师的言语指导主要包括下列几方面的内容：①动作技能的学习目的。教师要明确指出学习的内容，动作技能应达到的具体目标，使学生明确自己应"做什么"或"怎么做"；②动作分解与该动作技能学习的基本程序。一个完整的动作技能往往由一系列分散动作构成，各部分之间存在必然联系，理解动作的基本原理与相互关系，有助于完整动作的形成。动作技能学习的基本程序与技能形成的顺序基本一致。言语指导应告诉学生学习的步骤、动作顺序、练习时间与分配方式等；③注意事项。告诉学习者学习该动作技能的重点、难点是什么，什么样的学习方法更有效，有哪些安全问题需要考虑等。比如对游泳技能的指导就包括对水中行走、水中呼吸、水中漂浮、水中滑行等一系列动作的指导，四肢的运动与相互协调，入水准备及安全注意事项等。

研究表明：在动作技能学习过程中示范与讲解指导相结合效果更好。梅（M. A. May）对不同示范方法作过比较研究，他把小学五年级的学生平均分成五个组，分别学习两种复杂程度不同的拼图技能。教师作示范动作，示范时或不作任何说明，或结合进行程度给予不同的说明，并要求各组被试者观看教师示范时作不同的反应，结果见表6-1。

表6-1 不同示范方式对动作技能学习的影响

组别	规定学生的反应	教师示范说明	示范后独立操作简单拼图所需时间（分）	示范后独立操作复杂拼图所需时间（分）
1	边看示范边背诵与技能无关的数字	只有示范动作不作任何说明	5.7	25
2	边看示范边说出教师正在做什么动作	只有示范动作不作任何说明	3.1	22
3	只许观看不许发问	示范动作之外略作要点说明	3.5	16
4	只许观看不许发问	示范动作之外另加详细说明	3.2	14
5	边看示范边说出教师正在做什么动作	只纠正错误不作口语解释	2.2	12

从表中可见，不论是学习简单动作技能还是复杂的动作技能，第5组学习效果都最佳，而且在学习复杂的操作技能时，第3组、第4组效果仅次于第5组。这个实验告诉我们：学习动作技能时，教师应让学习者注意观察并理解所演示的动作技能，而且教师应把讲解与示范结合起来，在示范时应及时对学习者的动作错误加以指正，这是促进动作技能学习的最有效的方式。

2. 练习

练习指以掌握一定的技能为目标而进行反复操作的过程，或是刺激与反应的重复操作。它是动作技能赖以形成的基本条件。

根据练习的时间分配可把练习分为集中练习与分散练习。集中练习指将练习时间安排得很接近，中间没有时间间隔或间隔时间很短。分散练习指将一个动作技能分解成几个部分，安排不同的时间对各部分进行分散练习。各部分之间有一定的时间间隔。研究表明：连续的动作技能，分散练习的效果优于集中练习。离散的动作技能，集中练习的效果优于分散练习。

根据技能形成的完整性可把练习分为整体练习与部分练习。整体练习是从开始到结束完整地对技能进行的练习，如跳绳练习。部分练习是将技能分解成若干部分或环节后分别进行练习，如射击练习。实践证明：当动作技能的各个组成部分之间在时间和空间上需要相互协调，即每一个局部动作的操作都有赖于其他局部动作的操作时用整体练习比较好；当动作技能的各个组成部分之间组织协调程度较低时，用部分练习比较好。

根据练习是否借助外在工具可把练习分为工具练习与徒手练习。借助外在工具所进行的练习称为工具练习，如骑车、射箭、器械操等。不借助任何工具所进行的练习称为徒手练习，如跳远、舞蹈等。工具练习受工具等活动条件制约，练习不当还容易受到伤害，徒手练习更方便操作，更容易取得练习效果。

根据练习时对身体或心理的依赖程度可将练习分为身体练习与心理练习。身体练习是指依靠身体的运动进行的练习。心理练习指练习者在心理想象动作技能的形成过程而进行的练习。心理练习不受时间、地点、器械的限制，而身体几乎不会产生疲劳。罗林斯（Lawlings，E）等曾做过一项关于心理练习的效果实验。实验分三组：第一组每天进行实际练习，第二组只进行心理练习，第三组不进行任何练习。结果发现，10天后，实际练习组效果最佳，心理练习组与实际练习组的操作成绩相差不大，而第三组改进很微弱。这说明心理练习的成效已得到充分证明。

各种动作技能的形成进程不尽相同，但有着自身发展的特点。掌握技能形成及练习的一般特征，是有效地指导练习，形成技能的重要举措。练习的一般特征：一是技能的水平随练习的增多而逐步提高；二是练习成绩随环境的改变或练习者主观态度的变化会有起伏现象；三是若没有技术上的创新或方法上的突破，练习成绩达到一定水平后就会停滞不前，出现所谓的高原现象；四是由于个体经验、人格特征及练习态度与方法的不同，使练习的进程各不相同。

指导练习必须遵循以下几项基本要求。

（1）明确练习的目的和要求。练习目的明确，要求具体，可以调动学习者的学习热情，提高练习的主动性和积极性，增强练习的有意性，排除干扰，克服困难，使练习更具针对性，从而提高练习效率。

（2）指导正确的练习方法。获得动作技能的练习方法多种多样，了解练习技能的分类依据，根据不同的任务要求选择不同的练习方法必有助于获得良好的练习效果。一般认为，当动作技能的各部分独立性较大，或动作技能较为复杂时，采取部分练习的效果好；当动作技能较为简单，或动作技能的结构严谨、完整，需要细心整合时，则采用整体练习效果较佳。事实证明：集中练习与分散练习、整体练习与局部练习、身体练习与心理练习结合更有利于取得良好的练习效果。

（3）合理分配练习时间。动作技能的学习需要充足的练习时间，连续的动作技能常常采用分散练习，离散的动作技能往往采取集中练习。一般情况下，练习之间适度地休息练习效果更好。从时间与效率的关系看，练习时间并非愈长愈好，练习间隔的休息次数也并非愈多愈好。技能形成之初集中练习很重要，技能形成之时，及时巩固练习更重要，当技能熟练以后，重复练习已不具有多大价值了。

（4）提供及时反馈。及时反馈是练习者获得自己练习效果的重要途径。练习者只有及时获得关于练习结果的反馈信息，才知道自己的技能正确与否，也才能及时巩固正确的动作，纠正错误的动作，促进动作技能的学习。学生获得信息反馈的途径多种多样，但教师及时的信息反馈是最为重要的。练习之初，教师常常通过及时的言语指导，来准确告知学生技能正确与否，及时纠正错误的行动，描述正确的行动。练习过程中，同学间的相互观摩与相互纠错也是练习者获取反馈信息的重要方式。无论同伴，还是老师提供的反馈信息，既有陈述性知识的内容，也有程序性或策略性知识的内容，并且在技能形成过程中程序性与策略性的信息反馈，更有助于提高练习者技能形成的效率。

【案例】

"前滚翻直腿起"教学设计

班级	高一	人数：41	水平目标：五	课型：新授课
教学内容	前滚翻直腿起	重点	快速滚动，上体迅速前压	
		难点	推手及时用力，推手点在膝关节两侧	
		场地器材	大垫子16块、小垫子16块、跳板4块、录音机、小黑板、挂图	
教学目标	（1）了解滚翻动作的技术原理与锻炼价值，在练习中体验直腿前滚翻的特点 （2）90%以上学生能在帮助下正确完成前滚翻直腿起的技术动作 （3）小组合作，设置目标，在讨论探究中寻找问题解决的办法，在相互帮助中和睦同学关系，体验成功带来的快乐			
顺序	教学内容	达成目标	学生活动	教师活动
1.热身导入	（1）课堂常规导入 （2）准备活动 （3）游戏：三个比一比	（1）建立良好的师生关系和课堂氛围 （2）基本准备 （3）游戏比赛，为后面的学习做铺垫	（1）集合整队，向教师问好，收心，参与课堂 （2）明确内容要求 （3）完成基本徒手操：头部、肩部、体转、腹背	（1）指定地点，自由结合 （2）师生交流，落实常规 （3）组织导入，引出课堂学习目标、内容 （4）领做徒手操，组织小游戏

201

续表

顺序	教学内容	达成目标	学生活动	教师活动
2. 技能回顾	(1) 规范动作 前滚翻 远撑前滚翻 (2) 前滚翻直腿起 辅助准备 a. 前滚翻直腿坐 b. 前滚翻接推手——臀离地	(1) 激发学生对体育的兴趣 (2) 复习滚翻动作，体会滚翻的技术要点，为后面学习做准备 (3) 了解学生的技术基础 (4) 规范完成动作	(1) 游戏：三个比一比，快速滚动、快速压体、快速推手 (2) 复习前滚翻与远撑前滚翻 (3) 发现与纠正同伴动作的不足	(1) 提出做每个动作的规范要求 (2) 分8组，迎面练习 (3) 鼓励学生相互评价指导
3. 探究学习	(1) 尝试体验探究练习 a. 在街斜坡上完成前滚翻直腿起 b. 在同伴的帮助下完成 c. 完整动作练习	(1) 通过辅助练习，使学生建立直腿与推手的概念感受 (2) 示范，建立美感与完整动作过程 (3) 明确动作的重点与难点，滚得快，靠得紧，推手急 (4) 探究，寻找解决问题的方法	(1) 观察教师完整示范，建立概念 (2) 尝试做前滚翻直腿坐与推手练习，体会脚跟支撑与推手 (3) 积极交流，看谁能把前面的几个单个动作连一连 (4) 分小组降低难度练习 斜坡练习 同伴帮助练习	(1) 示范前滚翻与直腿起，揭示重、难点，明确学习任务 (2) 指导学生完成两个辅助练习——体会直腿与推手 (3) 总结，引出动作概念：跃起成腾空，撑地做缓冲，低头快收腹，两腿直似柱，上体跟得紧，推手用上劲
4. 展示提升	展示学习成果：分小组展示动作	小组互动合作规范动作，体会后带来的成功喜悦	(1) 分4小组，完整体会练习 (2) 总结交流 (3) 各组选代表展示动作，选出最佳练习者	(1) 分4组，选出组长，对照练习标准图解进行练习 (2) 指导学生降低难度练习，指导帮助方法 (3) 巡回指导，交流心得 (4) 揭示易犯错误与纠正方法 (5) 语言鼓励与掌声评价 (6) 指出优美动作的标准与欣赏角度
5. 收心放松	拉伸放松 经验交流。总结	恢复身心 经验分享，方法总结	肌肉拉伸放松 意念放松 讨论交流 回收器材	肌肉拉伸与意志放松 总结分享本课收获

评析：

这堂课遵循了动作技能教学设计的一系列基本要求。首先，目标明确，要求具体。使学生对本课的学习有充分的思想准备。其次，注意新旧知识的联系与学生学习兴趣的培养。通过游戏"三个比一比"，既使学生回顾了已有的知识技能，为导入本课作了铺垫，又通过比赛调动了学生的学习热情，激发了学习动机。最后，重点突出了技能教学的几个关键环节：示范、指导、练习与反馈。其中教师的示范与讲解指导相结合，突出重点、突破难点，任务明确，要求具体，练习的过程由易到难，从分解练习到整体练习，从斜坡练习、同伴互助练习到独立练习，逐渐增加练习难度。同时注意练习方式多样化，从复习巩固练习，到教师示范练习，从同伴互助练习到小组展示练习，学生通过不同的练习方式，从同学、老师那里获得不同的反馈信息，有利于多视觉感知自己技能训练的结果。从教学目标的达成看，技能课的目标不局限于技能的训练、探究练习、合作学习、经验分享，不仅体现了学习方式的多样化，也有利于培养学生的合作意识、探究精神，有利于动作技能与学生认识能力的协调发展，最终获得理想的教学效果。

（三）问题解决的教学设计

著名数学家希尔伯特（Hilbert，1900）在巴黎国际数学家会议致辞中曾说"只要一门科学能提供足够的问题，它便有生命力"，我们今天的学习和生活中不是没有问题，而是问题太多，因此解决问题的能力比解决问题本身更为重要。互联网时代，信息泛滥，Cross（2006）认为"注意力耗尽的危机在困扰着人们"，教育的目的不在于增加可能出了校门就已经过时的知识，而在于培养学生在真实的工作、生活环境中解决各种问题的能力，然而在日常教学中，反复操练是应对考试最常用的法宝，人们即使注重培养学生问题解决的能力，也只是注重解答问题、应付考试的能力，这与新课程标准所规定的人才培养目标是不相适应的。培养学生的问题意识以及更广泛意义上的问题解决的能力，需要科学的问题解决的教学设计。

1. 问题与问题类型

Thoendikc（1933）认为：当有一个目标存在，运用现存的知识无法直接达到，需要采用新的解决方案或者将原有的知识综合成为新的解决办法时，一个问题就出现了。Skinner（1966）认为"没有实时答案的难题就叫问题"。

《教育大百科全书》(第3卷)把问题定义为由已知情况、目标状态和一系列操作组成。尽管对问题的定义见仁见智，但是大多数的心理学家同意问题有其共同的特性(Mayer，1992)：①问题开始于一定的条件，这些信息是问题开始阶段呈现出来的状态；②希望问题达到的最终状态；③思考者以某种方式改变问题的初始状态以缩小与目标状态之间的差距，但却并不知道正确答案，即不能明显获得问题解决。例如"3+5=?"对于成年人来讲不是问题，因为在初始状态与目标状态之间没有障碍，成年人运用已有的知识轻易地就达到了目标状态。但对于刚学加法的小学生来说则是问题，他们需要通过掰手指、数小棒等方式来寻求问题解决的答案。

按照问题阐述的清晰程度可以把问题分为结构良好问题和结构不良问题(或定义良好问题和定义不良问题)。结构良好问题有明确的已知状态和目标状态，有明确的问题解决的方法或途径。学生的学习以获得间接经验为主，在学习中遇到的问题大多是结构良好问题，有明确的目标和问题解决的办法，如"四则混合运算""应用文写作"等。结构不良问题没有明确的已知状态或目标状态，或没有明确的问题解决方法和途径。新课程改革提倡探索性学习，注重培养学生的实践能力与创新精神，越来越注重对结构不良问题的学习与探讨。开放性命题越来越多，个性化学习受到推崇。

按照思维方式不同可以把问题分为辐合思维问题与发散思维问题。辐合思维问题从多个方向向一个目标聚合，追求最佳答案，如评选先进。发散思维问题从一个中心向四周扩散，寻求多种可能的答案，需要问题解决者尽可能多地探索问题解决的办法，如探讨"曲别针的用途"等。

按照问题解决者的已有知识可以将问题划分为常规问题和非常规问题。常规问题与问题解决者已经解决过的问题相同或相似。如学生的课后练习题，常常就是在参与教师的例证问题之后所做的类似的问题解决练习。非常规问题与问题解决者已经解决过的问题不同，需要问题解决者探索问题解决的新办法。现实生活中遇到的新情况、新问题常常都是非常规性问题。

2. 问题解决

加涅(R.Gagne，1985)将问题解决看成是一种学习结果。他认为，问题解决乃是人类运用一些规则以实现某种目标的一套事件。梅耶((Mayer，1990，1992)把问题解决特征概括为三个主要方面：①问题解决是认知性的，因为它发生在问题解决者的认知体系内部；②问题解决是一个过程，因为它涉及对问题解决者的知识进行操作和处理；③问题解决是定向的，因为问题解决者试图实现某个目标。

例如，让学生测算一块不规则土地的面积。学生除了需要掌握面积的计算公式以外，还需要把不规则图形划为可计算面积的规则图形与零星的不规则图形，同时还要具有对不规则图形面积估算的能力，最后通过规则图形面积的计算与不规则图形面积的估算相加，得出整个不规则土地的面积。这一过程就是学生的问题解决过程。

3. 问题解决过程

问题解决到底经历一个什么样的过程呢？人们习惯上把问题解决分为具有内在逻辑联系的几个阶段。

（1）表征问题。表征问题就是将提出的问题转化为内在的心理表象的过程。是问题解决的首要环节。这一过程常常又分为两个环节。第一个环节是运用有关的语言知识和学科中的事实性知识理解句子的意思，从而明确题目给出的已知信息。第二个环节是将所有陈述句整合成连贯一致的问题表征，即用图式的知识识别问题类型，将有关信息与无关信息区分开来。如上面测算不规则土地面积，就需要对不规则土地进行图形识别，将它划为规则图形与不规则图形的组合，同时将不同类型的规则图形的面积计算公式与估算结合起来，舍弃土地的性质、用途等无关特征，形成完整的面积测算的问题表征。表征问题是问题解决的关键，没有对图形的重新组织与编码，不规则图形是无法测算面积的。

（2）拟定计划。这一阶段是对问题表征进行操纵，寻找达成目标的策略。问题表征不同，所确定的问题解决方案也不相同，问题解决者通过提取记忆中的相关信息，并对有关知识进行重新排列组合，从而找到解题方案。如果问题简单，解题者通过图式再认就可以轻易地找到解决问题的方案。如果问题复杂，解题者不能提取现有的解题图式，就需要寻找更为复杂的问题解决策略。

（3）执行计划。计划将问题解决分解为一个个前后相联环节，执行计划就是将预想的环节变成现实的操作过程。如将上面的土地面积测算分为图形识别、图形分解、面积公式提取、规则图形面积计算、不规则图形面积估算、面积相加等环节。逐步实施每一环节，最终得到土地面积的结果。

（4）监督与评价。问题解决是否达到预期目标，离不开问题解决者不断的自我反思与评价，包括问题表征是否准确，计划是否周密，执行是否有力，熟练的问题解决者在问题解决过程中，常常应用选择编码、选择结合与选择比较等元认知过程修改其心理表象，对问题的已知、目标与障碍有清晰的认识，对计划的执行过程及时作出价值判断,并根据目标达成情况修订问题表征与问题解决方案,克服困难,最终达成问题解决。

4. 影响问题解决的因素

Gabel & Bunce（1994）认为,在学校教育中,影响学生解决问题的因素有三种:①问题的本质与问题本身赖以存在的基础概念;②学习者特征,包括认知类型、认知发展水平和知识基础;③学习环境因素,包括问题解决策略或方法,个人与集体活动等。这些因素可以分为外在因素和内在因素,外部因素包括文化的、社会的以及问题所处的背景等。内部因素涉及到问题解决者自己的动机、个性的和生理的条件等（Robertson,2001）。

（1）外部因素的影响。

外部因素主要指问题的性质与问题所处的情境。问题的性质主要指问题本身的难易程度,事实证明结构不良问题与非常规性问题难以用现有知识或现成的问题解决模式去解决,而常规性问题和结构良好问题常常能运用已有的问题解决方式,因而便于问题解决。已知信息与目标之间距离越远、障碍越大的问题难以解决,已知与目标之间比较接近的问题容易解决。因此提高学生的问题解决能力,必须找准学生的最近发展区,在学生已有知识与问题解决能力附近设计问题。

问题所处情境主要指问题的呈现方式、排列顺序与表达形式等。王雁（2002）认为呈现问题的客观情境（刺激模式）对问题解决有以下影响。

第一,情境中事物的空间排列会影响问题的解决。一般说来,解决某一问题所必需的物体比较靠近,都在人的视野之中,问题就容易解决,反之则困难。

第二,问题情境中的刺激模式与个人的知识结构越接近,问题就越容易解决。

第三,问题情境中所包含的对象或事实太少或太多都不利于问题的解决。太少可能遗漏事实,太多则会产生干扰,造成认知负荷。

第四,清晰、简洁的问题表述有利于问题解决者理解问题,含混的语言表述容易让问题解决者产生歧义和表征失当（Cronbach,1955）。

此外,问题的表述抽象层次也会影响问题解决者对问题的理解。问题的表述应当和问题解决者的认知水平一致,例如,小学生处于具体形象思维发展到抽象思维的过渡阶段（Piaget,1952）,那么问题的表述就应该尽量采用图形和表格的形式,以帮助他们理解问题的含义,建立具体事物和抽象概念之间的联系。一般情况下，具体形象的问题语言表述比抽象的语言表述更容易使问题解决者理解题意（Cronbach，1955）。

第五，问题解决的社会环境、物理环境（如噪音、温度、湿度和通风条件）等都会对问题解决者的情绪、注意力、记忆和思维造成一定程度的影响。

（2）内部因素的影响。

内部因素主要包括问题解决者的已有知识、认知能力、性格特点、情感态度与动机等方面。

首先，问题解决需要有相关的知识储备。辛自强（2005）认为，问题的解决与知识的关系体现在两个方面：一是知识影响问题解决，二是问题解决是知识获得的重要途径。Anderson（1982）将人们解决问题时需要的知识分为陈述性知识和程序性知识。陈述性知识是关于事实的知识，包括关于世界的普遍知识，也包括一些情境性知识。程序性知识是关于如何做事情的知识，是经过程序化和自动化了的陈述性知识。这两种知识对解决问题有各自的作用，问题解决者在解决问题的不同阶段运用这两种知识，在问题理解和表征阶段，需要陈述性知识，问题解决者从长时记忆中搜索相关的旧知识，以期和当前问题状态相联系，获得尽可能丰富多样的问题表述；在搜索解难方案时，程序性知识就具有重要的意义，因为这是在过去解决某些问题时序列化了的"如何做事的知识"，拥有这样的知识，可使问题解决者不需要有意识的努力就可以解决问题。

认知能力影响问题解决。加涅认为，问题解决是有关概念和规则的综合应用，远比单个概念或规则的应用要复杂。大量的研究成果说明，问题解决涉及到各种认知成分如领域知识（命题信息、概念、规则与原理），涉及到结构知识（连结信息网络，形成语义地图/概念网络、心理模型）、扩充技能（建构/应用论证、类比和推理）和元认知（设定目标、配置认知资源、测评先前知识、测评进步/检查错误）。作为一种活动，问题解决比其组成部分之和更复杂。掌握有关概念和规则并不等于自然会解决问题。问题解决能力是不同于概念、规则的一种学习结果，所遵从的学习规律、所要求的学习条件不尽相同。问题解决能力的核心是认知能力。具体表现为准确感知事物的能力，记忆能力、分析、归纳与推理、判断的能力，只有准确感知事物，才能准确表征问题，只有准确的分析、归纳、推理、判断，才能建立已知与目标的联系，排除障碍，解决问题。个体认知事物的速度、广度与深度影响着问题解决的速度与质量。从认知层面上看，问题是相对的，对某个人是问题，对另外一个人可能是练习（因为不构成疑惑和障碍）；一个人在过去将一个问题看做是问题，随着认识水平提高，认知能力增强，现在未必还构成问题。

性格特征影响问题解决。性格是一个人在对现实的稳定的态度和习惯了的行为方式中表现出来的人格特征。包括：态度特征、意志特征、情绪特征和理智特征。如诚实或虚伪、勇敢或怯懦、热情或冷漠、敏捷或迟缓。同样的问题，不同性格特征的人面对问题的态度和采取的策略是不一样的。具有自信、热情、勇敢、敏捷等性格特征的人，问题解决能力较强，问题解决的效率较高。相反，自卑、冷漠、懦弱、迟缓的人，面对问题总是回避、退缩，没有克服困难、解决问题的勇气，Cronbach（1995）根据人的个性差异把问题解决分为三种类型。"功能固着（rigidity）""完美主义（perfectionism）"和"强烈的个人主义（insistent individualism）"。功能固着指人们为避免失败，所以不敢尝试新方法而是抓住过去曾经成功使用过的方法，即使不奏效也依然反复使用的个性特点，这就造成人们在解决问题的过程中固守成规，把问题当做了练习，难有突破。完美主义则是指问题解决者精益求精，追求理想化的目标，力求完美的个性特点，完美主义者认为失败和被拒绝是不可容忍的，因此，成功是他们追求的唯一目标，这种心理上的压力让完美主义者不敢尝试可能犯错的方法。强烈的个人主义则表现为问题解决者为了自我满足，故意标新立异，采用与他人截然不同的方法来解决问题。这些个性特点会激发起他们一定水平的渴望，从而影响问题解决者决定是否愿意以及采用何种方式来解决目前遇到的问题。

动机对问题解决的影响。动机是推动一个人采取行动的内在动力。一般情况下，学习者问题解决的动机越强，问题解决的积极性就越高。但对具体的问题解决而言，并不是动机愈强问题解决效果愈好。Yerkes & Dodson（1908）通过对动物的研究发现：随着任务难度的不断增加，动机的最佳水平有随之下降的趋势，如图 6-2 所示。

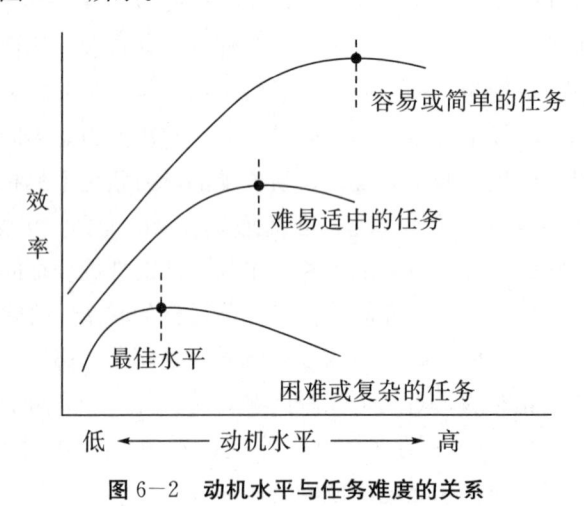

图 6-2 动机水平与任务难度的关系

乐国林，田建芬（2001）研究表明：在动机适中的情况下，问题解决的效率就高，过低或过高的动机都会降低问题解决效率。如果动机太强，有机体处于紧张的情绪状态和过强的神经兴奋状态，导致注意力分散，感知范围窄化，不利于问题信息在工作记忆中得到良好的表征，选择长时记忆中相关的知识组块和策略受阻，不利于问题解决的顺利进行。但是过低的动机，问题解决者又无法调动相应的认知活动，注意力无法集中，很难有效解决问题。

情感态度对问题解决的影响。乐国林与田建芬（2001）研究表明：个人过去解决问题的成败体验对当前的问题解决将产生影响，这种影响除了体现在知识层面以外，还表现在对问题的信心和一般的问题解决风格，当前的问题情境和以往面临的问题情境越相似，成败的情绪体验对当前的问题解决的影响就越大。问题解决者在面对问题时，一般都有担忧、紧张和焦虑情绪，适度的焦虑情绪能够使得问题解决者集中注意力，但是过度焦虑适得其反。

另外，学生对问题的态度，尤其是自我效能感决定学生投诸解难的努力程度，影响问题的解决过程和结果。学生的自我效能感与学习结果直接相关，自我感觉能够胜任学习的学生，更容易取得好的学习成绩。学生如果用积极的态度面对问题，通常也会理性地分析和解决问题，相反，如果学生总是规避问题，逃避风险，就会在问题解决中拖延应付（D'Zurilla et al，1996）。

多种因素相互作用，影响学生问题解决。学校教育应综合影响学生问题解决的内外因素，为学生创设有利于问题解决的学习情境，调动和开发学生积极参与问题解决的内在潜能，培养学生问题解决的意识与能力。

5. 问题解决的教学设计

如何从问题的初始状态到达目标状态，不同学者有不同的界定，Polya（1957）提出的解难模型是最早的解难模型：①认识问题；②设计解难计划；③推行计划；④回顾。此后，Newell & Simon（1972）基于他们在人工智能方面的研究，提出了以问题空间为关键概念的问题解决模型：①界定问题；②理解问题；③表征问题空间；④选择问题解决方案；⑤实施方案及评价。问题解决的教学过程就是引导学生从不会解决问题到学会解决问题的过程，Andre（1986）提出了培养学生问题解决能力的教学建议：①为学生提供比喻性的表征；②让学生在解决问题的过程中进行口头描述；③利用提问的方法；④提供实际例子；⑤整理观念；⑥运用发现学习；⑦给予口头描述；⑧传授学习策略；⑨利用小组学习；⑩保持积极的心态。皮连生根据自己的研究提出了问题解决的教学事件设计的一般策略：①引起注意和告知教学目标；②提示学生回

◇ 教学设计与案例分析

忆先决知识技能；③呈现精心设计的样例，促进理解；④组织有指导的练习和学生独立练习；⑤提供应用情境，检查迁移。

问题解决是一个复杂的过程，不同的人解决问题的时候，受问题所处环境和个体经验与能力的影响，问题解决的方式与过程也不完全一样，问题解决的教学设计也没有一个固定的模式，但是激发学生的问题意识，让学生正确表征问题，唤醒相关知识，促进问题理解，探索问题解决的方法，促进问题解决却是所有教学设计都不能回避的问题。

【案例】

《认识时间——问题解决》教学设计[①]

教学内容：《义务教育教科书 数学》二年级上册

教学目标：

1. 学会根据已有的信息，合理地推测事件发生的可能时间。

2. 使学生进一步学习观察、比较的方法，掌握解决问题的新方法——排除法，形成初步的推理能力。

3. 通过学习，逐步养成合理安排时间的良好习惯。

学情分析：

通过《认识时间》例1和例2的学习，绝大部分学生已经能够比较准确地认识几时几分，并且通过写数学日记等方式逐渐积累了一定的生活经验，但是总体来说，时间这个概念比较抽象，加上二年级的孩子积累的数学生活经验十分有限，因此在学习本课内容的时候会有一定的困难。

教材分析：

例3是教材中新增的内容，教材关注学生学习过程中的思维活动和数学思考，重视培养学生的观察、分析与推理能力。

教学重点：学习用推理策略解决问题。

教学难点：学习让推理活动做到"步骤完整，理由充足"。

教学过程：

一、复习旧知，导入新知

1. 读出下面钟面上的时间，然后填写在时间轴上。

　　（　　）　　（　　）　　（　　）　　（　　）

---

① http://blog.sina.com.cn/s/blog_eab071440102vmw2.html。

(设计意图：虽然通过例1和例2的学习，学生学会认识几时几分，但是由于生活经验缺乏，学生并不一定知道这些时间谁先谁后，而掌握这一知识是学习例3的必要前提，因此在教材没有专门安排这个内容教学的情况下，设计"时间轴"这一练习能帮助学生分清楚时间的先后。)

2. 说一说：这些时间你在干什么呢？
(设计意图：联系生活实际，帮助孩子积累生活经验)

3. 想一想：我们吃早餐大约在哪个时间段呢？上兴趣课的时间呢？
(设计意图：通过生活中的经历让孩子知道一个时间点是处于哪个时间段的，为新授内容的学习做好准备)

二、梳理信息，推理解决

1. 收集信息。
(出示主题图)从左往右观察，你知道了什么？
7：15在晨练。
明明做完作业要去踢球，做完作业的时间是9：00。
明明10：30还要去看木偶剧。
问题：找出明明可能去踢球的时间，然后圈出来。

2. 梳理信息。
教师提问：小朋友真棒！一下子找到了这么多数学信息。可是这么多的数学信息，看起来好乱啊，怎么办呢？
学生：排列出来。
教师追问：按照什么顺序排列？
学生：按照时间先后顺序排列。
学生上台，利用白板拖曳功能将四件事情按照先后顺序进行排列。
(设计意图：对于学生来说，本节课的难点在于主题中的数学信息看起来杂乱无章，这个环节主要是引导学生对繁杂的数学信息进行梳理，有序排列，为学生的推理提供条件)

3. 推理解决问题。
怎样解决这个问题呢？同桌讨论一下。
学生汇报(根据学生汇报的顺序讲解)
方法一：把这几件事的时间和事件一一对应，找到踢球对应的时间段。
学生：明明7：15锻炼身体，9：00做完作业，再去踢球，10：30去看木偶剧。明明做完作业的时间是9：00，去看木偶剧的时间是10：30，

◇ 教学设计与案例分析

踢球的时间应该在9:00~10:30,下面的三个时间分别是7:45,9:15,10:50,其中只有9:15是在9:00~10:30时间段,因此明明可能是9:15去踢球。

方法二:在这三个时间中找一找,想一想哪些不可能,剩下的就是有可能的。

学生:明明9:00做完作业,做完作业才去踢球,踢球的时间肯定不是7:45。

学生:明明10:30已经去看木偶剧了,踢球的时间肯定不是10:50。

教师:我们解决问题的时候如果出现了很多种答案,先把不可能的答案去掉,剩下的最后一个可能答案就是正确答案,这种方法叫"排除法"。

教师:你还能想出其他方法解决这个问题吗?

4. 解答正确吗?

教师:明明是在9:15去踢球的吗?我们一起来检查一下吧!

学生:明明7:15锻炼身体,9:00写完作业,9:15去踢球,10:30去看木偶剧,答案是对的。

5. 课堂延伸。

教师:是不是9:00—10:30之间的所有时间都是有可能的呢?如果题目中没有给出三个钟面给我们选择,那么明明踢球的时间有可能是9:20吗?9:50呢?10:25呢?

(设计意图:让孩子们结合实际情况去考虑,并非所有处于9:00—10:30之间的时间都是有可能的,越接近10:30就越不可能了,为练习题做铺垫)

6. 小结解决问题的方法。

(1)把这几件事按照时间先后顺序排一排,然后想一想踢球大约在哪个时间段,从而找到可能的时间。

(2)我们要根据做事的时间来思考,可以先用排除法去掉不可能的时间,剩下的就是有可能的。

三、应用新知,巩固提高

完成练习二十三第4题。

说一说:你是怎样找出小红去摘西红柿的时间的?

想一想:第二个答案为什么不合适?

四、课堂小结，归纳方法

说一说：同学们，这节课我们已经学完了，现在小博士要来考一考大家，这节课你有哪些收获呢？（要按顺序观察，全面收集信息。我们可以通过把事情按先后顺序排一排，然后判断一件事大约是在哪个时间段发生的，从而找到可能的时间。学习了新的解决问题的方法——排除法……）

评析：

这是一堂问题解决的教学设计课。综观全课的教学设计，不难发现本课值得学习和借鉴的地方。

首先是目标明确，主题鲜明。要解决的问题就是"认识时间"，重点是掌握认识时间的方法，从而学会用排序、排除等推理方法解决问题。

从教学设计流程看，本课遵循了学习者认识与行为发展的逻辑顺序，从"复习旧知，导入新知"到"梳理信息，解决问题"，再到"应用新知，巩固提高"与"课堂小结，归纳方法"环环相扣，逐级提升。"时间"是一个抽象的概念，通过"复习旧知，导入新知"以及教学过程各环节都把"时间"与"生活"紧密相联，有利于使抽象的概念具体化，使学习者能准确地表征问题。

问题解决策略的探讨，遵循了循序渐进的原则，由近及远，由易到难，从具体问题的方法探讨，到一般问题解决方法的归纳总结，不仅有利于解决"认识时间"的问题，也有利于学生问题解决迁移能力的培养。

充分体现了学生的学习主体地位。从复习旧知的"时间轴练习"到生活中的"事件排序""课堂延伸"以及问题解决方法的"归纳与总结"，学生都在充当"主角"，事实上，无论问题解决方法的掌握，还是问题解决能力的培养，离开了学生积极主动的参与，再高明的老师也是"教"不出来的。

充分考虑了制约学生问题解决的各种因素，教学设计本身就是"问题解决"。本课的设计既考虑了制约学生问题解决的内在因素，注意激发学习动机、调动学生已有经验的参与，也为学生创设了良好的外部学习环境。问题的呈现方式与组织顺序与学生生活实际紧密相联，便于学生对问题的感知与理解，老师及时指导，为学生排除了认知与行为障碍，促进了学生的问题解决。

六、作业设计

(一) 作业与作业设计

作业,《辞海》解释:为完成生产、学习等方面的既定任务而进行的活动。这里的作业专指教育领域里学生为完成学习任务而进行的活动。《中国教育百科全书》把学生作业分为课内作业和课外作业。课内作业就是课堂作业,是教师在课堂内布置并要求学生在规定的时间内在课堂完成的作业,课外作业包括家庭作业和社会性作业,是需要学生在课堂外的时间独立或与他人合作完成的学习活动任务。完成作业有助于加深学生对知识的理解与巩固,提升学生的问题解决能力,养成学生良好的学习习惯。因此,布置或完成作业都是一件慎重的事,需要教师和学生认真对待。

作业设计是教学设计的重要内容,是教学活动的主体为达成一定的教学目标,而对学习者作业的内容、方式、评价等所作的选择或规划,主要是教师的设计。作业设计是教学设计的一个重要环节,教师为全面达成教学目标,让学生更好地理解和掌握所学的知识,提升学习能力,养成良好的学习习惯,常常根据教学内容及学生的特点,合理规划作业目标,精心选择作业内容,确定作业形式,指导作业方法,反馈作业效果,最终实现作业的目标。

(二) 作业设计的价值

学生作业不仅直接关系到学生的学习过程,影响着学生的学习效果,也关系着教师的工作量与工作成效,制约着学校教育质量,因此,作业设计具有多重价值。

1. 落实双减政策,强化育人功能

教育部《关于进一步减轻义务教育阶段学生作业负担和校外培训负担的意见》明确要求,"全面贯彻党的教育方针,落实立德树人根本任务,着眼建设高质量教育体系,强化学校教育主阵地作用",减轻学生作业负担,应"提高作业设计质量。发挥作业诊断、巩固、学情分析等功能,将作业设计纳入教研体系,系统设计符合年龄特点和学习规律、体现素质教育导向的基础性作业。鼓励布置分层、弹性和个性化作业,坚决克服机械、无效作业,杜绝重复性、惩罚性作业"。

2. 探索教育规律，提升教育质量

教育应遵循儿童身心发展的规律，为儿童的成长提供适宜的教育。适宜的教育表现为明确的教育目标，适宜的教育内容，科学的教育方法，高效的教学过程，理想的教育效果。表现在作业上即是作业的目的、内容、形式、分量、过程与结果。理想的作业设计必定遵循儿童身心发展的规律，符合学生个性化发展的需要，在学生的最近发展区，寻找作业的内容，设计作业的方法，激发学生以多种方式完成作业的积极性。

3. 减轻学生负担，促进全面发展

良好的作业设计总是以有限的作业量追求最大限度的作业效果。首先，完成作业能加深学生对知识的理解与巩固。完成作业的过程就是用所学的基础知识、基本原理分析解决现实问题的过程，没有对知识的理解就没有问题解决，反之问题解决的过程需要理清概念之间的逻辑联系，把握知识之间的内存关系，每一次问题解决就是在强化对知识逻辑关系的理解。其次，完成作业能提升学生的问题解决能力。社会的发展对学生的能力结构提出了更高的要求，而不同的能力只能在不同的活动中得到有效的培养。作业内容与形式的多样性为学生多种能力的培养创造了条件。最后，作业的完成有利于养成学生良好的学习习惯。完成作业的过程本质上是学生学习行为表现的过程，无论是对知识理解、情感熏陶，还是实践探索、能力提升，长期的行为坚持就会养成良好的学习习惯，而良好的习惯是健全人格的标志。

（三）作业设计的依据

作业设计不是随心所欲的个体规划，而是受到多种因素的制约，既要遵循教育及儿童身心发展规律，又受到教师、学生及各种现实因素的影响。因此，作业设计时应考虑理论及现实的制约因素，力求有理有据。

1. 理论依据

孙可平教授认为"与传统的教学相比，教学设计更大程度地依赖于教学理论的研究"。与教学设计相关的理论实在太多，关系尤其密切的当属教育、心理学理论。

教育学原理研究了有关教育的基本问题，如教育的本质论、价值论、主体论、过程论等。回答了关于教育是什么、为什么、怎么办的问题。作业设计必须依据对这些问题的科学解答，遵循教育发展的规律，从作业布置、完成到评价体现出科学的理论素养。比如教育的本质是"培养人"，作业的设计就应体现以"人"为中心，以促进学生发展为最高目标，而不能把作业作为摧残学生的工具，让"作业"成为一种"负担"。强调教育过程是"传道、授业、解惑"的过程，作业设计就注重对知识的感知、理解、消化、吸收。强调学生的学习是"做中学"的过程，作业设计就强调学生的经历与体验，实践性学习就会成为学生学习及作业完成的重要方式。

心理学原理在作业设计中的应用也是极其广泛的。首先，作业设计应遵循学生身心发展的规律，尊重学生的主体性、能动性、独特性与创造性，同时还要照顾不同学段学生的学习特征，让作业设计既能满足同一学段学生共同的学习需求，也能满足每一个学生独特的学习需要。其次，多种学习理论对作业设计的影响也是显而易见的。行为主义强调刺激与反应之间的联结，认为作业是一种强化的方式，多次强化能收到理想的效果，因此，作业布置更强调重复刺激。题海战术是典型的行为主义作业观。认知学派强调知识的内在逻辑联系，认为学习者对知识的理解比盲目的"试误"更为重要，所以作业设计更注重作业内容的逻辑关系，作业完成更注重学生的理解与反思。建构主义认为学习是主体与环境相互作用的过程，因此，作业设计更强调学习者与环境的交互作用，作业完成更注重生成性。维果茨基的最近发展区理论告诉人们，作业设计的时候应找准学生现有水平与期望水平之间的距离，让学生通过完成作业，不断超越自我，提升已有水平。

坚持为迁移而教，教师必须理解迁移理论。运用形式训练理论，作业设计更看重对学生的认知行为训练，如感觉协同练习，发散思维训练等。运用桑代克的共同要素理论设计作业，则强调两种学习之间相同的联结。运用美国心理学家贾德的概括化理论促进迁移，作业设计则注重训练学生归纳、总结、抽象与概括的能力。尽可能在完成作业的过程中让学生从特殊的经历中总结出一般性的行为规则或学习策略。

总之，作业设计的理论依据有多丰富，作业设计的思维就有多宽广。因为科学的理论探索的是行动的普遍真理。

2. 现实依据

作业设计不仅面临科学的理论的审视，还必须面对政策法规、社会发展、课程标准、学生实际、教学情境等一系列现实问题的思考。

一是政策与法规依据。我国的教育方针是各级各类教育活动总的行动纲领,"教育与生产劳动相结合,培养全面发展的社会主义建设者和接班人"也是作业设计应遵循的基本要求,此外,相关的教育政策法规,规定了教师与学生的权利与义务,也是师生在作业设计与完成的过程中必须遵循的行动准则。2021年《教育部办公厅关于加强义务教育学校作业管理的通知》(教基厅函〔2021〕13号)对中小学生作业设计提出了十条要求:(1)把握作业育人功能;(2)严控书面作业问题;(3)创新作业类型方式;(4)提高作业设计质量;(5)加强作业完成指导;(6)认真批改反馈作业;(7)不给家长布置作业;(8)严禁校外培训作业;(9)健全作业管理机制;(10)纳入督导考核评价。

二是社会现实,斯宾塞认为"教育是生活的准备",杜威认为"教育即生活",陶行知认为"生活即教育""社会即学校",三者都从不同的角度强调了教育与生活的联系。新课程改革也特别强调教育与生活及生产的联系。不仅要求课程实施紧密联系生活、联系生产,也要求作业设计密切关注社会现实,从宏观到微观,从世界格局、时代变迁,到人们思维方式及行为习惯的改变,在作业的形式与内容等方面都应有所体现。随着科学技术的不断进步,人工智能对教育的冲击越来越强烈,当chatgpt、new bing等应用软件,在应对问题时无所不能的时候,教育还能教什么?学生还用劳其心智应对繁重的作业压力吗?此时的作业布置向何处去,值得作业设计者深思。

课程标准是作业设计的又一现实依据,它规定了学生学习的学科要求,从学习理念、学习领域到学科素养、教学实施要求,都提供了具体的操作性建议。因此,作业设计应遵循课程标准的要求突出学科核心素养的提升。

学生是作业完成的主体,作业设计的目的也完全指向学生的发展。因此,学生的实际是作业设计不可忽略的重要依据。主要表现为对学习者的学习需求分析。不仅要了解学生已有学习水平,还要了解学生的学习期待,在作业设计中,既满足学生群体共同的学习需要,也能考虑学习者个性化的学习差异,满足不同的学习者个性化的学习需求。

教学情境对作业设计有直接的影响。作业完成需要具备一定的条件,主观上学习者有完成作业的愿望及相应的能力储备,客观上有确定的作业内容,完成作业的物质基础,充分的时空环境,相应的技术支持等。如疫情期间,线上教学成了一种重要的教学组织形式,学生的作业完成,也多以线上作业的方式进行。过去,城乡之间、地区之间教育差异明显,体现在学生作业的设计上也有明显的差异。随着教育均衡发展及国家对中小学作业设计调控加强,作业设计正朝向科学化与规范化方向发展。

（四）作业设计的原则

作业设计的原则指作业设计应遵循的基本要求。作业设计要实现预期的目标，彰显作业的多项功能，必须充分考虑作业设计的依据，准确分析制约作业完成的内外因素，实现作业设计与完成的完美统一。

1. 目的性原则

目的性原则指作业设计首先应有明确的目的性。作业的目的性是由教育的目的性所决定的。我国的教育目的是培养全面发展的社会主义建设者和接班人。并结合教育教学的过程具体化为培养目标、课程目标和教学目标，作业设计与作业完成是教学目标的具体化，是教学目标实现的有效途径。我国的课程目标经历了从"双基"到"三维"再到"核心素养"的发展过程。美国"21世纪技能伙伴协会"提出 21 世纪人才的核心素养包括：生活与生涯技能、信息媒介技术技能、学习与创新技能。无论人们对人才培养质量规格要求有何不同，共同点都是对教育目标的理想期待，都是为了提升学习者适应未来生活与生产的个体特质与关键能力。

2. 科学性原则

科学性原则指作业设计与作业完成应力求态度科学、方法科学、内容科学与评价科学。即作业设计应遵循儿童身心发展规律及教育教学的规律，秉持严肃认真的态度，内容组织科学，方法运用得当，评价反馈合理。

【案例】

商场里一种饮料有甲乙两种不同包装，促销方案见表 6-2。小华想买 1500 毫升饮料，购置哪种包装比较实惠？

表 6-2 促销方案

包装	说明	促销方案
甲种	每瓶 250 毫升，每瓶 3 元	买 4 瓶送一瓶
乙种	每瓶 300 毫升，每瓶 3.5 元	满 10 元打 8 折销售

此题命题是不够严谨的，对乙种包装的促销方案"满 10 元打 8 折"是指每满 10 元可打 8 折呢，还是总数满 10 元及以上都可以打 8 折呢？

3. 实践性原则

实践性原则指作业设计应尽可能联系学生实际、联系社会实际，这样有利于引导学生关注实践并通过实践的方式完成作业，以此提升学生的实际动手能力及问题解决能力。杜威强调教学过程应该以儿童为中心，学生只有"在做中学"才有利于经验的积累，儿童的实践是儿童知识与能力增长的力量源泉。因此，作业设计应尽可能多地创设实践情境，为学生搭建实践的平台，让学生通过实践获得经验，验证知识，提升能力，修养德行。如美术课，学习《美丽的天空》一文后，可以布置开放性的实践作业，让学生通过摄影、绘画、言语表达等方式，感知、理解、表达、创作《美丽的天空》，每一种实践性作业都会带给学生不一样的收获。

4. 差异性原则

差异性原则指作业设计时除了对全体学生最基本的统一要求外，还要考虑学生的个体差异，要为满足学生的差异性需求，提供个性化的作业设计。每一个学生都有不同的发展背景，也有不同的发展需求。他们除了有学习动机、学习态度、学习基础、学习方法等方面的差异外，还有学习需求的巨大差异。差异性的作业设计应体现在作业目标确定、作业内容选择、作业完成要求及作业反馈评价上的差异。

5. 多样性原则

多样性原则指作业设计、实施与评价应考虑主体、内容、方法、形式等多方面的可能性，既满足学生多样化的学习需求，也能提高作业的有效性。考虑主体的多样性，要认识到不同学习主体有不同的学习需求及在作业完成上所表现出的差异性，考虑内容的多样性，应尽可能为学生的全面发展提供丰富多彩的作业内容，使作业完成有利于系统目标的实现，作业方式的多样性，指为学生作业完成创设多样化的学习情境，指导多样化的方式方法，使学生作业完成的过程不单调乏味，提高学生的作业兴趣。

6. 层次性原则

层次性原则指作业设计应有层次感，这是由学生的发展水平所决定的，也是学生循序渐进的认识发展规律所决定的。一方面，一个班级中学生的发展水平有层次之分，不同层次的学生有不同的作业需求；另一方面，教学目标的设计也有层次之分,高层次的目标强调学生的深度学习,注重学生归纳总结、抽象概括、探索创新能力的培养,低层次的目标注重学生基础知识与基本技能的理解与掌握。

例如:有教师在教"长方体和正方体的表面积"一课时,设计作业就分了三个层次:学困生掌握长方体表面积的计算方法,能正确地计算基本图形就可以了,如课本的第2、3题;中等生要能运用所学知识解决一些简单的问题,能够正确计算鱼缸、手提袋等的用料,直接进入课本4、5题的练习;优等生要解决如粉刷教室墙面、贴游泳池瓷砖之类的问题,并尝试计算雨水管、火柴盒之类的特殊物体的表面积。根据不同层次的学生设计练习题,学生可以根据自己的实际情况自由选择自己需要的作业。

7. 选择性原则

选择性原则指作业设计应给学生提供选择的机会,满足学生个性化的学习需求。这是由学生的个体差异性所决定的。尊重学生的个体差异,发挥学生在作业过程中的主体性与能动性,应在作业设计多样性的基础上,满足学生选择作业的需求。选择性原则一般是在学生满足最基本的作业要求的基础上的自主选择,主要表现在对作业内容、时间、作业方式等方面的选择。

8. 发展性原则

发展性原则指作业设计应有利于促进学生的全面发展。这一原则是教学目的任务的必然要求,也是学生作业的殷切期盼。学科课程标准所确定的教学目标无不指向学生的发展,从"三维"目标到核心素养,都是对发展目标的具体描述。因此,作业设计从内容选择到方式指导,都要有利于个体良好品质及关键能力的养成。如注重学生的"社会参与"就要在作业中给学生创设"责任担当"与"实践创新"的机会,作业的设计就要面向社会、面向生活、面向实践、面向未来,通过作业设计,指导学生引向无限广阔的未知世界和现实世界,而不是局限于对书本世界的认知。

9. 融合性原则

融合性原则指作业设计要考虑整合各方资源,力求作业设计最优化,练习效果最大化。一是主体融合,要求打破过去作业设计中教师一元主体的现状,实现作业设计主体多元化,除了教师以外,学生、家长及社会相关人员都可以根据教学的需要成为作业设计的主体。如到爱国主义教育基地接受观摩学习后,可由基地导师为学生布置爱国主义学习的作业练习。增强学生的劳动观念与生活能力，可由家长为学生布置家务劳动作业。二是内容融合，包括学科间融合和学科与生活的融合。学科融合要求打破学科间的界限，综合运用多学科知识分析、思考、解决问题。学科与生活融合要求作业设计从书本走向生活，让学科知识与生产生活融为一体，这样既能增强学生知识学习的兴趣，也能加深学生对知识的理解，提升学生运用知识的能力。三是学习环境的融合，作业设计打破围墙的束缚，注重学校、家庭与社区的协同，为学生营造天天是学习之时，处处是学习之地的学习及作业的环境，这不仅有利于作业形式与内容的多样化，激发学生的作业兴趣，也有利于构建学习型社会，形成良好的学习氛围。

10. 适度性原则

适度性原则指作业设计应尽可能做到难易适度，分量适当。作业的目的是加深学生对知识的理解与巩固，提升学生的问题解决能力，最终实现学习的目标，因此难易适度，分量适当是必然的选择。作业设计过难，会增强学生的挫折感，让学生对学习产生畏难情绪；作业设计太容易，低于学生的最近发展区，不能有效促进学生发展；作业太多会加重学生的作业负担，作业的效能可能事倍功半；作业太少，得不到强化、巩固的目的。对学生而言，在适当的时间内经过努力能够完成的作业是适度的作业。

【案例】

统编版小学语文五年级下册第二单元整本书阅读作业设计[①]

单元语文要素：初步学习阅读古典名著的方法。

作业内容：阅读《西游记》整本书，选择其中一两种你感兴趣的情境，完成任务。可以自己完成，也可以与学习伙伴合作完成。

作业目标1：能结合书中印象深刻的情节设计园区游览路线图，产生阅读兴趣，提高表达能力。

作业目标2：能结合书中的人物，联系生活经验谈感受，乐于与大家分享自己的阅读成果。

情境任务一：游乐园，漫游西游记的世界。

好消息，"西游记主题公园"今天正式开园啦！你是园区总设计师。

[①] https://zhuanlan.zhihu.com/p/554121209.

◇ 教学设计与案例分析

为了吸引游客你要设计一幅园区游览路线图，打造网红打卡地。这幅手绘地图应该至少包括以下两部分内容：1. 打卡的景点。2. 至少三处景点介绍。可以结合书中印象深刻的情节，写明特色。

情境任务二：看神魔，打开西游记的宝库。

统编版教材配套的课外读物《西游记》出版啦！你是书店的店长。为了让更多孩子亲近古典名著，你需要制作一张宣传单，推广本书。内容至少包括以下三部分：

1. 写一则推销广告语。
2. 写一个人物小传，突出特点。
3. 写一段阅读感想，可以结合书中的人物联系生活经验来谈。

设计说明：

"初步学习阅读古典名著的方法"是统编版语文教材五年级下册第二单元的语文要素。围绕这一点，课上教学的安排，课下作业的设计，必然会关注到"读法"。"在阅读中学会阅读"不限于课堂的教学，也应是名著阅读单元作业设计的理念。然而当一份作业递交到孩子们手上时，它又不仅仅只是承载着教师的希望，还应该是孩子们遨游书海的罗盘。于是，这份作业设计就有如下的思考：

1. 三位一体促阅读。一篇课文，看到一段故事，学到一点读法。一类文章，读到几个人物，品到几分滋味。而一整本书，则会让想象浸入生活，然后交融，生长。作业设计当从一篇课文，到一群文本，再入一部长书，让学生去获得属于自己的精神成长。

2. 读书养性，写作练脑。"学而不思则罔，思而不学则殆"，如果把"学"看作阅读的话，那么"写作"其实就是真正的思考。所以这份作业设计，期望引导学生读书思考。

3. 快思与慢想，是思考的两种方式。简单到深邃，是思考必由的路径。所以这份作业设计，就是让孩子们，在快思之中去淘到情节的精华，去发现人物的独特；在慢想之余，观赏人物的命运，思索自己的现在。就是让他们运用简单的提炼概括，经由思维的分析和演绎，收获批判反思与创造的力量。

评析：

该作业设计遵循目的性、实践性、启发性等原则，达到了预期目标。首先，该作业设计体现了目的性原则。结合作业的内容，确定了"阅读能力、思考能力、表达能力"等能力目标；"选择感兴趣的情境，完成任务","联系生活经验谈感受"体现了学生学习的情感目标。

其次,该作业设计体现了实践性原则。该作业都是以任务情境的形式出现,本身具有很强的实践性与操作性,一个任务是设计园区浏览图,一个任务是设计新书宣传单,两项任务都很明确,并且对如何完成任务,提出了具体要求,学生都需要通过亲身实践才能完成作业,作业完成的过程就是学生在阅读《西游记》的基础上,思考、总结、提炼、概括、设想、创造、说明、分享的过程。系列实践活动贯穿作业全过程。

同时,该作业设计还体现了启发性与创造性原则。无论是游览图还是广告语,都不是对已有知识的重述,都需要发挥学习者的创新思维能力,所完成的作业成果也是因人而异,各不相同的。

仔细观察,该作业设计,也体现出一定的层次感。浏览图中注明景点名称,联系生活经验谈感受,比较容易完成,但"写一个人物小传,突出其性格特点"难度就比较大了。

(五)作业设计的方法

1. 明确作业目标

作业目标的确定应在课程目标的指导下,结合具体的教学内容和学生实际力求满足四个方面的需求。一是满足国家需求,培养社会及时代所需要的人才;二是满足专业要求,符合学科专业要求;三是满足个体需要,符合个性化发展要求;四是体现教师主导,符合教师职业追求。

2. 精选作业内容

作业的内容极其广泛,若不精心选择,作业就会无限延伸,学习就会成为沉重的负担。首先,教材上的作业内容是最精简的,已经是教材编写专家精挑细选出来的,所以教材上的作业往往是大多数学生必须完成的作业;其次,各科教学常常配有必要的教学参考书,结合教材有一些拓展或延伸性作业,这类作业不能照抄照搬,需要根据学生作业的能力,给予适当的作业补充;最后,联系学生实际、联系社会实际的作业内容,需要教师从书本走向生活,从课堂走向社会,发掘实践性较强的作业内容,这类作业内容更有利于引导学生社会参与、实践创新,提升学生的问题解决能力。

3. 指导作业方法

学生完成作业的方法决定了学生的作业效果。特瑞奇勒研究表明，人一般可记住自己阅读的10%，自己听到的20%，自己看到的30%，自己看到和听到的50%，交谈时自己所说的70%，这说明多种感官参与有助于增强记忆。学习金字塔告诉我们，被动学习的效果远远低于主动学习的效果。小组讨论、操作演练、转教别人、立即应用的作业方式，能够大大提高知识吸收率。

4. 主体协同设计

作业设计主体多元化应兼顾三个协同。教师协同，兼顾学科平衡，作业设计要体现学科特点，但不能总受学科限制，应加强与相关学科的联系，体现学科融合。传统的作业设计几乎是教师唱独角戏，学生只能被动完成作业，照顾学生的个体差异，体现学生的主动参与，应发动学生主动参与作业设计，将"要我做"的作业变成"我要做"的作业。此外，家庭作业还要调动家长参与作业设计的积极性，尤其是和社区、生活相关联的作业，家长或社区的参与更有利于开发地方性课程资源，培养学生社会生活适应的能力。

（六）作业辅导与评价

作业辅导是对学生完成作业时遇到的困难给予指导，以帮助学生顺利完成作业。根据辅导对象的多少可分为集体辅导与个别辅导，根据辅导时间的不同可分为课内辅导与课外辅导，根据辅导内容不同可分为内容辅导与方法辅导。

作业辅导不仅要帮助学生理解知识，运用知识解决问题，掌握科学的解题方法，作业完成后还伴随必要的批改和评价。

作业批改的方式也是多样化的，有全批全改、重点批改、交互批改与集中批改。全批全改指教师对全体学生的作业逐一进行批改，这样批改工作量最大，但有利于了解全体学生的学习情况。重点批改包括两方面的内容。一是重点对象，指处于两极状态的学生，以抓现状带中间的方式了解学生作业情况，二是针对作业的重点内容，选择性地批改。交互批改指在教师指导下，学生交互批改作业。集中批改指教师统一讲解作业，学生自查学习问题。

作业评价是对学生完成作业的价值判断。评价的方式也是多样化的，根据对象不同有集体评价与个体评价；根据内容不同有过程评价与结果评价；根据评价方式不同有质性评价与量化评价；根据评价主体不同有他人评价与自我评价。作业评价要发挥评价的甄别、选拔、激励与调控功能，不仅要对作业的正误进行判断，还要对学生作业的态度、方法、情感体验等进行评价，其目的是激发学生作业的热情，端正学生作业的态度，引导学生主动积极完成作业。

思考题

1. 教学内容的涵义？如何理解教学内容与教材的关系？
2. 教学内容设计需要进行哪些关键要素分析？如何处理学生与教学内容的关系？
3. 比较教学内容编排中直线式编排与螺旋式编排的优势与不足。
4. 什么是陈述性知识？如何进行陈述性知识的教学？
5. 策略性知识的教学有何价值？如何进行策略性知识的教学？
6. 简要叙述技能教学中指导与练习的关系？指导练习有哪些基本要求？
7. 哪些因素会影响问题解决？简要叙述动机水平与任务难度的关系？
8. 如何进行问题解决的教学设计？
9. 作业设计有何意义？如何进行作业设计？

第七章 教学方法设计

一、教学方法概述

（一）什么是教学方法

对于教学方法，不同的人给出了不同的定义。在西方学者中具代表性的说法有："教学方法是教师为达到教学目的而组织和使用教学技术、教材、教具和教学辅助材料以促成学生按照要求进行学习的方法"；[1]"教学方法是指大多数教师能够充分加以运用并适合于多学科反复使用的教学步骤或程序"[2]。我国学者王策三认为"教学方法是指为达到教学目的，实现教学内容，运用教学手段而进行的，由教学原则指导的一整套方式组成的、师生相互作用的活动"[3]。李秉德认为"教学方法，是在教学过程中，教师和学生为实现教学目的，完成教学任务而采取的教与学相互作用的活动方式的总称"[4]。不难看出，这些"定义"虽然在用词上各不相同，但所反应的主体思想是一致的。第一，明确了教学方法是为"教学目的"服务的，没有目的就没有方法。第二，教学方法具有操作性，无论是使用教学技术与手段，还是教学的步骤与程序，教学方法具有操作性。第三，教学方法都是伴随一定的主体而存在的，没有教师与学生的存在，也就不存在教学方法。综合以上几个特征，我们可以把教学方法定义为：教学方法是教学活动的主体为实现一定的教学目的，借助一定的教学资源而采取的教与学的活动方式、手段及程序的总称。广义的教学方法包括教

---

[1] Leonard. H. Clark & Irring S. Starr. Secondary School TeachingMethods，Third Edition．Macmillan Publishing Co，Inc. 1977：25.

[2] Edward L. Dejnozka & David E. Kapel. American Educator's Encyclo－pedia. Greenwood Press. 1982：519—520.

[3] 王策三．教学论稿［M］．北京：人民教育出版社，1985：244.

[4] 李秉德．教学论［M］．北京：人民教育出版社，1991：197.

师的教法、学生的学法、以及教学合作的方法。狭义的教学方法指师生共同参与完成教学活动所使用的方法。

(二) 教学方法的特点

教学方法的特点是在教学实践中表现出来的教学方法的一系列外部特征，一般认为教学方法具有以下几方面基本的特点。

1. 实践性

教学方法注重教学实际问题解决，具有可操作性，其运用程序、实施要求、影响媒介等都与教学实践紧密相联。同时，教学方法的实践效果，又是检验其优劣的重要指标。

2. 多样性

教学方法是教师和学生在教学实践过程中探索出来的活动方式的概括和总结。由于教学方法受多种因素的制约，构成教学的任何一个因素的改变都可能导致方法的更新，教学要素组合的多样性必然导致教学方法的多样性，即使同一个老师教同样的内容、一样的学生，教学情境发生变化，教学方法也会随之发生变化，一个教师只有形成自己的教学方法体系，建立属于自己的教学"方法库"，才能在方法选择上随机应变，使用时游刃有余。

3. 整体性

教学是一个系统工程，没法用一个万能的方法来解决所有的教学问题，任何一种方法都必须与其他教学方法密切配合、互相补充，才能发挥方法的整体性功能，再好的方法，如果只是孤立地使用，没有其他方法的配合与点缀，都难以收到理想的教学效果，从这个意义上说，就整个教学过程而言，根本就没有一种"最好的教学方法"。

4. 继承性

教学方法也和其他教育现象一样，具有历史继承性。自从有了教学实践活动，人们就开始了对教学方法的探讨。千百年来，人们在教学实践活动中探索出许许多多行之有效的教学方法，积累了丰富的教学实践经验，许多方法流传千古，至今还保持着旺盛的生命力，如苏格拉底的"产婆术"今天仍为广大教学工作者所推崇。即使要进行教学方法创新，也不可能从零开始，都必然要从多方面吸收和利用传统教学方法中一切有价值的成分。

5. 发展性

教学有法，但无定法。任何教学方法都不是一成不变的。随着科学技术的进步，教育观念的不断变革，古老的教学方法必然渗入今天的时代元素。不仅如此，教学条件的变化必然催生新的教学方法不断涌现。

（三）教学方法的分类

教学方法的数量很多，千百年来，人们在教学活动实践中总结出不计其数的教学方法。仅目前我国中小学常用的教学方法，就有讲授法、讨论法、谈话法、读书指导法、演示法、实验法等数十种方法。对如此众多的教学方法进行分类不仅有助于教学方法科学体系的建立，更有助于师生科学有效地选择和使用教学方法，提高教学效率。

1. 国外教学方法分类模式

（1）桑代克的教学方法分类。

桑代克把教学方法分为：读书教学法、讨论教学法、讲演教学法、练习教学法、实物教学法、实验教学法、设计教学法、表演教学法、自动教学法。对于上述分类，桑代克未指明分类标准，看起来有的是依据各种教学方法所使用的手段（工具）和动作，如读书、讨论、表演等，又似乎想体现出从被动到主动，从简单到复杂，不断提高活动水平的性质。

（2）巴班斯基的教学方法分类。

巴班斯基依据对人的活动的认识，认为教学活动包括了这样的三种成分，即知识信息活动的组织、个人活动的调整、活动过程的随机检查。并依此把教学划分为以下三大类。

第一大类：组织和自我组织学习认识活动的方法。其中有口述法、直观法、实践法，这是根据教材的逻辑保证学生一定的思维活动的方法，根据学生如何掌握教材保证学生获得教材知识的方法。

第二大类：激发学习和形成学习动机的方法。其中包括：刺激学习兴趣及引起学习动机的方法、刺激学生学习义务以引起学生学习动机的方法。

第三大类：检查和自我检查教学效果的方法。其中包括：口头检查法、直观检查法、实习检查法。

(3) 拉斯卡的教学方法分类。

拉斯卡依据新行为主义的学习理论，即刺激—反应联结理论。把学习刺激分为 A、B、C、D 四种，据此相应地把教学方法分为四种基本类型。分别是：呈现的方法、实践的方法、发现的方法、强化的方法。

(4) 威斯顿和格兰顿的教学方法分类。

威斯顿和格兰顿依据教师与学生交流的媒介和手段，把教学方法分为以下四大类。

第一大类：教师中心的方法，主要包括讲授、提问、论证等方法。

第二大类：相互作用的方法，包括全班讨论、小组讨论、同伴教学、小组设计等方法。

第三大类：个体化的方法，如程序教学、单元教学、独立设计、计算机教学等。

第四大类：实践的方法，包括现场和临床教学、实验室学习、角色扮演、模拟和游戏、练习等方法。

(5) 达尼洛夫、叶希波夫的教学方法分类。

苏联教育家达尼洛夫、叶希波夫将教学方法分为：保证学生积极地感知和理解新教材的教学方法，巩固和提高知识、技能、技巧的方法，学生知识、技能和技巧的检查方法三种类型。这是根据学生掌握知识的基本阶段和任务，即感知、理解、巩固、运用来划分的，遵循了认识发展的基本规律。

(6) 斯卡特金从学生认识活动的特点入手，将教学方法分为图例讲解法、复现法、问题叙述法、局部探讨法、启发法、研究法。在一定程度上反映出了教学方法的层次性，即教学方法所涉及的学生活动的水平呈递增趋势。

2. 中国教学方法分类模式

(1) 李秉德的教学方法分类。

李秉德教授按照教学方法的外部形态，以及相对应的这种形态下学生认识活动的特点，把中小学教学活动中常用的教学方法分为以下五类。

第一类方法：以语言传递信息为主的方法，包括讲授法、谈话法、讨论法、读书指导法等。

第二类方法：以直接感知为主的方法，包括演示法、参观法等。

第三类方法：以实际训练为主的方法，包括练习法、实验法、实习作业法。

第四类方法：以欣赏活动为主的教学方法，例如陶冶法等。

第五类方法：以引导探究为主的方法，如发现法、探究法等。

（2）黄甫全的教学方法分类。

黄甫全教授认为，从具体到抽象，教学方法是由三个层次构成的。

第一层次：原理性教学方法。解决教学规律、教学思想、新教学理论观念与学校教学实践直接联系的问题，是教学意识在教学实践中方法化的结果。如：启发式、发现式、设计教学法、注入式方法等。

第二层次：技术性教学方法。向上可以接受原理性教学方法的指导，向下可以与不同学科的教学内容相结合，构成操作性教学方法，在教学方法体系中发挥着中介性作用。例如：讲授法、谈话法、演示法、参观法、实验法、练习法、讨论法、读书指导法、实习作业法等。

第三层次：操作性教学方法。指学校不同学科教学中具有特殊性的具体的方法。如语文课的分散识字法、外语课的听说法、美术课的写生法、音乐课的视唱法、劳动技术课的工序法等。

目前，我国不少《教育学》教材根据学生获取知识的主要来源和教学活动的方式，把教学方法分成四类：一是语言的方法，包括讲授法、谈话法、读书指导法；二是直观的方法，包括演示法、参观法；三是实习的方法，包括练习法、实验法、实习法、作业法；四是研究的方法，包括讨论法、发现法等。

教学方法分类有不同的分类依据，就会有不同的教学方法类型。王策三教授认为，教学方法的分类最好是多角度分析或进行综合分析，包括：信息媒体是什么？师生怎样相互作用的？认识的性质和水平如何？它有何种性能或功能？它适应的范围怎样？它的运用需要哪些条件？教学方法的分类是相对的，它不可能把各种教学方法的特性都反映出来，包容于所分类的框架之中。所有的分类，只是相对于各种教学方法的主要特征而言，而非全部特征。

二、课堂教学常用的方法

课堂教学的教学方法多种多样，这里所阐述的是其中最常用的一些主要的方法。

（一）以语言传递为主的教学方法

以语言传递为主的教学方法主要包括讲授法、谈话法、讨论法、读书指导法等。

1. 讲授法

讲授法是教师运用口头语言系统地向学生传授知识的方法，分为讲述、讲解和讲演三种。讲授法是一种最古老的教学方法，也是应用最广泛的一种教学方法，基本的形式是教师讲、学生听。

讲述：教师运用口头语言向学生叙述、描绘事物或现象。

讲解：教师向学生解释、说明、论证概念、原理、公式等。

讲演：当众演说，发表自己的见解。

三种讲授方法之间没有严格的界限，在教学活动中常常结合使用。

讲授法的优点在于，可以使学生在比较短的时间内获得大量的、系统的知识，有利于发挥教师的主导作用。有利于教学活动有目的有计划的进行。不足之处在于，方法的运用主要依赖于教师的语言素养，讲授过程容易满堂灌，不利于照顾学生的个体差异，难以调动学生自觉主动学习的积极性。

运用讲授法的基本要求有以下几点。

（1）教师应保证讲授内容的科学性和思想性。教师讲授的概念、原理、事实、观点必须是正确的。

（2）讲授过程要条理清晰，重点突出，便于学生理解。

（3）讲究语言艺术。首先，要做到语言准确、简明、清晰。其次，要形象生动，富有感染力，符合学生的年龄特征。最后，还要讲究语速、语调，便于提供适宜的声音刺激。

（4）注意与其他教学方法配合使用。完全采用讲授法，容易使学生进入疲劳状态，不能收到理想的教学效果，实践证明：讲授与其他方法交替使用，教学效果良好。

2. 谈话法

谈话法是教师根据学生已有的知识经验，借助问题，通过口头交谈的方式，引导学生进行比较、分析、判断、推理等思维活动，从而获得知识的方法。

谈话法的优点在于，能充分发挥教师的主导作用，调动学生学习的积极性、主动性，引导学生跟着老师的节拍积极思考问题，同时也有利于学生交往能力与语言表达能力的培养。不足之处在于，参与谈话的学生多了，时间就没有保障，参与谈话的学生少了，又不能满足多数学生的学习需求。

运用谈话法的基本要求有以下几点。

（1）做好谈话前的准备。谈话的目的是什么？确定什么话题？设计哪些问题？提问哪些学生？针对学生可能谈到的问题教师有怎样的应对策略？这一系列的问题在谈话前，教师都应该胸有成竹。对于课堂生成的谈话内容，教师应当因势利导，灵活应对，使之与谈话主题相结合。

（2）面向全体，提高谈话的参与度。谈话法表面上是教师与个别学生之间的交流与对话，但教学影响是面向全体学生的。因此，首先，谈话的内容应适合全体学生学习的需要，是教学中带有普遍性的问题。其次，谈话的对象也应具有代表性，不能只关注学习成绩优秀的少数学生，而应是不同层次、不同类型的学生都有涉及。

（3）注重谈话艺术。谈话是老师主导下的师生互动、生生互动的交流活动。首先，教师要引导谈话的方向，使谈话目标明确，主题鲜明。其次，要激发学生参与的热情。学生参与热情愈高，谈论的话题愈深入，愈有利于学生分析问题及解决问题能力的培养。最后，及时对谈话进行归纳总结，突出谈话主题，帮助学生形成良好的知识结构。

3. 讨论法

讨论法是学生在教师的指导下为解决某个问题而进行探讨、辨明是非真伪以获取知识的方法。其优点在于讨论法能充分地给予每个学生表达自己观点的机会，能更好地发挥学生的主动性、积极性，有利于培养学生独立思维能力、口头表达能力，促进学生灵活地运用知识。不足之处在于，受学生已有经验和主观态度的影响，容易出现流于形式或偏离主题等现象。

运用讨论法的基本要求有以下几点。

（1）确定讨论主题。首先，要选择那些有讨论价值的内容作为讨论的主题，比如，与教学内容密切相关的概念、原理或事实。其次，讨论的主题应与学生的已有认知水平相适应，过难的话题，学生会觉得无话可说，过于简单的话题，又没有讨论的必要。

（2）加强讨论管理。讨论虽然是各抒己见，但总是围绕一定的主题，指向一定的目标。老师应在讨论时加强巡视，注意倾听，收集学生讨论的信息，捕捉学生讨论中出现的问题与闪光点。当学生遇到问题，讨论难以持续时，及时给予点拨；在讨论偏离主题时，及时给予提醒；在讨论热烈、成效显著时，及时给予鼓励。讨论的形式灵活多样，可以在班级内自由展开，可以分小组进行，还可以同桌结伴讨论。一般说来，自由讨论的结果更具开放性，分小组讨论的问题更具规范性与深入性。目前，分组讨论作为一种较为常用的合作学习的教学组织形式，受到师生的广泛欢迎。

（3）做好评价总结。运用讨论法是为了集思广益，但讨论的结果常常很难获得一个固定的答案。这就要求教师及时对讨论作出评价总结。对讨论过程中学生的积极行为及时给予肯定，对讨论的结果及时作出评价，即使没有统一的标准答案，教师也应该在广泛听取学生讨论意见的基础上给出自己的结论。

4. 读书指导法

读书指导法是教师指导学生通过阅读教科书、参考书以获取知识或巩固知识的方法。包括指导学生预习、复习、阅读参考书、自学教材等。培养学生阅读课外书和教材的能力是教学的基本任务之一。有学者指出"未来的文盲，不是目不识丁的人，而是没有掌握学习方法，不会钻研问题的人"。培养学生自己探索，独立实践，解决问题的能力是我们进行读书指导法教学的核心。这一方法的优点既有利于发挥老师的主导作用，更充分体现学生的学习主体地位。有利于教会学生学习，培养学生主动分析问题、解决问题的能力，养成良好的学习习惯。不足之处在于，由于学生阅读能力存在差异，课内阅读难以保持相同的阅读进度，一定程度上制约教学进程的推进。

读书指导教学法的基本要求有以下几点。

（1）激发学生读书的热情，培养良好的读书习惯。俗话说兴趣是最好的老师，无论阅读课内的还是课外书籍，首先必须对阅读的书籍有兴趣，有较强的阅读动机，这样才能有阅读的主动性与积极性。

（2）指导读书的内容。读书指导法既适用于课内阅读，也可以用于课外阅读。课内阅读指导应明确教学目标，注重问题牵引，有利于培养学生的阅读能力、分析解决问题能力以及合作交流的能力。课外阅读，浩瀚无边，读书指导应结合学生的课内学习，指向学生的全面发展，做到有的放矢，课内与课外结合，主导与主体互动。

（3）指导学生读书的方法。根据对书本内容的理解程度，读书分为粗读、细读和精读三种。粗读了解教材结构，便于理解知识框架，初步了解各部分之间的相互关系；细读理清事实，明确相关的基本原理；精读把握重难点，加深对内容的整体理解。

（4）教会学生使用工具书，培养学生借助工具书阅读的习惯。

（5）引导学生做读书笔记，加强与书本的交流与对话，把学习引向深入。

（二）以直接感知为主的教学方法

以直接感知为主的教学方法主要有演示法和参观法。

1. 演示法

演示法是教师根据教学目的和内容，通过呈现实物、模型、图片等直观教具或通过示范性操作实验和电教手段，指导学生获得知识或巩固知识的教学方法。它常与讲授法、谈话法等结合使用。演示法的优点在于具有很强的直观性，有利于克服单纯理论讲授的不足，有利于教学重点和难点的突破，尤其符合小学生的认识发展规律，不足之处是演示要受条件的限制，如细胞分裂的演示实验只有在实验条件下进行。

演示法教学的基本要求有以下几点。

（1）明确演示目的。学生学习是有意识、有目的的活动，目的不明确，学生的行为易受无意注意影响，观察教师示范操作时常常被一些非关键情境所吸引，而忽视了应观察的主要内容。这就要求教师在运用演示教学时，应先向学生交待演示目的，并要求他们注意观察演示对象的主要特征和主要方面，从而对所演示的知识技能形成鲜明而深刻的印象。

（2）演示与解说指导相结合。

演示教学不是单纯的操作表演，教学过程中要边演示边讲解，要告诉学生观察什么、注意什么，使学生能够集中注意力观察重点，避免注意力分散。解说语言要准确、简明、精炼，表达要生动、形象，有利于学生形成印象。同时要引导学生在获得感性经验的基础上，对观察的现象进行分析、归纳、概括、总结，形成对事物的理性认识，培养学生的思维能力。

（3）注意演示方法。演示常常是由一系列动作组成的一个过程，这一系列的动作是有序的，相互联系、相互制约的。因此，首先，演示要进行活动分解，把整个演示分解为几个相互联系的环节。教师一个环节一个环节地演示，学生通过从局部观察到整体感知，从而获得对事物的整体认识。其次，要把握好演示的进度，比如，操作技能通常是个连续的过程，假如教师只做一般性的示范然后就让学生简单地模仿，学生往往只能是比比划划并未能真正掌握技能。但如果改进演示方法，借助"慢镜头"把操作过程按顺序逐一展开，学生就易于观察从而掌握要领。最后，操作要规范。学生的技能一旦形成，往往相伴终身，不易更改，因此教师在演示中一定要注意动作规范、标准、前后一致，以免误导学生，影响教学效果。

2. 参观法

参观法是教师根据教学实验需要，组织和指导学生到实地直接观察客观事物，从而获得知识的教学方法。参观法的优点在于，能使学生获得丰富感性知识，加强理论和实际联系，提高兴趣，发展能力，培养积极情感。不足之处在于易受参观条件的限制，尤其组织校外参观牵涉面广，难以成行。

参观法的基本要求有以下几点。

（1）做好参观的准备工作。教师要明确参观的目的和对象，确定参观的形式和方法，做好参观的组织和指导工作。

（2）引导好学生的参观。教师要向学生提出注意事项，指导学生注意观察主要事物和现象，要求学生认真听取介绍和解释，收集有关资料，做好参观记录。同时，搞好参观的组织纪律教育和安全教育。

（3）做好参观总结。参观结束后，及时指导学生把参观所得的感性认识上升为理性认识，并与所学的理论知识结合起来，写好参观报告，做好参观总结。

（三）以实际训练为主的教学方法

以实际训练为主的教学方法包括练习法、实验法、实习作业法等。

1. 练习法

练习法是学生在教师指导下运用知识进行一定的操作，从而消化巩固知识，并形成技能、技巧的教学方法。练习法是各年级、各学科普遍采用的方法之一。按性质和特点来分，练习法可分为：心智技能的练习，动作技能的练习和文明行为习惯的练习等，按练习方式可分为口头练习、书面练习、实际操作练习等。练习法在各科教学中得到广泛的应用，尤其是工具性学科（如语文、外语、数学等）和技能性学科（如体育、音乐、美术等）。练习法的优点在于，能充分体现学生的学习主体地位，有利于巩固知识。在引导学生把知识应用于实际，发展学生的能力以及形成学生的道德品质等方面具有重要的作用。但运用不当会加重学生的学习负担。

练习法的基本要求有以下几点。

（1）明确练习的目的和要求。练习虽是多次地完成某种活动，但并不是简单的机械的重复，而是有目的、有步骤、有指导地形成和改进学生技能、技巧，发展学生能力的过程。因此，在练习时，不仅教师要有明确的目的，而且也要使学生了解每次练习的目的和具体要求，并依靠对教材的理解自觉地进行练习。

（2）精选练习材料。练习材料要根据练习目的、学生实际情况以及学习和生活上的实际需要加以选择；要加强基本技能的训练，把典型练习、变式练习和创造性练习密切结合起来，努力促进学生技能的积极迁移，使学生能举一反三，触类旁通，发展他们的实际操作能力和创造能力。

（3）指导练习方法。练习方法要按照确定的步骤进行，不管何种练习，都要求学生积极思考。练习方法与任务难度及任务的多少有关，有的练习材料可采用全部练习法，有的练习材料可采用分段练习法（又称单项或分步练习体系），即把某种复杂的操作活动，分解为几个部分，先专门练习其中的某一部分，然后再过渡到综合练习。练习开始时，教师通过讲解和示范，使学生获得有关练习的方法和实际动作的清晰表象，然后学生进行练习，先求正确，后求熟练。练习的方式要适当多样化，以提高学生的练习的兴趣和效果。

（4）适当分配练习的分量、次数和时间。技能、技巧或习惯的形成，都需要足够的练习，但是，练习的分量和次数，要根据学科的性质、练习的材料和学生的年龄特征来确定，不是越多越好。练习的时间分配，一般说来，适当的分散练习比过度的集中效果更好。开始阶段，练习的次数要多些，每次练习的时间不宜过长，然后可逐渐延长练习的时距，每次练习的时间略可增加。

（5）了解练习的结果。每一次练习之后，检查哪些方面有成效，哪些方面存在着缺点或错误，让学生及时知道练习结果，保留必要的、符合目的的动作，舍弃多余的动作，或组织一些矫正性练习。当学生出现高原状态时，教师要帮助学生分析原因，指导他们改变旧的活动结构，采用新的方式，并提高他们的信心，鼓励他们突破高原状态，争取更大的进步。

2. 实验法

实验法是学生在教师指导下，运用一定的仪器设备进行独立操作，观察和研究这种操作引起的现象和过程，以获取知识的教学方法。实验法的优点在于，学生通过实验活动既获得感性经验，又有利于形成理论认识。实验的过程不仅有利于培养学生的动手能力、观察能力、独立思考能力，也有利于培养学生科学的态度、探究的精神。不足之处在于，实验法受实验条件的限制，目前，中小学师生的科学实验观念还比较淡漠，实验教学法运用还不够广泛。

运用实验法的基本要求有以下几点。

（1）实验准备。实验之前，教师要准备好实验器材，并就实验的目的、内容、步骤、仪器的使用操作要领等向学生作简要说明。

(2) 实验指导。中小学生实践经验贫乏，难以独立完成实验过程，教师除了在实验之前作必要的实验说明之外，还要伴随实验过程，对学生的实验作跟踪指导。及时提醒实验及操作方法，规范动作要领，收集实验素材，根据学生实验中出现的问题，加强对学生的集体指导或个别指导。

(3) 实验总结。中小学生容易被实验的外在和表面因素吸引，从而忽略了对实验重要现象的观察与分析，忽略了对重要实验素材的收集与处理。因此，教师要及时引导学生做好实验总结，交流实验结果，汇报实验情况，或写出实验报告。

3. 实习作业法

实习作业法是学生根据教师布置的任务，在课内或课外进行实际操作，将已学知识运用于实践的教学方法。实习作业法的基本形式是学生在教师指导下，运用所学知识解决实际问题。实习作业法的优点在于，通过将所学知识运用于实际，把理论与实践结合起来，不仅有利于加深对知识的理解，更有利于学生通过实践获得新的知识，有利于培养学生的实践能力与创新精神。

实习作业法的基本要求有以下几点。

(1) 做好实习的准备。教师要让学生明确实习的目的与任务，增强实习的目的性与自觉性。制订详细的实习计划，并明确提出具体可操作的步骤和要求。准备好实习器具，编好实习小组。

(2) 操作过程中加强集体和个别指导，使学生明了操作方法及有关注意事项，在必要时教师先给以示范。同时要求学生独立操作，及时小结各步骤的操作情况，及时检查阶段性结果。

(3) 选择恰当的实习方式。实习作业的方式多种多样，如测量、制作、栽培、饲养等，教师要根据学生知识的性质和特点选择相应的实习方式。

(4) 做好实习总结。实习结束后，做好总结评定，并写出实习工作总结，以巩固操作的收获，养成学生良好的实习习惯，培养实事求是的科学精神。

三、当代流行的几种教学方法

教学方法历来是教学实践与研究领域的重要话题，国内外专家、学者及一线教师，从来就没有停止过对教学方法的研究与探讨。20世纪以来，随着教育改革的浪潮不断推进，新的教学方法不断涌现，许多方法在教学实践中至今仍然保持着旺盛的生命力。了解并在教学实践中灵活运用这些方法，是提高教学效率，保证教育质量的重要举措。

（一）发现法

发现法是由美国著名心理学家布鲁纳提出来的。布鲁纳认为，学生在课程中应当学习的是课程的基本结构，即每门学科的基本概念、基本原理与基本法则等。而这个基本结构不是简单地通过教师的讲授学习的，而是教师指导学生通过对一些事件与问题的探讨，让学生自己去发现问题、解决问题、得出结论的方法。

发现法的优点在于，学生通过探索、发现的方式学习知识，使教学的侧重点从获得知识转向发展智力，有利于培养学生的思维能力与创新精神。不足之处在于，对于同样的教学内容发现法与讲授法需要花费更多的时间，同时由于学生的发现水平存在较大差异，难以使班级教学进度保持一致，对教师的组织教学也提出了更高的要求。这也是我国实施新课程改革以来，倡导发现学习法未能大面积推广的原因之一。

发现教学法由以下四个基本环节构成。

（1）教师创设问题情境。教师在深入分析教学内容的基础上，向学生提出要研究或解决的课题。

（2）学生提出假设或答案。学生在阅读和学习有关的教材、参考书的基础上，对教师提出的问题做出各种可能的假设和答案。

（3）检验假设。学生在教师指导下，根据不同的课题性质，通过实验、研讨等方式对假设进行检验，正确的就给出结论，错误的就修改假设。

（4）给出结论。在讨论和验证假设的基础上，对假设进行补充、修改和总结，对教师提出的问题做出结论。

运用发现教学法的基本要求有以下几点。

（1）明确学习目的，激发发现的动机。让学生认识到创新精神与探索发现的能力是新时期对教育培养人才的质量规格的新要求，因此教师应通过学习价值的分析，激发学生的求知欲望与发现学习的信心与勇气。

（2）创设发现情境。为学生创造发现学习的有利条件，结合教学内容，帮助学生在已有知识与问题情境之间建立联系，增强问题意识，激发探究的欲望。

（3）培养发现能力。发现能力是学生多种能力的综合体现，包括思维能力、批判能力、协作能力、操作能力、组织表达能力等。学生有了较强的综合能力储备，才具有发现的信心与勇气，也才能发现问题、分析问题、解决问题，最终体现发现学习的成果。

（3）指导发现方法。发现不仅需要观念上的引领，也需要方法上的创新。传递接受的教学方式有利于培养循规蹈矩的学生，但不利于培养学生的创新精神。发现学习常常需要超越常理，打破陈规，突破定式，质疑权威，提倡发散思维与批判思维，使学生面对问题情境，产生"头脑风暴"，大胆质疑，小心求证，在发现问题的同时也发现解决问题的新办法。

（4）与其他方法结合使用。纯粹发现的方法是没有的。发现法常常需要与其他教学方法结合使用，如讲授法、讨论法等，这样不仅可以提高发现的成效，也有利于提高教学效率，降低学生发现的难度。

【案例】

计算机课堂教学实录（片段）[①]

师：掌握了小球运动的形成，现在我们把小球运动的事件转化为程序代码：使用我们以前学过的赋值语句。（小球的left属性每过一段时间增加100）

生：shape1.left=shape1.left+100

（初步了解学生对代码编写事件的掌握程度）

师：这几句代码应该在什么事件中编写呢？为什么？

生：在秒表的时间事件里。因为小球的运动是随着时间的间隔进行的。

师：现在给大家5分钟时间对该事件进行上机操作并且运行。

（通过提问加深学生对编写代码的理解和操作）

生：小球从左到右运动，直到出了窗口的边界，就不见了。怎么才能做出再回来的效果呢？

师：大家提出的问题很好，要解决这个问题，大家可以想一想我们必须改变哪个控件的什么属性的值。怎么改呢？

（学生此时根据自己和老师程序的不同提出问题）

生：根据小球运动的形成过程，其位置在不断变化，而位置是由小球的left值决定的，所以必须改变小球的left属性。

---

① http://yulei568.blog.163.com/blog/static/13588672006111345245312/.

师：很好，那么怎样在代码中改变呢？这需要用到我们学过的判断语句。(if...then)

（教师对学生提出的问题进行启发和引导）

生：那就是说判断小球的left属性值，当左边界超出了窗体的宽度时，把小球的left属性值改成0。

（学生根据提示提出自己的观点）

师：对，很好，那么想一想怎么用代码实现。

生：学生上机实践。

代码为：if shape1.left＞form1.width then shape1.left＝0

师：大家做得非常好，而且我看到有的同学对小球的运动进行了创新，使小球在窗体中进行上下的运动。把此演示给学生看。

生：通过实践进行操作和解答。

师：观察学生的操作情况，对他们的操作进行评价，同时创设情境引导学生对该程序稍作修改完成新的类似的操作，并鼓励学生进行创新思维。

生：除了上下移动，我还可以把上下和左右运动组合起来，这样小球是以一定的角度沿斜线运动的。

生：我可以让多个小球（或者别的形状）同时运动吗？

师：当然可以了。

生：我在窗体上放上多个形状控件。

师：对，然后在编写的代码中只需要再加上对添加的新控件的控制语句就可以了。

生：我可以让后面的小球追赶前面的小球，超过前面的小球吗？

师：当然可以，想一想如何控制小球的移动快慢。

生：只需要改变小球每次移动的距离，使后一个小球移动得快一些就可以了。

学生通过自己的实践，顺利完成小球上下移动的代码编写。

评析：

在本堂课的教学中，执教者运用了发现教学的方法，收到了理想的教学效果。整个教学过程，教师不是按问题解决的操作程序，一步步地给学生操作、演示与讲解。而是通过"在什么事件中编写代码？"创设问题情境，激发发现的动机。学生沿着教师的指引"上机操作运行"，并在其中发现问题，提出问题，寻求帮助。教师对学生提出的问题既没有直接给出答案，也没有置之不理，让学生盲目探索，而是通过"改变什么控件的什么属性?""如何改变?"等思路与方法提示引导学生探索、发现。对学生的学习成果及时肯定并给予鼓励。同时根据学生的已有学习成果,不断创设新的学习情境,鼓励学生进行创新思维,把学生的"发现"引向深入。出现了"多个小球同时运动""后面的小球追赶前面的小球"等新的发现成果。本课的发现不仅限于"小球的运动"规律,更大的收获在于激发了学生的问题意识,培养了学生的探究精神,增加了学生课堂学习的乐趣。

(二) 程序教学法

程序教学法,是一种使用程序教材并以个人自学形式进行的教学方法。程序教学主要由教学机器的发明人普莱西首创。20世纪50年代美国著名的教学心理学家F·斯金纳论证了教学机器与程序教学的心理学依据,提出了程序教学论及其教学模式。程序教学为现代信息技术在教学中的运用提供了理论依据,推动了人机对话,培养了学生自主学习的能力,丰富了教学资源,在一定程度上减轻了教师的工作负担。但程序设计受程序教材的制约,教学过程本质上是人与人的对话与交流的过程,人机对话最终不能取代人与人的对话,机械的程序设计更难以适应具有鲜活生命力的情境化教学,因此程序教学最终只能是一种辅助的教学方式。

程序教学的基本要求如下。

(1) 积极反应。一个程序教学过程,必须使学生始终处于一种积极学习的状态。也就是说,在教学中使学生产生一个反应,然后给予强化或奖励,以巩固这个反应,并促使学习者做进一步的反应。

(2) 小步子。程序教学所呈示的教材是被分解成一步一步的,前一步的学习为后一步的学习作铺垫,后一步的学习在前一步的学习后进行。由于两个步子之间的难度相差很小,所以学习者的学习很容易得到成功,并建立起自信。

(3) 即时反馈。程序教学特别强调即时反馈,即让学生立即知道自己的答案正确,这是树立信心、保持行为的有效措施。一个学生对第一步(学习的前一个问题)能做出正确的反应(回答),便可立即呈示第二步(第二个问题),这种呈示本身便是一种反馈:告诉学生,你已经掌握了第一步,可以展开第二步的学习了。

(4) 自定步调。程序教学允许学习者按各人自己的情况来确定掌握材料的速度。这与传统教学在课堂传授中一般以"中等"水平的学习者为参照点的教学法不同,传统教学法使掌握快的学生被拖住,而学习慢的学生又跟不上,致使班级学生之间学习水平差距越来越大。程序教学法相对显得比较"合理",

◇ 教学设计与案例分析

每个学生可以按自己最适宜的速度进行学习。由于有自己的思考时机，学习较容易成功。

程序教学的模式有三种：直线式程序、衍枝式程序和莫菲尔德程序。直线式程序是斯金纳首创的一种教学程序，是①→②→③→④→⑤的教学模式。在这一流程里，教师把材料分成一系列连续的小步子，每一步一个项目，内容很少。一个学生如能做出正确答案，教学机器就能显示出来，并可以启动开关进行第二步学习。如此一步一步地展开学习，直至达到学习目标。衍枝式程序是由美国人A·克劳德提出来的一种可变程序模式。这一模式同样把学习材料分成小的逻辑单元，但每一步比直线式程序的步子要大，每个项目的内容也较多。学生掌握一个逻辑单元之后，要进行测验。测验用多重选择反应进行，根据测验结果决定下一步的学习。这种程序有助于消除不同能力的学生之间的学习差异。莫菲尔德程序是美国心理学家凯（Kay·H）提出的一种程序教学模式，它是直线式和衍枝式程序原则的结合。这一模式遵循的始终是一个主序列，它与直线式不同的是，只有一个支序列来补充主序列；它与衍枝式不同的是，学生通过支序列的学习不再回到原点，而是可以前进到主序列的下一个问题上，这样有利于学习效率的提高。

【案例】

程序教学直线式程序实例[①]

1. 当人的身体受到严重伤害后，经常会导致外伤性休克。
身体受到严重伤害的经常的结果是外伤性休克。
2. 烧伤、创伤和骨折均能导致外伤性休克。
导致外伤性休克的三种伤害类型是：烧伤、创伤和骨折。
3. 在外伤性休克的状态下，许多正常的身体机能受到抑制。
当一个人因伤害而休克时，正常的身体机能将受到抑制。
4. 休克时身体机能受到抑制是因为没有足够的血液循环到全身。
休克时身体机能的抑制是由于没有足够的血液循环到全身。
5. 作为伤害的后果，血液丧失越多，休克的可能性越大。
当伤害导致较多的血液丧失时，休克的可能性将增加。
……

[①] http://blog.sina.com.cn/s/blog_6cebe3890100m4yt.html.

评析：

这是一个程序教学的片段。整个教学过程具有严密的逻辑联系，"休克""骨折""抑制"与"血液"之间存在直线式的因果联系。"休克"是由"骨折"等外伤性伤害所致，外伤性伤害使身体机能受到"抑制"，其原因是伤害使"血液"丧失，导致没有足够的血液流向全身。

从案例可以看出，教学片段由四个"问题"联结而成，相邻的问题之间距离很近，体现了"小步子"原则，符合"最近发展区"原理，便于学习者将新知识纳入已有的认知结构。学习者对每一个问题学习之后，都有一个自我检查，并获得及时反馈的机会，当学习者获得正确的学习反馈后，可以顺利地进入下一个学习环节，反之，学习者可以重复当前的学习内容。这也为学习者自定步调提供了条件与可能性。

（三）暗示教学法

暗示教学法又称启发教学法，它是保加利亚暗示学专家格奥尔基·洛扎诺夫在20世纪60年代中期创造的，被称为是一种"开发人类智能，加速学习进程"的教学方法。格奥尔基·洛扎诺夫认为，参与学习过程的不仅有大脑，还有身体；不仅有大脑左半球，还有大脑右半球；不仅有有意识活动，还有无意识活动；不仅有理智活动，还有情感活动。而人们在通常情况下的学习，总是把自己分成几部分：身体、大脑两半球、有意识和无意识、情感和理智等，它们总是不能协调，甚至相互冲突，因而大大削弱了人的学习能力。暗示教学法就是把这几部分有机地整合起来，发挥整体的功能，而整体的功能大于部分的组合。

暗示教学法的优点在于，利用情境因素组织教学，能使学生在轻松愉快的环境中接受知识；有利于非智力因素在教学中发挥积极作用，促进学生的发展。局限性在于难以在集体教学中有效运用。

运用暗示教学法的基本要求有以下几点。

（1）激发学生的学习动机，使学生乐于接受来自教学的积极暗示。

（2）提高教师的自身素养，提升教师的人格魅力，增强暗示的权威性。

（3）建立民主、平等的师生关系，营造良好的学习氛围。平等的师生关系有利于缓解学生学习的紧张情绪，通过与学生的情感交流、平等对话，加强情感对理智、无意识对有意识的调节作用，使学生在轻松愉快的环境中受到教师潜移默化的影响。

（4）运用积极期待，增强学生的自信心。为每一个学生确定适合自身难度的学习任务,增强每一个人的成功体验。

(5)注重暗示的艺术。运用暗示教学,并非简单地做几个手势,放几段音乐,说几句鼓励的话那么简单。真正的暗示,是需要掌握必要的心理学理论和心理暗示技巧的,比如如何把握有效的暗示时机,如何有效突破学生的反暗示防线,如何不留痕迹地达到暗示的效果,等等,都是需要教师具有高超的教育智慧和教学艺术的。

(四)范例教学法

范例教学法是德国的教育家瓦·根舍因所创立的一种教学方法。教师在教学中选择真正基础的本质的知识作为教学内容,通过"范例"内容的讲授,使学生举一反三掌握同一类知识的方法。运用此法的目的在于促使学生独立学习,而不是要学生复述式地掌握知识,要使学生所学的知识迁移到其他方面,进一步发展所学的知识,以改变学生的思维方法和行动的能力。范例教学法遵循基本性、基础性和范例性原则,强调教学应教给学生基本的知识结构与规律;从学生的基本经验出发,促进学生的智力发展;通过精选的范例使教学达成基本性和基础目标。

范例教学法的优点在于,有利于改变课程结构过于强调学科本位和缺乏整合的现状,使课程结构具有均衡性、综合性和选择性,非常符合当前课程改革的思路。遵循从个别到一般的认识发展规律,有利于学生理论与实践相结合,加强对知识的理解与运用。不足之处在于范例所承载的信息也是有限的,运用不好可能影响学生对一门学科的完整认识。

运用范例教学法应遵循以下基本要求。

(1)基本内容的分析。分析范例应包含哪些重要的、普遍的意义和关系?对它的探讨可以使人"范例性"地掌握哪些基本的现象、原理、方法、技能和态度,以及它们与今后的教学有什么联系。比如,关于百度搜索引擎的范例,可以包括它的基本的使用方法、常见问题、优缺点以及和学习其他信息技术知识有什么联系等。

(2)内容结构的分析。在基本原理的基础上分析什么是组成整个范例内容的个别要素,这些个别要素之间有什么联系,什么是所教范例的真正前提,学生是否已经掌握。

(3)未来意义的分析。分析这个范例对学生的未来生活有什么意义,对他们的前途有什么关系和影响。以"调查法"为例,对调查法及其他相关方法的学习可以使学生掌握科学研究的一般方法和策略,方便学生运用科学的方法解决工作和生活中的问题。

（4）把握四个阶段。第一，是掌握"个"的阶段。首先应根据某些现象（这些现象总是与设计好的范例相关联），提出问题，激发学生思考，寻找解决问题的方法和设想，引出范例；其次集中精力于这一个别的典型范例的教学，通过教师的讲解和实际演练说明该范例的特征和使用方法，通过学生的实际操作尝试和体验它的应用，从具体的"个"的范例中引导学生理解和掌握该范例。第二，是探索"类"的阶段。从"个"的本质特征去探讨"类"似的事例，对个别事例进行归类，目的在于使学生从"个"的学习迁移到"类"的学习。第三，是理解规律的阶段。要求在前两个阶段的基础上找出隐蔽在"类"背后的某种规律性的内容，把对客观世界的认识提高到规律性的认识。第四，是获得关于世界和生活的经验的阶段。这一阶段是前面三阶段的升华，把教学的重点从客观内容转向学生主观世界的开拓，目的在于使学生不仅认识客观世界，也认识自己和人类社会，以及他们之间的关系，使他们在获得客观知识的同时，也能把这种知识转化为自己的认识和经验，转化为他们可以用来指导自己行为的能力，真正掌握"个"和"类"的知识，全面实现教育所要达到的目的。

（五）掌握学习教学法

掌握学习教学法，是美国教育心理学家布鲁姆研究总结出来的一种教学方法。就是在"所有学生都能学好"的思想指导下，以集体教学（班级授课制）为基础，辅之以经常、及时的反馈，为学生提供所需的个别化帮助以及所需的额外学习时间，从而使大多数学生达到课程目标所规定的掌握标准。

布鲁姆认为，影响学习结果的主要变量是学习时间。学习时间分为实际学习时间和必要学习时间。实际学习时间是完成相对指定的学习任务所安排的教学时间，是由教师决定的，必要学习时间是学生完成指定的学习任务所必要的学习时间，对学生是因人而异的。掌握学习教学法就是要找到为每个学生提供他所需要的学习时间的教学方法。

掌握学习教学法分教学准备和教学实施两个阶段进行。

教学准备阶段包括：①老师首先确定教学内容；②老师把课程分为一系列教学单元，并制定具体的教学目标；③在新课程之前对学生进行诊断性评价；④编制各单元简短的"形成性测验"试题，预告确定并准备好可能选择的学习材料（如辅导资料、练习手册等）和矫正手段（如小组学习、个别辅导等），供学生遇到学习困难时选择；⑤编制"终极性测验"试题，覆盖所有单元目标，目的是评价学生是否完成了学习任务。

教学实施阶段包括：①教师首先向学生介绍掌握学习的一般程序，包括学习→形成性测验（再学习→形成性测验）……→终极性测验→每个学生都达到教学目标；②在新课程之前，对学生进行终极性评价；③在集体教学中给学生以相同的教学内容和教学时间；④三个单元结束时，进行一次"形成性测验"，掌握正确率达 80%～85% 即可通过；⑤通过者进行加深学习，未通过者进行补救教学；⑥再进行一次平等性的形成性测验；⑦进行"终极性测验"，评定每个学生的学业成绩。

运用掌握学习教学法的基本要求如下。

第一，诊断学生要准确无误。

第二，激发每一个学生的学习动机。

第三，让每一个学生充分体验学习成功的喜悦。

第四，老师要引导学生不断总结和形成自觉的方法。

（六）八字教学法

读读、议议、讲讲、练练教学法，又称"八字教学法"，这是上海市育才中学在 20 世纪 70 年代首先总结出来的。

"读读"，就是引导学生自学教材和参考书，写读书笔记，这是教学的基础。阅读能力是学生分析解决问题能力的基础，各科教学都非常强调学生阅读能力的培养。学生的阅读不是盲目的阅读，常常在教师指导下进行，学生阅读需要明确阅读目标，注重问题引领，善于在阅读中发现问题，并养成良好的阅读习惯。

"议议"，是让学生围绕一定的问题（问题可以是教师预先根据内容设置的，也可以是课内学生提出的疑难问题），以读议小组（由学习程度不同的几个学生组成）为单位，分组讨论，切磋琢磨，各抒己见，多向交流，达到理解、巩固知识的目的。这样，可以调动全体学生的思维活动，使更多学生有发言的机会。

"讲讲"，就是教师或学生通过口头语言表达的方式，把疑难的问题或自己对知识的理解阐述出来，可以是教师讲解，也可以在教师指导下学生讲解，这是教学的主要环节，教师的讲重在点拨释疑，学生的讲重在交流展示，学生的讲不仅有利于知识的掌握，更有利于学生能力的培养。

"练练"，就是让学生亲自动手练习，这是学习、巩固知识的重要途径，是学生应用知识解决实际问题的过程。练的形式多种多样，学生通过做习题、口头练习、书面练习、实验实习等形式加深对知识的理解与运用，在练习的过程中发现问题，探索解决问题的办法。

这种方法的优点是将读、议、讲、练穿插进行，能够调动学生的积极性，有利于提高课堂教学效率，减轻学生的课外负担，有利于培养学生的自学能力、表达能力和创新能力，但教学过程不易控制。

读、议、讲、练体现了教学过程是一个师生共同参与的过程，也体现教学过程中教师主导与学生学习主动性的高度统一。四个环节相互制约、相互影响，读得透、议得深，一方面不需要教师全面系统的讲解，另一方面也会对教师的讲授提出更高的要求，"读""议""讲"为理解知识扫清了障碍，"练"就可能得心应手，相应地，当"练"达到熟练程度时，不仅巩固了读、议、讲的成果，也会促进读、议、讲水平的相应提升。教学进程中，读、议、讲、练的程序不是一成不变的，师生可根据教学的需要自由决定八字教学的操作程序。

（七）六课型单元教学法

六课型单元教学法是 20 世纪 80 年代由武汉师范学院黎世法所创立的一种教学方法。他将学生学习书本知识的认识过程，归纳为前后紧密联系的八个学习环节，即制订计划、课前自学、专心上课、及时复习、独立作业、解决疑难、系统小结、课外学习，再把其中的六个主体环节改为相应的六种课型，即把课前自学改为自学课，专心上课改为启发课，及时复习改为复习课，独立作业改为作业课，解决疑难改为改错课，系统小结改为小结课。然后把现行教材根据不同特点和内在联系以及所教学生实际的水平，分成若干教学单元。教每一单元的教材内容，都必须依次通过上述六种课型。

六课型单元教学法的具体内容有以下几点。

（1）自学课以培养学生的自学能力为主要目标。这是实施其他课型教学的基础与前提，同时也有利于发展学生智力，培养学生的创造力。

自学课的实施要求：首先，要引导学生认识自学的重要性，激发自学的热情，培养学生自学的自觉性。其次，要指导自学的方法，通过教师示范、提纲引领，培养学生自觉发现问题、分析问题、解决问题的能力。最后，对自学效果要及时跟踪指导与评价。

（2）启发课以培养学生积极主动思考问题，独立地、创造性地寻求解决问题的方法，其目的在于培养学生的思维能力与创新精神，而不仅仅为了掌握已有的知识。既包括对全体学生的共同启发，也包括对个别学生的不同启发。

实施启发式教学，首先，教师要善于创设问题情境，把学生引入认知冲突状态，培养学生的问题意识与探究精神。其次，要鼓励思考，延迟判断，不要急于对学生的答案作出评价与判断，使学生的学习活动充分体现出丰富性与多样性。最后，启发式教学除了要充分发挥教师的主导作用，还要引导同学间相互启发，变换问题视角，培养学生的发散能力。

（3）复习课是以巩固学生的学习成果为主要目的的课。学生通过自学和启发两种课型的学习，初步达成学习目标，这时需要引导学生复习巩固，以便学习成果系统化、概括化、持续化。

复习课的教学，一方面要根据学生记忆的规律及时组织复习，另一方面要指导复习策略，注意集中复习与分散复习相结合，一次复习与循环复习相结合，个体复习与集体复习相结合，自主复习与有组织的复习相结合，以实现学习效果与复习效果的最优化。

（4）作业课与改错课是把理论应用于实践的教学组织形式，其目的在于加深对知识的理解与巩固，最终能有效地运用知识解决实际问题。

作业课与改错课两种课型常常是结合在一起的。作业课是对已获得的知识的实践和运用，改错课是对运用知识解决问题的结果的验证与评价。改错课可以看作是作业课的继续。

组织这两种课型，首先要精心设计与筛选作业。作业的设计应体现代表性，充分体现所学习的基本原理；体现层次性与差异性，反映不同层次学生的学习需求；体现实践性，有利于学生问题解决能力的培养；难易适度、分量适当，不会造成学生过重的学业负担。同时，改错课与作业课应紧紧相随，及时帮助学生纠正错误，有助于形成正确的认知结构；改错课不应以纠正现成的错误为目的，而是要帮助学生寻找错误产生的原因，加深对基础知识与基本原理的理解，养成严谨、细心的作业习惯，避免过失性的作业错误。

（5）小结课是在自学、复习、作业、改错课的础上，使学习知识进一步概括化、系统化，使技能进一步综合化、熟练化的学习活动过程。它是发展智力，培养能力的重要课型。

小结课分错误小结、知识小结和学习方法小结三类。其中错误小结是对学习过程与结果的问题诊断与总结，对任何学生都能起到有"病"治"病"，"无病"强"身"的作用。知识小结有利于知识的概括化与系统化，把新知识纳入学生已有的认知结构，有利于对知识的理解、巩固与运用。方法小结是对学生学习行为有效性的价值判断、分析与评价，目的在于引导学生注重学习过程与方法，让学生学会学习。三种小结紧密相连，错误小结为知识小结与方法小结奠定了基础，知识小结与方法小结有利于减少错误，提高学习效率。

（八）六步教学法

六步教学法是我国著名教育改革家魏书生老师在教改实践中，探索总结出来的一套教学方法。魏书生老师遵循学生知、情、意、行相互作用的规律，主张课堂少讲多读，他认为"讲得少，教师才更珍惜讲课的时间，仔细考虑哪是必讲的内容，哪是讲了以后学生能记得住、能理解的内容。讲的少学生才可能记住。读得多，学生才可能提高阅读的能力"。六步教学法打破了传统的单纯传授语文知识、"填鸭式"、满堂讲的课堂模式，有效地解决了教与学关系中存在的问题。

六步教学由以下前后相连的六个教学环节构成。

（1）定向。就是确定这一课的学习重点。

（2）自学。学生把课文通读一遍，逐段翻译。不懂的地方，留待下一步解决。

（3）讨论。前后左右每四人为一组，把自学中不懂的地方提出来，互相讨论；讨论也不能解决的问题，留待答题去解决。

（4）答题。也是立足于由学生自己去解答疑难问题。由每个学习小组承担回答一部分问题，如第一组回答第一段中的疑难问题，第二组回答第二段。这样，疑难之处越来越少。然后由教师回答解决剩下的疑难问题。

（5）自测。根据定向指出的重点、难点，以及学习后的自我理解，由学生拟出一组十分钟的自测题，由全班学生回答，自己拿出红笔来评分，自己检查学习效果。

（6）日结。下课前，每个学生在自己座位上口头总结一下这节课的学习过程和主要收获，再在不同类型的学生中选一两名单独总结，使学生接受的信息得到及时的反馈。

六步教学法的实施要求：魏书生老师根据六步教学的基本思想，设计了相应的课堂教学基本操作程序。

（1）设疑定标，创设探究情境。即在学习新课之前，通过有意识的创设问题情境，激发学生探究的兴趣，使学生带着明确的学习目标进入探究过程。

（2）自主探究，培养探究能力。要培养学生的探究能力，其重要的一点，必须鼓励引导学生带着问题并通过亲自动眼阅读，动手查阅工具书和资料、动脑筋思考等自学程序，进行自主探究和发现，寻求问题的答案。

（3）合作交流，开放探究环境。在学生自主探究的基础上，开放探究环境，适时引导各学习小组，开展合作，互相交流，实现共同进步这一目标。

(4) 创新引导，挖掘探究潜能。在学生自主探究学习过程中，引导学生在学习的方法、思维的形式上进行归纳、整合，对学习达成的阶段性目标进行深度的质疑、挖掘和引申，充分挖掘了学生探究的潜能，尽情地展示了学生的个性，培养了学生的求异思维和创新素质。

(5) 多元评价，享受探究乐趣。为了了解学生达成学习目标的程度，检验和改进学生的学习和教师的教学，必须对学生"自主学习、合作探究"的结果进行及时评价。要灵活运用多元化立体式的评价形式，引导学生对自己的学习方法、学习过程、学习效果进行自我评价、生生评价和师生评价，并且鼓励学生对别人的评价进行再评价，充分发表自己的见解，使学生在不知不觉中受到某种启示，明确自己的优点和不足。

(6) 课外延伸，拓展探究空间。为使课堂教学达到更好的效果，让学生的知识得到延伸，认识得到升华，课外延伸这一环节，有利于学生发挥创新思维，把课堂上未尽兴的"节目"延伸到课外进行。

（九）情境教学法

情境教学法由我国著名教育专家李吉林老师所创。指在教学过程中，教师有目的地引入或创设具有一定情绪色彩的、以形象为主体的生动具体的场景，以引起学生一定的态度体验，从而帮助学生理解教材，并使学生的心理机能得到发展的教学方法。情境教学法的核心在于激发学生的情感。基本特点是针对儿童的思维特点和认识规律，以情境创设为突破口，以儿童在情境中的活动为核心，让儿童在虚拟的情境中感知周围世界，获得探究的乐趣、审美的乐趣、认识的乐趣与创造的乐趣，从而使教学活动与社会生产、生活及儿童的世界融为一体，既有利于陶冶学生的情感，也有助于锻炼学生的思维、培养学生的社会适应能力。

情境创设的方式多种多样，初步归纳为以下六种。

(1) 通过生活展现情境。即把学生带入社会，带入大自然，从生活中选取某一典型场景，作为学生观察的客体，这样的情境真实、自然，容易激发学生的真情实感。

(2) 实物演示情境。即以实物为中心，创设必要背景，构成一个整体，以演示某一特定情境。如运用地球仪讲解地理或历史知识。

(3) 图画再现情境。即用图画再现课文情境，实际上就是把课文内容形象化。课文插图、特意绘制的挂图、剪贴画、简笔画等都可以用来再现课文情境。

(4) 音乐的渲染情境。即以特有的旋律、节奏，塑造出音乐形象，把听者带到特有的意境中。音乐的语言是微妙的，也是强烈的，给人以丰富的美感，往往使人心驰神往。用音乐渲染情境，关键是选取的乐曲与教学内容的基调上、意境上以及情境的发展上要对应、协调。

(5) 表演体会的情境。指学习者在学习过程中，通过进入角色或扮演角色，切身感受课文中主体人物的思想感情，从而加深对文章的理解与情感体验。

(6) 语言描述的情境。即老师通过语言描绘，把以往的情境再现在学生面前，引导学生思考。这种情境创设的方式，能超越时空的束缚，为学生展现鲜活、生动的思维情境。它可以是单纯的语言描述的情境，也可以结合其他各种情境创设的方式辅之以语言描述的情境，这样可以使学生对情境的感受更细致，体验更深刻。随着学生年龄的增加，直观手段逐渐减少，单纯运用语言描述带入的情境运用更为广泛。

情境教学的核心是人与情境的互动。情境是教学的手段而不是教学的目的，因此，人在情境面前不是被动的，而要充分体现人的主动性、能动性与创造性。为此，情境教学必须做到"到情境中去，从情境中来"。

首先是到情境中去。无论以什么方式创设的情境，要想收到理想的教学效果，必须让学生进入到情境中去，才能触境生情。引导儿童进入情境的方式有很多，或设置问题，造成悬念，激发儿童好奇心；或联系生活，接近距离，使儿童产生亲切感；或形象生动，构思巧妙，使儿童产生趣味感；或充满知趣，发人深省，使儿童产生探究感。总之要激发儿童的认知热情，触及儿童的情境世界。

其次要从情境中来。指从情境中获得想要的东西，即从情境中学习知识，获得相应的情感体验，在情境中培养发现问题、分析问题与解决问题的能力等。学生在情境中获得的收获不是由情境本身决定的，而是学生在情境中的活动所决定的。学生与情境的互动包括情境认知、情境拓展和情境改造三个方面。情境认知指儿童能在教师的指导下，认识情境的构成要素及相互关系，认清情境中的主角与配角，及时发现情境中的认知因素、情感因素与能力训练的机会；情境拓展指基于创设的情境，根据教学任务的需要，使情境不断延伸，从书本延伸到生活，从历史延伸到未来，加强虚拟情境与真实情境的联系，使情境的教育作用也能得以延伸；情境改造也是基于创设的情境，根据教学任务的需要，提出新的假设，通过调动学生的创造性思维活动使情境发生变化，以探索情境变化过程中人的思想情感的变化发展过程。比如在讲《狼牙山五壮士》时,可以通过情境改造,发挥想象力,使五壮士运用智慧保护生命,而不一定要壮烈牺牲。

(十) 学导式教学法

学导式教学法是近十余年国内兴起的一种启发式教学法,是有利于教学质量提高的可行方法。主要是在教师指导下,学生进行自学、自练的一种方法。这种方法强调学生是教学活动的主体,教学过程主要是学生积极主动获得知识的过程,教师的主导基于学生的学习、为了学生的学习,只有充分发挥学生的积极主动性,教师的主导才有成效。

学导式教学法既是一种教学法,同时也体现一种教学组织模式,是一种充分重视教学过程中"学"的因素的教学。它没有固定的模式,不能生搬硬套,而应根据学科教学任务、课程性质、学习对象和学生自学能力等不同情况,采用不同的方式。一般说来,学导式教学法的教学过程包括提示、自学、解疑、精讲、演练和小结六个环节。

自学:课前预练,课上自学、自练,学生通过反复练习,掌握重点,发现难点,自学为教学提供依据。

解疑:由学生自提问题,通过练习与相互讨论或教师辅导进行答疑。

精讲:教师重点讲解、示范,解析教材的重点、难点。

演练:课堂上反复练习,课后坚持练习运用,力求掌握知识技能。

小结:学生进行自我评价和相互评价学习目标达成的情况,教师也可对学生进行评价,同时提出课外练习和下一次课进行预习的要求。

六个环节中自学、精讲、演练是主要环节,而提示、解疑、小结是辅助环节,各环节的程序应是自然流畅、环环相扣的。

学导式教学法的实施方法如下。

(1) 以学为主,以学定导。教学的主要目标是由学生的学习活动决定的,因此教学过程应以学生学习为主,教师的主导作用,也是由学生的学习目标所决定的,老师必须以学定导。

(2) 学生为主,教师为辅。学导式教学法确立了学生在教学过程中的主体地位,老师的作用不是系统地传授知识,而在于为学生提供学习帮助,即帮助学生明确学习目标,指导学习方法,提供学习咨询,解答疑难问题等。

(3) 学导结合,教学相长。学导式教学并未排除教师的主导作用,相反对教师的主导作用提出了更高的要求,教师必须用更少的时间完成更多的教学任务,把课堂活动的时间和空间留给学生,这就需要教师有更高的教育智慧,能够在学生最需要的时候,引导得力,引导得法,使学生学习更有成效。

（4）及时评价,注重效益。学导式教学并未把教师的导与学生的学割裂开来,而是形影相随,"学"是在教师指导下的学,"导"是源于学生学习与发展的导。教师要随时了解学生的学,及时指导学生的学,使学生的学能够按照预期的目标前进。

四、教学方法的选择和运用

教学方法的选择和运用受多种因素制约。巴班斯基总结出了影响教师选择教学方法的六项主要度量因子：①教学规律以及由此引申出的教学原则；②教学目的和任务；③具体学科的内容和方法；④学生的学习可能性：年龄方面的可能性（体力、心理方面）、原有准备水平、班集体的特点；⑤外部条件的特征；⑥教师本身的可能性：教师的经验、对教学过程典型情景的了解（在该情景中,某种方法可能更为有效）、教师的理论修养与实际准备水平、运用某些方法的特点、选择最佳方案的技能、个性品质等。清楚地把握和科学地分析教学过程中的众多复杂因素及相互关系,构成了教师正确选择教学方法及与此相关的实际方式的科学基础。一般说来,选择和运用教学方法,下列几项因素是必须考虑的。

一是依据教学目标确定教学方法。教学目标不同所借助的教学方法与技术也不相同。不同的学科领域和不同的学习阶段,教学目标各不相同,教师可依据具体的可操作性目标来选择和确定具体的教学方法。知识性的目标重思维与理解的方法,能力与技能性的目标重实践训练的方法；情感性的目标重体验与熏陶的方法。

二是依据教学内容特点选择教学方法。不同学科的知识内容与学习要求不同,所用的教学方法也不相同；不同阶段、不同单元、不同课时的内容与要求也不一致,这些都要求教学方法的选择具有多样性和灵活性的特点。科学类的课程常用观察实验的方法,艺体类的课程常用示范与操作性的方法,文史类的课程常用阅读推理的方法。

三是根据学生实际特点选择教学方法。教学过程受学生自身特点的制约,不同的学生有不同的学习基础、不同的学习习惯、不同的学习风格,在学习方法的选择上也有各自的喜好。有的学生长于机械记忆,有的长于逻辑思维,有的长于动手操作,有的长于形象感知。教学方法的选择贵在因材施教,满足学生对学习方法的需求。

◇ 教学设计与案例分析

四是依据教师的自身特点选择教学方法。任何一种教学方法，只有适应了教师的自身条件，并能为教师充分理解和把握，才有可能在实际教学活动中有效地发挥其功能和作用。不同的教师有不同的教学风格，在教学方法的使用上有各自的优势，也有自己的不足，有人长于逻辑推理，有人长于形象思维，有人长于操作演示，有人长于情境创设。因此，教师在选择教学方法时，应当根据自己的实际优势，扬长避短，选择与自己最相适应的教学方法。

五是依据教学环境条件选择教学方法。教师在选择教学方法时，要受时间、空间、教学设备与环境的制约。尤其在教学设施与环境方面，目前城乡之间、区域之间还存在较大差异，因此教学方法的选择和运用也要因地制宜，根据教学环境提供的条件与可能性选择教学方法。

教师选择教学方法的目的，是要在实际教学活动中有效地运用。有效运用教学方法必须遵循以下几项基本要求。

思想性原则。教学方法的选择和运用必须有先进的教学思想作指导，有利于使教学过程简单化、趣味化，有利于促进学生全面发展。

综合性原则。教学方法不具有排他性，高效的教学常常是多种方法综合运用的结果。方法的多样性可以使教学过程变得生动有趣，有效防止学生学习倦怠。

灵活性原则。教学方法常常在教师备课的时候就已经预选了。但教学实施具有灵活性与生成性。教学方法的运用应根据生成的教学实际灵活多变，而不是固守预设的方法。

主体性原则。教学方法包括教师教的方法与学生学的方法。教师与学生都是教学方法使用的主体，并且随着教学改革的不断深入，学的方法更加受到重视，因此，教学方法的选择和运用应该更多地关注学生的学习方法，关注学生在教学过程中的参与度，使学生从教学活动中的"看客"，真正成为教学活动的"主人"。

五、教学方法变革与发展的趋势

教学方法的选择和使用是否得当，直接关系到教学的效果。但再好的方法都不是一成不变的，随着教育教学的不断变革与发展，教学方法也呈现出一定的变革与发展趋势。

（一）教法学法并重

教学过程是教师的教与学生的学相互协作的过程。因而教学方法必然包括教师的教法与学生的学法。但过去的教学单纯强调教师的教法，而忽视了学生的学法，有人曾一度习惯性地将教学方法简称为教法，这样理解的教学方法势必影响教学过程中的师生关系，忽视学生在教学过程中的主体地位，把教学过程看成是一个教师对学生的单向信息传递过程。教法学法并重，就是要承认教师与学生在教学过程中双主体的存在，教师是教的主体，学生是学的主体，只有教法学法并重，才能增强教学的互动性，提高教学的有效性。目前教学方法的变革更加注重对学生学习能力的培养。新课程把"过程与方法"作为对学生学习的一个重要目标维度，目的就是要让学生学会学习，做学习的主人。

（二）共性个性兼顾

班级授课制的产生，个别化教学过程为批量化生产过程所取代，使教学过程不得不考虑全体学生的一般性需求，这在一定程度上也确实提高了教学活动的效率。但这样的教学也不可避免地产生了一些弊端。学生的个性化需求得不到满足，教学培养的人才也是千人一面。随着科学技术的不断进步，社会生产的不断发展，社会对个性化人才的需求与日俱增，因而对教育也提出了个性化发展的要求。苏联教育家明确指出："教育是个性在教学和教育过程中得到发展的过程和结果。"日本的教学改革把"重视个性的原则"视为最重要的原则。个性化的教学不仅体现在教学目标与教学内容的个性化，也体现在教学方法变革的个性化，即教学方法的选择和运用要遵循人的身心发展的规律，考虑人的身心发展的个别差异性，为每个学生量身打造适合其个性发展的教法或学习方法。目前，许多教师在教学过程中常常把班级教学、分组教学和个别教学的方法结合起来使用，就是共性与个性兼顾的体现。同时个性化的教学方法还表现在学生作为学习的主体在学习过程中自主探索发现适合自己学习需要的学习方法，这样的学习方法更具个性化色彩。

（三）知情意行协调

这是由人的全面发展的教学目的所决定的。教学所确定的目标不同，选择和使用的教学方法也不一样。过去的教学目标比较单一，以知识为中心，以应试为目的，因而在教学方法的选择上也就比较单一，传递接受式教学方法在教学过程中大行其道。其结果是造成了学生片面的、畸形的发展，高分低能、知行脱节、情感单纯、意志薄弱，成为学生发展较普遍的现象。教育的弊端早已为人们所诟病。明确教学目标，革新教学方法是人们走出困境的必然选择。我国古人尚且知道"闻、见、知、行"在学习中的统一，赞科夫也认为"我们的时代不仅要求一个具有广泛而深刻的知识的学生，而且要求发展他的智慧、意志、情感，发展他的才能和禀赋"，现代教育理念更应该追求人的和谐发展，注重学生知、情、意、行的有机统一。在教学方法的选择和运用上把知识理解、情感熏陶与行为训练有机结合起来，这样既能使学习活动变得妙趣横生，又会使学习结果变得和谐美满。

（四）技术含量增加

教学手段与教学技术是教学过程中信息传播的媒介。过去教学过程中的信息传递主要靠语言，随着科学技术的不断发展，计算机技术、多媒体技术进入教育领域，特别是信息高速公路的出现，以及现代化教学手段的广泛采用，为深化教学方法改革提供了有利条件，教学逐渐超越了时空的限制，拓展了无限广阔的发展空间，使内容更丰富，形式更生动，效果更明显。可以断言，没有教学手段、教学技术的现代化就不可能有面向21世纪教育的现代化，教学方法技术含量的增加是现代课堂教学的必然选择。

（五）注重方法创新

教学方法受多种因素制约，科学技术的发展、教育观念的变革、教学内容的更新、教学环境的变换都可能促进方法上的变革。因此教学方法的选择和使用不是一成不变的。教学除了要继承和选择现有的教学方法，还要因地制宜，因时而化。比如，要培养学生的创新精神，就有人在课堂上创造性地使用头脑风暴法，通过激发思维、延迟判断、以量求质、综合改善，最大限度地开发学生智慧潜能。运用定势破除法，让学生学习用不同的思路和方法解决同一类问题，以锻炼学生思维的灵活性与创造性。当创新已成为推动时代前进的驱动力的时候，教育领域的创新也不能置身事外，教学方法创新也会成为教学方法运用的一种新的常态。

（六）注重方法的综合运用

教学目标的多元性、教学任务的多样性与教学过程的复杂性决定了教学方法的选择和使用具有综合化的特点。因为任何单一的教学方法都难以完成复杂的教学活动。苏联教育家巴班斯基曾经指出："教学方法的最优化程序中一个最重要的、也是最困难的问题是合理地去选择各种教学方法并使之达到这样的结合，即能在该条件下，在有限的时间内获得最好的教学效果。"教学有法，但没有最好的教学方法，任何一种方法都有它的优越性，同时也有它的局限性，不同的教学方法综合使用，可以取长补短，增强教学效果，提升教学质量。同时综合运用教学方法还必须建立自己的方法体系，即对各种方法都能熟练掌握和运用，能够在不同方法之间建立连接，形成方法组合，以便更好地完成综合化的教学任务。

【案例】

《秋天》（人教版语文七年级上册）教学实录[①]

背景音乐响起。

师：亲爱的同学们，今天很高兴能够和大家一起探寻现代诗歌艺术的殿堂。

师：秋风如雾，秋水似梦。让我们一同来欣赏一组秋的画面。

（出示课件，音乐伴随画面）

师画外音：越过溪水的欢歌，飞过秋鸟的啼鸣。走进秋天，走进一个幽静的世界；走进秋天，迎来一片丰收的岁月；走进秋天，回味一个思念的季节。现在就让我们大家一起走进诗人何其芳的《秋天》，去领略秋的风采，聆听秋的诉说。（板书课题）

师：请同学们打开书，自由、放声朗读课文，注意读准字音，把握节奏。

生：自由朗读。（师巡视、生朗读声渐弱）

师：读第一节时有一个词语需要注意："丁丁"，它是一个什么词？（生答：拟声词）请注意第三节的"清冽"的"冽"与"洌"的区别。

师：朗读不仅是声音技巧的完善，更是真实情感的表达，是与作者的情感产生共鸣的一种再创造的过程。请大家记住：用我口诵我心，要读出自己的感悟。下面老师朗读，你们听一听，注意诗歌的节奏和情感。

（幻灯出示课文、音乐）教师声情并茂地朗读。（学生掌声）

师：现在大家酝酿自己的感情，准备齐读。注意：读出感情。

学生齐读。

师：很好！同学们能读出自己的感悟，诗歌和韵味逐渐浮现出来了。这首诗歌美吗？（生：美）好！请大家看诗歌，用自己最优美、最精练的语言概括诗中那一个个生动鲜明的画面，或者给每幅画命个名。

（学生思考）

[①] 杨勇. 名师教学案例［M］. 北京：科学出版社，2015：15—22.

◇ 教学设计与案例分析

师：有答案了吗？

生1：农家丰收图。

师：何以见得是农家丰收图？

生1：从诗歌中"稻香""镰刀""背篓""肥硕的瓜果"可以看出是农家丰收图。

生2：渔船归泊图。从"圆圆的网""轻轻摇着归泊的小桨"可以看出。

生3：秋水伊人图……"秋天梦寐在牧羊女的眼里"？还是用少女思恋图吧。

师：同学们看这三个画面有没有共同特征？在季节上来说都是什么季节？（生齐答：秋天）在地点上来说呢？（生齐答：乡村）所以，我们可以将它们概括为"乡村秋景图"。

（师板书：农家丰收图 渔船归泊图 少女思恋图 乡村秋景图）

师：作者抓住了最能体现乡村秋天景色的事物来刻画秋天，所以此画面表现了作者怎样的感情呢？

生4：喜爱、喜悦。

生5：赞美。

（板书：喜悦 赞美）

师：同学们，让我们带着对秋天的喜爱与赞美，用有声语言来再现诗人和自己心中的秋天。下面让我们分男女生朗读诗歌。

（男女生分读和合读课文）

师：嗯，很不错。我们说一篇优秀的作品，一首好的诗歌，总会带给我们一种美好的享受，这首诗歌带给我们的是美的感染和熏陶。下面，我们分小组活动，将你认为诗歌中最美的一节、一行或一个词找出来，说说它美在何处。可以用"我最喜爱'震落了清晨满披着露珠/伐木声丁丁地飘出幽谷'这两句诗，诗句让我想象出一幅极美的画面——古木参天的幽谷中，微风轻拂……"的句式说话。

（学生活动，气氛热烈。教师巡查，适当点拨）

师：看到大家讨论得这么热烈，我真高兴。现在老师渴望听听大家的想法。请欣赏第一幅画面的同学举手。来，这位同学，需要上台来讲吗？

生6：不了。大家认为用这篇课文的哪个词语来形容我最好？（该生有些胖）

生：肥硕（学生笑）

生6：一看就是肥硕嘛！因为用肥硕来形容瓜果看起来似乎很平常，

但如果用其他词语,如"丰满"之类的词来形容,就体现不出丰收了,也没有那种韵味啦。"肥硕"正体现了作者炼字的内功。

（学生笑、掌声）

生7：第一节中的"饱食"运用了拟人的修辞手法,写出了丰收之后的场景,让我想到了农民伯伯春天播种的艰苦,以及秋天丰收的时候他们脸上的喜悦,他们的笑容是那么的甜美。

…………

师：想不想试试自己的才气和文笔呢？敞开心扉,激扬文字,写下美丽的四季诗篇吧。请大家以小组为单位写诗,准备好了就上台自由展示。来吧,拿起你的笔,酝酿好你的情感,来吧,创作吧！我们都是你的读者,你就是诗人。

（幻灯出示：音乐响起,画面字幕——春夏秋冬/走过四季都是诗/天地之间/人生百味皆成文）

（学生写作,热情四溢）

师：来,诗人们,请上台来展示你的作品。欢迎第一位诗人上台,第二位诗人上台。

（两位学生上台展示自己的作品）

师：好,冯婷和蒋卫两位诗人已完成他们的作品,你们是诗歌的原创。来,请你们读一读作品,谈谈你们的创作。

生34：袅袅兮秋风/你们绘着爱的思念/缠绵于我们彼此笑的脸颊/你是一支飒飒的舞曲/撩逗了梦乡里的珍珠/夕阳西下/掀着的是我梦的斜阳/温暖而温馨/随着秋千荡漾/秋的畅思/万丈牵连。

生35：瓜累果硕满农家/叶叠藤密出沃膏/繁菊艳园坠枝弯/丰穗盈田映日圆/家翁柱杖迎空对/笑看鼠狸抱果归/今夜秋月圆九轮/欣知明日又一天。

（学生激动、赞叹、掌声）

师：同学们,我看了一下,还有很多人想尽情展示自己的诗情和才气,但由于时间关系,我们下来之后再一起交流,好不好？今天黑板上的这两首诗和刚才两位同学的诗篇,写得好吗？（生齐答：好）

师：如果说蒋卫同学是一位从邈远走来的诗人的话,那么这位女诗人就是现代的戴望舒,现代的舒婷！同学们,诗歌一定要融入自己的情感,要有丰富的意象,毫无疑问这两位小诗人创作的诗歌都是非常优美的。好,今天的课就上到这里,让我们都来做诗的知己吧！知道《秋词》里的这样一句诗吗？"晴空一鹤排云上,（师生齐答）便引诗情到碧霄"。谢谢

◇ 教学设计与案例分析

大家！（授课教师：四川双流棠湖中学外语实验学校刘勇）

评析：

从教学实录可以看出，本课中教学方法的设计和运用是比较成功的。主要表现在：

（1）设计理念先进，体现学生的主体地位。整堂课虽然表面上看是师生相互协作，共同完成了教学任务，但教学重心突出，紧紧围绕学生的学习开展教学活动，教师的教不是单纯的自我展示，而是以学定教、为学而教，"教"为学生开辟了更为广阔的学习空间，教会了学生学习，教会了学生思考，教会了学生创造。

（2）达成了理想的教学目标。教学方法的多样化，不仅使学生学会了读诗、赏诗，还学会了诗歌创作，培养了表达交流的能力、团结协作的能力、自我展示的能力。同时教学情境的创设为师生创造了良好的教学氛围，教学过程其乐融融，师生不仅共享了秋的美景，也分享了彼此成功的快乐。

（3）教法学法并重，互动效果良好。本课不仅精心设计了教师的教法，采用了情境创设、朗读示范、重点讲授、谈话交流、学习暗示与读书指导，充分发挥教师在教学过程中的主导作用，还注重对学生的学法指导，在短短一堂课中，学生根据教学情境的变化，适时变换学习方法，收到了良好的学习效果。

（4）突出学科特点，注重"读"的艺术。为了让诗歌阅读更有诗意，教师在作好导读、范读的同时，还通过音乐、视频、图片等营造诗意情境，引导学生通过自由朗读、齐读、分角色朗读等体验诗的意境。从指导学生"用我口诵我心"到"来吧，创作吧！我们都是你的读者，你就是诗人"的诗歌创作指导，不仅体现了学习者在诗歌学习中知情意行的协调发展，也体现了诗歌学习由浅入深、由表及里、由模仿到创作的过程。

思考题

1. 为什么要进行教学方法设计？
2. 如何理解"教学有法，法无定法"？
3. 合理选择和运用教学方法的依据是什么？
4. 什么是讲授法？如何有效运用讲授法？
5. 什么是发现学习法？如何运用发现法？
6. 简要评价斯金纳的程序教学法，技术赋能的时代如何有效运用程序教学法？

第八章 教学结构设计

一、教学结构概述

(一) 教学结构的概念

结构指组成整体的各部分的搭配和安排。任何事物都有自身特定的结构,并且事物的结构与功能是紧密相连的,结构良好的事物功能健全,结构不良的事物功能就会受到影响。就像人体由头脑、躯干、四肢构成一样,大脑的机能在于思维,四肢的功能在于运动,构成人体的任何一个器官出现问题,都会造成机能上的缺陷。教学是由教师、学生、教学内容、教学手段等基本要素组成的一个整体,教学的构成要素及相互关系形成了教学结构。这一结构与人体结构并不完全相同,人体结构是一种自然生长的结构,其机能是建立在遗传与本能活动的基础之上的。教学作为一种社会实践活动,其构成要素与相互关系受多种因素制约,与社会历史发展紧密相连,有学者从三论的角度把课堂教学看作是一个由教师、学生、教材等组成的信息反馈系统,课堂教学结构则是一个信息反馈的结构。周玉仁教授认为,"教学结构是指在一定的教育思想指导下,为完成一定的教学目标,对构成教学的诸因素,在时间、空间方面所设计的比较稳定的、简化的组合方式及其活动程序"。[1] 何克抗教授认为,"所谓教学结构是指在一定的教育思想、教学理论和学习理论指导下的、在某种环境中展开的教学活动进程的稳定结构形式,是教学系统四个组成要素(教师、学生、教材和教学媒体)相互联系、相互作用的具体体现"[2]。目前,我国教育界对课堂教学结构这一概念的解释不尽相同,但以下几点是可以确认的。

(1) 教学结构反映了教学过程的基本理论,总是受一定的教学思想所

---

[1] 孙以泽. 课堂教学结构摭谈 [J]. 上海教育科研, 1993 (6): 58.
[2] 何克抗. 教学结构理论与教学深化改革(上) [J]. 电化教育研究, 2007 (7): 6.

左右。

（2）教学结构是"系统"的构成要素在时空方面进行"组合"而得到的一个序列。

（3）"组合"方式的选择旨在使"系统"的各个要素相互作用发挥整体功能，完成一定的教学目标。

抓住了以上几点，我们就可以比较准确地把握"教学结构"的本质意义。

（二）教学结构与教学模式、教学策略的关系

教学结构与教学模式、教学策略是紧密相关而又有着根本区别的几个概念，其共同点是都建立在一定的教育理念基础之上，都跟构成教学的基本要素及教学效果有直接的联系，都在具体的教学实践活动中体现出来。区别在于三个概念处于三个不同的层次。教学结构是处于较为宏观的层次，用于反映一定教育教学理论中四个核心要素在教学中所展开的比较稳定的作用关系，它不依赖于具体的教学内容与教学对象。教学模式则是教学结构在具体的学科领域中的教学过程中展开的体现，处于中观层面，有相对稳定的结构和程序，其中还包含有教学策略（李晓文，王莹，2000）。教学策略是一个最下位的概念，根据现代汉语词典的解释，"策略"是指行动的指导方针和工作的方式、方法，那么教学策略就应当是指教学方面的指南和方法。

教学结构和教学模式二者之间关系密切。任何教学结构都要通过某种教学模式才能实现，从这种意义上说，模式是结构的载体。反之，任何模式都是有结构的模式，并且同样的教学模式可以有不同的教学结构。能实现同一种教学结构的教学模式很多，而且因学科和教学单元而异。同一教学结构在不同的教学内容、教学环境与教学对象中展开，则可衍生多个用于指导具体教学进程展开的教学模式。就教学模式与教学策略的关系而言，它既属于教学策略与教学方法的范畴，又不等同于教学策略或教学方法。教学策略或教学方法一般是指教学上采用的某一种策略或某一种方法，而教学模式则是指两种或两种以上教学策略或教学方法的稳定组合。在教学过程中，为了实现某种预期的效果或目标，往往要综合运用多种不同的策略与方法，当这些教学策略与方法的联合运用总能达到预期的效果或目标时，就成为一种稳定的教学模式。

（三）教学结构的特征

根据对教学结构定义的理解，我们总结出教学结构具有以下五种特征。

1. 依附性

它强烈地依附于现代科学理论,包括教育理论、学习理论、传播科学理论等。用不同的理论指导就必然形成不同的教学结构。教学策略与教学方法对于思想、理论不一定具有这种依附性,即同一种教学策略、教学方法往往可以在不同的教育思想、不同的教与学理论指导下的教学活动中采用。这种对理论的依附性是教学结构区别于教学策略、教学方法的最本质特性。

2. 动态性

教学结构是"教学活动进程"的稳定结构形式,这里强调的是"进程",即必须是在教学活动进程中表现出来的稳定结构形式才是我们所说的教学结构;脱离"进程"即无所谓教学结构,因而具有动态性。就教学结构的产生过程而言,它也是教学的组织者和实施者设计与生成的结果,教育主体对教学的构成要素及相互关系有选择与组织的能动性,既可以预先设计教学的结构,也可以根据教学实施的需要及时修正教学的结构,因而教学结构并不是一成不变的,而是根据教学主体及教学实施的需要具有动态与生成的特点。

3. 系统性

教学结构是由构成教学系统的基本要素(如教师、学生、教学内容、教学媒体)在教学活动进程中相互联系、相互作用而形成的稳定结构形式,离开教学系统的基本要素,就不可能具有这种结构形式。所以教学结构是教学系统整体性的体现,而不是系统局部性的体现,更不是其中某个要素的个别特性或某几个要素的若干种特性的体现。

4. 层次性

由于教学结构是由教学的基本要素相互联系、相互作用而形成,因此可以从不同的层面来探讨教学的结构。宏观层面,可以从教育思想、教学理念的角度来探讨教学结构的内涵、本质及特征,科学把握教学的构成要素及相互关系。中观层面,可以从教学构成要素的角度来探讨教学结构,如学科特点、学生的年龄特征、教学手段与方法的变革等教学结构中较为普遍性的问题。微观层面,则是根据具体的课堂教学,即特定的内容、特定的对象、特定的时空点来确定教学的结构。对不同层次的教学结构问题探讨并非互不相干,而是彼此相连。既要站得高、看得远,又要停得住、落得实。

◇ 教学设计与案例分析

5. 稳定性

尽管教学结构具有动态性，但它不是随意变化、不可捉摸的，而是一种稳定的结构形式。因为教学活动是有规律可寻的，只要真正把握了教学规律，运用科学的原理和方法作指导，就能探索出解决一般性教学问题的教学结构形式。许多成功教师的教学经验告诉人们，良好而稳定的教学结构及教学模式是形成自身教学风格的重要依托。

（四）教学结构的几种类型

教学结构的核心是作为教学活动主体的人，教师或学生在教学过程中的地位和作用决定了教学结构的类型。根据教学活动主体参与教学活动的差异，可以将教学结构分为教师中心型、学生中心型和师生合作型三种基本类型。

1. 教师中心型教学结构

教师中心型教学结构是以教师的活动为主线来设计教学活动全过程，从教学目标确定、教学内容选择到教学方法运用、教学结果评价都体现出教师的绝对权威。教师中心型教学结构的特点有以下几点。

（1）教学目标由教师确定，学生不参与教学目标制定。

（2）教学内容来源于教材或教师的经验，学生不参与教学内容的选择，学生已有的经验或学习资源难以进入教学过程为大家所共享。

（3）教师是教学过程的组织者、教学活动的实施者，教学过程是单向的传递接受过程。

（4）教师对教学方法的关注只重教法不重学法，更不会对学生进行专门的学法指导。

（5）学生是知识传授对象，是外部刺激的被动接受者。

（6）教学过程中学生接受教师的安排，从事学习活动，学生不能自主决定自己的学习。

（7）教学媒体是教师教的辅助工具，在教学过程中主要服务于教师教的活动，教学手段主要体现教师教的手段。

（8）教师是教学过程和教学结果的评价者，学生是评价的对象，教学过程中学生没有自我评价。

这种结构的优点，有利于教师主导作用的发挥。教学有很强的目的性与计划性，便于教师组织、监控整个教学活动进程，有利于对前人知识经验的学习与继承，有利于学科知识的系统传授，也有利于按时完成教学任务。其弊端在于，忽视学生在学习过程中的主体地位，不利于学生主观能动性的发挥；课堂上师生之间、同学之间缺乏交流互动，学生的情感需要难以得到满足，也不利于培养团结协作的精神；教学资源受教师教的资源的限制，教学活动受教师教的活动的制约，老师主导成了老师主宰，课堂具有封闭性，不利于拓展学生视野，也不利于学生批判性思维、创新思维，实践能力和创新能力的培养。

受传统教学观念的影响，我国的课堂教学结构属于比较典型的教师中心型教学。由于我国没有建立属于自己的现代教学理论，因而容易受到外来理论的影响。19世纪德国教育家赫尔巴特的"五段教学"理论，强调教师在教学过程中的主体地位与主导作用。在预备、提示、联系、统合、应用五个环节中，老师的主导都是不可取代的。20世纪，行为主义的学习理论传入中国，对我国的课堂教学与学生管理产生了巨大影响，学生的学习被看作是对外部环境的刺激被动地作出反应的过程，学生的主体意识和内部心理活动受到忽视。新中国成立以后，苏联教育家凯洛夫的教学理论在我国的课堂教学中占据统治地位，他提出的新五段教学理论被广大教师奉为"圣经"，老师们都严格按照激发学习动机、复习旧课、讲授新课、运用巩固、检查效果的程序规划设计教学过程，组织教学。其结果是教师逐渐形成教学的思维定势与教学行为定势，学校千校一面，学生千人一面。这种现象在20世纪90年代以后逐渐受人诟病，激发了人们探索学习新的教学理念与教学结构的热情。

2. 学生中心型教学结构

学生中心型教学结构是以学生的活动为主线来设计教学活动的教学结构。其特点主要有以下几点。

（1）学生参与教学计划的制订，学生的学习需求成为确定教学目标的主要依据之一。

（2）教师是课堂教学的组织者、指导者，是学生自主建构意义的帮助者、促进者。

（3）学生是信息加工的主体，是知识意义的主动建构者，而非知识灌输的对象。

（4）教学内容不仅限于教材或教师传授的信息，学生在教师指导下，通过自主学习与互助学习，从不同途径获得大量的信息，远远超过教师讲授的内容。

（5）学生能自主选择学习方法，进行个性化的学习。

(6) 教学媒体是促进学生自主学习的认知工具与协作交流工具。

(7) 学生参与教学过程与结果的评价与自我评价。

这种方法的优点是能充分发挥学生学习的主观能动性，有利于激发学习动机，开发学习潜能，培养学生的自主意识、合作能力与创新精神。自主确定学习目标有利于促进学生个性化发展。教学过程与学生的生活、社会实际紧密相连，增强了教学的实践性，有利于培养学生的问题解决能力。学生共享学习资源，大大丰富了教学的内容，拓宽了学生的学习视野。积极参与课堂评价有利于培养学生的自我意识。弊端在于忽视了教师的主导作用。教师的权威受到削弱，难以从总体上规划、设计、组织实施教学活动。学生自主能力的欠缺增加了教学组织与管理的难度，不利于学生系统地获得学科知识，按时完成教学任务。

学生中心型教学结构在我国难以成型。我国传统的师生关系历来注重师道尊严，教师在教学过程中处于绝对权威的地位。20世纪初，以学生为中心的现代教育观念传入我国，注重儿童经验，强调在做中学，主张教师在教学过程中创设情境、提供支持与服务的作用。但这一思潮由于我国社会发展水平的制约，仅仅只是昙花一现，而未能持续生长。新中国成立后随着意识形态的话语权高度统一，一统天下的教育目的要求与一刀切的教育评估方式使教师的行为不敢越雷池半步，使学生成了教育机器上的螺丝钉，任随教师拧放。教师被形象地比喻为园丁、春蚕。教学过程就是园丁修剪花草的过程，或是教师不断往外吐丝，滋养学生的过程，学生成了教学过程的陪练或看客。

20世纪80年代以后，应试教育的弊端逐渐显现，20世纪90年代，世界性的教育改革浪潮风起云涌，建构主义学习理论在西方乃至全球迅速蔓延。强调以学生为中心，要求学生由外部刺激的被动接受者和知识的灌输对象转变为信息加工的主体、知识意义的主动建构者。要求教师要由知识的传授者、灌输者转变为学生自主建构意义的帮助者、促进者；要求教师应当在教学过程中采用以学生为中心的全新教育思想，创建学生中心教学结构，彻底摒弃强调知识传授、把学生当作知识灌输对象的、以教师为中心的传统教育思想与教学结构，实施以"学"为主的全新教学设计和全新的教学方法。同时信息技术在教育领域的广泛运用，大规模开放的在线课程为学生自主获得信息大开了方便之门。20世纪初，在我国掀起的新一轮课程改革，正是顺应了这一时代发展的历史潮流而进行的系统化的教育改革运动，教学方式与师生地位的转变成了历史的必然。但是由于教师中心型教学结构在我国根深蒂固，许多教师难以彻底告别过去，而是遵循思维定势与自身行为习惯重复着昨天的教育故事。

3. 师生合作型教学结构

师生合作型教学结构又称双主体型教学结构，指教学活动不是以某一方为主，而是把教学活动作为师生双方合作互动，共同完成的教学任务的一种教学结构类型，即教师是主导的主体，学生是主学的主体。其特点主要有以下几点。

（1）教学活动是师生合作，共同完成的一个整体性活动，离开任何一方，教学活动都难以完成。

（2）教师既是主动的施教者和教学过程的组织者、指导者，又是学生自主建构意义的帮助者、促进者，学生良好情操的培育者，并且要注意监控整个教学活动的进程。

（3）学生是信息加工的主体、知识意义的主动建构者，又是情感体验与培育的主体。

（4）教与学的活动相互依存，教师为学而教，依学定教，教师通过发挥主导作用引导学生学习；学生受教而学，依导而学，在教师的主导下，学生的学习更加有目的性、计划性、组织性和效率性。

（5）师生人格平等，教学过程民主，师生通过合作，确定教学目标，组织教学内容，选择教学方法，评定教学过程或结果。

（6）教学媒体既是辅助教师突破重点、难点的形象化教学工具，又是促进学生自主学习、自主探究、自主发现的认知工具与协作交流工具。

这种教学结构兼收学生中心与教师中心型教学结构之长，弥补了两种教学结构之不足。师生之间取长补短，教学活动相辅相成。既发挥了教师的主导作用，又能充分体现学生在学习过程中的主体地位。既注重教师的教，又注重学生的自主学习，把教师和学生两方面的主动性、积极性都调动了起来。既有利于建立新型的师生关系，也有利于丰富教学资源，提高教学质量与教学效率。

师生合作型教学结构在我国已有很深的渊源，古人云："教学相长"，韩愈也说"弟子不必不如师。师不必贤于弟子"。可见，师生合作的教学结构在我国古已有之。即使在教师中心的教学结构极端盛行的时候，真正掌握学生身心发展规律及教育发展规律的教师也会加强师生互动，注重教学合作。

20世纪80年代以后，人们对单纯的教师中心或学生中心教学结构的弊端看得愈来愈清楚，因而积极寻求走出教学困境的第三条路线，其时，建构主义的教育思想以及美国著名教育家奥苏贝尔的教学理论在我国广为传播，对我国的教育影响也随着教育改革的不断推进而日益深入。

建构主义强调，学习不是学生被动接受教师传授知识的过程，而是学生主动建构知识的过程，而知识的建构具有情境性、互动性、社会性与生成性等特点，在这一过程之中，师生的合作是必然的，教师的情境创设与信息刺激是学生建构知识的重要条件。

奥苏贝尔的教学理论，也为师生合作奠定了强有力的理论基础。其中有意义接受学习理论、先行组织者教学策略和动机理论影响最深远。首先，奥苏贝尔认为，所谓有意义的接受，就是要在当前学习的新知识、新概念与学习者原有认知结构中的概念之间建立实质的、非人为的联系。即他所概括的"影响学习唯一最重要的因素就是学习者已经知道了什么。要探明这一点并应据此进行教学"。这种学习既离不开教师对知识的传授，离不开教师主导作用的发挥，也离不开学生的主观能动性，以便建立新旧知识的联系。而有意义的发现学习，主要不是依赖于教师的传授，而是学习者主动探索发现的知识，充分体现了学习者的主观能动性。其次，先行组织者教学策略强调要促进有意义学习的发生，需要利用适当的引导性材料对当前所学新内容加以定向和引导。这不仅有助于建立有意义学习的心向，而且还能帮助学习者认识到当前所学内容与自己头脑中原有认知结构的那一部分存在某种非人为的联系，从而能有效地促进有意义学习的发生和习得意义的保持。先行组织者的选择与组织充分体现了教师主导作用的发挥。先行组织与有意义的接受的结合正是师生教学合作的重要表现。最后，奥苏贝尔的动机理论也为师生合作提供了动力支持。他认为动机影响学习过程，而学习者的动机主要表现为认知内驱力、自我提高内驱力和附属内驱力三种成分。前两种动机来源于学习者内部，建立在学习者内在需求与自我认识基础之上，后一种动机来源于外在刺激，与教师的主导作用息息相关。三种动机相互制约、相互影响、相互转化，共同构成了学生学习的内在动力系统。这进一步说明教学过程是师生合作建设学习者学习动力系统的过程。

目前，师生合作型教学结构正在为越来越多教师所接受，许多课堂教学改革，不仅规定了教师教的行为，同时也注意引导、规范学生学的行为，把教学作为一个整体来规划设计，教的行为指向学，学的行为有赖教。并且教与学的设计都不是僵化的、一成不变的，教学活动随时根据情境的变化而变化。许多地方在师生合作教学结构的基础上探索出各具特色的课堂教学的成功模式，杜郎口、阳思模式便是师生合作型教学结构的成功典范。

【案例】

《小说环境描写的作用分析》教学过程（教学结构）设计

教学环节	教学时间预计	教师活动	学生活动	设计意图
一、导入	2分钟	小说是以刻画人物形象为中心，通过完整的故事情节和具体的环境描写来展现社会生活的一种文学样式。人物、情节、环境是小说的三要素。环境作为小说的三要素之一，是小说阅读的重要考点。我们之前已经学习了小说人物形象概括的相关知识，今天，我们就从小说环境描写的特点及作用的角度，进行小说阅读的学习		明确本课的学习内容
二、回顾旧知	2分钟	用思维导图展示小说环境描写的基本知识。（自然环境描写和社会环境描写）	复习已学知识，学习运用已学知识解决问题	明确小说环境描写的概念
三、重温课本归纳总结	15分钟	1. 展示小说《祝福》中四处关于风雪的描写，引导学生分析这四处关于风雪的描写有何作用 2. 就学生分析的情况进行补充讲解 3. 总结小说环境描写作用的基本知识框架	1. 阅读《祝福》中的四处关于风雪的描写，勾画关键词，结合之前所学，分析此处环境描写的作用 2. 展示答案，进行补充 3. 展示小说环境描写作用的基本知识框架，引导学生内化为自己的知识系统	结合所学文本，归纳总结知识框架

◇ 教学设计与案例分析

续表

教学环节	教学时间预计	教师活动	学生活动	设计意图
四、实践演练	16分钟	1. 展示《车站上空的鹰》 2. 学生到电子白板上展示 3. 就学生分析的情况进行补充讲解 4. 通过追问，复习巩固已经学得的分析小说环境描写作用的基本知识	1. 阅读《车站上空的鹰》，用学到的知识分析文章，回答问题 2. 展示答案 3. 根据老师的讲解对答案进行调整和补充完善	让学生运用学到的知识阅读一篇完整的文章，并完成小说环境描写作用的分析，呈现学生对本节课教授的方法的掌握情况
五、课堂小结布置作业	5分钟	1. 总结：小说环境描写的作用分析，万万不可空洞，需要我们立足于文本，结合文本阐述具体的内容。根据文章内容分析环境描写的作用，借助已经建构的知识框架，从环境本身、环境与人物的关系、环境与情节的关系、环境与主题的关系四个方面进行分析，注意一定要"言必有据"。最后整合分析，做到准确、简洁、有条理 2. 布置课后练习：阅读2013年山东卷《活着》，完成练习	总结本课所学知识，厘清答题思路	总结本课所学知识，帮助学生厘清答题思路

评析：

《小说环境描写的作用分析》一课，是一堂师生合作的教学结构设计。全过程体现了师生合作，共同完成教学任务的理念。全课分五个部分，第一部分，教师用简短的语言引入"小说环境描写"的学习内容，对学生而言，起到一个先行组织者的作用。第二部分，"回顾旧知"，教师用思维导图引导学生唤醒已有知识，为新知识的学习作准备。第三部分，"重温课本，归纳总结"这一部分是课文的重点，教师"展示"与学生"分析"紧密结合，教师"补充"与师生一起"归纳总结"形成了一幅完整的师生合作图，充分体现了教学过程的双向互动特性。在这一过程中，教师动的目的是为了引导学生更好地动，教师主动"教"与学生主动"学"相映成趣。第四部分，"实践演练"，学生通过"阅读"教师"展示"的内容和用刚学到的知识分析文章，回答教师提出的问题。教师通过"追问"的方式，让学生进一步强化已有的知识。第五部分"课堂小结，布置作业"，师生一起"总结"学习内容，学生完成课后练习。

纵观本课的教学设计，师生都是以合作者的姿态出现，教与学相互依存，教的活动服务于学的活动，并促进学的活动不断升华。师生关系平等，课堂交流顺畅。

二、教学结构设计

（一）教学结构设计的意义

教学结构设计是指在正确分析教学目标和学生特性的基础上，合理、优化安排教学中教师与学生的活动过程、形式、涉及的教学媒体和方法等多种要素，进而形成特定的教学结构和模式。要达成有效的教学目标，离不开有效的教学结构设计。《中庸》把学习过程概括为"博学之、审问之、慎思之、明辨之、笃行之"五个阶段。这种把学习过程概括为不同阶段的思想，可视之为世界上最早的教学结构设计思想的雏形。孔子认为学生的学习过程包括"学、思、习、行"，而这正是以学生的学习为中心的教学结构设计。赫尔巴特提出了"明了、联想、系统、方法"的教学过程四环节理论，强调了教师在教学过程中的主导作用。今天，人们对教学过程结构与形式的探讨更是层出不穷，可见教学结构设计的重要性。

首先，教学结构设计是践行教育思想、教学理论的集中体现，是统领教学目标、教学内容、教学方法的关键。教学结构与教学内容、教学方法、教学手段不同，它是建立在特定的教育思想理论的基础之上的，有什么样的教育思想和教学理论就会形成什么样的教学结构。过去我国的教育教学改革，常常着眼于具体的教学内容、教学方法或教学时段等方面，大有头痛医头，脚痛医脚之嫌，都难以从根本上改革教育教学现状。只有教学结构发生了真正的变化，才能证明教育思想、教学理念从根本上发生了变化，教学内容与方法的变革才有了依附性与着力点。

教学结构设计是教育改革与发展的需要。我国新一轮基础教育课程改革与历次课程改革的不同就在于，它是建立在教育思想和教学结构变革基础之上的教育系统的整体变革。尽管《基础教育课程改革纲要（试行）》（教基〔2001〕17号）文件中并未直接提到教学结构这一概念，但是该文件明确指出："教师

◇ 教学设计与案例分析

在教学过程中应与学生积极互动……注重培养学生的独立性和自主性,引导学生质疑、调查、探究,在实践中学习,促进学生在教师指导下主动地、富有个性地学习。……创设能引导学生主动参与的教育环境。……大力推进信息技术在教学过程中的普遍应用,促进信息技术与学科课程的整合,逐步实现教学内容的呈现方式、学生的学习方式、教师的教学方式和师生互动方式的变革,充分发挥信息技术的优势,为学生的学习和发展提供丰富多彩的教育环境和有力的学习工具",还要"积极利用并开发信息化课程资源"。仔细分析文件中的这一段话,不难看出,该文件对教师、学生、教学内容、教学媒体等的地位、作用都作了与传统教学中完全不同的表述,实际上就是对教学结构变革的重要论述。其后对教学内容、教学方法、教学过程、教学评价等的改革要求,便是对教学结构变革的具体化。

教学结构设计是提高教学质量的重要保证。过去长期统治我国课堂的教学结构是以教师为中心的教学结构,教师的职责是传道、授业、解惑。教师主宰课堂,学生成为被动接收知识的容器。标准化教材、标准化教学、标准化命题、标准化考试等,把丰富多彩的教学活动变成了师生机械化的行动,把个性多元的发展过程变成了批量生产标准化"人才"的过程。在这种单一的教学结构背景下,即使有教学内容与方法的变革,也不能从根本上改革教学的结构与形态,师生在教学过程中的地位和作用不会发生根本性变化。对人才培养的质量与规格不会有实质性影响。教学结构设计就是要在教育思想、教学理论指引下,确定教师与学生在教学过程中的地位与作用,理顺教学的各构成要素的相互关系,充分发挥教师在教学过程中的主导作用与学生的学习主体作用,把教学过程变成有利于促进师生合作、有利于促进学生成长、有利于促进教师发展的过程。

(二)教学结构设计应遵循的原则

教学结构设计受多种因素制约,要进行有效的教学结构设计,必须遵循下列基本原则。

1. 目标性原则

目标性原则指在进行教学结构设计时一定要明确教学目标,只有知道了人才培养的质量与规格要求,才能在教学过程中正确处理教学要素间的相互关系,使教学活动围绕既定的目标运行。遵循这一原则要求,一要根据课程标准及教学任务的要求合理确定教学目标;二要进行目标分解,建立目标与教学行为之间的联系，即通过何种活动，在哪个教学环节达成具体的目标，包括群体目标与个体目标，长远目标与近期目标；三要进行达成目标的活动设计，即具体教学环节的设计，同样的教学环节设计组织不同，达成的效果也不一样。

2. 主体性原则

主体性原则指教学结构的设计要增强主体意识，明确主体分工，使教师和学生在教学过程中各得其所，各尽其职。这是由教学过程的主体性所决定的。遵循这一原则，首先要明确教学过程有几个主体，各自的职责是什么。教师是教的主体，学生是学的主体，两个主体不可偏废，也不可相互取代。其次要理顺两个主体间的相互关系。教的主体为学的主体服务，教师根据学生的需要、为了学生的发展，设计组织教学，发挥主导作用。学习主体在教的主体指导下学习，这样目标更明确，方法更科学，学习效率更高。

3. 整体性原则

整体性原则也称为系统性原则。是指进行教学结构设计时，把教学的构成要素作为一个整体来考虑，运用系统分析的方法，综合考虑教学构成要素及其相互关系，以获得教学设计的整体的、最佳的效果。教学过程是在特定教学目标指导下，将诸多教学环节创造性地有机结合的过程。在进行教学结构的设计过程中，必须把握住教学结构是一个有机整体这一原则，即教学结构设计的整体化。遵循这一原则必须首先把教学作为一个整体来考虑。整体不是各要素的简单相加，而是各要素的有机结合，所谓整体大于要素之和，就是考虑了要素之间的相互联系。只有根据教学目标的要求，合理协调各教学要素在教学中的地位与作用，精心组织教学内容、科学选择教学方法、合理运用教学手段，才能收到理想的教学效果。

4. 灵活性原则

灵活性原则指教学结构的设计不是按照已有的模式，或某一固定的框架来套用教学结构模型，而是根据教学要素与情境的变化因时而化，灵活机动地设计教学结构。一方面，教学作为一个系统，不仅有层次之分，而且每一层次的构成要素都处在运动、变化、发展的过程之中。稳定的教学结构设计难以以不变应万变。另一方面，遵循灵活性原则，要体现教学结构设计的多样性。教师中心型、学生中心型、师生合作型教学结构是三种典型的教学结构，不是教学结构的全部类型，教学结构还可以在三种类型的基础上派生出许多渐变的或组合的类型。如教主学辅型、学主教辅型，社会参与型等。同时，一堂课，根据教学任务的需要还可以有两种以上的教学结构类型或组合的教学结构类型。教学结构设计一旦成型，并非不可更改，而是可以根据教学情境的变化，进行一次设计、二次设计或多次设计。根据设计的时机还可以将教学设计分为课前设计、课中设计和课后设计。课前设计是预设性的，课中设计是生成性的，课后设计是总结性的。

5. 最优化原则

最优化原则指教学结构的设计要充分考虑教学构成要素的特性及其相互关系，以期实现要素组合最优化，教学效果最优化。最优化的原则基于最优化教学理论。遵循这一原则，首先要建立最优化的标准体系，这是取得最好教学效果的前提条件，包括最优的教学目标，最优的教学内容，最佳的教学程序与方法，最佳的教学评价标准与体系，最佳的教学情境等。当然，最优化的教学结构设计是相对而言的，正所谓只有更好、没有最好。对教学结构设计而言，要做到"因材施教"，就是要在明确教学目标的基础上，解析教学要素特点，深挖现有教学资源，根据学习者的特性，合理地选择和组织教学资源，实现教学结构的最优化和教学效果的最大化。

6. 协作性原则

协作性原则指教学结构的设计不是教师个人的事情，应充分调动学生、同行或其他相关人员的积极性，发挥其主观能动性，通过相互协作来完成教学结构设计。这是由教学过程的本质特点所决定的。教学过程是多种因素相互协作的过程，尤其是师生之间的双向互动是保障教学顺利进行的重要条件。遵循这一原则，首先应加强教与教的协作。同行间的交流与协作可以使设计者开阔视野，相互借鉴，取长补短，尤其是年轻教师缺乏经验，若能与有经验的教师相互交流，虚心听取意见或建议，不仅有助于优化教学结构设计，也有助于年轻教师自身的专业发展。其次应加强与学生的协作。教学过程不单纯是教师向学生单向传递知识的过程，而是师生双方互动交流的过程，这种互动交流不仅限于教学过程之中，在教学之前便开始了，教师了解学生需要交流，采用什么样的教学结构也需要教师与学生共同设计，学生的学习需求，学生在教学结构中的参与度，是优化教学结构，完成学习任务的内在保障。

（三）教学结构设计的步骤

根据教学结构设计与实施的进程，可以将教学结构设计的步骤分为课前设计、课中调整与课后反思三个阶段。

（1）课前设计是教学结构设计的主体。一般的教学结构设计都是在上课前完成的。这一阶段的教学结构设计的主要步骤有要素分析、任务分解、结构定型三个部分。要素分析是教学结构设计的基础，包括目标分析、对象分析、内容分析、手段方法分析、情境分析等。对每一种要素的分析都直接影响教学结构的选择与设计。比如，小学低年级的儿童认识水平低、自制能力差，教学结构的设计就不宜选择以学生为中心的类型，教师的主导作用就应该是教学结构设计的重要依据。以技能训练为主的课程，学生的主体参与是教学成功的关键，因此教学结构设计应以学生的主体活动作为重要的参考依据。

任务分解是结构设计的关键，教学任务主要是由教的任务与学的任务构成的，教学任务分解就是要明确作为教学主体的教师或学生在教学过程中的地位和作用，即教师教学行为分解与学生学习活动分解，教师的教学活动与学生的学习活动及两种活动之间的联系决定了教学的基本结构。

结构定型是教学结构设计成果的体现。通过要素分析与任务分解，教学构成要素及相互关系已基本明朗，将任务分解与各要素联系起来，使教学任务与教学主体、教学内容、教学过程、教学方法建立具体联系，形成特定时空中的具体的教学情境，这时教学结构就形成了。

（2）课中调整是教学结构设计的补充。预设的教学结构设计，难以应对变化的教学情境。教学的构成要素及制约因素复杂多变，随着教学组织实施的不断推进，教学结构也应作相应的调整。调整的幅度随着教学要素与情境变化的大小而改变。比如教学实施过程中，学生面对学生中心型教学结构设计无动于衷或无计可施的时候，就要求教学结构作较大调整，教师中心或教师主导型教学结构就可能取而代之。反之，教学实施过程中只是教学细节的变化，则不需要教学结构发生根本性变化。结构调整的目的就是为了教学实施过程中各要素能配合协调，相得益彰。

课后反思是教学结构设计的进一步完善。根据预设的教学结构组织实施教学以后，必然产生一定的教学效果。教学目标是否达成，教学效果是否令人满意都值得反思。对教学结构设计的总结与评估，就是要反思在教学结构设计中，主体职责是否明确，教学构成要素关系是否理顺，教学资源配置是否合理，教学实施各环节联系是否紧密。目的在于将教学实施情况与教学结构设计进行对照，总结经验，寻找差距，发现问题，分析原因，寻找改进教学结构设计的策略，提升教学结构设计的能力。

三、教学结构设计的内容

教学是由多种要素构成的复杂的结构系统，包括教学的目标结构、主体结构、内容结构、时空结构、教学节奏与教学环节（教学过程）构成等。每一种结构都是教学结构的子系统，既自成体系，同时又与其他结构紧密相连，相互协作，共同构建了完整的教学结构系统。

（一）教学目标结构

教学目标关系到培养什么人的问题，是统领教学结构的关键，教学目标不同，所采用的教学结构也不相同。目标设计系统、明确，教学结构的设计相对具体、完整，目标设计概括、单一，则教学结构的设计相对简单模糊。布鲁姆将教学目标分为认知领域、情感领域和动作技能领域三大类，加涅将教学所能产生的结果分为言语信息、智力技能、认知策略、运作技能和态度五类。在教学结构模式的设计上，加涅对教学过程的设计更为具体、明了。我国的教学目标从注重"双基"到"三维"目标的确立，无疑对教学结构的设计也产生了巨大影响。同样是知识性目标，理念性知识与实践性知识不同，陈述性知识与程序性知识不同，对活动主体及主体的活动方式都提出了不同的要求，实践性知识与程序性知识的获得更需要学习主体的实践与体验。根据我国教育目的的要求，教学目标的设计应体现以下几个特点。

1. 系统性

这是由我国全面发展的教育目的所决定的，教育的目的是促进全体学生身心和谐发展，而不仅仅是学习知识或获得某一项特殊技能。

2. 全面性

全面性指教学目标的设计不仅应覆盖全体学生，还应兼顾教师的发展，这是过去的教学目标所忽视的。

3. 层次性

教学目标按确立主体分有国家期待目标、学校设定目标和学生需求目标；

按作用主体分有学生成长目标和教师发展目标；按教学内容分有学科教学目标、单元教学目标和课时教学目标；按目标内容分有综合教学目标和单项教学目标；按目标的达成水平分有高层次目标与低层次目标；按时间分有长远教学目标和目前教学目标。因而教学目标的确定要考虑不同类型、不同层次的需要，形成一个较为完整的目标结构系统。

（二）教学主体结构

课堂教学应建立什么样的教学主体结构，教育界历来争论不休。教师中心论主张课堂应以教师为中心，教师是课堂的绝对权威，主宰一切；学生中心论主张学生是课堂的真正主人，教学活动应为了学生、围绕学生、依靠学生，教师只是课堂活动的促进者和支持者，难以在课堂发挥主导作用；主导主体论者主张教师在教学过程中发挥主导作用，学生是教学活动的主体，课堂教学应围绕主体的学习活动发挥教师的主导作用，这一过程中师生的地位并不是完全平等的，更加强调学为主体，这个主体并不是指学习行为的执行者，而是指教与学有主次之分，应以学为主，只是这个"学"离不开教师主导作用的发挥。双主体论者主张教学过程有两个主体，教师是教的主体，学生是学的主体，两个主体没有主次之分，相互协作，相互制约，共同完成教学任务。时至今日，主导主体论和双主体论已为更多的教育工作者所接受，但随着教育改革的不断深入，教育科学的不断发展，这些主体结构论都难以适应现代教学发展的需要，建立新的课堂结构主体论势在必行。

首先，教学主体结构应该是多元的。过去教学单主体结构的弊端在于，忽视了教学过程的双向互动性，片面强调教师的主导作用或学生的主体地位，常常顾此失彼，使教学活动出现一边冷一边热的现象。双主体教学结构虽然考虑了教学的双向互动性，但传统教学的封闭性使域外教学资源难以进入原有的教学结构。随着教学观念的不断更新，信息技术的广泛运用，教学方式的不断变革，教学的主体结构正在从一元、两元变为多元。无论什么行业，只要学有所长，都可以被聘为校外辅导员，或兼职的、临时的教师。一方面，学生的社会实践活动，就需要各行业兼职教师的指导。另一方面，大规模开放的在线课程的使用，使无限的网络信息资源可以即时进入课堂，学生通过在线学习，即时满足学习需求，无论单向学习还是互动交流，都有许多人直接或间接地成为教学活动的主体。正所谓"道之所存，师之所存矣"，凡是术业有专攻的人都可以成为教学活动的"教"的主体。同时优秀的教学活动课件或视频作为一种教学资源也可以向社会开放，课堂从教室向社会延伸，任何人都可以利用这些资源，成为教学过程中"学"的主体，从而使教与学的主体呈现出多元化的色彩。

其次，教学主体之间的关系是复杂多样的。师生关系是教学过程中最基本的关系，处理好这一对关系是教学活动成功的关键。目前有两种观点是被人们广泛接受的，一种是主导主体观，即在教学过程中老师发挥主导作用，学生是教学活动的主体。这种观点更强调学生在教学活动中的主体地位，教师为了学生的学习而发挥主导作用，学生在教师的主导下积极主动学习。一种是双主体观，认为教师是教的主体，学生是学的主体，二者在教学过程中的地位是平等的，不存在孰轻孰重，两个主体相互依存，相互制约，共同构建了完整的教学主体结构系统。

事实上，教学的主体结构关系远比想象的要复杂得多，这种关系的复杂性与多样性是由主体的多元性所决定的。根据教学任务的难易程度及师生在教学活动中发挥的作用不同，可以把教学主体结构分为强师弱生型、弱师强生型、强师强生型、弱师弱生型。教学任务难度大，学生难以在课堂上与教师进行有效的对话交流，更难以进行有效的自主学习，就需要充分发挥教师的主导作用，教师对教学内容的理解、讲授就显得尤其重要，学生的主要作用就是消化吸收教师传授的内容。教学任务难度小，学生通过自主学习能有效地获得知识，教师在教学过程中适当发挥主导作用，就能达成教学目标，这时需要弱师强生型教学主体结构。教学任务难度适中，但内容具有启发性，有利于师生合作，以相互交流，共同探讨的方式完成教学任务，这时需要强师强生型教学主体结构。辅导课，以学生自主学习为主，教师根据学生的需求适时辅导，这样的教学，通常情况下，教学难度不大，教学活动建立在学生自主学习的基础之上，学生的自觉性、主动性、探究精神，决定了其参与学习的广度与深度，同时也制约着教师辅导的广度与深度。这种教学主体的参与度，师生双方都不是强制的，可视为弱师弱生型教学主体结构。但正因为这一类型的教学自主性较强，因而弱师弱生的类型具有较大的可塑性。此外课堂教学域外主体的参与也会使教学的主体结构关系更复杂，形成了域外教师与学生的关系，域外教师与域内教师及学生的关系，域内教师与域外学生的关系等多种教学主体结构类型。

（三）教学内容结构

教学目标的核心是学习的目标，要达到预期的学习目标，必须提供有效的学习内容。面对丰富多彩的教学资源，教师必须对教学内容进行有序和有效的选择与组织。这就关系到教学内容的结构。

长期以来，人们对教学内容的理解莫衷一是，有人认为教学内容就是教材内容，有人认为教学内容就是课程内容，也有人认为教学内容就是教师教的内容，不同的观点必然造成教学实施上的差异。最典型的是把教材内容等同于教学内容。直接的情形是：教学过程成了教师教教材的过程，教学内容的结构也就成了教材的知识结构。教师通过系统地分析教材、理解教材、讲授教材完成既定的教学任务。学生的学习也被简称为"读书"，其结果是生动活泼的教学过程变得紧张焦虑、死气沉沉，教学效果可想而知。

事实上，教学内容既不同于教育内容，也不同于课程内容，更不能简单地等同于教材或教师教的内容。教育内容是社会对人才培养的学习要求，是由教育目的所决定的；课程内容是教育内容在学科中的反映，是经过专家编撰，教育部门审定的教育内容，具有系统化、科学化的特点；教学内容则是教学主体，经过选择、提炼、创生，也生成教学活动过程的内容。它既从属于教育内容的范畴，同时也跟课程内容和教材紧密相连。是激活的课程，是可塑的教材。它与教材的最大区别在于教材内容是静止的"文本"，虽然现代教材形式多样化，有了可视听的动画的教材，但其本质上仍是静止状态的。教学内容则不然，它是在分析教育目标、解读课程标准，分析理解教材的基础上由教学主体理解、建构、生成的内容。有课程的体系与框架，但不是课程本身，有教材的影子，但大大超越了教材的束缚。

教学内容是联系师生的媒介，是师生互动的平台，设计什么样的教学内容结构，不仅关系到教学活动的实施，更直接影响教学活动的效果。根据教学内容存在的属性可以将教学内容的结构分为形态结构、程序结构和内容结构三种类型，其核心是内容结构。

1. 教学内容的形态结构

教学内容的形态结构指教学内容存在的方式，主要有静止的文本，动态的语言、行为，隐形的态度、思想、情感等。

静止的文本内容，包括教学设计前的静态文本与教学设计后的静止文本两种类型。教学设计之前，教学内容以课程标准、教科书、教学指导书、其他参考书等形式存在，其中教科书（教材）是静态文本的核心部分。教学设计后的文本，是教师在解读前一种文本的基础上，加工而成的新文本，通常以教案的形式出现。静止的文本内容是教学实施的依据，是教学内容的主要来源，是师生有效合作的基础。

◇ 教学设计与案例分析

动态的语言、行为主要是教学过程中，师生双方以活动的形式呈现出来的教学内容，包括教师的讲授、提问，对学生的课堂行为要求、课堂评价，以及学生的各种学习行为表现等。动态的教学内容是伴随教学活动展开而生成的，既是教学内容的存在方式，也是教学方式的重要体现，身教重于言教不仅是就教学方式而言的，而是形式与内容的高度统一。

隐形的态度、思想、情感等也是教学内容的重要组成部分。人的思想感情以及对事物的态度不像显形的文本与言行那样容易被人察觉，需要师生双方或同学之间相互交流、频繁接触、用心体会。潜移默化就是这种隐形教学内容产生的教学效果。

2. 教学内容的成分结构

教学内容的成分结构指教学内容的构成要素。教材内容的结构如何呢？"从本质上说，教材这一概念包含了三个基本要素：①为学生的知识体系所计划的事实、概念、法则、理论；②同知识紧密相关，有助于各种能力与熟练技巧的系统掌握、心理作业与实践作业的各种步骤、作业方式与技术；③知识体系与能力体系的密切结合，奠定世界观之基础的、表现为信念的、政治的、世界观的、道德的认识、观念及规范"[1]。对教学内容结构性的把握，就是要处理好知识、能力与态度的关系。教学内容的成分结构是教学内容结构的核心，它是由我国教育目的和人才培养的目标所决定的。各种成分的内容在结构中所占的比重，显示了教学目标的倾向。

3. 教学内容的难度结构

教学内容的难度结构指教学内容的难易程度。即新的教学内容与学生已有知识水平之间的距离，距离愈大，难度越大，距离越小则难度越小。最佳的难度应保持在学生的"最近发展区"，即通过努力可以到达的区域。实践证明：教学内容难易程度的比重一般为难、较难、不难的比例为 1∶2∶7，这样既可以满足大多数人基本的学习要求，又能使一部人通过努力达到较高的目标。内容的难度愈大，学生愈容易遭受失败的挫折，难度愈小，学生的成就感也就愈小。教学内容的难度不仅取决于教材编写内容的难度，更受教师自身对教材解读与加工的影响。把握内容的难度结构，既要理解课程标准、精读教材，更要了解学生的实际，根据学生的学习需求，以学定教。

---

① 钟启泉. 现代学科教育学论析［M］. 西安：陕西人民教育出版社，1993.

4. 教学内容的广度结构

教学内容的广度结构指教学内容涵盖面的大小。教学内容除了以教材为依据以外，师生的教学资源开发能力为教学内容的拓展开辟了无限广阔的空间。优秀的教师总是能在教学中旁征博引，在学生的新旧知识之间、学科与学科之间、理论与实践之间建立联系。而不是局限于教材上的知识，是什么就讲什么。但这种内容的广度不是漫无边际的，无论如何发散，它都围绕教学的主题，就像散文的特征，形散而神不散。适当拓展教学内容的广度，不仅可以使学生享受新知识的无穷乐趣，激发思维，培养学生的学习兴趣，也有利于学生知识的结构化、系统化，有利于学生对知识的理解、巩固和运用。

5. 教学内容的密度结构

教学内容的密度结构指一堂课的教学容量。即单位时间内所能容纳的教学内容的多少。包括一堂课的信息密度和活动密度。因此教师应根据学生心理发展的年龄特征，和已有的知识水平确定适当的教学信息密度。

信息密度指一堂课所承载的信息量。人的认知心理的基础是记忆，学生在一堂课内接受信息的量度，最终看他贮存了多少量的信息。心理学研究表明人的短时记忆均值为7+2个组块，而组块是一个相对的单位，比如初识汉字的儿童，一个汉字就是一个组块，那么5~9个汉字就是适宜的密度。而当他们掌握一定数量的汉字之后，词就成了汉字的组块，那么5~9个词就是适宜的密度。

活动密度指一节课内各种教学活动的频数总和，它不考虑教学内容同质不同质，也不考虑教学方式是否相同，而是看各组块出现的总次数。一般说来信息密度相同时，活动密度大一些的比较好，因为在活动中学习不仅有利于提高学生的学习参与度，更有利于提升学习效果。

（四）教学的时空结构

1. 教学的时间结构

每堂课都有特定的时间，如何有效提高时间的利用率，关系到时间分配问题。教学的时间分配指单位时间内，教师教的时间与学生学的时间以及师生合作的时间各自所占的比重。一堂课中教师有讲解、示范、演示、提问、发布指令、评价总结等，学生有思考、讨论、练习、答问等多种活动方式，师生之间有交流、对话、互相呼应。各自活动所占的时间，构成了教学的时间结构。一般地，按小学每节课 40 分钟计算，教师活动时间大体在 20~25 分钟左右。经验告诉人们，教师的活动时间一般不宜超过 25 分钟，否则会造成学生学习疲劳、注意力分散，教学效果下降。并且，这 25 分钟不是在一个时间段集中使用的，而是穿插在教学的各个环节，与学生的时间分配交相辉映。同样，学生活动的时间也不是完全独立的，而是伴随教学活动的展开，与教的时间分配交替进行。

我国近年来所进行的课堂教学改革，都倾向于提高学生课堂活动时间比重。许多地方在探索高效课堂的教学策略时，明确规定教师课堂活动时间不得超过 25 分钟。探索教学的时间结构就是要打破教师满堂灌的、填鸭式的教学方式，还学生学习自主权，使学生真正成为学习的主人。其实课堂教学中时间分配并不是绝对的，尤其注重师生合作的课堂，很难将教师与学生活动的时间截然分开。

2. 教学的空间结构

教学的空间结构指教学活动随师生的活动的开展在活动空间的流动与存在方式。师生的活动总是在特定的空间进行的。但传统的空间布局是，教师的舞台就是三尺讲台，学生的活动空间就在规定的座位上，井然有序，整齐划一曾被称赞为课堂秩序良好的表现。这样的课堂虽然表面规范有序，实则缺乏生机，学生听课就像听和尚念经，很容易进入睡眠状态。俗话说：流水不腐，户枢不蠹。构建良好的教学空间结构，必须把握教学空间的以下几个特点。

（1）教学空间具有开放性，无论教师活动空间还是学生的活动空间都不是全封闭的，教师的空间不仅在讲台，也在整个课堂，甚至会超越教室与围墙的束缚，开拓室外或校外的教学活动空间。

（2）教学空间具有共享性。就整个大的活动空间而言，教与学都处在同一空间内，就师生的活动空间分布而言，也没有严格的限制，师生的活动可以根据需要在教学空间自由流动。把讲台留给学生，教师在学生的位置做一回真实的听众，不也是许多教师行之有效的教学方式吗？学生分组学习、集体交流、成果展示、课外作业，必然拓展无限广阔的教学内活动空间。

（3）教学空间具有生成性，任何空间都处在特定的物理环境中，教学环境从来讲究空间布局。从学校选址，到教学用房的规划设计，再到校园文化的打造，教学空间处处凝聚着师生的心血，打上了文化的烙印，并且随着时间的推移，教学空间随着师生的活动而不断发生改变。

（五）教学过程结构

教学过程结构即是通常所说的教学环节。教学是在特定的时空中持续进行的一种社会实践活动，教学的效果取决于教学的过程，因此，自教育活动产生以来，人们就没有停止对教学过程自身发展规律的探讨。《礼记·中庸》阐明为学之道："博学之，审问之，慎思之，明辨之，笃行之"，荀子说："不闻不若闻之，闻之不若见之，见之不若知之，知之不若行之，学至於行之而止矣。"其共同的哲理都说明教学过程始于学，终于行。德国教育家赫尔巴特根据学生身心发展的规律提出了明了、联想、系统、方法四段教学的理论，奠定了传统教学阶段论的基础。苏联教育科学院院士巴班斯基，为提高课堂教学的效率，提出了教学过程最优化理论，指出：先进的教育思想家应关注如何提高实际效率，不断摸索教学与教育的最佳方案，解决怎样从丰富的教学形式和教学方法中，选择最适合本身条件的那些形式和方法，使大家知道要如何寻求一种能最恰当地考虑到具体教育情景，能在花费最少时间和精力的情况下取得最好效果的方法。

受苏联教育学的影响，我国对教学过程及教学环节的研究与应用长期固化在"组织教学—复习旧知识—传授新知识—巩固新知识—布置作业"五段教学的模式之上，甚至成为新教师入门的金科玉律。复杂的教学过程被简单化，多变的教学情境被模式化，师生在僵化的教学模式下简单机械地进行重复劳动，教师厌教，学生苦学成了教学过程的常态。探索教学过程的规律，设计教学环节成为许多教师走出困境的必然选择。于是有了上海育才中学"读读、议议、讲讲、练练"的八字教学法，有了黎世法的六课型单元教学法，有了魏书生的"定向、自学、讨论、答题、自测、日结"六步教学法。如今，教为主导，学为主体的"学导式教学"正在课堂教学的热土发酵走红，赢得了广大师生的青睐，其成功正说明设计教学环节，优化教学过程的重要性。

设计教学环节，优化教学过程，其实并没有一个最优化的模式，但必须把握教学过程的基本规律及学生身心发展的规律，遵循一些基本原则，才能追求教学过程与结果的更优化。

尊重教师主导。无论学生在教学过程中发挥什么样的作用，教师的主导作用始终是无法否认和取代的。由于学生认识水平和行为能力的限制，学生在学习过程中不可能完全自主，尤其是低年级的学生，从学习目标确定，到学习内容选择，再到学习方法运用、学习结果的评价，都必须仰仗教师在认识与行为上的引领。

体现学为主体。学生不仅是学习活动的主体，在整个教学过程中也居于主体地位，因为教学目标的核心就是学生的学习目标，无论教师中心型、学生中心型，还是师生合作型教学，最终的目标指向都是学生的学习与发展，没有学生的成长，教师的主导没有意义，没有学生的参与，教师的活动就没有成效。无论教学设计多么精细，教师讲的多么精彩，离开了学生的配合，教学活动都不复存在。即使传统的五段教学，教师的每一个行为也都指向学生的学习活动。

注重目标导向。教学目标是确定教学行为、设计教学环节的重要依据。学生知识的获得、能力的培养、情感的陶冶，总是在具体的教学过程中得以实现，都要以具体的教学情境创设为依托。学生系统知识的获得，注重教师系统知识的分析、理解与传授；学生能力的训练，注重实践性教学情境的创设；学生创新思维的培养，注重问题启发与开放性课堂评价系统的构建。

保持课堂节奏。一堂好课就像一出好戏、一首好歌，总是有节奏感的，时而惊涛拍岸，卷起千堆雪，时而清风徐来，水波不兴。课堂的节奏不仅取决于教学的内容，更取决于教学环节的设计。同样是导入新课，教师语言直接导入，目标明确但缺乏新意，难以引人入胜。案例、视频、角色模拟、悬念设置，则可能激发兴趣，使学生心向往之。一堂课的教学节奏有快有慢，有匀速的、有不匀速的，教学节奏的快慢取决于异质的教学活动的多少，异质的教学活动愈多，则教学活动节奏较快，反之则较慢。教学活动同质或异质，既包括教学活动的内容，也包括教学活动的方式。较快的节奏容易使人产生兴奋点，节奏太慢容易使人产生倦怠感，但持续的快节奏也容易使人产生学习疲劳。

加强师生互动。师生互动是教学过程的基本规律所决定的，教学过程的本质是交流、是对话，通过同学交流、师生对话，最终达成教学目标，促进学生发展。纯粹单边的教学活动，不是真正意义上的教学活动。教学始终处在师生双向的招呼与回应的过程之中，教师的招呼能得到学生的及时回应，学生的招呼能得到教师的反馈信息，只有这样，才能实现真正的教学相长。因此教学过程中师生的活动往往不是彼此孤立的，而是彼此渗透，相辅相成的。即使在学生做作业的时候，教师也不是毫不相干的旁观者，而是通过巡视、个别辅导，了解作业进度，及时发现问题，帮助学生寻求应对策略。

鼓励设计创新。教学过程的设计没有最好，只有更好，无论多么成功的教学过程设计，都是针对特定的教学主体、特定的内容、特定的情境而言的，绝没有一个放之四海而皆准的最优化的教学过程设计。因此，教学过程设计贵在创新。即使同一个教师教同一篇课文，教学对象不同，也会有不同的教学过程设计。只有善于运用变式，懂得设计创新的教师，才能在变幻莫测的教学活动中找到职业的快乐，获得教育的真谛。

总之，课堂教学的各要素构成了课堂教学的复杂结构，众多教学要素之间存在一对一、一对多、多对多的复杂关系，各教学要素按照一定的排列方式构成了一定的结构关系。任一要素的变化都会导致结构的整体发生变化。所以教学结构的设计是对构成教学的所有要素的整体设计，而不是对某一个要素的独立设计。在这些复杂关系中核心要素是人，师生作为教学活动的主体总是围绕教学目标、选择教学内容与教学手段，合理分配教学资源，优化教学结构，从而提升教学效果。其基本结构如图 8-1 所示。

图 8-1　教学结构

教学过程是一个有始有终的过程，一般都要经历导入新课，学习新知，拓展延伸，归纳总结的环节。对这些环节的设计与实施，对教学效果有直接的影响。

1. 导入新课的教学设计

一堂课的导入虽然很短暂，但常常也关系到一堂课的成败。好的导入就像一个故事好的开场白，一开始就引人入胜，能第一时间激发学习者的学习兴趣，使学习者欲罢不能。导入的方式也是多种多样的，即使同一个人上同一堂课也可能有不同的导入方式。不同的导入方式自然会有不同的导入效果。常见的导入新课的方式主要有以下几点。

（1）复习旧课，导入新课。此类导入主要考虑新旧知识之间的逻辑联系，先前知识对新知识的学习有积极的迁移作用，旧知识愈牢固，对新知识的理解愈轻松，新旧知识的连续愈自然。如上一课学习了"平行四边形"，本课要学习"矩形"或"棱形"，运用复习旧课的方式导入，既能加深对"平行四边形"

的理解，对"矩形"的认识也会相对容易一些。有的内容并不相关，也可用复习旧课导入，意味着前一个单元的学习已告一段落，本课即将开始新的内容的学习，此类导入，可用小结的方式将前面学习的内容作一概括，再导入即将进行的新的学习内容，使学生能成功地实现注意的转移，把注意从旧知识的回味转移到新知识的学习上来。

（2）创设情境，导入新课。即创造一种与教学内容氛围一致的情境，让学生有如临其境之感，使学生在获得真实的情感体验的同时，加深对文章内容的理解。如讲授《周总理，你在哪里》这篇课文时，就可用白花、青纱装点教室，上课前让学生面对周总理的遗像默哀 3 分钟，让学生一走进教室就带着沉重的心情，在哀乐声中去聆听诗人对总理的呼唤与教师的讲解。视觉冲击与语言冲击同时发酵，学生对总理的认知逐渐清晰，对总理的感情必然油然而生。

（3）介绍背景，导入新课。语文教学中很多课文都有写作的背景，缺乏文章的背景性知识，难以对文章有深入的理解，因此介绍写作背景就成了一种常用的导入新课的方式。文章合为时而作，每一课经典名篇都打有深深的时代烙印。学生了解了写作背景，对作者的思想感情会有更深的体会。如有教师在执教《茅屋为秋风所破歌》一课时这样介绍写作背景：这首诗是唐代大诗人杜甫的作品。这首诗作于公元 761 年即唐代肃宗元二年八月。公元 760 年春天，杜甫因穷困潦倒四处求亲戚告朋友，终于在现今成都一个叫浣花溪边的地方，盖起了一座像样的茅屋，总算是拥有了一个栖身的地方。却没想到，在公元 761 年 8 月，茅屋被大风所破，倾盆而下的大雨又接踵而至，当时的情况是，安史之乱并未被平息，杜甫心中感慨万千，一气呵成地写下了这篇被后人高度颂传的的诗篇。这样，学生在阅读课文之前，眼前早已浮现出一幅清晰的背景图：一代文豪，身处动荡不安的社会，穷困潦倒还心忧天下。一种想要与作者共鸣的激情在学生心中潜滋暗长起来。

（4）设置问题，导入新课。问题导向是引导学生学习的一种有效途径。学习过程本质上是学生发现问题、分析问题、解决问题的过程。设置问题导入新课，有利于明确学习方向，引导学习思路，激发学生探究的热情，培养学生问题解决的能力。如有教师在教《扬州慢》一课时这样导入：前面我们学习了韦庄的《菩萨蛮》，感受到了韦庄笔下江南的美。今天我们来学习一下姜夔的《扬州慢》，看姜夔到扬州看到了什么，听到了什么，并由此想到了什么。一连串的问题直指课文核心，学生急切地想要寻找这一系列的答案。学习动机直指问题解决，学习的热情自然普遍高涨。

（5）讲述故事，导入新课。故事具有直观、生动、形象、趣味等特点，通过讲故事的方式导入新课，可以激发学生的学习兴趣。尤其是低年级的学生，对生动的故事特别感兴趣。同时，小故事常常隐含大智慧，与教学内容相关的故事，常常隐藏着深奥的哲理，聆听故事有利于学习者理解课文，形成背景性知识。故事的类型多种多样，有寓言故事、神话故事、历史故事、民间传说等，只要与教学内容息息相关，引用得当，就能起到准确导入的作用。

（6）检查学习，导入新课。通过检查学生对先前知识的掌握情况而引入新知识学习的导入方式。这一类导入方式常常用在新旧知识之间具有较强的逻辑关系，已有知识的学习对新知识的学习具有至关重要的影响。比如"四则混合运算"的教学，其前提是学生已分别掌握了"加""减""乘""除"的运算方式的情况下，再将几种运算方式结合使用，如果分项运算检查，学生尚未掌握分步运算的方式，那么混合运算就难以理解。检查可用课前提问、小测验等方式进行，其目的在于诊断问题，为新知识的学习扫清障碍。

（7）指示目标，导入新课。这是一种目标导向的导入方式。即上课前直接告诉学生要达到的学习结果，让学生一开始就知道自己想要什么。教师采用明确学习任务与学习要求的方式让学生直接进入学习状态，学生无需质疑行动的理由，一心一意直达目标，可提高学习效率。如一般的技能训练的课程，教师明确技能要求后，再引导学生练习，学生的第一步模仿训练都会直指预期目标。

（8）活动参与，导入新课。通过设计各种活动，激发学生参与，从而导入新课的方式。教学活动可分为教的活动、学的活动与师生共同参与的教学活动。教学只有提高学生的参与度，让学生真正成为活动的主人、学习的主人，学生才会获得理想的学习效果。课堂活动引入的方式多种多样，游戏、猜谜语、情境模拟、角色扮演等，都可以为学生营造身临其境的学习环境。如，有老师在教"周长"时，就这样的导入方式。

师：今天老师带来很多漂亮的图形，想不想看看它是什么形状的呢？老师把它贴出来，你们能马上说出是什么形状吗？

师：大家都说出来了，分别是树叶、五星红旗、数学课本、挂钟、五角星、三角形、长方形和正方形呀，看来大家认识的图形还不少呀。

师：有位同学给我说，老师，如果要是在它的周围围上丝带，然后再把照片贴在中间，那就更漂亮了！

师：可是要围这个图形的边至少需要多长的丝带呢？解决这个问题，我们首先要知道什么呢？买丝带多了又浪费，买少了又不够，究竟怎么办？这就是我们今天要来一起学习的"周长"。

2. 学习新知的教学设计

学生的主要任务是获得知识，知识的获得离不开对知识的感知、理解、巩固和运用等环节，新知识的教学设计自然就会落实到这几个环节上。

(1) 知识感知的教学设计。

感知是认识的起点，也是认识的初级阶段，主要获得对事物个别属性及外部联系的认识。学生认识也遵循从感性到理性，从现象到本质，从具体到抽象，从个别到一般的发展规律，因此，学习知识也是从对知识的感知开始的。根据感知对象的不同，可将感知分为实物感知、形象感知、行动感知和符号感知。

实物感知是直接为学习者提供需要认识的实物，让学习者通过观察实物的外部特征，了解事物属性。这类感知具有真实、鲜活、生动、形象的特点，便于学习者了解事物的直观特征。

形象感知就是通过模型或图像等代表实物的形象特征来感知事物的学习方式，这类感知具有形象概括的特征，比如，人们通过地球仪感知地球的形状，通过动画感知授精的过程，都具有形象生动的特点。

行动感知，就是通过设计一个具体活动，让学习者通过对活动的观察，获得对事物感性认识的感知方式。技能性与实验类的课程常用行动感知的方式，学习者通过观察行动演示获得关于行动的程序性知识。

符号感知就是通过文字符号或语音符号让学习者获得符号所代表的概念或命题等相关信息。符号具有抽象性和概括性，学习者无论是通过阅读材料，还是聆听教师讲解都能获得相关知识的初步信息。符号感知是最常用的感知方式，它可以超越时空的限制，以语音或文字符号的形式让学生获得感知信息，既可以是抽象概括的符号信息，也可以是生动形象的符号信息，比如生动形象的故事情节或事件描述，只要在学生的认知范围内，符号信息都是容易被感知的。

(2) 知识理解的教学设计。

知识的理解是指学习者了解传输知识的载体的含义，使语言文字等各种符号在头脑中唤起相应的认知内容，从而对事物获得间接认识的过程。知识的理解是学习知识的重要环节，理解知识对于知识的学习至关重要，如果没有理解，学生只会对知识进行死记硬背，难以得到进一步的巩固和应用。知识理解分为符号的理解、概念的理解与规则的理解。

符号的理解是学习单个符号或一组符号的意义，即学习单词所代表的意义。概念的理解就是要识别和掌握概念的定义属性或定义特征。

概念理解的方式有两种：概念的形成与概念的同化。概念形成是人们不断接触同类事物、不断概括同类事物的关键属性或本质特征的过程。概念同化是新旧概念相互作用、建立实质性意义联系的过程。有类属同化、总括同化和并列同化三种形式。

规则的理解就是要理解规则的含义，并用规则指导自己的行动。规则反映事物之间的关系并支配人们活动的准则。包括原理、定律、法则、规程等。

促进知识理解的策略多种多样，丰富感性经验有助于知识理解；指导思维方式，提升学生分析、综合、抽象与概括的能力，有助于学生概念与规则的理解；加强理论与实践的联系，引导学生运用知识，也能加深对知识的理解。

（3）知识巩固的教学设计。

知识的巩固是指对所理解的知识保持长久记忆的过程。知识的巩固是知识学习中必不可少的环节。一方面，知识的巩固是知识得以积累的前提条件，理解的知识如果得不到积累和保持，就会产生遗忘。另一方面，知识的理解与知识的巩固相辅相成，缺乏理解的知识难以得到巩固，没有巩固的知识难以得到概括，必将影响知识的理解。

（4）知识的应用也必须以知识的巩固为必要条件。

巩固知识首先要学会和遗忘作斗争，当知识被理解以后及时强化，巩固知识特别重要；知识巩固的过程本质上是对知识的信号编码加工处理的过程，精细独特的加工处理方式，容易让信号进入长时记忆，甚至终身不忘；知识的巩固与知识的运用密切相关，及时运用知识解决问题，不仅可以加深对知识的理解与巩固，也能提升知识的价值，增强知识对学生的吸引力。

3. 拓展延伸的教学设计

拓展延伸是教学的高级阶段，是教学基本任务已完成，基本目标已达成的情况下，对学生学习的更高级的要求。拓展延伸的范畴包括知识的拓展与能力的拓展两个方面。知识的拓展，其目的在于扩大学生的知识面，优化学生的认知结构，为学生进一步理解新知奠定基础；能力拓展的目的在于优化学生的能力结构，提升学生认识问题、分析问题、解决问题的能力。拓展延伸的领域通常表现在下列几个方面。

（1）向生活延伸。课程改革要求，教学要联系学生的生活实际，无论哪一门学科的教学，本质上都与学生的生活息息相关，教学在完成对知识的感知、理解、巩固等任务以后，应尽可能联系学生生活实际，及时运用学习的知识，

◇ 教学设计与案例分析

联系学生生活实际，解决学生生活中的实际问题，真正发挥教学的育人功能。

（2）向社会延伸。学生发展的核心素养强调社会参与，主要是学生在处理与社会、与国家、与世界关系时的责任担当与实践创新能力。向社会延伸的教学设计，应及时建立教学与社会的关系，让学生通过课堂学习打开一扇观察社会的窗口，用课堂学习的原理、规则、方法，观察分析社会问题，寻找问题解决的良策。

（3）向未来延伸。学生的学习是以获得间接经验为主的过程，多数时候面对的是有限的已知世界，但探求新知永远是一个无限的过程，学生的未来将更多地面对无限的未知世界，因此，有限的教学过程，不仅要向学生传道、授业、解惑，引导学生获得已成定论的间接经验，更要引导学生面对未来无限的不确定性，思考尚不存在的问题，寻找尚不存在的对策，为明天一切可能的生活作准备。

（4）向其他领域延伸。传统的课程教学以学科为依托，迫使人们将知识进行条块分割，教师只关注自己学科领域内的问题，对学生的指导也打上了鲜明的学科的烙印。新课程改革要求加强学科融合，打破学科知识壁垒，综合运用多学科的原理、规则、方法解决跨学科的综合性的难题。

【案例】

《赵州桥》教学片段

师：我们通过学习了解了赵州桥的雄伟、坚固、美观，感受到了我国古代劳动人民的智慧与才干。今天，习近平总书记提出了"一带一路"的倡议构想，为了构建"人类命运共同体"我们是否也需要建桥？建一座什么样的桥？

评析：

这是一个拓展环节的教学设计。学生经过对课文的学习，了解了赵州桥的神奇与美丽，体会到了我国古代劳动人民的勤劳与智慧，增强了民族自豪感。若就此止步，学生的学习则停留在教科书的历史记忆中，但老师灵机一动，从历史之"桥"一步踏上现实之"路"，"一带一路"倡议必然需要千百座"桥"来联结。这一座"桥"有什么样的特点呢？会拥有什么样的"雄伟、坚固、美观"呢？学生在老师的启发下，一定会神思飞驰："政策沟通、设施联通、贸易畅通、资金融通、民心相通"等"通达"理念就会随学生的百家争鸣而熠熠生辉。建在学生心里的"桥"与建在"一带一路"沿线的"桥"就会交相辉映。一堂传统的语文课，瞬间就实现了与政治课、历史课、地理课的深度融合。学生从历史走进现实，与世界接轨，为民族担当，做友谊之桥的建设者，发展之桥的传承人的社会责任感也会油然而生。

【案例】

《我最喜欢的小动物》的教学结构设计

一位语文教师在讲关于写小动物的作文课时，上课开始时这位教师拿着事先准备好的作文写作提纲在黑板上抄写。这位教师自己抄写的同时也让学生把这些都记在本子上，以便按着这个给定的提纲让学生写作文，当学生都抄完后，教师开始讲怎么写这篇《我最喜欢的小动物》。

师：你们都抄完了吗？

生（齐）：抄完了。

师：刚才我看班级内同学不认真抄写，下次给我注意了，不认真抄的同学就出来，上前面站着抄写。

（下面学生无声地看着老师）

师：这次我们的作文题目是《我最喜欢的小动物》，不许写错了，按照给你的提纲写作文，谁要是不按这个提纲写，就得重写。第一段先介绍你们喜欢的小动物，可以是小狗、兔子、小猫、小鸡、大鹅、小鸟这些常见的动物。

（这时下面有学生举手）

师：你有什么问题？

生1：老师，我可不可以写小老虎啊？

师：你家小老虎是常见的动物啊？你一年能看见几次老虎啊？不告诉你要写常见的动物了嘛，坐下。

师：第二段写出你选的动物的突出特征。比如小白兔你要写出兔子的眼睛是红的，耳朵长长的，爱吃萝卜。第三段就写一件你和小动物的事，可以是有趣的、感人的、伤心的事情，要详细地描述，故事重点展示小动物。第四段抒发一下你对动物的喜爱之情。你们可以多看看相关的作文。记住作文字数必须两篇稿纸。谁还有问题，举手。

生2：老师，我可不可以写我和小狗天天一起玩的事啊？

师：××，你是不是听不懂话啊？就写一件你和小动物之间的事，你

◇ 教学设计与案例分析

天天和小狗玩是一件事吗？你写你和小狗玩的最开心的一次就可以了。明白了吗？

生："明白了。"

……………

师：你们按照我给你们的提纲写就可以了，不要老自己瞎想，期末考试把你们平时背下来的作文写下来就没问题。

评析：

从这一教学片段的设计可以看出，课堂教学结构设计存在一些问题。首先是教学目标设计的问题，本课目标单一，只注重了学生文章写作的基本方式的学习，忽视了学生学习过程、学习方法，以及情感、态度、价值观念的培养。

从师生关系的角度看，教师在教学过程中完全处于支配地位，学生的学习只能按照教师的指令进行，写什么、怎么写，都只能按教师的指令行事，学生主体地位丧失，学习能动性得不到发挥。

从教学方式的设计来看，教师让学生用"八股文"式的写作方法，来完成对自己喜欢的小动物的描写，把学生的学习活动圈定在一个预设的活动空间，这样学生的思维、学生的视野受到约束，不敢越雷池半步观察、思考、体验生活世界。

从内容的设计来看，最喜欢的小动物把"老虎"排斥在外，使内容更具封闭性，学生的发散思维没有了，创新精神也受到压抑。

从教学评价的设计看，否定性评价过多，凡是超出教师预想的问题几乎都被教师否定了，其评价过程甚至伴有惩罚的威胁，使学生对学习产生恐惧感或不安全感。这样的教学过程设计不仅使课堂紧张不安，也不会带来理想的教学效果。

【案例】

"小数的初步认识"教学设计　苏教版义务教育教科书《数学》（三年级下册）

教学目标：

1. 结合具体情境初步体会一位小数的意义，能认读、写一位小数，知道小数各部分的名称。

2. 通过观察思考、比较分析、综合概括等数学活动，经历小数含义的探索过程,学会讨论交流、与人合作,培养自主探究与发现的意识。

进一步体会数学与生活的紧密联系,通过了解小数的产生和发展过程,提高学习数学的兴趣,增强学习数学的信心。

教学重点:

一位小数的含义,小数的读法和写法。

教学难点:

一位小数的含义,分母是10的分数与一位小数间的联系。

教学过程:

一、创设情境,引入小数

师:你们喜欢逛超市吗?那你们喜欢买什么物品呢?今天老师就陪你们一起逛超市!

看!康宁超市的商品优惠信息(课件播放):彩笔单价8元、相册单价6.2元、铅笔单价0.5元、书桌单价50元、剪刀单价12.3元。

师:你能把它们的价格读一读吗?仔细观察这些商品的单价,你能将它们分分类吗?

(学生交流想法,教师相机引出"小数")

师:在商品的单价中我们可以看到小数,你们还在哪儿看到过小数?(学生交流课前收集的带有小数的信息)

师:小数在我们的生活中应用很广泛,这节课我们就一起走近小数,认识小数。

【设计说明:三年级学生已经储备了整数和分数的相关知识,积累了有关小数的生活经验,这些都是学习新知的基础和可持续利用的资源。选择小学生接触最多、最熟悉的商品价格引入小数,既可以激发小学生学习探究小数的兴趣,又使小数新知的教学以学生的认识发展水平和已有的经验为起点。)

二、自主探究,认识小数

1. 认识整数部分是0的小数。

(1)直观感知,初步认识。

通过课件演示教材截图例1的情境:小明最近搬了新家,他想购买一张书桌和一些文具用品。一天,他和好朋友来到商场,挑中了一张书桌,但合不合适呢?小明拿尺量了一下,桌面的长是5分米、宽是4分米。

师:5分米和4分米满1米了吗?用米为单位可怎样表示?你还能怎

◇ 教学设计与案例分析

样表示？（讲解：5分米用分数表示是5/10米，用小数表示是0.5米。）
师：这里的0.5米表示什么？（帮助学生理解5/10米是0.5米，0.5米表示5/10米。）

学习0.5的读写法，介绍小数点并规范小数点的书写。
师：同样，4分米用分数、小数怎样表示？如何理解0.4米的含义？
练习"想想做做"第1题。借助十等分的米尺图引导学生认识更多的小数。
师：仔细观察这些等式中的分数和小数，比一比，你发现了什么？
讨论交流，得出：十分之几米是零点几米，零点几米表示十分之几米。

（2）迁移类推，丰富认识。
师：十分之几米是零点几米，那么十分之几元呢？
生：十分之几元是零点几元。
师：能举例说明吗？
学生举例，说理由，师生共同验证。
师：从这些例子中你发现了什么？
引导学生归纳得出：几角是十分之几元，也就是零点几元。

（3）数形结合，加深认识。
出示教材截图"想想做做"第3题，理解题意并提问：这里有3个正方形，每个正方形都被平均分成了10份，你能先写出分数，再写出小数表示图中的涂色部分吗？

（学生独立练习，集体交流）

变式练习（指着第一个正方形）：我在这个正方形中还发现了一个小数，知道是多少吗（0.7）？0.7表示哪一部分？为什么空白部分是0.7？另两个正方形里的空白部分分别是多少？如果要表示出0.2，应该涂几份？

师：仔细观察这些分数和小数，你有什么发现？
组织讨论交流，揭示：十分之几是零点几，零点几表示十分之几。

【设计说明：对于三年级学生来说，小数的含义是抽象的，需要借助大量现实素材积累丰富的感性经验，并经历抽象概括的过程。为此，本课设计了3个教学环节：第一环节，先通过计量长度沟通整数、十进分数与小数的联系，初步体会小数的来源和含义，完成"十分之几米"到"零点几米"的认知过渡；第二环节，抛出问题"十分之几米是零点几米，那么十分之几元呢"，引发学生通过思考感悟"十分之几元是零点几元"，继而通过举例验证等活动，丰富小学生的感性经验，为抽象概括一位小数"零点几"作铺垫；第三环节，利用"想想做做"中的十等分正方形，练习分数与小数的转换。通过由具体到抽象的上述教学过程，使小学生对小数含义的理解在多层体验中逐渐深化。】

2. 认识整数部分不是 0 的小数。

课件演示教材截图中例 2 的情境：小明选定书桌后，来到了文具柜台，看到售货员阿姨正在给商品标价，大家想看看吗？如果请你帮忙，你会把圆珠笔和笔记本的价格用小数表示出来吗？

学生独立尝试，四人小组交流。然后集体交流，从"先分后合"的角度感悟 1.2 元和 3.5 元的含义。

练习"想想做做"第 2 题：为什么 0.8 元、0.9 元的小数点左边是 0，而 1.3 元、2.4 元的小数点左边分别是 1 和 2 呢？

思考：把几元几角写成小数时，可以怎样写？

小结：几角是零点几元，几元几角就是几点几元。

出示标价牌"剪刀 12.3 元"，问：12.3 元是几元几角？这里的"3"表示 3 角吗？

【设计说明：鉴于小学生对商品的价格和人民币的使用有较丰富的生活经验，又有例 2 "几角是零点几元"的知识铺垫，学生完全有能力自己理解几点几元的含义，所以教学中放手让学生独立尝试，小组交流。接着通过研究 0.8、0.9 和 1.3、2.4 整数部分的不同和 12.3 十分位上数的含义，加深学生对一位小数含义的理解。】

3. 认识小数各部分的名称。

师：同学们已经认识了小数，关于小数，还有哪些知识呢？请同学们到书本里去寻找答案，自学课本第 88 页最后一段内容。

①自学课本。

②组织交流：你读懂了什么？

③练习：每位同学写一个小数，先读一读，同桌再互相说一说它的整数部分和小数部分各是多少？

【设计说明：根据知识的类型特点，让学生看书自学，学生在自学中会有所发现、有所领悟，较好地培养了小学生的自学能力。】

三、趣味练习，应用提升

1. 填一填。

师：在数轴上也有小数。（用课件出示"想想做做"第 4 题）谁来说

◇ 教学设计与案例分析

一说为什么这两点所对应的数分别用0.1、1.2表示？（学生交流）

师：你能在方框里填上小数吗？

（学生先在书上独立填一填，再全班交流）

2. 猜一猜。

师：老师在超市买了3件商品，这3件商品的价格都是以元作单位，请同学们根据老师的提示，猜一猜它们的价格。

①杯子。提示：它的价格数整数部分是3，小数部分是8。

②直尺。提示：它的价格不满1元。

③笔筒。提示：它的价格在8元~9元之间。

【设计说明：练习设计体现了层次性和趣味性，既巩固了新知，又使学生在具有挑战性的问题情境中学会思考，使他们在数学上得到不同的发展。】

四、回顾总结，拓展延伸

师：同学们，这节课你有哪些收获？（学生交流，教师作适当补充）

师：古代数学家们在很久以前就开始使用小数了，你想了解有关小数使用的历史吗？

师：关于"小数"你还有哪些新的想法？（学生交流）今天这节课我们只是刚走进小数的世界，希望同学们以此为起点，去探寻更多有关小数的知识。

【设计说明：让不同层次的学生谈收获，既理清整堂课的脉络，又使学生从主观上体验到学习的乐趣。对小数产生、发展相关资料的介绍，激发了学生的民族自豪感，增强了学生学好数学的积极情感】

评析：

这是一堂完整的教学设计案例。就教学目标设计而言，目标设计具有系统性与层次性。知识目标、能力目标、情感目标兼顾，强调学生对小数的认知，能力要求逐层深入，从简单的读写到较为复杂的综合、比较、分析、概括、合作交流、探索发现。同时注重对学生情感的培养，通过体会数学与生活的联系，了解小数的产生与发展过程，培养学习兴趣，增强学习信心。

从主体结构来看，本课的设计，双主体意识较强，即教师是教的主体，学生是学的主体，两者不可偏废。教的主体重引导，学的主体重学习。教师通过"课题引入、自主探究、应用提升、拓展延伸"等教学环节的设计，引导学生开展了一系列"学为主体"的学习探究活动。学生通过

"阅读、观察、比较、分析、概括、小组交流、探索发现"等学习活动，逐渐发现小数与生活的关系，认识了小数的价值。从整个教学过程可以看出，学生学习主体作用的发挥与教师教的主导作用密不可分。课堂只有强化师生的双向互动密切配合，才能收到理想的教学效果。

从内容结构来看，本课开发了认知、能力与情感方面的内容，注重对学生综合素养的培养，加强了教材内容与生活的联系，拉近了学习内容与学生的距离。从内容的难度结构看，随着学生对小数认知的逐渐深入，内容难度也逐渐加深。从对商场商品的价格的直接感知，到小数与分数的换算，再到"关于小数新想法"的探究，使教学内容由易到难，逐级延伸。

从本课的过程结构来看，教学经历了"创设情境，引入小数；自主探究，认识小数；趣味练习，应用提升；回顾总结，拓展延伸"四个环节。整个过程环环相扣，学生从联系实际感知小数开始，经历了自主探究，发现小数，练习巩固，应用知识，拓展延伸，探索小数的过去与将来。伴随着教学过程的展开，学生不仅对小数的认知逐渐清晰，在认知探究的过程中，学生的综合能力也得到提升，对小数的价值与兴趣也在逐渐增强。

五、课堂教学结构设计发展趋势

（一）从依据个别因素到综合多种因素设计教学结构

传统的教学设计倾向于根据某一个重要因素来设计教学结构。如"因材施教"，就是根据学生的实际情况来设计教学。"教书"就是根据教材或教师来设计教学结构；"讲课"就是根据教学任务要求和课程内容来设计教学结构。并且共同的特征都是以教师的教为中心来设计教学结构。

教学不是由个别要素组成的活动，而是由多个要素组织的复杂的系统，任何一个要素的变化都可能造成系统的改变。教学结构的设计也离不开对系统要素及相互关系的综合分析。既要考虑教师的教，也要考虑学生的学；既要考虑教学过程，也要分析教学结果；既要考虑理论依据，也要考虑方法选择；既要考虑教学的结构，也要考虑教学的功能。只有多种要素真正实现优化组合，才能追求教学结构与教学效果的最优化。

（二）从教学结构模式化到结构多样化

课堂教学的结构是由构成课堂教学的各要素及其相互关系所决定的，任一

◇ 教学设计与案例分析

要素或关系的变化都会导致结构的改变。

教学构成要素的多样性与相互关系的复杂性决定了课堂教学的结构必然是多样化的。但有经验的教师常常喜欢建立自己的课堂教学结构模式，如传统教学的五段教学、魏书生的六步教学、高效课堂所倡导的学导式教学等，都形成了特定的教学模式。这种为课堂教学结构建模的方式，一方面，是为了探寻教学过程的基本规律，提高问题解决的自觉性；另一方面，也是在寻找解决问题的最一般的有效方式，提高教学效率。实践证明，良好的课堂教学结构模式有利于减轻教师的教学负担，提高教学效率。但模式化的教学结构也有其弊端，不利于激发教学主体的探究热情，培养师生的创新能力。并且，再好的教学结构模式也不是万能的，不能用同一教学结构模式囊括所有的教学实践活动。同时，后现代教育技术的广泛运用，信息使用的多元化，大大满足了学生的个性化学习与差异性需求，这为教学结构的多样化奠定了技术基础。

总之，无论教师中心型、学生中心型，还是其他任何类型的教学结构，只要能实现教学过程最优化，教学效益最大化，都可以设计、选择和运用。

（三）从主体单一化到主体多元化

这里的主体包括两层含义，一是教学结构设计的主体，二是教学实施的主体。就教学结构的设计而言，主体多元化指所有教学活动的实施主体都是教学结构的设计主体。巴纳斯在宏观教学设计论中提出了多方参与原则，即设计过程应包括各方面人士的参与协作，各方的利益、价值观以及看法都统一被加以考虑，以产生切实可行的解决方案。他从设计未来的假设出发，区分出四代设计方式，其中第四代设计——"置身于其中的设计"，表明人的活动系统必须由那些处于其中的人、利用这些系统的人以及这些系统所服务的人共同来设计。第四代设计理念表明，该系统中每一个人都是设计的参与者，共同承担着设计的责任。

过去教学结构的设计基本上是由教师完成的，甚至是由执教主体独立完成的，因为人们习惯把教学当成教师自己的事情，与他人没有多大关系。事实上，教学并非教师个人能独立完成的，它不仅需要教学对象的密切配合，也离不开教师群体的共同劳动。尤其是同一学科的教师在教学设计中的相互协作，对优化教学结构，提高教学效率有着直接的影响。这在同科教师的教研活动中早已得到充分的证明。同时，社会要求与家长期待，都对教学结构的设计有着直接或间接的影响，如今越来越多的家长，都希望老师在课堂上多给孩子表现的机会，而不希望老师满堂灌。

就教学结构的主体而言，主体多元化指教学活动的参与者都是教学活动的主体。这是由教学过程的基本规律所决定的。教学过程是多元的教学主体相互协作，共同达成教学目标的过程。首先，师生的协作，教学过程中，教师发挥主导作用，学生确立学习的主体地位，发挥主动学习的积极性，是完成教学任务的关键。其次，学生之间的协作，合作学习不仅体现了学生学习方式的变革，所带来的学习效果也是令人欣喜的，它不仅有利于构建学习共同体，也有利于培养学生的团队精神、合作意识与创新能力。再次，与媒体的协作。新的互动技术（如 CD 互动、数字视频互动等）开始用于教学传递方面，它们正与录像、计算机以及电话系统、印刷系统联系，大大增加了视听材料数字信息的密度和提高了其加工能力。这为我们实现各种形式的交互提供了技术上的支持。与媒体的交互作用，成为教学结构设计的一个新的发展趋势。最后，域外教学资源进入课堂，成为教学结构的新的主体，如明星进校园，榜样进课堂等，使教学结构的主体更具开放性与多元化的色彩。

（四）教学结构设计科学化趋势明显

教学结构设计的科学化主要表现在科学理论作指导与科学技术作支撑两个方面。

以往的教学结构设计，更多的老师是经验型的，主要根据自己的教学实践经验来设计教学结构。这种设计受自身经验的限制，难以真正反映学生成长规律与教学自身的发展规律。教学结构设计变革的历史表明，随着相关科学理论的发展，教学结构设计也在发生相应的改变。从 20 世纪初的行为主义，强调外在刺激对学习的影响，因而教师中心型教学结构被广泛认可。20 世纪 70 年代末到 80 年代，认知心理学的许多研究成果被吸收到教学设计中，教学设计的理论和方法得到进一步的发展，发挥学生的自主性、能动性成为教学结构设计的重要取向，学生中心型教学结构受到青睐。20 世纪 80 年代以后，建构主义学习理论，在世界范围内广泛传播，强调教学不是单纯的传道、授业、解惑的过程，而是在特定的情境中，师生相互协作，共同构建知识的意义的过程，因而协作型教学结构备受推崇。

随着影响教学结构设计的理论不断发展，教学结构形态还将发生不断变革。诚如 W. Hannum 和 C. Hansen（1989）认为，教学设计所依据的理论基础会从原来的行为主义学习理论、一般系统论、视听理论和交流理论进一步扩大到以下几个方面：①由人类学方法形成的前后分析法；②感知心理学和认知科学所形成的设计和传输方法；③由市场研究技术形成的工具；④受人类学和社会学影响的评价；⑤由工作设计形成的训练课程设计等等。

科学技术对教学结构设计的影响日益明显。有学者认为20世纪90年代，国际教学设计领域有两个最引人注目的变化，其一是认识论、学习心理学和教学设计的整合；其二是由于所有类型信息的数字化、凭借互联网的远程指导以及计算机运算速度的提高和存储容量的增加，使得技术有可能以新的方式应用于教育。随着网络技术和通信技术的日益普及，网络也逐渐渗入到教育领域。它让我们在学习过程中打破了时空的限制，真正实现了教育教学资源的高度共享。学习者可以根据自己的需要在不同的时间和地点听国内外著名专家、学者以及一些优秀教师讲课，以吸收他们的观点。随着在线学习机会增多、成本降低，教师的地位和作用也会面临严峻挑战，公共教育资源与自主选择学习将成为教学结构变化的新亮点。教师的作用不仅表现在目标导向与知识解读上，也表现在与学生一起开发学习资源，共建学习平台上。有理由相信未来的教学结构设计完全可以顾及到每一个学习者，甚至可以满足每一个人的学习需求。

六、板书设计

（一）板书设计的作用

1. 理清教材思路

教学过程中，常常会遇到内容丰富、情节曲折、篇幅较长等情况，单靠教师的讲解与学生的记忆，难以使教学过程高效运行，学生不是顾此失彼，就是应接不暇，感觉进入脑袋的知识是一团乱麻。板书能够将复杂的过程简单化，抽象的内容形象化，抓住复杂过程的关键环节，寥寥数语，提纲挈领，以简驭繁，把教学的思路清晰地展示在学生面前。如"开国大典"的板书[①]。

---

① 王宗海，肖晓燕. 小学语文教学技能［M］. 上海：华东师范大学出版社，2011：193.

26　开国大典

$$\text{开国大典}\begin{cases}\text{会场情况：“丁”字形广场}\\\qquad\qquad\quad\text{毛主席出现}\\\text{大典盛况：宣告成立}\\\qquad\qquad\quad\text{宣读公告}\\\text{阅兵盛况：开头　接着}\\\text{群众游行}\end{cases}$$

这一板书根据课文内容，首先描绘了会场的情况，然后根据事件发生的顺序，抓住"大典盛况、阅兵盛况、群众游行"进行板书，思路清晰，对"大典盛况"又分别抓住了"毛主席出现、宣告成立、宣读公告"三件大事来突出盛况，使教材的重点突出。

2. 突出重点难点

突出教学重点、难点的方式有很多，可以用语文直接强调重难点，也可以强化学生的学习行为突出重难点，但运用板书突出重难点具有其他方式不可比拟的优越性。一是板书具有直观形象性，容易被感知；二是板书本身就是对课文重难点及关键节点的展示，一般描述性、解释性的语言是不用板书的；三是板书具有持续展示的特点，能对学生的认知产生持续的刺激，不像语音刺激一样，语音结束，刺激就消失了。教学时结合板书，有助于突出重点，帮助学生理解难点。如"落花生"的板书。

15　落花生

（略写）　　　　　　（详写）
种花生—收花生—尝花生—议花生
　　　　　　　　　　　不张扬
　　　　　　　　　　　不计较

"落花生"是一篇记叙文，学生通过对板书的感知，了解文章的写作顺序是按"种花生—收花生—尝花生—议花生"的顺序来完成的，文章的重点与难点是"议花生"，因而采用详写的方式，花生的典型特征"不张扬、不计较"不是字面直接表现出来的，而是师生经过对花生的概括总结，提炼出来的，因而是文章的难点所在。

◇ 教学设计与案例分析

3. 形象展示内容

学生的认知遵循从现象到本质，从具体到抽象的认识发展规律，板书形式的多样性，使教学内容的展示具有形象化色彩。结构化的板书，形象地展示了教学内容的内在逻辑联系；图示化的板书，有利于创设如临其境的学习情境，借助图形感知抽象的概念，如图8-2所示。既增强学生的理解力，也增强学习的趣味性。

图8-2 图示化板书

《荷叶圆圆》是一篇小学低年级的语文课文，该教师板书的时候，考虑了低年级学生认知特点的形象性。运用绘画的方式，画出了荷叶的形状，运用彩色图贴的方式，贴出了小水珠、小蜻蜓、小青蛙、小鱼儿的形象，并将他们对荷叶的看法：摇篮、停机坪、歌台、凉伞贴在了对应的荷叶上。再配合各自的行为反应，把荷叶圆圆背景下的夏天的美好一揽无余地呈现在黑板上。学生通过板书从对荷叶的形状感知，到对荷叶上下小水珠等躺立蹲游的行为反应的理解，再到分总结合的板书结构的认知。文章的结构清晰可见，跃然黑板，这对理解文章的逻辑关系，感受夏天的美好提供了形象的支撑。

4. 引导学生思维

板书随教学内容的展开而展开，它选择教学中的重点、难点、关键节点作为呈现的内容，与教学内容的逻辑性保持高度一致性。板书就像传递信息的烽火台，既点站相联，又指向目标，学生的思维可随板书起舞，结构清晰、逻辑严密的板书，有利于学生建立系统完整的认知结构，形成对事物的理解图式。如"草船借箭"的板书，如图8-3所示。

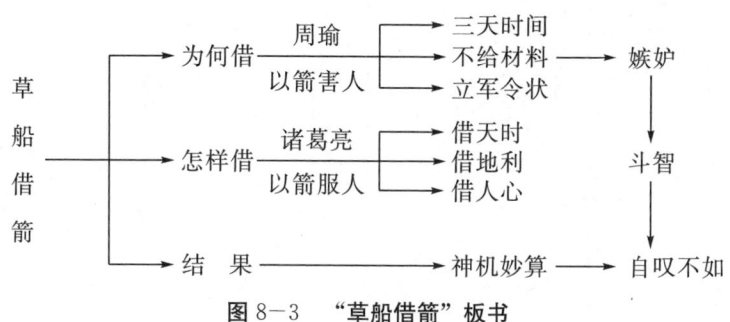

```
                    ┌→三天时间
            周瑜    │
       ┌→为何借 ─────→不给材料 ─→ 嫉妒
       │    以箭害人 └→立军令状         │
草船    │                              ↓
借箭 ──┤           ┌→借天时          斗智
       │   诸葛亮  │                  │
       ├→怎样借 ─────→借地利          │
       │    以箭服人 └→借人心          ↓
       └→结  果 ──────→神机妙算 ──→ 自叹不如
```

图8-3 "草船借箭"板书

本文的板书设计围绕"借箭"这个主题，抓住"为何借、怎样借、结果如何"三个问题引导学生思考，理解"为何借"以周瑜"以箭害人"为线索，突出了周瑜对诸葛亮的嫉妒之心；理解"怎样借"以诸葛亮神机妙算借箭为线索，体现了诸葛亮高超的智慧。结果周瑜为诸葛亮的智慧所折服，自叹不如。本文的故事情节虽然复杂，但板书能抓住故事情节发展关键环节，从"为何借""怎样借""结果"三方面勾勒出借箭的全过程，并把借箭过程中人物的性格特征刻画得淋漓尽致，学生的思维也随着对故事情节的了解入木三分地认知了人物的性格特征。

（二）板书的类型

根据板书的表现形式，可以将板书归纳为以下几种常见的类型。

1. 归纳式板书

归纳式板书遵循了分析思维与归纳思维的方式，对一堂课采用分析或归纳的方式，由总到分或由分到总地认识事物的整体属性。分析有利于将整体事物分解开来认识，便于认识事物的全貌；归纳有利于将分散的现象概括化，抽象出事物共同的特征，认识事物的本质。如"观潮"的板书。

2. 对比式板书

对比式板书是将教学内容相近或相反的内容，从不同角度进行比较，以提高认知的区分度或寻找事物相同点，以揭示事物的内在联系或本质属性的一种板书形式。如"晏子使楚"的板书，如图8-4所示。

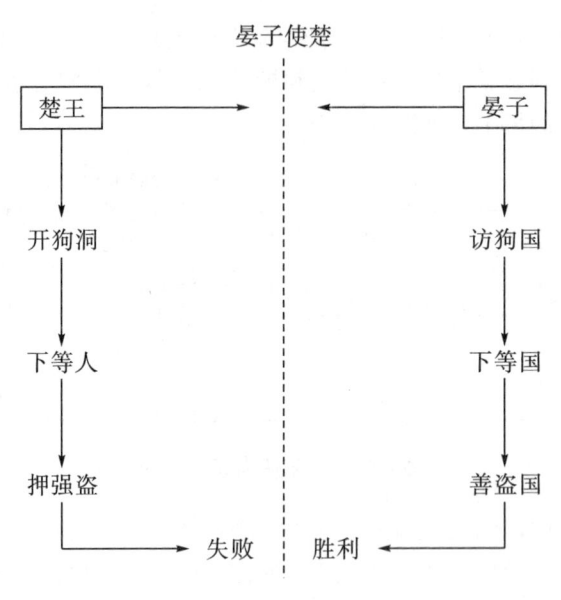

```
                        晏子使楚
        ┌─────┐                    ┌─────┐
        │ 楚王 │──────→    ←───────│ 晏子 │
        └─────┘                    └─────┘
           │                          │
           ↓                          ↓
         开狗洞                      访狗国
           │                          │
           ↓                          ↓
         下等人                      下等国
           │                          │
           ↓                          ↓
         押强盗                      善盗国
           │                          │
           └──────→  失败 │ 胜利 ←────┘
```

图 8-4 "晏子使楚"板书

晏子出使楚国，楚国人欲羞辱晏子，因晏子个子矮小，为其开小门，视其为下等人，并押强盗称为齐国人。晏子巧妙运用了类比推理的方法，认为访狗国方从狗门入，访下等国派下等人，善盗的国家才生强盗。面对同样的问题，站在不同的视角，就能找到截然相反的答案。这样对比式的板书，将晏子与楚王对同一事物完全相反的认知，清晰呈现在学生面前，在楚王的衬托下，晏子的勇敢与智慧更加充分地展现出来了，使楚取得了完全的胜利。

3. 图表式板书

图表式板书就是将板书的内容以图表结构的形式来呈现，图表的纵横结构能准确地反映内容之间的逻辑关系，图表式板书信息量大、简洁明了、条理清晰，具有整齐、对称等格式美，有利于对同类事物相同属性的比较。如医学中"渗出液、漏出液区别"的板书设计，见表 8-1。

表 8-1 渗出液、漏出液区别

	渗出液	漏出液
蛋白质含量	较高	低
细胞	较多	少
比重	>1.018	<1.018
外观	浑浊	清亮

该板书比较的是两种液体的四种属性。以图表的形式呈现，每种属性的参数在表格中清晰可见，排列整齐。学习者通过读图，就能明确两种液体在蛋白质含量、细胞、比重、外观四个方面的明显区别。

4. 关系式板书

关系式板书就是通过板书清晰再现事物之间的内在逻辑关系。如事物产生与发展的关系，事物呈现的时空关系，事物属性的内在联系等。关系式板书符合思维的逻辑性，让人通过板书一眼就能看到事物之间的内在联系与本质属性，如图8-5所示。

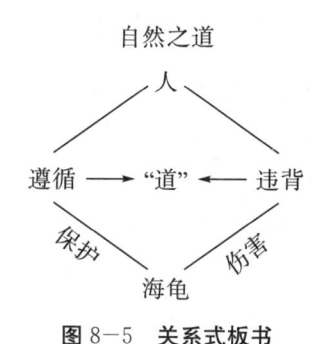

自然之道

```
          人
         ╱ ╲
   遵循 ─→ "道" ←─ 违背
       ╲       ╱
      保护    伤害
         ╲   ╱
          海龟
```

图8-5 关系式板书

《自然之道》是小学四年级的一篇课文，讲述了一群游客因为救一个小海龟违背自然之道而实际伤害一群小海龟的故事。执教者用关系式板书将人与海龟的关系直观形象地描绘出来，遵循自然之道则保护海龟，违背自然之道则伤害海龟。人与海龟的关系，取决于对自然之道的认识，可见自然规律是不可违抗的。

5. 标题式板书

标题式板书也称提纲式板书，就是把一节课的内容用概括性的语言，按一定的逻辑关系依次呈现出来的板书形式。这种形式的板书，层次分明，条理清晰，重点突出，便于学生掌握学习内容，形成认知结构。如历史教学"明朝的对外关系"板书设计如图8-6所示。

◇ 教学设计与案例分析

```
            明朝的对外关系
（一）郑和下西洋
    1. 原因
    2. 概况、特点
    3. 意义
（二）戚继光抗倭
    1. 倭寇与倭患
    2. 抗倭史实
    3. 评价戚继光
```

图 8-6　标题式板书

明朝的对外关系主要通过一系列的史实来说明。在讲述"郑和下西洋"和"戚继光抗倭"两件史实时，执教者分别抓住郑和下西洋的"原因""概况、特点""意义"和"倭寇与倭患""抗倭史实""评价戚继光"几个要点，提纲挈领，让学生对两件史实有了系统全面的了解。

6. 混合式板书

混合式板书指板书不拘一格，根据教学的需要，多种格式结合使用。其特点是能综合各类板书的优点，自然、大方、不拘一格。如"短歌行"的板书，如图 8-7 所示。

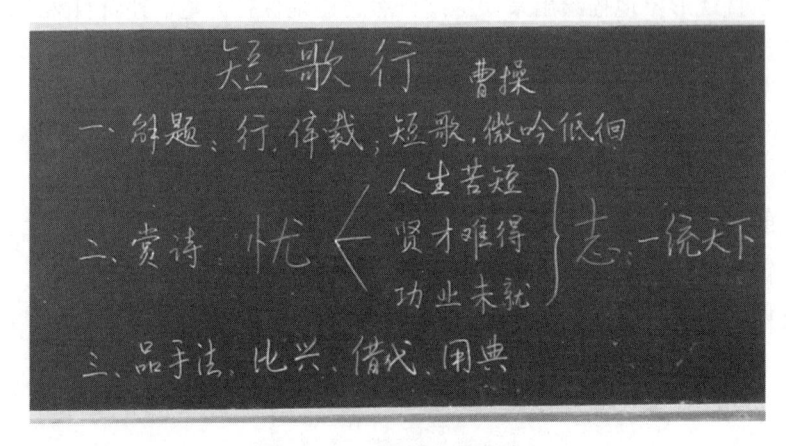

图 8-7　"短歌行"板书

"短歌行"既使用了标题式板书，根据教学进程，选择了"解题、赏诗、品手法"三个教学任务，依次进行板书，又运用分析归纳式板书，将诗人之

306

"忧"与诗人之"志"分别用"人生苦短、贤才难得、功业未就"三种感悟表达出来。

板书的模式还可以根据需要设计出不同的类型来，正所谓板书有法、法无定法。只要能引导学生思考，帮助学生建立良好的认知结构，无论采取何种形式的板书都是可行的。

（三）板书设计要遵循的原则

板书是一种教学的艺术，良好的板书不仅对一堂课的教学起到画龙点睛的作用，帮助学生形成良好的认知结构，也会让人赏心悦目，产生愉快的情感体验。而好的板书常常也会遵循以下基本原则。

1. 目的性原则

目的性原则指板书总是围绕一定的教学目的进行的，教师为完成一定的教学任务，达成预期的教学目标，总是通过多种手段来帮助学生感知理解教学内容。形象化的板书可以将抽象的内容具体化，降低理解的难度；关系式板书能引导学生理解教学内容的逻辑关系，形成良好的认知结构；图画式板书符合低年级儿童的学习特点，有利于激发学生的学习兴趣。只有明确教学目标任务，板书才能重点突出，详略得当，发挥出板书的多项功能。

2. 主体性原则

主体性原则指板书要突出一堂课的重点。一堂课的内容有轻重之分，难易之别，不是所有内容都要用板书来展示，板书所展示的往往是教学内容的主体部分，把握了教学的主体内容，其他内容常常是围绕主体而展开的，把握了教学的主体就能起到提纲挈领的作用。

3. 结构化原则

结构化原则指板书要呈现出一定的结构化色彩。任何事物都是以一定的结构而存在的。事件的发生有起因、经过、结果，无论时间的延伸，还是空间的布局，都必然体现出一定的逻辑关系，板书的设计也必须遵循这一逻辑关系，将纷繁复杂的授课内容，按一定的顺序编码处理，使其形成结构良好的整体。板书的结构化与认知的结构化是一致的，结构化的板书，有利于引导学生将零散的知识编码处理，形成自己的认知结构。

4. 概括性原则

概括性原则指板书并非是对教学内容的原版再现，而是对教学内容的提炼与概括。或再现事件发生的时空线索，或表明事物之间的逻辑关系，或归纳段落的中心思想，或概括作者的内心感受。总之，板书的内容是具有高度概括性的内容，把文章的主题思想用概括性语言板书出来，对认识和理解全文起着统领的作用。

5. 艺术性原则

艺术性原则板书的内容强调科学性，板书的形式强调艺术性，优秀的板书是内容与形式的完美统一。板书的目的就是通过对学生的视觉刺激，增强学生对学习内容的感知能力，提升学生的理解力。艺术化的板书，常常表现出色彩鲜明，形式优美，结构良好，自然大方，逻辑严密，相映成趣等特点。不仅具有较强的观赏性，也会起着思维导图般的作用，让学生的认知活动具有艺术化色彩。

6. 生成性原则

教学过程是师生基于共同的认知活动，不断进行交互作用的过程，它不仅按教师的预设呈现已有的教学内容，还会因学生的参与生成不可预期的教学内容，生成性是教学过程的一个重要特性，因此，板书也不是按教师预先设计的固定模式呈现在学生面前，而是随着师生交互作用的不断深入，师生一起通过归纳、概括、提炼、总结，生成了教学认知的主体框架。

7. 灵活性原则

由于板书受主客体多种因素的制约，任何一个细微的因素都可能成为改变板书的理由，所以成功的板书没有一个固定的模式。不同的教师上同一堂课，板书可能各有千秋，即使是同一个教师上同一堂课，也可能采取不同的板书方式。因此，板书具有极强的灵活性，只有熟练地掌握板书的艺术，才能随心所欲，变换自如地板书。

思考题

1. 教学结构是什么？为什么要进行教学结构设计？
2. 简要叙述教学结构与教学模式、教学策略的关系？

3. 比较教师中心型教学结构与学生中心型教学结构的异同。
4. 师生合作型教学结构有何特征？如何设计师生合作型教学？
5. 教学结构设计的基本要求是什么？简要叙述教学结构设计的基本内容？
6. 为什么要进行教学过程的教学设计？如何进行导入新课的教学设计？
7. 简要论述教学结构设计的发展趋势？如何进行教学结构设计创新？
8. 简要叙述板书的功能，如何进行板书设计？

第九章　教学评价设计

一、教学评价设计概述

（一）教学评价

"评价"在《现代汉语词典》中被定义为"评定价值高低"，指通过计算、观察和咨询等方法对某个对象进行一系列的复合分析研究和评估，从而确定对象的意义、价值或者状态。1981 年美国教育评价标准委员会（Joint Committee on Standards for Educational Evaluation）对评价下的定义是："评价是对某些现象的价值如何的系统调查"。阿什（Airasian，P.）认为"评价是收集、分析、揭示信息并作出决定的过程。我国学者余林认为，评价是对人物或事物的价值的衡量与判断。

尽管对评价的定义各不相同，但其核心思想都是作出价值判断。当评价应用到教学活动中时便形成了教学评价的概念。所谓教学评价是指依据教学目标，对教学过程和结果进行价值判断，并为教学决策服务的活动。一般包括对教学过程中教师教的评价与学生学的评价两大方面。在我国许多人习惯将教学评价定义为对教师课堂教学进行价值判断的过程，认为教学评价主要是对教师教的评价。而从教学设计角度探讨的教学评价，主要是教师对学生的学习评价，尤其是课堂学习评价。

（二）教学评价设计

对学生的教学评价主要是在课堂教学过程中对学生学习过程和学习结果所实施的评价，有人直接称为课堂评价。西方学者古斯基（Guskey，T.）认为，课堂评价是围绕日常教学活动的各种评价的总称。包括各种课堂测验与作业，也包括师生互答与指导，以及教师对学生学习状态和个性特征的观察与判断。有学者认为课堂评价包括狭义和广义成分，狭义的课堂评价是课堂中的言语互动与点评活动，广义的课堂评价是对学生学习状况、参与教学活动等的了解与反馈。对学生的课堂评价不是随心所欲、随性而为的事情，既要考虑评价所要达到的预期目标，也要考虑评价所依据的原理与标准，还要考虑评价所能达到的效果。不同的教师面对学生同样的课堂行为会有不同的价值判断，同时也会引起学生不同的行为反应，使学生获得不同的学习结果。可见评价本身是一个复杂的系统工程，既要考虑构成教学的各种要素及相互关系，更要体现以学生为主体，围绕学习目标、学习内容、学习方法、学习手段、学习态度、学习行为与学习效果等一系列问题，作出合理的价值判断，这就需要教学评价设计。所谓教学评价设计是指在教学活动实施以前，教师对学生课堂学习行为作出价值判断设计的过程，需要回答、评价什么，依据什么评价，如何评价等问题，以便在课堂教学评价实施的过程中有的放矢，发挥评价促进学生发展的功能。

（三）教学评价设计的意义

有利于提高教学质量。课堂教学评价是教学环节的重要组成部分，教学过程从方案的制定到实施都离不开教学评价，尤其是教学效果更离不开对学生学习的评价。因此建立符合教学目的要求，符合学生身心发展需要的教学评价体系，对于促进教师转变观念，促进学生全面发展，具有明确的导向作用。现代教学的质量观是全面发展的质量观，因此，教学评价的设计也必然是与学生全面发展要求相适应的教学设计，既要评价学生的知识与能力，也要评价学生的情感、态度与价值观念，还要评价学生的学习过程与方法。

有利于促进教师专业发展。教师专业发展包括教师的职业道德、专业思想、专业知识、专业能力等方面的内容，教学评价是教师专业能力的重要组成部分，与教学能力、组织管理能力、科学研究能力等构成了完整的教师专业能力体系，它既可以反映一个教师的专业思想，也反映了师生关系所处的状态，教学评价的优劣直接制约着师生课堂教学行为的展开。教学评价的设计过程，是一个教师系统学习、消化、运用教育教学及其他相关理论的过程；是系统分析教学构成要素及其相互关系的过程；是遵循教育教学规律与学生身心发展规律，引领学生学习发展的过程；是协调师生关系，加强教学合作共建学习共同体的过程。这些过程都与教师的发展息息相关，况且设计不是闭门造车，也不能因循守旧，需要打破定势，敢于创新，系统思考，因时而化，这也有利于培养教师的实践能力与创新精神。

有利于促进学生学习。学生的学习不同于一般人的学习，它是以学习为第一要务，以全面发展为学习目标的活动。这种活动是专一性的，它必须遵循学生身心发展规律与教育教学规律，因而离不开教师的主导作用。教学评价设计就是在发挥教师的主导作用，通过对学生的信息收集、问题诊断、价值判断与行为引导来完成对学生的学习指导。一方面，学生通过接收评价的信息认识自我，从而对自身的学习行为进行自我监督与自我调控。另一方面，教学过程是师生双方建立在信任与理解基础上的互动交流过程，离开任何一方的主动配合都不可能取得良好的教学效果。教学评价既是师生对话的一种方式，也是建立良好师生关系，营造良好学习氛围，促进学生学习与发展的过程。

（四）课堂教学评价的特征

1. 目的性

目的性指教师在进行课堂评价时总有一定的目标取向，是侧重问题甄别，还是侧重兴趣培养，是注重情感熏陶，还是注重行为训练，评价的价值取向不同，所选择的评价内容与评价方式就不一样。过去的课堂教学以知识为中心，因而课堂评价突出甄别的功能，以知识的规范化、标准化、科学化作为学生学习评价的重要依据。在学习结果的评价上直接体现为考试成绩，从而导致应试教育愈演愈烈。新课程改革提倡评价观念与评价方式的变革，突出了评价促进学生发展的功能，其目的就是要通过评价，使学生明确学习目标，端正学习态度，激发学习热情，最终达到促进学生和谐发展的目的。

2. 情境性

课堂教学评价总是在具体的教学情境中进行的，学生的学习活动尤其是外显的学习行为总是在特定的时空、特定的情境下表现出来的。专注学习时的凝神静思，心不在焉时的左顾右盼，自我展示时的争先恐后，问题争论时的唇枪舌剑，都具有特别的情境性。课堂教学评价要善于通过学生在各种情境的行为变化，洞悉学生的思想情感、认知特点、行为方式与学习效果，从而作出正确的评价。教学过程是流动的，情境在不断地变化，因而对学生的评价也在随情境的改变而改变。

3. 及时性

范梅南说过：教学即即席创作。课堂评价作为教学的主要部分，同样具有这样的特征。及时性评价与具体的学习情境紧密相连，具有生成性、即刻性与偶然性的特点。教学过程是生成的过程，世界上没完全相同的两堂课，就像没有完全相同的两片树叶一样。无论是生成的过程还是结果，都有许多可圈可点的地方，学生在生成学习的过程中需要得到肯定与赞美、指点与帮助。即刻性指评价应在此时此地进行，即最需要的时候出现。所谓"不愤不启，不悱不发"，是指启发应在学生"愤悱"之时进行。偶然性指教学过程中许多非预期的学习行为的产生，这些行为有的与教学目标一致，有的与教学目标相悖，这就需要教师及时指导，通过评价把学生的学习行为导向预期目标。

及时评价保障了教学的逻辑性与严密性，符合学生认知发展的特点，有利于促进学生健康发展，但及时并非指第一时间，而是指在恰当的时候，有的问题需要留给学生足够的思考时间，这时就需要延时性的判断与评价。

4. 互动性

这是教学过程的本质特点所决定的。教学过程本质上是通过师生的交流与对话，促进学生健康发展的过程。课堂教学评价过程，本质上也是师生之间交流互动的过程。一方面，师生通过言语或行为进行评价的互动，比如，学生可以对教师对自己的评价作出再评价，或否定教师的评价，为自己辩解，或肯定教师的评价，对教师表示感谢，都直接表现为在评价上的互动；另一方面，师生通过言语或行为对对方的行为作出应答性反应。

【案例】

支玉恒老师执教《太阳》片段

师：好了，现在我知道大家还有很多话要讲，但已经过去十五分钟了，持第一种意见的同学被第二种的说服了么？（学生答没有）

师：那么坚持第二种意见的同学被第一种意见的同学说服了？（学生答没有）

师：那谁也说服不了谁，怎么办？要不要我来讲？

生：要。

师：我告诉你们一个方法好不好？

生：好。

师：你家如果有富余的钱，往哪儿放？

生：银行。

师：存在银行，是吧？现在我们学习中遇到了困难你不要钻牛角尖，钻进去就出不来了，非常耽误时间，怎么办？你也先把它存起来，这叫存

疑。（板书：存疑）

然后接着往下学，学到一定时候，再回过头来，这个疑问自然而然就解决了，好不好？

生：好。

评析：

教师面对突发事件，随机应变，进行了暂时的延迟评价，给学生解释的机会与时间，让学生在自由的空间可以展示自己独特的思维和个性化的理解，充分保护了学生的自尊与学习积极性，表现了教师较高的教学机智。

5. 差异性

著名的教育评价家斯塔佛尔姆强调，"评价不在于证明，而在于改进"，因此，有效的课堂教学评价要求教师评价时不只是简单的判断或褒奖，而要做到因人而异，了解不同学生的学习基础，关注他们的发展状况和努力程度，针对不同的学生采用不同的评价标准，为每个学生的发展创造宽松的环境，并给予具体指点和引导，耐心期待学生一点点成长、进步。

二、教学评价的类型

课堂教学评价作为师生互动的表现形式有多种类型。

（1）根据评价在教学活动中发挥作用的不同，可把教学评价分为诊断性评价、形成性评价和总结性评价三种类型。诊断性评价是指对评价对象的学习现状做出鉴定，以便采取相应措施使教学活动顺利、有效实施而进行的评价，根据诊断的内容不同又可以分为学习态度诊断、学习情感诊断、学习行为诊断、学习效果诊断等。诊断性评价为进一步分析问题、解决问题奠定基础。形成性评价是在教学过程中，对学生获得知识的过程所作的评价，是为调节和完善教学活动，保证教学目标得以实现而进行的确定学生学习成果的评价。形成性评价的主要目的是改进、完善教学过程。总结性评价是以预先设定的教学目标为基准，对评价对象达成目标的程度即学习效果所做的评价。总结性评价注重考察学生学习的整体情况，在课堂教学中主要是课堂学习任务的完成情况及学习目标的达成情况。

（2）根据评价所运用的方法和标准不同，可分为相对性评价和绝对性评价。

相对评价法是从评价对象集合中选取一个或若干个对象作为基准，将余者与基准做比较，排出名次、比较优劣的评价法。相对评价法便于学生在相互比较中判断自己的位置，激发竞争意识。绝对评价法是在被评价对象的集合以外确定一个客观标准，将评价对象与这一客观标准相比较，以判断其达到程度的评价方法。绝对评价设定评价对象以外的客观标准，考察教学目标是否达成，可以促使学生有的放矢，主动学习，并根据评价结果及时发现差距，调整自我，具有明显的教育意义。

（3）根据评价主体不同分为自评与他评。自评指学习者对自己的学习所作的评价，包括对自身学习目标、学习内容、学习方法、学习效果等所作的价值判断。自评对象可以是学习者个体，也可以是学习小组或其他学习群体。自评是自我认知的重要方式，其目的在于激发内在潜能，调动学习者学习的积极性与主动性。他评是他人对学习者学习所作的评价，主要是教师的评价与同学的评价。他评是学习者自我认知的一面镜子，从旁观者的角度，发现学习者的得与失，为学习者及时提供有价值的参考意见或建议。

（4）根据评价的性质分为肯定性评价与否定性评价。肯定性评价是对学生的学习所作的表扬、认可、赞许等性质的评价。肯定性评价有利于强化学习动机，激发学习热情，否定性评价是对学生的学习所作的批评、训斥、阻止等性质的评价。肯定与否定是对学生学习过程或结果所作的价值判断，对学生的学习行为起着激励、阻止等调控作用。

（5）根据评价的方式不同，可以将教学评价分为言语性评价和非言语性评价。言语性评价指通过言语的方式对学生学习所作的评价。包括口头言语和书面言语两种。口头言语评价是课堂教学评价中最常用的方式，使用方便，易被感知。书面言语评价常在课堂作业批改评价或课堂教学中板书时评价使用。非言语性评价是指言语以外的包括教师的面部表情、肢体动作等方面的反映，如微笑着点点头、轻轻拍拍学生肩膀等，同时非言语评价也包括教师用实物来鼓励学生继续努力，如学生课堂作业做得认真，教师可以在他的作业本上贴小红花或小星星等作为对他的鼓励。

（6）根据评价对象不同，可以将教学评价分为对学生个体的评价和对学生的群体评价。学生个体评价指评价对象指向学生个体，它可以是教师对学生个人进行的评价，也可以是学生个体之间的评价。学生群体评价是指对全班学生或某一群体的学生所进行的评价，既可以是教师对学生群体的评价，也包括学生个人或学生群体对另一个学习群体进行的评价。

（7）根据评价内容不同，可以将课堂教学评价分为知识性评价、能力性评价和情感性评价等。知识性评价主要是有关学生课堂获得知识的容量与质量所作的价值判断，包括对知识的教育性、科学性、结构性、实用性、创新性等所作的评价。能力性评价是指对学生在课堂学习过程中所表现出来的各种能力所作的价值判断，包括认知能力、协作能力、自我管理能力、表现能力、创新能力等。情感性评价是对学生学习过程中所表现出来的情感、态度、价值观念所作的价值判断。学习情感是学生学习的动力之源，注重情感性评价有利于学生明确学习目标、端正学习态度、激发学习动机，保障学习活动顺利进行。评价内容的确定必须遵循学生身心发展的规律，课堂教学中，单一性的评价内容很少，常常需要涵盖学生身心发展的方方面面。

（8）根据评价效能不同，可以将课堂教学评价分为正效评价、负效评价和零效评价。正效评价是指教师课堂即时评价对学生知识、情感、价值观等方面都具有积极影响；负效评价即是指对学生各方面产生负面影响，如教师为调动学生学习积极性，在回答了一些很简单的问题后，就夸大其词地表扬该生很聪明等，让学生不知这是表扬还是讽刺，反而会让学生觉得难堪，这时学生学习的信心与积极性也会受到负面影响；零效评价即对学生没有带来任何改变和影响。如课堂上教师对学生的回答给予简单的评价——"好"，或不置可否，或直接指示"坐下"等，对学生的自我认知几乎没有什么影响。

三、教学评价的功能

课堂教学评价过程是评价主体与评价对象互动交流的过程，必然会对参与双方产生多方面的影响。

（一）导向功能

课堂教学的评价目标是根据我国的教育方针与课程标准的要求制定的，与学生的学习发展目标一致，对学生的学习行为具有明确的导向作用。课堂教学评价总是在用课堂学习评价标准判断学生的学习行为是否偏离了学习目标，当学习行为与学习目标一致时，就采用肯定性评价，激励行为持续推进。当学习行为与学习目标相悖时就采用否定性评价，及时调整行为方向。

（二）甄别功能

课堂教学评价是对学生学习态度、学习方法、学习行为与学习效果的及时反映。是教师了解学生的重要体现，也是学生认识自我的重要途径。学习过程中，学生之间存在明显的个体差异，各有自己的优势与不足，只有正确认识每一个学生之间的个体差异，才能真正实施因材施教。课堂评价的针对性，使教师与学生都对评价对象有了清晰的认识，既有利教师个性化教学的设计，也有利于学生正确的自我认知，科学规划自己的学习。

（三）激励功能

课堂教学评价具有激发学生学习动机的功能。奥苏贝尔认为，学习者都有希望得到他人赞许、认可而努力表现出认真学习的一种需要。得到赞许的学生会有意识地使自己的行为符合他人的标准和期望，并借以保持他人的赞许。一般来说，肯定的评价可以进一步激发和提高学生的学习兴趣，提高他们学习的积极性和主动性。否定的评价往往会使学生看到自己的不足，与别人的差距以及原因之所在，以便对症下药，及时矫正。但值得注意的是，否定的评价常引起学生的焦虑和紧张，适度的焦虑和紧张可以成为推动学生学习的动因，而过度的焦虑和紧张则会消减学生的兴趣和学习积极性。

（四）反馈功能

从信息论的角度说，教学过程是一个信息输入、转换、输出、反馈和调节的过程。其中反馈和调节实际上也就是教学评价的一部分。教学评价的结果不仅为教师了解教学状况提供了大量的反馈信息，使教师根据反馈信息对原来的教学设计作出必要的、适当的、及时的调节，以取得最佳的教学效果，而且为学员了解自己的情况、自己和别人的差距等提供了直接的反馈信息。学员可以根据反馈信息自觉地、有意识地进行反思，对自己的学习态度、学习方法等进行自我调节、自我完善，以便达到自己的预定目标。

（五）发展功能

首先，教学评价应有利于促进学生发展，这不仅是教学评价理念变革的需要，更是教学的本体功能所决定的。教育的最终目的就是促进学生发展，课堂教学评价通过目标导向、动机激发、行为调控、正误甄别，让学生认识自我，明确发展方向，扬长补短，最终促进学生全面发展。其次，课堂教学评价实施的过程也是教师了解学生、分析学生，优化教学过程，提高教学质量的过程，是教师进行教学反思，不断积累教学经验的过程，有利于促进教师专业发展。

四、教学评价的原则

(一) 发展性原则

发展性原则指教学评价应以促进学生发展为主要目标。这是由我国全面发展的教育目的所决定的，也是我国新课程改革对教学评价方式变革所提出的要求。发展性教学评价不同于水平性教学评价和选拔性教学评价，是一种重过程、重视评价对象主体性、以促进评价对象发展为根本目的的教学评价。遵循发展性原则，首先应树立发展性的评价理念，强化评价的发展功能而不是选拔与甄别的功能；其次应建立适应学生全面发展需要的评价体系，强化对学生的系统化、个性化、差异化评价，摒弃单纯以应试为目标的知识中心型评价体系；过程与结果并重，注重对学生学习策略的评价，强调科学学习，促进科学发展。

(二) 激励性原则

激励性原则指课堂教学评价应采用积极的、肯定的评价方式，以便激发学习动机、培养学习兴趣、体验学习成功。人本主义者认为，每个人都有自我发展的需要，都有自我实现的潜能，教师的职责就是创设学习情境、激发学习潜能，为每个学生的发展提供支持与帮助。遵循激励性原则首先要正确认识与尊重学生，相信学生的学习潜能，尊重学生的学习需要，确立学生在学习中的主体地位；其次应正视学生的每一个成功，欣赏学生的每一个进步，多用肯定性评价，使学生在成功的学习体验中增强学习效能感；激励并非完全是赞美，也有对学生的鞭策与鼓励，对学生提出高标准、严要求，督促学生按时完成学习任务，也能激发他们的学习斗志，提升学习效能。

(三) 全面性原则

全面性原则指对学生的课堂学习评价、内容与对象要全覆盖。这是由全面发展的教育方针所决定的。马克思关于人的全面发展的学说确立了科学的人的发展观，指出了人的全面发展的历史必然，对我国教育目的的确立与教育实践具有重要的指导意义。全面发展既指人作为一个完整的个体的全面的、自由的、和谐的发展，也指所有人的发展。

遵循全面性原则，一方面，指对学生学习的评价应涉及人的发展的各个方面，按照三维教学目标的要求就包括知识与能力、过程与方法、情感态度与价值观念等。事实上"三维"也并非完全概括了人的全面发展，因而课堂教学评价中只有基于学生的发展、尊重学生的发展，才不会忽视学生的存在，也才能对学生课堂学习的所有活动及结果给予及时的、恰当的评价。另一方面，遵循全面性原则，要求一视同仁地对待全体学生，在课堂学习评价中体现机会均等与教育公平，防止课堂评价变成表扬少数优生与批评个别差生的专场活动。

（四）开放性原则

开放性原则指课堂教学评价应秉持开放的态度，打破各种条条框框的限制与束缚，实现评价主体多元，评价方式多样，评价功能最大化。开放性原则是现代教育发展的趋势。随着科学技术的不断进步，学校教育正在超越围墙的束缚，迎接各种观念与行为方式的冲击，课堂教学只有坚持改革开放，才能与时俱进，保持旺盛的生命活力。遵循开放性原则要求实现评价主体多元，改变只有教师评价学生的课堂单一主体评价模式，构建教师评学生、学生互评、学生评教师的主体多元的课堂评价模式。改变课堂评价只在课内的评价模式，及时引入开放的在线课程，构建课堂评价与在线评价相结合的评价模式。改变课堂评价标准化、统一化的评价方式，构建灵活化、多样化、个性化的课堂评价模式，使课堂评价更有利于促进学生个性的全面发展。

（五）合作性原则

这是评价主体多元化发展的需要。过去的教学评价，只是单向的教师对学生的评价，教师是课堂评价唯一的主体，也是课堂评价的绝对权威，不需要合作。合作性原则是建立在新时期民主平等的师生关系基础之上的，是由教学过程的本质特征与自身规律所决定的。从师生关系的角度看，教师与学生的人格在课堂上是平等的，这是合作的基础与前提，没有这种平等就没有师生之间的交流与对话。从教学过程的本质看，教学需要交流与对话，尽管对话存在知识结构与对话能力的不对等，但正是这种不对等的交流缩短了对话双方的距离，促进了弱势方的发展。遵循合作性原则，要求在评价过程中加强师生对话，共同商讨双方都能接受的方式或评价结果。比如，学生在课堂上有权为教师不合理的评价进行自我辩护，有权通过恰当的方式表达对教师教学过程或结果的评价。

（六）教育性原则

教育性原则指在进行教学评价时，不能就事论事，而是要把评价和教育结合起来，发挥评价的育人功能。评价过程不纯粹是对事物作出价值判断的过程，更是摆事实，讲道理的过程。评价结果来源于对事实的分析与判断，评价者通过关注事实、收集信息、分析成因、作出判断来对学生的学习过程或结果作出评价。这一过程也是教师帮助学生转变观念、端正态度、构建新的知识结构，培养新的思想感情的过程，其教育功能不可忽视。遵循教育性原则，重在分析事实，讲明道理，而不是给出一个抽象的结论。比如，课堂评价中一个"好"字，可能让学生觉得莫名其妙，不知好在何处？只有细数"好"的表现，分析"好"的原因，才能让学生心悦诚服，真正体验学习成功的乐趣，增强学习的自信心。

（七）客观性原则

客观性原则是指在进行教学评价时，从评价的标准和方法到评价者所持有的态度，特别是最终的评价结果，都应该符合客观实际，不能主观臆断或渗入个人情感。因为课堂教学评价的目的在于给学生的学以客观的价值判断，如果缺乏客观性就失去了意义。有时候教师为了激励学生无原则地采用表扬的方式。明知学生回答错误，教师怕伤学生自尊，也不当面纠正，明知学生回答不完善，教师还极力叫"好"，且不说明好在何处，学生即使受到表扬，也会觉得名不符实，问心有愧，有时甚至会怀疑教师是不是在讽刺自己。遵循客观性原则，一是要让教师的评价符合课堂事实本身，二是要考虑每一个学生的具体实际，通过转换视角，巧用语言来体现评价艺术，比如有意忽视学生在课堂中的"问题"，可以淡化"问题"，减轻学生的"问题"负担。

五、教学评价的设计

教学评价是教学实施的重要环节，评价恰当有助于构建良好的师生关系，推进教学活动顺利进行。评价不当必然造成师生交流的障碍，影响学生学习的积极性与主动性。因此，良好的课堂教学评价必然离不开教学评价的设计。这就要求设计者回答课堂教学要评价什么，根据什么评价以及如何评价等一系列问题。

（一）教学评价内容设计

教学评价内容设计，主要回答课堂教学"评价什么？"的问题。

"评价什么？"是教学评价设计首要的、关键的问题。如果说课堂评价是课堂教学的"指挥棒",那么评价内容就是指挥棒所指的方向。人们常常形容"高考"是中学教育的指挥棒,那是因为高考考什么,学生就学什么,学校就教什么。学生在课堂上的学习也是如此,学习者在课堂上的学习得到老师和同学的赞扬,受到肯定性评价,就会认为自己的学习是有意义的,学习动机就会得到强化,反之动机则可能减弱。

评价内容并不是教师随心所欲确定的,首先,要依据我国的教育方针确定评价内容。我国实行的是"全面发展"的教育方针,从教育发展的角度看,主张德智体美劳"五育"齐发展;从个体发展的角度看,主张身体与心理的全面发展。因此,对学生的课堂教学评价,必然涵盖学生身心发展的各个方面。

其次,应根据课程标准确定评价内容。过去我国的课程目标一直注重"双基",即注重对学生基础知识与基本技能的培养,在课堂教学评价上尤其注重对学生知识掌握的评价,导致"以知识为中心"的课堂教学评价的产生。教学过程被简化为"传递—接受知识"的过程,老师对学生的学习评价也简化为对学生获得知识效果的评价。课堂提问或课堂测验也就成了最常用的学习评价方式。

《基础教育课程改革纲要(试行)》(教基〔2001〕17号)提出了对我国人才培养的总的目标要求。不仅明确了对学生知识、技能与道德品质的培养,更增添了具有时代特征的学习要求。强调对学生创新精神、实践能力、民主法制意识与良好心理品质的培养。注重科学素养与人文精神的统一,当前学习与终身学习的统一,学校学习与生产生活的统一。为课堂教学评价指明了方向,为评价内容的确定提供了重要的参照依据。

最后,教学目标分类理论是确定评价内容的理论基础。布鲁姆将教学目标分为认知、情感和动作技能三个领域,那么对学生的课堂学习评价也就指向这三个领域;加涅将学生的学习结果或教学目标分为言语信息、智力技能、认知策略、动作技能和态度五个方面。对学生的评价内容设计也必然包括这五个方面。从加涅的教学目标分类可以看出,他对学生的评价重点不是关注学生获得了多少知识,更多地关注学生如何学习的问题,从学习态度、学习技能到学习方法,真正体现了把"学会学习"作为满足学生学习的第一需要。此外,课堂教学评价的内容还要考虑每一堂课的具体要求以及每一个学生发展的具体需要。

综合以上因素,在对学生进行课堂教学评价时以下几方面的内容是不容忽视的。

1. 学习情感与态度的评价

一个人对事物的态度决定了他的行为倾向,积极的态度可以使一个人面对困难时坚韧不拔，勇往直前，自觉学习、主动学习，很容易将外在的支持转化为自我提升的内在动力。学习过程也容易产生积极的情感体验，同样面临学习困难，态度积极的学生比消极的学生理智感更强，既会因克服困难而欣喜，也可以因困难的存在而激发探究的热情。对学生学习态度与情感的评价是对学生进行行为调控的基础，只有正确认识、准确评估学生的态度与情感，才能在学生激情过高时降降温，消极退让时鼓鼓劲，徘徊犹豫时加加油。

2. 学习内容的评价

根据学习目标的要求，学生的学习内容涵盖课堂学习的所有领域，其中知识与技能、过程与方法、情感态度与价值观念是学习内容评价的主体。过去的课堂教学内容评价体现出以知识为中心。尤其是对以应付考试为主的陈述性知识的学习，忽视了对学生策略性知识的评价。对技能的评价往往只停留在对学习考试等技能的评价，忽视了对学生基本生活技能及生产技能的评价。对态度的评价在教师的课堂管理中也时有体现，尤其对学习态度消极，甚至有违纪行为的学生，态度评价是一种常用的管理手段。至于过程与方法以及学生在学习过程中的情感体验，常常是教师在课堂评价中不太在意的事情。有人曾作过专门的调查，发现在 370 次评价中，教师对学生陈述性知识的评价有 250 次，占 67.6%，对程序性知识的评价有 90 次，占 24.3%。也就是说教师对学生评价的主要内容是基本知识的掌握，所考察的也是简单知识的再现。而对于思维、技能、品质、作品等对于学生具有启发性的方面没有评价。[①]

3. 学习方式方法的评价

学习方式方法是对学生如何学习的评价。过去的评价关注学生的学习结果，忽视了对学生学习过程与方法的考核与评价。有调查显示，有部分教师会在教学过程中渗透学习策略的教学，关注学生如何学习，很少有教师利用专门的时间对学生进行学习策略与方法的教学。笛卡尔说过，"没有正确的方法，即使有眼睛的博学者，也会像瞎子一样盲目探索"，他认为最有价值的知识是关于方法的知识。巴甫洛夫说过："好的方法将为人们展开更广阔的图景，使人们认识更深层的规律，从而更有效地改造世界。"对学生学习方式方法的评价，就是要引导学生探究学习策略，学会学习，为持续学习和终身学习奠定良好的学习基础。

---

① 赵明仁，王嘉毅. 促进学生发展的课堂教学评价 [J]. 教育理论与实践，2001 (10)：41-44.

4. 学习效果的评价

学习效果是教师课堂评价中最关注的问题，是教师教学效果的最终体现。没有对效果的诊断与评价，对教学的实施与持续推进就会是盲目的。学习效果伴随教学过程而产生，课堂上有现场的学习效果，学习阶段结束有阶段性的学习效果。课堂学习效果评价既有对现场学习效果的评价，也有对阶段性学习效果的评价。评价学习效果既可以给学生及时提供学习的反馈信息，提高学生的自我认知能力，也有利于师生互动，有利于教师根据学习效果及时调控教学进程。当学习效果很好时，教师会加快教学进程，提高教学效率，当学习效果不好时，教师会反思教学设计，及时调控教学的难度与教学密度，使教学过程始终保持活力与生机。

（二）评价标准设计

标准作为衡量事物的准则或依据，对事物的发展具有一定的导向和判断功能。2000年开始，联合国经济合作与发展组织（OECD）成员国，联合实施了国际学生评价项目（PISA），以纸笔测验的形式测量学生的阅读能力、数学能力和科学能力，从而了解学生是否具备未来生活所需的知识和技能，同时学生还需完成一份关于他们的背景和态度的调查表，以便分析其发展情况产生的原因。可见对学生的评价已是一个国际性的问题。课堂评价是学生学业评价的重要途径，随着基于标准的课程改革的深入，对学生评价的标准设计也就显得必要了。

对学生课堂学习的评价，很难确定一个统一的标准，这是由教学活动的情境性与学生发展的差异性所决定的，刘尧教授在《论教育评价的科学性与科学化问题》一文中指出："教育评价不可能有全人类公认的、完全一致的评价标准，因为这种要求本身就是有悖科学化的。……教育评价在一定的时空限度内，是具有相对的、公认的和一致的评价标准的。"新课程突出了评价的功能，因此，在确定评价标准时必须立足于特定的教学活动情境，并随着评价的不断深入、评价者水平的不断提高或者其他评价约束条件的变化，评价标准也要进行相应的调整，而不是一成不变地应用于整个教学任务的始终。但无论确定什么样的评价标准，中小学生课堂学习评价标准都应该具有以下特征。

1. 基础性

基础性有两方面含义：一是教学目标符合基础教育的培养目标，要定位于促进全体学生的全面主动发展和个性发展；二是教学要从学生的认知基础出发，从学生已有的学习和生活经验出发，要沟通学生的书本世界和生活世界、情感世界。因为一切有效的教学都始于对学生认知经验和生活经验的有效开发和利用。

2. 开放性

评价不是局限于特定的时空、特定的内容、特定的行为规范，而是在时空上体现室内室外、校内校外、课内课外的结合；内容上体现教材与参考书籍、间接经验与直接经验、教师经验与学生经验的结合；行为上学习规范与自主行为结合，为学生开辟自由的学习活动空间。

3. 主体性

主要是学生学习主体地位的确立与主体作用的发挥。学生是学习活动的主体，这是谁也否认不了的，无论教师的教学活动多么精彩，都无法取代学生的学习。教学效果最终体现为学习效果，学习效果必定依赖于学生的学习行为，有人把学生的学习行为分为六个方面：①学生主动学；②学生互动学习；③学生实现自行获取知识；④学生真正理解知识并能转化迁移；⑤学生反思学习；⑥学生创造性地学习。这六种学习逐层深入，但都是学生主体性的表现。

4. 差异性

每一个学生都是一个独特的个体，学习背景、学习需求、学习态度与学习方法等都存在着明显的个体差异，体现差异性评价不是不要评价标准，而是要尊重每一个学生的个体差异，结合具体的教学情境，作出体现学生个体差异性的评价，让"差生"也能体验成功，让优生保持学习激情，最大限度地满足每一个学生的学习需求。

5. 目标的达成性

课堂教学的目标主要表现为学生的学习目标，评价目标的达成性主要依据课程标准的要求、课堂教学任务与学生学习效果来确定。考察目标的达成性，一要看目标达成是否全面，知识目标、能力目标、情感目标等是否全覆盖，即使不在一堂课里全覆盖，也要在一段时间的学习中体现出来，否则就可能造成学生的片面发展。二要看目标达成的深度，同样是知识目标，有知识的理解、知识的掌握、知识的巩固、知识的运用，以及知识的创新，知识理解是基础性的目标，知识创新是高层次的目标。

评价标准的设计离不开对评价内容的解读,当评价者针对课堂评价内容对学生的表现作出价值判断时,评价就产生了,见表9-1。

表9-1 学生课堂学习评价量表

评价目标	评价标准	权重	得分 自评	得分 组评	得分 师评
学习态度与情感	积极思考,主动发问	5			
	尊重他人意见,不固执己见	5			
	能经受挫折,有克服困难的勇气	5			
	愉快的情感体验	5			
学习内容	内容的科学性:能够正确领会所学知识的含义	5			
	内容的系统性:学习内容注重知识、能力与情感的系统学习与发展,形成系统的知识结构	5			
	内容的深刻性:注意对事物本质属性及规律性的认识	5			
	内容的拓展性:学习内容与其他学科、与学生实际、与社会生产生活紧密相连	5			
学习过程与方法	上课不是被动听课而是主动学习,会记录学习要点,会主动思考,会积极发问。	10			
	对于课堂中出现的问题敢于质疑,勇于探索与创新	5			
	与教师的双向交流情况	5			
	与同学的互动学习情况	5			
	学习方法灵活多样,得到师生的认同	10			
	学习过程始终保持学习热情,能合理进行注意力的分配与转移	5			
学习效果	每节课学习内容的掌握达到度	10			
	能应用课堂知识技能去解决相关的生活问题	10			
总分		等级			

说明:总分=自评+组评+师评,其中自评占总分的20%,组评占总分的30%,师评占总分的50%,等级分为四等,标准如下:A等:总分90分以上;B等:总分为80~89分;C等:总分为70~79分;D等:总分60~69分。

这一评价量表的设计,体现了评价内容的全覆盖,从权重设计比例来看,更加注重对学习过程与方法的评价,占比重的40%,从评价主体来看,课堂教学评价仍以教师评价为主，同时注重了评价主体多元化，使学生自评与同学互评合计占评价的50%。这一评价量表既可以作学习过程评价的依据，也可以作为对学生课堂学习总结性评价的参考。

（三）课堂评价主体设计

传统的课堂评价主体单一，教师是评价的绝对权威，学生在课堂上很少有发言权。新课程实施强调评价主体多元化，课堂活动的参与者都可以成为课堂评价的主体。

1. 教师评价

教师是课堂教学活动的组织者与实施者，课堂活动成效如何，课堂教学活动如何有序进行都与教师的评价息息相关。教师对学生的评价方式多种多样，根据评价对象的不同分为对学生个体的评价、对学生小组的评价、对部分学生的评价和对全体学生的评价，还包括对教师的自我评价。对学生个体的评价往往针对学习过程中有代表性的学习个案进行，这类评价针对性强，分析深入、具体，不仅对评价对象具有直接的指导作用，也有利于解决同类学生的学习问题，

教师评价可以采取以下几种形式。

（1）教师对学生个体的评价。教师对学生个人的评价需要以个案的形式观察探寻那些可以说明他们学业进展情况的具体表现。面对一个群体的学生，我们要分层次、有重点地进行形成性评价。由于学生个人的表现均有某种代表性，所以，教师在具体进行某些个案的研究工作之后，就可以比较清楚地了解每一类学生的学习情况。

（2）教师对全体学生的评价。教师通过对全班学生的整体表现进行评估，发现全体学生共同的优势与存在的问题，明确集体的学习目标与发展方向。

（3）教师对部分学生的评价。一个班级的学生按不同的标准可以分为不同的群体，如按成绩可分为优秀学生、中间状态学生、学困生，按固定的人数分为不同的学习小组，按家庭的完整情况可分为完整家庭学生和单亲家庭学生，按问题性质不同还可分为不同问题类学生。对不同群体所进行的评价都是对部分学生的评价，这类评价有利于发现同类学生的优点与不足，以便对学生进行类别化引导。

2. 学生评价

课堂教学评价中，学生不仅是评价的客体，也是评价的主体，不仅对自身的学习进行评价，也可以对教师的教学活动进行评价。学生评价的主要形式有学生自评、学生互评、师生合作性评价等。

（1）学生自评。指学生在课堂学习过程中能有意识地收集学习信息，分析学习过程，评判学习效果，从而调控自身学习行为。学生自评既有利于增强学生的自我认知能力，更有利于改进学习方式，促进学生自我监督、自我调控，在自我反思中不断成长。

（2）学生互评。指同学之间在课堂学习中所进行的个体与个体、群体与群体间的相互评价。同学间的互评指在学习过程中把他人作为观察与评价的对象，对他人的学习作出价值判断，为他人提供意见或建议，最终通过评价他人，对照自己的学习，构建相互交流的学习共同体，达到与评价对象共同进步的目的。学生互评包括个体间互评、群体间互评、个体与群体间互评三种基本形式。个体间互评是针对学习个体的学习行为表现所作的评价，案例简单，易于分析判断，针对性强，便于指导学习；群体间互评，既要观察、分析、判断群体所具有的共同特征，又要了解群体内个体的行为表现，充分发挥群体评价对群体及群体内个体的影响。

（3）师生合作性评价。指课堂教学过程中，师生共同参与的评价活动。评价对象可以是教师，也可以是学生，可以是群体，也可以是个体。评价的内容可以是教学内容、教学方法，也可以是学习态度、学习效果等。师生合作的评价，主要特点是合作，常常需要通过师生间的相互交流与对话来完成。无论评价对象是谁，师生间的交流与对话都有利于获得完整的评价信息，即时发挥评价对教学的调控作用，使评价随教学活动的生成而生成，随教学活动的改变而改变。

3. 家长评价

过去，家长评价一直被排斥在课堂教学评价之外，似乎家长与课堂教学毫不相干。课堂教学评价改革，把家长评价逐渐引入课堂。一些学校举行家长开放日活动，允许学生家长随堂听课，这样家长不仅可以了解自己的孩子在课堂上的学习表现，也可以了解其他学生及教师在课堂上的表现，既有利于正确认识、评价与指导自己孩子的学习，也有利于加强家校合作，对班级教学与学校管理提供改进意见。

◇ 教学设计与案例分析

【案例】

[学生分组读课文]

生：……给我们扇风用的呢!

师：大家来评价一下这组同学的朗读情况吧。

生：他们读的很流畅。

生：他们有个字××读错了。

师：你能纠正一下么?

生："给我们扇风用的呢"中的"扇风"的"扇"应该读第一声，但他读成了第四声。

师：噢，你听得很认真。（板书：扇贝、扇风）课文中扇贝的"扇"表示的是一种事物，我们读第四声，而"扇风"的"扇"表示动作，是动词就应该读第一声。同一个字，意思不同，声调也不同，这就是多音字。××同学请你再把这个字组词读一遍可以么?

评析：

首先，案例中评价的主体不仅包括教师，还有学生，不仅有对个体的评价，也有对群体的评价，评价关系不仅包括师生关系，还包括生生关系。从一定程度上说，学生之间的相互评价更容易使学生产生共鸣。其次，评价具有针对性，无论学生的评价还是老师的评价，都明确指出了学生学习中的问题，为学习者提供了准确的反馈信息。评价与指导相结合，调控学习的效果明显。老师的评价在阐明问题的同时，还分析了问题的成因，指出了改正的具体办法，不仅能使学生轻松掌握知识内容，同时评价的指导作用能得以更好地发挥。

(四) 课堂评价方式设计

课堂评价的方式多种多样，主要包括言语评价、体态语评价和物化评价三大类。

1. 言语评价

课堂言语评价是在课堂教学过程中，评价者以言语活动的方式对评价对象在课堂活动中的表现所作的评价。包括口头言语和书面言语两种类型。

口头言语评价是课堂教学中使用频率最高的评价方式，也是最主要最核心的评价方式，是对学生的学习活动影响最大的评价表现形式。在课堂教学过程中教师常常根据学生的学习态度以及学生在课堂上的学习行为表现及时实施口头言语评价。

（1）言语评价的特点。

口头言语评价的广泛性与言语使用的特点是分不开的。

第一，使用方便。言语是人们使用语言进行交际的特殊活动。任何人只要掌握了一种语言，就能运用这种语言进行言语活动。言语活动与个体存在紧密相连，不需要特殊的携带工具，只要对学生的学习活动有认识就有评价，就可以用自己的言语表达出来。

第二，概括性强。言语是心理活动的外在表现形式，俗话说"言为心声"，口头言语评价不是对学生学习行为表现的直接描述，而是对学生行为表现的概括总结，是在对学习构成要素及其相互关系深入理解与分析的基础上得出的价值判断，具有很强的概括性。

第三，参与的广泛性。课堂教学的参与者均可以成为口头言语评价的参与者。课堂教学中人人都可作评价者，只要有言语表达能力，都可以对他人的活动作出评价，既可以是教师评价学生，也可以学生评价教师，还可以是同学间互评，只要是在课堂教学活动中有所感、有所思、有所悟的人都可以及时发表自己的见解。

第四，功能全面。口头言语评价作用于评价对象可以起到导向、激励、调控与教育的功能，最终促进学习者全面发展。

第五，个体差异性。课堂评价主体的差异性使课堂口头言语评价也存在明显的个体差异性。面对同样的课堂行为表现，师生之间、同学之间由于个体经验的差异、认识能力与表达水平的不同，在对课堂行为的评价上必然存在个体差异，正是这种个体差异，使人们能够从不同的视角认识课堂行为表现。

（2）言语评价的方式。

言语评价没有一个固定的模式，总是随学习情境的变化而变化。常见的评价方式有以下几种。

第一，简单肯定：根据评价对象的正确表现，评价者给予及时肯定，常用的评价语有："对""正确""不错""很棒"等。

第二，描述性肯定：评价者通过描述评价对象在课堂上的表现，而对学习行为加以肯定。如"你朗读的真生动，我们仿佛看到了小雨来机智、勇敢的少年英雄形象"。

第三，重复回答：通过重复他人的回答，以验证或强化对问题的认识。如"你说的是'没有什么比这个方法更实用的了'"。

第四，追问：为了追求对问题的深入理解，要求答问者做出进一步回答。如"你得出这样的结论，理由是什么呢？"

第五，要求更好的回答：当回答不够全面时，要求答问者给出更好的回答。如"想想看，联系生活实际，这个案例对你会有什么启示？"

第六，不做明确评价：当答问者回答正确时，不做任何评价，回答错误时，也不做任何评价，而是持续课堂教学行为。

第七，简单否定：对学习者课堂表现的不足，评价者只作简单的否定性评价，如"错了""回答不正确""不是这样的"等。

第八，直接纠正：对于课堂表现错误的地方，评价者直接进行纠正，如"表达激动的心情，这个地方语速应快一些。"

第九，补充：对课堂回答不够完整的地方，直接补充完整。

第十，改问：当问题难度较大，无人应答时，发问者降低问题难度，改问其他难度较小的问题。

第十一，转问：对一种答案不满意时，转向其他对象寻求新的答案。

(3) 对口头言语评价的基本要求。

口头言语评价要想取得理想的效果，必须遵循下列基本要求。

第一，语言的准确性。准确性是对课堂评价的最基本的要求。它遵循实事求是的原则，是在对学生课堂表现准确把握、客观分析的基础上，对课堂行为所作的价值判断，不过分夸大或缩小，能够洞悉学生在课堂行为表现的细微变化，通过评价使学生明确得失，进而调整自己的学习行为。如"你读得很正确，要是带着表情朗读就能收到更好的效果了"。准确性还表现在评价的针对性上，针对不同的学生同样的课堂表现行为，评价应体现个体差异性。同样是沉默，对课堂过于活跃，难得保持安静的人应当肯定；对于性格内向，不善言语的人，需要激发与鼓励。

第二，语言的导向性。口头言语评价在对评价对象作出价值判断的同时，会对评价对象的行为发挥导向作用。一方面，评价者可以通过直接的行为指令或建议，引导评价对象的行为，如，"你读的有感情，能否再大声一点呢？让后面的同学都听见"。另一方面，可以通过对评价对象的肯定或激励使评价对象感受到眼前的行为是值得肯定的，持续这样的行为会得到更多的赞美。如，"你用的方法不错，很有创意！"这样一句简单的评价就可能激发学习者进一步探索新的学习方法的热情。

第三，语言的艺术性。艺术性的语言是最富感染力的。俗话说："良言一句三冬暖，恶语伤人六月寒。"评价同样的学习行为可以用肯定性评价，也可以用否定性评价。然而肯定性评价的效果一般优于否定性评价。例如：当第一个举手的学生被提问时，回答不准确，肯定性评价可以这样说："这位同学学习主动积极，第一个举手，他的思考时间比其他同学都少，没有考虑周到，我们可以给他多一点时间考虑，相信他能够找到更好的答案。"这个评价侧重对学生学习态度的评价，维护了学生的自尊，肯定了该生敢为人先的精神，同时又巧妙地指出了存在的问题，有利于激发学生的学习热情，增强其学习信心。否定性评价可能会说"你的答案不正确，没有考虑清楚就不要随便发言"这样的评价，是对学生整个学习行为的否定，既容易伤及学生自尊，使该生不敢再随便发言，也变相地警告其他同学，课堂发言不准确是很危险的，久而久之，课堂便没有人会主动发言了。课堂评价语言的艺术性，还表现在语言使用的巧妙机智与幽默诙谐。比如，当下一位学生与前一位学生的答案一致时，肯定性评价可以说"英雄所见略同"或"不错，你再强调了一次"。

第四，语言的创造性。课堂评价没有标准化的语言，这是由课堂活动的情境性与生成性的特点所决定的。课堂教学活动随着课堂构成要素的不断变换而变换。即使同一个教师教同样的学生，但内容在变、时间在变、师生的心理活动及相互关系随时都在发生改变，只有根据特定的情境作出的评价才具有针对性与时效性。同样是忧伤的表情，在纪念革命先烈时，就应该得到及时肯定，而在庆祝革命胜利时就不合时宜了。言语评价的创造性还表现在善于运用"变式"，一方面，要善于从不同的视角看待同一个现象、同一个问题，"横看成岭侧成峰，远近高低各不同"，从不同的角度看到事物的多样化特征；另一方面，即使同样的特征，也要避免用标准化的语言进行公式化的评价。比如，对学生课堂好的表现，有的地方就简单采取集体性评价，由全体学生直呼："棒！棒！你真棒！"，感觉整堂课都是用"棒"在评价。同样单调的评价不仅难以使学生产生兴奋点，对评价产生疲劳反应，像这样抽象的、模糊的评价也难以发挥评价的导向与调节功能。

【案例】

窦桂梅老师执教的《秋天的怀念》教学片段实录[①]

生2：没错，你读得是很有感情，但你有添字也有减字的现象。

---

① 窦桂梅，《秋天的怀念》教学实录［DB/OL］. http:/blog.sina.com.cn/s/blog_51072253010092fe.html, 2008-04-26.

◇ 教学设计与案例分析

生2：我觉得你把对母亲思念的感情读出来了，我想你以后可以读得更好。

师：既然你说他"可以读得更好"，说明还有余地呀，加个"更"字。（众笑）你还有什么别的见解？同桌要说话了。好，你说！

生3：我也觉得你读得有感情，但是你有的地方并没有把他的脾气的暴怒无常读出来，像："望着天上北归的雁阵，我突然把前面的玻璃砸碎。"他就是——（很平淡的语气读），没有读出动作的暴怒。这就是一点不好的地方（该生"暴怒"地读了起来，众鼓掌）。

师：怎么样？人家对你的评价，你怎么看？

生1：我觉得你说得很正确。谢谢！

师：你对他的态度满意吗？

生3：满意。

师：给他们掌声！（学生鼓掌）掌声的原因，他们能发表自己的看法，这是难能可贵的！尤其是同学们对课文中出现的儿话音较多的两句读得很准。我们再读读。

师：你们刚才给我的启发怎么那么大呀！一下子让我觉得，平常说的这个"有感情"，怎么这么模糊！他有感情的读，是这样，可那位同学的朗读却是那样的。

生：有人声音细，有人声音粗，有人性格深沉，有人性格外向。

生：由于理解的角度不同，自然读出的味儿也就不同。

师：是啊，读书是个人的，我们在尊重别人的朗读的同时，我们也有自己的滋味，我们不再评价别人，你读得"真有感情"啊。这真有感情，应该说读得有特点，读得有个性，读得有自己的味道。（出示课件"读出韵味"）

评析：

从这个片段的课堂实录中我们可以看出，窦老师和学生们对评价语的运用是比较成功的。首先，体现了课堂评价语运用主体的多元化，既有教师的评价语，也有学生的评价语；其次，体现了运用语言的艺术，不仅表现在运用语言的针对性，如"可以读得'更'好"，"没有读出动作的暴怒"，点明了同学在课堂阅读中的优点与不足，还表现在运用语言的巧妙性，如教师的评价"你们刚才给我的启发怎么那么大呀！……"表面上在谈自己的感受，实际上是在肯定学生的成功与智慧，增强了学生的成就感与自信心；同时课堂评价语的运用还充分发挥了诊断、导向、激励等多种功能。如"怎么样，人家对你的评价，你怎么看？"引导学生对"评价"进行评价，不仅把评价引向深入，对教学内容的开发、同学及师生间的交流也更显深度。

2. 体态语评价

体态语又称"肢体语言"。是用身体动作来表达情感、交流信息、说明意向的沟通手段。包括姿态、手势、面部表情和其他非语言手段，如点头、摇头、挥手、瞪眼等。是由人的面部表情、身体姿势、肢体动作和体位变化而构成的一个图像符号系统，常被认为是辨别说话人内心世界的主要根据，是一种人们在长期的交际中形成的一种约定俗成的自然符号。体态语评价是指在课堂教学过程中，评价者以体态语的方式对评价对象在课堂活动中的表现所给予的评价。

（1）体态语评价的特点。

第一，形象直观。体态语评价是以外显的身体动作来表达思想感情的一种方式，具有直观形象的特点。一个点头，一个微笑，都包含对评价对象的理解、鼓励或赞许，易被评价对象感知，对评价对象的影响具有无声胜有声的教育效果。

第二，真实可信。体态语是人们表达自己真实感情的重要方式，一般说来评价者的体态语，不是预告设计、精心演练的结果，而是评价者对评价对象认知与理解的自然流露，尤其在教学互动的过程中，评价者的体态语总是伴随评价对象的表现，以及对评价对象的理解而自然生成的，这种自然流露的"体态"常常是难以掩饰的。

第三，辅助性。评价者的体态语，常常伴随口头言语交流的活动而产生，在教学或评价活动中具有辅助者的性质，教学活动过程中，极少有"哑剧"式的体态语交流活动。伴随评价活动的口头言语交流，评价双方不断从对方获取评价信息，加深对对方的认识、理解与评价，体态语便是评价结果的外在表现形式，对口头言语评价起强化和辅助的作用。

第四，习惯性。俗话说"习惯成自然"，课堂评价的体态语就是评价者对评价对象课堂行为评价在体态上的反应，长时间对同样的课堂评价作同样的体态反应就形成了体态习惯，如有人总是通过"点头"或"摇头"表示对评价对象的肯定或否定。当然也有习惯性"体态"没有评价的含义，如说话时总是把手插入裤袋里。

第五，可塑性。一个人的课堂形象是可以塑造的，尤其是有意识、有目的的课堂行为表现。评价者要想通过体态语表达特定的思想感情，就需要对体态语进行规范与设计，以便自然、准确、生动地传达评价者的思想感情。同样是"笑"，有"大笑""微笑""狂笑""嘲笑""冷笑""耻笑""皮笑肉不笑"。各种"笑"所表达的课堂评价是不一样的，各种"笑"的表情也是易被感知的，塑造体态语，就是要用体态的细微差异，表达细腻的思想情感，让评价对象从体态上感知评价的细微差异。

（2）体态语的表达方式。

体态语的表现常常因人而异，但同样的体态却能传达同样的信息，在课堂教学中具有同样的评价功能。常见的体态语表现形式有三类：面部语、手势语和身势语。

第一，面部语包括眼神与面部表情。俗话说"眼睛是心灵的窗户"，能够最直接、最完整、最深刻、最丰富地表现人的精神状态和内心活动，它能够自由地沟通彼此的心灵，创造适宜的教学气氛，代替词汇贫乏的表达，促成无声的对话，评价者可以通过眼神来传达对评价对象课堂表现的评价。如斜视表示轻蔑看不起人，白眼表示不满意，扫视显出不尊重，窥视则表示鄙夷。评价者可以通过注视或无视来表现对评价对象的关心、期待、欣赏、赞许或忽视、反感、厌恶与不屑等。

面部表情则是指通过眼部肌肉、颜面肌肉和口部肌肉的变化来表现各种情绪状态。面部表情是一种十分重要的非语言交往手段。评价者的面部表情是易被感知的，眼面部及口部肌肉僵化或夸张运动，往往表现出评价者消极、冷漠、拒绝或愤怒的心理反应。相反，通过嘴部和眼神流露出来的笑容而给予学生的评价，则可能透露出欣赏、愉悦、轻松的情感体验，表示赞同、肯定、请求、表扬等评价语义，即使是拒绝、否定、批评与责备等语义，也可以用微笑表示，只是更多了一层理解、宽容与期待的意蕴。况且微笑无论表达哪种评价含义，大多不会引起学生的反感，反而会因其表达的丰富情感而给学生以良好的心理感受。

第二，手势语，是以手或手臂的动作变换来表达思想进行交际的手段。分指势语和手臂语两种。指势语是通过手势解释或说明某一内容的手语表达形式，如模拟人、物，或指示学生回答问题、直立、坐下等。指势主要指手指的姿势。不同的手指与不同的朝向代表不同的意思，"竖起大拇指"表示"赞赏"，"拇指朝下"表示"坏"，叉开食指中指作一"V"形表示激励学生取得成功。"食指朝上"表"1""第一"，"食指朝下"指示"坐下"，"伸出小指"表"轻视"，"手指敲打桌面或某人"表示"提醒注意"。手臂语是以手臂动作的变化来表达对课堂教学活动评价的一种手语表达方式，如表扬时的鼓掌、否定时的摆手、气愤时的拍桌子等。指势语与手臂语常常结合使用，有时很难有明确的界线区分，动作幅度大时是手臂语，动作幅度小时便是手势语。

第三，身势语，是用身体姿势或身体的距离来表达交流信息的课堂评价方式。心理学研究表明：两个人之间的面对面交流中，50％以上的信息交流是通过无声的身体语言交流来实现的。可见身体语言有着口头语言无法替代的作用。课堂评价中的身体姿势多种多样，"前倾"表示接纳、希望倾听或进一步了解情况，"后仰"表惊异，"扬起头"表怀疑，"课堂漫步"表观察，"急速转身"表注意。身势语有时还表现为身体的接触，如"握手""击掌""拥抱""抚摸"等行为，但要考虑年龄、角色与性别的特征。此外，空间距离也是身体语运用的一种表现形式。一般说来课堂交流的距离大都在两米以外，空间距离在一米以内意味着极高的关注度与极强的针对性，近距离的交往，也是身体接触的先决条件。

（3）体态语评价的基本要求。

关爱评价对象。教育是人与人之间情感的交流与对话，爱是教育的前提和基础，没有爱就没有教育。课堂评价的最终目的是促进评价对象发展，只有基于对评价对象的关爱，才会产生积极的、鼓舞人心的体态语，因为体态语是对评价对象写在外表的评价结论。爱的本质是给予，没有爱就没有理解与包容，没有爱就没有期待与激励。俗话说"高才弟子师偏爱"，没有爱，课堂评价中对学习困难、行为不良的学生体态评价就可能是拒绝、冷漠、厌恶、轻视、嘲笑、讽刺，甚至会发生体态上的暴力活动，产生伤害学生的事件。有了关爱，不仅会在体态评价中"同情"弱者，更会在评价中表现出强烈的责任与担当，使评价真正体现出"一切为了学生""为了学生的一切"。

明确评价的功能。体态语评价的功能多种多样，既有导向的功能，也有激励与调节的功能，既有正向的功能，也有负向的功能。明确评价的功能，不仅要明确评价积极的、正向的功能，还要了解评价可能具有的消极的、负向的功能，并力求在体态语评价中弘扬正向功能，避免负向功能的产生。许多学生厌倦学习、态度消极，不是智力原因，而是源于评价者一个拒绝的手势、一个轻视的眼神、一个嘲笑的表情。所谓"身教重于言教"，在评价中就是要发挥体态语"无声胜有声"的评价功能，把对学习者的积极评价挂在身上、写在脸上。

提升表现能力。体态语评价是对评价对象抽象评价的形象化再现，需要有较强的表现能力，有人说"教育是科学，更是一门艺术"，其艺术性更多地体现在教学的表现力中，有人更直接称之为教师的表演能力。无论面部语、手势语还是体态语，其表现能力都是一个循序渐进、不断积累的过程。既需要对评价对象的深入分析与理解，展现评价内容的多样性，更需要在表现形式上灵活机动，体现出评价的情境性、差异性与独特性。让不同的评价对象看得见评价者对自己评价的形象反馈。

增进相互理解。体态语评价不仅需要评价者有较强的表现能力，也需要评价对象有较强的理解能力。体态语评价的过程，是评价双方通过体态运动进行交流互动的过程，没有对体态语的及时感知与理解，再优美的体态语评价对评价对象都没有意义。因此，让评价对象知晓评价者不同的面部表情、手势、体姿、声调所包含的意义，才能真正获得评价的反馈信息。所谓善解人意，就是指当评价者尚未开口，单凭目光、表情、肢体动作等非言语符号就能理解其心思。否则，评价对象可能把评价者殷切希望的目光看成是对他的"监视"与控制，直接的反应就可能是拒绝与逃避。

与其他评价方式结合。课堂评价方式多种多样，每一种评价方式都有自身的优势与不足，只有相互借鉴，才能优势互补。体态语评价具有伴随性、模糊性和情景性等特点，因此没有其他评价方式的参与，也是很难达到预期的理想效果的。体态语评价结合言语性评价，可以发挥视听觉结合的功能，提高评价对象对评价的理解能力，最大限度地发挥评价的育人功能。

3. 物化评价

物化评价是将课堂评价实物化的一种课堂评价方式，主要表现为实物或活动机会的奖励或惩罚性评价。课堂教学除了言语和体态语评价以外，还常伴有物质奖罚或学习活动奖罚的评价方式，这一评价方式运用得当也能收到良好的教学或管理效果。

（1）物化评价的特点。

首先，物化评价具有功利性。物化评价常常以实物或替代物的形式出现，具有一定的实用价值，是奖赏或鼓励学习的一种方式。学习者常常以获得奖品为荣。评价物所具有的功利性，使评价对象可能会为获得评价物而舍本逐末，甚至不择手段。

其次，物化评价具有争议性。它不仅具有激发学习的功能，当物化评价存在目标不明确、对象不清晰、评价机理错位时，还可能带来一系列的负面影响。有研究者认为：物化评价作为一种奖励措施，有时会体现出负面效应——"奖励的惩罚"，主要表现在：一是奖励在一定意义上是一种惩罚，奖励越诱人，错失奖励受到的打击就越大；另外，会对未获奖励者内心造成痛苦。二是奖励破坏人际关系，尤其在竞争情境中。三是奖励掩盖问题的原因，由于奖励针对的是某种行为，无法探知行为背后的原因。四是奖励阻碍创造性行为，为了获得奖励，人们会尽量按奖励要求完成相关任务，并且尽力避免挑战性尝试。五是奖励降低甚至磨灭兴趣，奖励会把个体对任务本身的探索兴趣引向对奖励因素的关注，进而对任务本身的兴趣下降甚至消失，在付出努力之前更需要得到外在刺激，即得到奖励。[1]

条件性。物化评价受内外界条件的制约，内在条件主要是评价机制的建立，外在条件主要是评价所能提供的物质条件。无论什么样的评价物，都需要一定的物质基础，经常或大面积使用物化评价，势必受到评价物的制约。同时，单调性的物化评价，不管多么贵重的评价物都会丧失对学生的激励作用。

可测性。物化评价由于物质本身的价值是可以量化的，因而具有可测性，物质根据价值的大小可以进行排序，也可以分为不同的等级以便和学生的学习情况对等比较，以激发学生的竞争意识。

（2）物化评价的表达方式。

实物评价。通过把学习过程或结果进行实物化比较的方式来评价学生的学习。评价物一般是学生常见的学习用品、生活用品或娱乐用品等，以学习用品居多，比如书籍、笔、笔记本、电子学习用品等，实物评价与学生的学习、生活、娱乐等活动紧密相连，如糖果、水果、卡通画等，符合学生的兴趣与需要，对激发学习动机、维持学习热情、调整学习状态，培养竞争精神具有积极作用。

替代物。课堂评价中教师经常使用图片、贴片、标志等作为替代物，发挥对学生进行评价的功能。使用图片常常根据所教的内容选择，如动物图片，人体部位图片，颜色图片，交通工具图片，饮料、食品和水果等图片作为评价工具。贴片是较低学段教学过程中使用较多的一种评价工具，如动物贴片、人体部位贴片、颜色贴片、饮料贴片、食品贴片、水果贴片、玩具贴片、文具贴片、交通工具贴片等。这些评价工具均需根据教学内容来选择使用。课堂教学中常用的标志，如笑脸、平脸、哭脸、五星、花朵、彩旗、奖章、胸章等作为评价工具。当学生对替代物的象征意义有所了解的时候，就会对替代物的刺激产生及时反应。课堂评价中常用图片、贴片或标志等来代表学生的学习过程或学习结果，这些替代物不仅代表了学生课堂的学习效果，积累起来也成为对学

---

[1] 李鹰. 奖励的教育意蕴及实践 [J]. 教育研究, 2013 (1): 20—25.

生进行学段评价或总结性评价的重要依据。

活动化评价。通过指定或拒绝学生参加某种活动，作为课堂评价的标准，以此作为强化或阻止学生学习行为的评价方式。比如学生书写错误，罚抄写生字多少遍；学生课内作业完美无错，奖励学生不做课外作业。学生课堂答问次数最多者奖励周末与老师共进晚餐或与老师一起郊游。活动化评价是物化评价的另一种表现形式，即它通过活动往往都会有一定的生成物或对经历的事物产生相应的情感体验。这种活动刺激比实物对学生的刺激更真实、更深刻、更持久。

（3）物化评价方式的运用。

行为主义认为，强化在反射形成和消退过程中发挥着重要作用，如果人们做出某种行为后得到正强化物（奖励），以后这类行为发生的概率便会增加；反之，如果导致了惩罚，人们就会倾向于回避这种行为。物化评价是对个体或群体正确、良好的行为给予的肯定性评价，具有激励、促进、强化等积极效应，但不是所有的强化物都能收到积极的强化效果，有效运用物化评价方式应遵循下列基本要求。

第一，建立物化评价机制。物化评价由于存在功利性与争议性，稍有不慎就可能出现误用、错用、滥用的现象，这样不仅遮蔽了评价所能发挥的积极作用，还可能凸显评价的负面效应。建立课堂物化评价机制，就是要明确评价的目标，增强物化评价的目的性、针对性与计划性，在物化评价之前要向学生交代评价的目的、标准及获得评价物的条件，减少盲目性与随意性，真正使评价体现"物"有所值。

第二，选择物化评价方式。不同的物化评价方式各有自己的特点。实物评价贴近生活，真实可信，替代物评价更加注重精神激励，活动化评价更注重活动参与与情感体验。但无论哪种评价方式，都注重奖赏与激励的作用。有研究者指出：学校教育中，坚持公正的物质奖励原则，有利于学生日后在社会生活中确立社会资源分配观念；奖励可以通过帮助学生获得归属感的方式，规约学生的社会行为，提高学生的道德素养，激发学生的利他行为；正确处理奖励与学生成功感受之间的内在关系，必将有助于激发学生自我意识的健康发展，有利于培育学生的实践动机和创新精神。[①] 物化评价作为课堂的一种评价方式，重在发挥其教育与管理功能，因此，不能搞成纯粹的物质刺激。选择实物评价，应注重价廉物美、贴近学习生活、讲求实用；选择替代物评价，应突出象

---

① 刘磊. 论教育中的奖励 [J]. 教育研究，2011（2）：226-230.

征意义，注重精神鼓励；选择活动评价，应注重操作性，提高参与度，增强活动参与者的真实情感体验。

第三，兼顾物化评价对象。研究表明，物化评价不仅会影响评价对象，对全体学生都会发生影响，评价对象过少，会增强多数人的挫败感，评价对象过多，又会失去物化评价的激励作用。兼顾物化评价对象，就是要在物化评价过程中面向全体，因人而异。所谓面向全体就是指物化评价对全体学生应机会均等，无论表现最优秀的还是最"差"的学生，每一个人都有相同的获得物化评价的可能性，即使学习成绩最差的学生，也可能因为在课堂上的细微的进步而获得进步物化奖。因人而异就是要针对学生的个体差异，确定具有个性化的物化评价标准。一般说来，对待学习表现比较好的学生，物化评价的标准要高一些，而当学习较差的学生在课堂上有良好表现的时候，教师应有意识放大其学习成就，及时给予肯定性物化评价。

第四，解释物化评价结果。认知心理学研究发现，奖励对行为的影响首先取决于它给个体提供了什么样的信息，其次取决于接受者结合经验与情境因素所作的解释，并最终取决于后者[1]。对学习者而言，物化评价本身包含一些有待加工的信息，学习者对物化信息的加工、解释会影响其学习行为的选择。评价物是否能满足人的需要，对评价对象是否具有价值和价值的大小直接影响着物化评价的效果。因此，在进行物化评价的同时，让评价对象认识到评价物所蕴含的价值，尤其是精神层面的价值十分重要。向学生提供关于其能力与进步的物化信息，有利于增强学习者的内在动机。即使一颗五角星，也能让评价对象解读出自豪感、荣誉感，增强课堂参与意识，培养团队协作精神。

第五，把握物化评价的时机。物化评价的时机影响评价的效果。按评价使用的时间可分为预期评价、即时评价与延时评价。预期评价是在教学活动开展以前，以许诺的方式对学习活动所作的评价。这种评价容易使学习者产生学习期待，无论实物、替代物，还是奖赏性活动都可能成为学生学习动机的外在推动力量。即时评价是在学习过程中或某一学习成果产生之时立即给予评价，与学习者的课堂活动紧密相连，具有信息交流及时性的特点，对学习者的行为调控也具有及时效应，但即时性评价没有回旋的余地，未必能收到理想的评价效果。延时性评价，是在课堂学习活动之后，根据学生的课堂表现与学习效果给予学生的物化评价。这种评价能给学生带来"意外的"惊喜，排除了评价物对评价对象的临场干扰。

---

[1] 王呈祥. 奖惩功能的历史审视及其在创新教育中的定位 [J]. 教学与管理，2002 (10)：3-5.

物化评价的时机还表现为评价的频率，频率过高，使学生在一堂课中不停地受到物质刺激，不仅容易培养学生的功利思想，也容易使学生把注意力转移到评价物上，从而导致注意分散，影响学习效果。频率过低，影响面有限，对多数学生不具有激励作用，难以发挥课堂管理的功能。把握物化评价的时机，应根据学生的年龄特点，低年级使用频率较高，高年龄使用频率较低。同时还要考虑课堂活动的目的与内容，在激发学习热情、培养竞争精神的时候，多用一些物化评价的方法。

结合其他评价方式。每一种评价方式都有自身的优势与不足，物化评价也是如此，与其他评价方式结合使用，可以扬长避短。比如，与言语性评价结合，通过言语分析解释评价物的涵义或替代意义，可以加深评价对象对评价物或替代物的理解；发现评价物的引申意义，把物质刺激转化成评价对象内在的心理活动，把外在动机转化为内在动机，这样评价物的价值就能得以升华。

（五）课堂评价方法设计

教师要在课堂上对学生作出准确的评价，必须借助一定的评价工具，科学运用评价方法。常用的课堂评价方法有：观察法、测验法、调查法、竞赛法、作品分析法。

1. 观察法

观察法是指根据一定的研究目的、研究提纲或观察表，用自己的感官和辅助工具去直接观察被研究对象，从而获得资料的一种方法。课堂教学评估研究者 James S. Cangelosi（1991）提出，课堂教学观察可以采取五种方法：调查严密组织的系统观察法，生态学观察方法，人种学观察方法，同步等级界定观察方法，非正式观察法。课堂评价是对课堂活动参与者的行为作出必要的价值判断，离不开对课堂活动参与者的信息收集和处理，观察是课堂评价者最常用的信息收集方式。课堂观察一般利用眼睛、耳朵等感觉器官去感知观察对象。有时也会借助各种现代化的仪器和手段，如照相机、录音机、录像机等来辅助观察。

课堂观察是课堂评价的直接依据，不同于一般的科学实验观察，常常需要对观察的信息作出及时的处理。观察对象与内容的选择服从于课堂评价的需要。一般说来，观察对象往往是课堂活动中具有代表性的学习主体，既可以是优秀学生，也可以是学困生，中间状态易被忽视的学生也应成为观察对象。观察的内容应最大限度地体现出教育目的的要求，从知识获得、能力训练到学习者的行为特征、情绪反应等，都应在评价者的掌控之内，其目的是通过对学习者在课堂活动中学习状态与学习效果的评价，充分发挥课堂评价的各项功能，最终达到教育个体、引导全体的目的。

2. 测验法

通过心理和教育测验，对学习者的心理现象或心理品质定量分析，推测学习者的学习状况与心理特点的方法。广义的测验法包括心理测量与课堂学业成就测试。课堂评价中很少运用专业性强的心理测量技术，更多地使用课堂学习情况随堂测试。随堂测试着重检查学生掌握知识的情况，测试结果也可以作为作品分析法的重要依据。

随堂测试不同于阶段性或总结性的测试，具有临时性、单一性的特点，着重检查学习者对某一个知识点掌握的情况，或学习者对某一特定问题的心理与行为表现。课堂测试是检查学生课堂学习效果的途径之一，由于在课内进行，不会像一般的测试那样具有完整性和系统性，同时也不能频繁使用，测试过多，影响正常的教学活动，有效发挥测试的功能就要遵循几方面的要求：一是精选测试内容，选择具有典型性、代表性的测试内容，以便了解学生基础知识掌握与基本技能形成的情况。二是准确把握测试时机，在需要对某一学业水平进行全面了解的时候进行测试。三是充分发挥测试的功能，充分发挥测试结果在课堂诊断、调整、激励和甄别方面的作用。

3. 调查法

调查法是指通过书面或口头回答问题的方式，了解被测试者心理活动的方法。行之有效的调查方法有谈话和问卷两种。谈话是课堂调查的主要方式，教师通过与学生的谈话，及时了解学生掌握知识的情况，学生的学习成果从谈话中及时反映出来。集体谈话帮助教师了解学生群体，个别谈话了解学生个体，谈话愈深入细致，对学习者的了解愈深刻。在此基础上设计的教学也更具有针对性。

4. 竞赛法

通过组织课堂竞赛，了解学生学习现状的方法。常见的课堂竞赛有知识竞赛和技能竞赛两种，知识竞赛了解学生获得知识的情况，技能竞赛评价学生技能形成的水平。竞赛具有竞争性、趣味性、时效性等特点，课堂评价中运用竞争的方法，有利于培养学生的竞争意识、参与意识，在课堂竞争中人人都是参与者，只有勇于拼搏，敢于竞争的人才能成为竞争的优胜者，才能体验胜利的

◇ 教学设计与案例分析

喜悦，享受成功的荣耀。竞争成果的及时体现，有利于师生双方及时获得反馈信息，调控教学进程。但竞赛方法使用不当，也会产生消极影响，经常在竞赛中处于不利地位的学生容易丧失学习信心，产生厌学情绪。设计课堂竞赛活动应考虑活动内容的难度，让大多数学生都有成功的机会，竞赛的意义更多地体现在竞赛过程的积极参与，体现在学习的时效性等方面。

5. 作品分析法

通过分析学生生成的学习成果，来对学生进行评价的方法。学生学习作品的表现形式多种多样，如笔记、作业、设计作品、动作技能等。一个好的作品是学习者良好心理特征的综合体现，既能反映出学习者的认知过程，也能反映出学习者的情感特征或意志品质。通过分析学生作品可以了解学生学习目标的达成情况，明确学习得失，分析原因，寻找对策。

（六）课堂评价流程设计

有效的课堂教学评价不是信手拈来、随意进行的评论，必然遵循一定的操作程序。一般说来评价程序设计要明确为什么评价，根据什么评价，如何评价以及如何解释评价等一系列问题。相应的评价流程设计包括：明确评价目标，确定了解的内容，选择信息收集的方式，解释收集的信息，提供反馈信息（实施即时评价）。

1. 明确评价目标

明确评价目标指在评价前，评价者首先要明确自己评价的目的何在。是了解学生的个体差异，还是判断学生的学习效果，是突出甄别与选拔功能，还是突出评价的发展功能，目标不可能是包罗万象的，总有一定的价值取向。评价目标是评价程序设计的中心环节，也是首要的环节。一方面，评价的所有环节都围绕评价目标进行，并始终指向预期目标；另一方面，评价目标是其他环节的前提和基础，目标不同，所选择的评价内容与方法也不一样。

【案例】

《孙悟空三打白骨精》教学片段

师：请同学们自由大声朗读课文，用老师提供的句式说一句话。（教师提供的句式：我敬佩、憎恨、气愤、同情、叹息等）

学生开始朗读课文，非常投入。

生：我非常敬佩孙悟空，他不怕困难，顶住误解，誓死与白骨精斗争到底。

师：说的非常棒！孙悟空的确值得人们敬佩。还有别的说法么？

生：我同情孙悟空，对师父一片忠心却还被误解，要是我肯定受不了了。

师：真是个善解人意的孩子，老师同意你的见解。

生：我真为唐僧的做法叹息，好坏不分，最后差点丢了性命。

师：是呀，有时对坏人过分的善良反而会害了自己，人应该学会明辨是非。

生：我憎恨白骨精，她三番几次想尽办法害人，心肠太狠了。

师：好，有道理。

生：我敬佩白骨精，她遇到困难与挫折不灰心，善于动脑筋想办法。

生：我也敬佩白骨精，她抓到唐僧后，没忘记请母亲来吃唐僧肉，很有孝心。

师：（略一迟疑）！你们想的与众不同，很了不起。

被表扬的同学喜滋滋地坐下，其他同学一时议论纷纷，接着说什么的都有，有人说对孙悟空誓死保护师父不顾自己的安危很气愤，因为人不为己，天诛地灭；有人说白骨精做事情锲而不舍，非常值得敬佩；还有人同情白骨精，说她费尽心思却没有达成目的，教师显得很无措，课堂一下子陷入失控状况。

评析：

课堂之所以陷入失控的状况，是由于教师的评价目标不明确，价值导向不清晰。尊重学生的情感体验，必须注意教学内容的价值取向，肯定其合理的成分，引导、调节学生不合理的认知与情感体验。白骨精做事"锲而不舍""没忘记请母亲来吃唐僧肉，很有孝心"仅仅从一个人的"意志品质"和"孝道"的角度来认识，是值得肯定的，但若把它放在整个事件中来认识，就应该受到批判了，因为白骨精的"善举"是建立在"几次三番想尽办法害人"的基础之上的，错误的动机决定了白骨精的行为应该受到批判，因为在"害人"的背景下，一个人意志愈坚强，对他人、对社会的危害就愈大。"孝道"是中华民族的传统美德，但以伤害他人生命来孝敬母亲却是犯罪的行为。因此，对学生的奇思妙想不能简单用一句话加以肯定或否定，而应当引导学生根据事物的内在联系来认识事物的本质特征，作出合理的价值判断。

2. 确定了解的内容

学习者在课堂上表现出来的信息异常丰富，评价者不可能在同一时间完全了解所有的信息，因此，根据评价目标的需要筛选所需要的信息是评价的重要环节。依据全面发展的教育目标，应该全面了解学习者的信息，从学习背景到学习需求，从知识技能到情感态度与价值观念，都应该是了解的范畴。但每一堂课都有特定的内容与特殊的目标，了解学习者的信息也应有针对性与侧重点。

3. 选择收集信息的方式

信息只有通过特定的信息传输方式，才能在信息交流者之间传递，确定了收集信息的内容，就必须明确收集信息的方式。信息收集与传输的方式多种多样，大致分为两类，一类是利用感官收集信息，即通过信息收集主体的感觉器官观察、聆听、交谈、肢体表现等方式直接收集信息。另一类是借助工具或其他途径，如录音、录像、作品分析、向他人了解情况等方式收集信息。信息收集方式的选择既要考虑信息收集的重要性，也要考虑信息收集的操作性。

4. 解释收集的信息

收集的信息是积极的还是消极的，需要根据一定的评价标准作出价值判断，最基本的标准就是课程标准，它界定了师生的活动内容及应达到的水平，包括内容、表现和学习机会三种标准。内容标准确定了学生课堂学习内容的广度与深度；表现标准确定了学生知识掌握与技能形成达到的水平，即学生理解知识与运用知识的情况，技能操作的熟练程度等；学习机会标准主要考查学生的学习态度，看学生在课堂上获得的学习机会是否均等，能否自觉、主动地抓住学习机会。三个标准中，内容标准是基础，机会标准与表现标准是衡量目标达成的重要依据。

5. 提供反馈信息

解释信息的目的是为了给学生提供及时的必要的指导与评价。如果说解释信息是评价者自己对收集的信息进行分析理解，寻找教学构成要素内在关系与本质属性的过程，那么提供反馈信息就是与评价对象分享自己对教学的理解，帮助评价对象明确学习目标，激发学习动机，理清学习思路，探索学习方法，诊断学习效果的过程。提供反馈信息不是评价者与评价对象的单向信息传输过程，而是评价双方的互动交流过程，是通过信息反馈使评价双方不断调整教学策略，使教学步入良性互动，以便构建学习共同体，促进评价双方共同进步的过程。

一般说来，课堂评价流程设计遵循课堂教学活动认识与发展的规律，始于目标确立与基本信息收集，终于信息反馈与问题解决。但教学过程的生成性与灵活性决定了课堂评价的流程设计不是一成不变的。除了预设的评价设计，课堂评价也常常随着课堂的生成而产生生成性的评价设计，这样评价流程可以始于任一环节，也可以是任意几个环节的组合，只要能围绕评价目标这个中心，立足任一环节的评价流程设计都会不自觉地思考其他环节的问题，最终使教学评价形成一个具有开放性的环形设计流程，如图9-1所示：

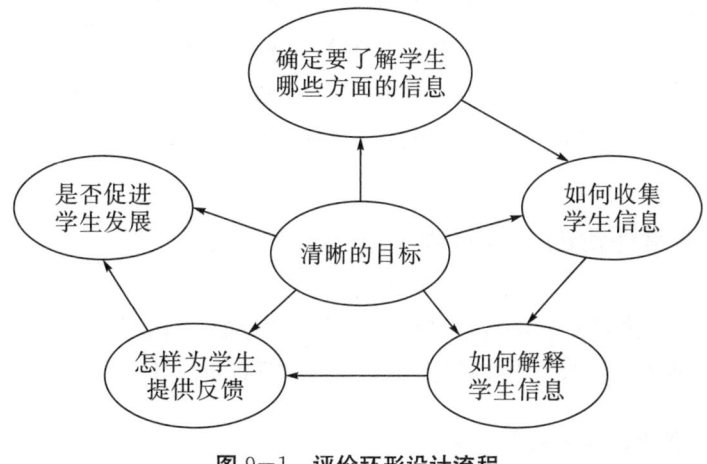

图9-1 评价环形设计流程

【案例】

六年级语文上册《鞋匠的儿子》教学片段摘录

师：同桌之间分角色朗读课文第三段对话。大家注意角色的社会地位悬殊，他们之间的对话应该用什么语气读出来呢？

（鼓励第一排学生边读边表演，第一排学生朗读完毕。）

师：读得不错，有哪一组同学比他们读的更好。

（第二排学生朗读表演）

师：读得好。（问扮演参议院的学生）你读"林肯先生，我希望你记住，你是一个鞋匠的儿子"时，语气该如何？

生：傲慢。

师：真聪明，那你能带着"傲慢"的语气在读一遍么？

◇ 教学设计与案例分析

（生读）

师：不错，真棒！

评析：

从这段教学评价设计可以看出，评价设计的目标不够明确，评价的目的本该是促进学生发展，让学生知道自己在学习过程中的优点与不足，但这一段评价更突显的是诊断的功能，只对学生课堂表现的结果给了一个抽象的评价。从信息收集的角度看，主要是通过观察了解学习主体的课堂表现力。解释与反馈信息方面显得比较粗略。虽然通过"读得不错""读得好""真聪明""不错，真棒"等词语对学生的表现进行了肯定与鼓励，但用词抽象、概括性强，且没有进一步的解释与说明，"聪明"在何处？"好"在哪里？学生不得而知，也不知道努力与修正的方向。而像"读得好。（问扮演参议院的学生）你读'林肯先生，我希望你记住，你是一个鞋匠的儿子'时，语气该如何？"这样的反馈就具有较强的导向性。

六、课堂评价的发展趋势

教师对课堂教学评价的设计具有鲜明的时代特征，评价设计的效果直接影响课堂教学的效果。新课程评价实施以来，课堂教学评价设计呈现出下列发展趋势。

（一）强调目标发展性评价

传统评价的着眼点是以知识为中心，关注学生理解与掌握知识的情况，评价注重甄别差异、鉴定真伪、选拔优秀，一切围绕"知识"中心进行，学生只是知识的载体，学生掌握知识的丰富性与深刻性是评价的主要依据。发展性评价的着眼点是学生，把满足学生需要、为了学生的发展作为评价的立足点，评价不仅关注学生理解与掌握知识的结果，更加关注学生的生命成长、精神发展和道德完善，更关注学生获得知识的动机、态度、方法、过程与情感体验，关心学生知识获得与身心发展的一致性。

（二）倡导对象差异性评价

过去的课堂评价在标准化与科学化的思想指引下，形成了严密的课堂教学评价标准体系。无论学生的行为规范，还是学习结果都有统一的评价标准，其结果除了使学生的思想、行为高度一致，难以适应当今社会对创新型人才培养的需要。学生的发展是个性化的发展，每个人的发展基础、发展前景、发展途径和发展水平都不一样,因而对学生的课堂评价设计也应是个性化的。只有尊重学生间的个体差异,注重多元化、情景化评价,才能为每一个学生开辟无限广阔的发展空间,真正创造适合学生发展的教育。

(三) 推行方式多样化评价

以往的教学评价仅仅关注学生的学业成就,忽视对学习过程的评价。而检查学业成绩的最常用的方式就是课堂测验,而教师的言语评价主要表现为对测验结果的解释。然而课堂测验只能评价学生在知识领域的表现,对问题的解决、批判性思维之类的高层次技能的评价作用有限。多样化的评价设计要求过程与结果并重,定量与定性结合。即使学生没有获得理想的学习结果,对于其积极的学习心理倾向与主动参与的热情也要给予充分的肯定。多样化评价有助于从不同角度对学生的学习作全面系统的价值判断,对学生的学习行为作全方位的引导,使评价功能发挥得更全面。

(四) 重视主体多元化评价

过去课堂教学评价的主体是教师,学生是评价的对象。教师主导的课堂成了教师主宰,学生学什么,怎么学,学得怎么样全都服从教师的安排,认同教师的评价。学生学习的主体地位丧失,主观能动性得不到发挥。主体多元化的教学评价设计,不仅要继续发挥教师在评价中的主导作用,更要确立学生在评价中的主体地位,使学生不仅是评价的对象,更是评价的主人。充分发挥学生在课堂活动中的自我评价与相互评价作用,有利于多角度审视学生的学习,更有利于学习者形成完整的自我意识,发挥学习者自我认知、自我监督、自我调控的功能。

随着科学技术的不断进步,教学变革的不断推进,课堂与课堂教学都在不断变革,对学生的课堂评价也要因时而化,不断创新。

思考题

1. 什么是教学评价?为什么要进行教学评价设计?
2. 教学评价有哪些功能?如何体现教学评价的发展功能?
3. 教学评价有哪些基本类型?为什么要注重对学生的形成性评价?
4. 教学评价的原则是什么?你能总结出哪些教学评价原则?
5. 教学评价有无固定的标准?你能否设计一个学生学习评价标准?
6. 课堂教学评价方式多样,如何有效运用言语评价?

第十章 教学设计反思

一、主体 主题 主动：对课堂教学设计的思考

叶澜教授一篇《让课堂焕发生命的活力》的文章，"从更高的层次——生命的层次，用动态生成的观念，重新全面地认识课堂教学，构建新的课堂教学观"[1]，给人们展示了一个全新的、具有生命活力的课堂，人们对课堂价值的追寻也确实从对知识的关注转移到了对人的关注上来。但生命的着力点在哪里呢？十多年过去了，人们再次审视课堂时会发现主题不明、主体丧失、主动不力的现象依然存在，人的生命在课堂上依然没有得到足够的尊重。"全面深化教学改革，提高教学质量，需要研究'教'的改革，构建以学生发展为中心的教学模式；需要研究'学'的改革，激发学生学习兴趣，促使学生主动获取知识"[2]。关注生命存在，设计具有生命力的课堂教学，必须抓住构成课堂的核心要素。课堂教学本质上是教学"主体"为达成教学目标，围绕"主题"，积极采取"主动"的过程。课堂教学设计中确立课堂主题、突出课堂主题、发挥课堂主动，"三主"合一，不仅体现了师生生命活力的存在，也必然带来课堂教学的理想效果。

（一）确立课堂主题

1. 确立课堂主题的价值

课堂主题具有承载学习任务、指向学习目标的作用。明确的主题不仅可以起到凝聚人心的作用，教学主体围绕主题各抒己见，拓宽视野，凝聚共识，提

---

[1] 叶澜. 让课堂焕发出生命活力——论中小学教学改革的深化 [J]. 教育研究，1997（9）：3-8.
[2] 瞿振元. 着力向课堂教学要质量 [J]. 中国高教研究，2016（12）.

升认识水平,增强行为能力,还可以使参与者在围绕主题的互动中相互认识、相互理解,从而密切师生关系,增进同学情谊。人生没有主题,就等于一个人没有理想信念,会失去生命的意义;课堂没有主题,教师主导作用就无从发挥;学生也会行为失范,各行其事。主题是什么呢?主题不是教学内容的全部,更不是文字符号本身。主题是社会的要求,主题是教师的期待,主题是学生的需要,主题是课堂的纽带。主题是对文本的理解,主题是对生活的观察,主题是对教育意义的建构,主题是对主体智慧的考验。它需要教育主体去思考、去发现、去总结、去实践。

2. 课堂主题的特征

第一,主题具有思想性。这是由教育的目的性所决定的。思想是对问题的深层次思考活动,课堂教学中任何一个主题的确立,都要考虑这个主题所承载的意义,其教育价值何在?与个体发展、与社会进步有何关系?课堂教学可供开发利用的资源浩如烟海,选择利用价值不大甚至负面价值的主题必然影响课堂教学的成效。

第二,主题具有实践性。一方面,课堂教学是一种特殊的社会实践活动,是教师教与学生学相结合的教育实践活动。教学目标达成是教学实践活动的必然结果。另一方面,"为我们完满的生活作准备是教育应尽的职责"[1],主题的确立必须与社会实践、生活实践、人的发展实践紧密相联,让学生的学习从实践中来,并最终指导实践、服务实践。

第三,主题具有创造性。主题不是教学内容的客观存在,必须经历教育主体的再认识、再加工、再提炼。即使同一篇课文,不同的教师所发掘的课堂主题是不完全一样的,即使同一个教师,面对同样的学生、教同样的内容,不同时期所确定的主题也是不一样的,因为主题具有时代性。一个真正关注人的发展的教学设计,会为师生在教学过程中发挥创造性提供条件,会关注学生的个体差异和为每个学生提供主动积极活动的保证,会促使课堂中多向、多种类型信息交流的产生和对及时反馈提出要求[2]。

主题具有生成性。主题可以在课前预设,也可能在课中生成。课堂教学是师生生命展开的历程,师生能动性的发挥是改变课堂情境最积极、最活跃的因素,预设的课堂主题常常难以满足师生课堂生活的需要,因此,根据课堂情境

---

[1] 斯宾塞. 教育论 [M]. 胡毅,译. 北京:人民教育出版社,1962:7.
[2] 叶澜. 让课堂焕发出生命活力——论中小学教学改革的深化 [J]. 教育研究,1997 (9):3-8.

的变化，改变或生成课堂主题是课堂适应师生发展需要的必然选择。

3. 如何确立课堂主题

一是根据教学目标确立课堂主题。党的十八大报告指出，要"坚持教育为社会主义现代化建设服务、为人民服务，把立德树人作为教育的根本任务，全面实施素质教育，培养德智体美全面发展的社会主义建设者和接班人，努力办好人民满意的教育"。① 这是我国新时期人才培养的总的指导思想。此外，就具体的学科教学而言，各门学科的课程标准也规定了各门学科的性质、目标、内容与实施建议，为课堂主题的发掘提供了纲领性的文件。

二是依据教学内容确立课堂主题。凡是能进入课堂的教学资源，无论个体经验，还是媒体信息都可以成为教学内容。依据内容确立主题，主要是依据教材内容来确立主题，它是教材编写专家根据课程标准及学生身心发展规律精心编写的教学资料，具有结构性、系统性、科学性等特点。教师只需要把主题进行分解，把大的主题分解成一个个操作性强的小的主题，或把主题变成课堂上需要解决的具体问题，或根据教学实际情况对主题作必要的延伸、修正或补充，使之更适合课堂教学的需要。

三是依据学习需求确立课堂主题。课程标准提出了对学习的基本要求，那是对所有学习者的要求，并不是每一个学习者的学习需求，我国经济、社会发展的不平衡性在教育上也有所体现，课堂教学主题的确立也相应地反映出不同地区、不同类型学校，甚至不同个体的学习需要。

四是依据教学情境确立课堂主题。课堂是由很多个鲜活生命所组成的信号交流系统，无论教师还是学生都是带着经验、带着情感、带着各自的期待进入课堂的，个人经验、情感、行为的每一个渗入或变化都会引起教学情境的改变，或者本身就构成了鲜活的课堂情境，当情境变化超出预期时，课堂主题也应随之发生改变。

五是根据教师追求确立课堂主题。每一个教师对教育的理解不尽相同，在课堂教学中所发掘的主题也各有千秋。行为主义者侧重行为训练的主题，人本主义者强调个人潜能开发的主题。生活教育论者乐于在生活中发现主题，科学素养好的教师则善于发现科学性的主题。在课堂价值取向上，有人追求知识，有人追求能力，有人追求个体发展，有人追求社会进步。主题的确立不仅关系到学生素养的构成，关系到课堂教学的成败，也体现了教师课程资源开发的能

---

① http://www.cnrencai.com/zhongguomeng/89523.html.

力及一个教师的综合素养。

(二) 突出课堂主体

1. 课堂主体的价值

陶志琼先生在译著《透视课堂》的序言中写道:"课堂是人的课堂。有人在才有课堂之说。谁在课堂谁能在课堂大有讲究;在课堂之堂里讲什么课程、学什么课业大有讲究;在课堂之堂里用什么方式来讲课程、来学课业大有讲究;在课堂之堂里营造什么样的气氛来讲课程、来学课业还是大有讲究。"[①]可以说,课堂上的一切活动都是课堂主体的活动。谁是课堂的主体?主体在课堂上如何活动?一直困扰着课堂参与者或课堂研究者。

如果把课堂教学作为一个完整的系统来看,单主体说显然已不合时宜,因为它割裂了教学活动,把本该由师生共同完成的活动想当然地归结为"教"的活动或"学"的活动,其结果不是教师主导作用难以发挥,就是学生主体地位丧失。而三主体论者,则是把影响课堂教学的因素都作为课堂教学的主体来看待,显然超越了课堂的范畴,如果那样,谁都可以成为课堂的主体了。事实证明,经过这些年的教育主体之争,课堂教学中的双主体正在成为教学实施者与研究者的共识。

2. 课堂主体的特征

主体具有独特性。课堂活动的参与者,无论教师还是学生,每一个人都是一个独特的个体,都有自己的生活经历,都形成了自己的经验系统,都有自己的独特需求,都有自己独特的表达方式。不认识这种独特性,就没有课堂内的尊重、包容、理解。人人都只站在自己的角度思考问题,课堂就会硝烟弥漫、四分五裂,谁都别想有好的结果。

主体具有能动性。能动性是人所具有的共同的本质的属性,但它常常容易被同样具有能动性的人所忽视。满堂灌的课堂,常常不给学生能动的机会,学生在课堂上扮演的是看客的角色,看教师表演着教案剧,以致许多学生最终变成了无聊的看客,觉得课堂没有学习的乐趣。

主体具有创造性。从教的角度看,教师的劳动具有创造性,这也是对教师

---

① [美] Thomas L. Good, Jere. E. Brophy. 透视课堂:译者序 [M]. 陶志琼,王凤,邓晓芳等,译. 北京:中国轻工业出版社,2009 (1).

职业特性的普遍共识。站在学生的角度,"创新精神"与"实践能力"不仅是对当代人才培养质量与规格的新要求,探索未知世界的愿望与激情,历来是人类社会向前发展的动力之源。只有尊重主体的这种创造性,才能用批判的眼光审视过去,用开拓的眼光展望未来,才能不唯书、不唯上,推陈出新,持续发展。

主体具有发展性。促进发展是教育的目的。郭元祥教授认为"发展性是课堂教学改革的根本追求"。[①] 认识主体的发展需要认识以下几方面的内容:一是如何发展? 科学的发展观解释为"全面、协调、可持续的发展"。二是要了解发展的基础,这是因材施教的前提。三是明确发展的目标,通过课堂教学最终把学生带到哪里去? 四是创设发展的情境。发展的最终效果取决于学生采取了什么样的行动,取决于教师给学生创设了什么样的学习机会。

主体具有交互性。这是由课堂教学的特点所决定的,教学活动是课堂教学主体间的多边互动。课堂活动的参与者随时都在以自己对主题的理解向他人输送信息,并对他人输出的信息及时作出反应。包括师生之间的信息交流与互动,同学间的信息交流与互动,仅有单边信号输出的课堂是不完整的课堂。

3. 如何突出课堂主体

首先,明确主体职责。课堂教学有两个主体,一个是教的主体,一个是学的主体。教的主体的职责在于主教与主导。即按照国家的教育方针及课程标准的要求,规划教学,设计具体的教学方案,组织实施教学。学的主体的职责在于承担学习任务,完成学业。即在教师的引导下,完成知识学习、能力训练、情感熏陶的任务,逐渐形成自己健全的人格与价值观念。

其次,摆正主体位置。教师是课堂的设计者、组织者、管理者和参与者。课堂教学效果的好坏取决于教师的课堂教学设计与组织实施的能力。包括学生能否在课堂学习中充分发挥能动性与创造性,也取决于教师能为学生创设多大的自主学习的空间。学生是课堂学习的承担者。摆正主体的位置,必须理顺教学主体间的相互关系,既不能忽略教师在课堂上的主导作用,更不能剥夺学生在课堂上的学习权利,应给学生留下足够的自主学习空间,不能让教师的讲授占据了整个课堂。

最后,激发主体热情。心理学研究表明:良好的情绪状态对人的学习具有

---

① 郭元祥. 课堂教学改革的基础与方向——兼论深度教学 [J]. 教育研究与实验,2015(6):1-6.

极大的促进作用。激发教的热情，不仅要求教师有坚定的职业理想，更需要教师良好的知识结构，高超的教学艺术，健全的人格特质，能够随时在教学过程中享受到成功的乐趣。激发学的热情，不仅要让学生明确学习的意义，更应当为学生营造学习氛围，创设学习情境，指导学习策略，分享学习成果，让学生既能享受学习过程的乐趣，也能分享学习收获的快乐！

（三）发挥课堂主动

1. 课堂主动的价值

辩证唯物主义认为，生命存在的普遍形式是活动的。从发展心理学的角度来看，活动贯穿人的一生，人的心理发展到什么水平和阶段，他的活动就会表现出相应的特点。如果剥夺人的活动自由，他的心理发展就会受到阻碍。因此，人的主体性的发展的基础是实践活动[1]。课堂主动指课堂主体的实践活动。课堂教学的效果最终取决于教学"主体"的"主动"。这里的"主动"不仅是一种教学的准备状态，师生在教学活动中是自觉自愿地采取行动，更是师生在教学过程中的行动状态，教师在"教"中动，学生在"学"中动。不动的课堂有两种表现：一是没有"动劲"，教师没有教的愿望，学生没有学的意愿。二是没有"动静"，教师没有教的行动，学生没有学的行动。

2. 课堂主动的特征

主动具有目的性。课堂主动，紧紧围绕主题，瞄准学生发展，指向教学目标。这里的目的性，既有课堂群体总的学习目标，也有个体独特的学习目标，群体目标使学习群体采取课堂一致的行动，个体目标使学习者在课堂上百花齐放，努力满足个体的学习需求。

主动具有自觉性。学习动机研究表明：内在的学习动机比外在的学习动机所发挥的动力作用更持久、更深入。课堂教学的主体一直致力于变"要我学"为"我要学"，目的就是要把外在的学习要求转变为学习者自觉的学习行动。

主动具有交互性。师生在课堂上的行动不是孤立的，每一个人的行动都受他人行动的影响，同时也都对他人的行动产生影响。课堂教学中，师生之间、同学之间，总是通过对话、交流、讨论、批驳、质疑、询问、补充等方式，进

---

[1] 章建跃. 建立在主体活动理论上的课堂教学观 [J]. 北京师范大学学报（社会科学版），1998（4）：103—108.

◇ 教学设计与案例分析

行观点的交流与思维的碰撞,并在此过程中不断修正、完善自己的观点,提高认识水平和行动能力。

主动具有独特性。每一个课堂参与者的行动都受自己个体经验与行为能力的制约,因而在行动时表现出明显的个体差异,正是这种独特性构成了课堂活动的丰富性,使课堂异彩纷呈,充满了活力与生机。

3. 如何促进课堂主动

课堂主动有多种表现形式,明确教学目标,首先需要心动;生成教学成果,离不开主体的行动;收获教学成果,师生一起感动。

心动,课堂教学的基础。课堂教学活动首先要有教学活动的心向,即教学的动机。它是推动教学主体采取教学行动的内在动力。为什么有的人饮食终日,无所用心,行为散漫,一事无成;有的人勤于自勉,辛勤耕耘,用心专一,事业有成。根本的差距就在于个体成就事业的愿望是否强烈。如何让教学主体心向课堂呢?首先,是明确教学的目的让人心动。其次,创设教学情境让人心动。最后,探究教学让人心动。课堂是愚昧的收容所,课堂是智慧的竞技场,师生同台演绎生命的好地方。无论教师还是学生,生动形象的故事,深邃感人的哲理;逻辑严密的思维,光芒四射的碰撞;每一桩、每一件都会让课堂参与的主体心向神往,欲罢不能。

行动,课堂教学的核心。荀子曰:"不闻不若闻之,闻之不若见之,见之不若知之,知之不若行之,学至于行之而止矣。"(《荀子·儒效》)。说明行动不仅是学习的有效方法,而且是学习的最高境界。衡量课堂行动的标准是课堂的参与度。主体参与适度是课堂教学所追求的理想目标。这里的适度指教师与学生在课堂上配合默契,行为适当。什么是行为适当呢?魏书生老师为给学生开辟广阔的活动空间,就给自己定了行动规则,上课三不讲:"凡是学生能看会的,老师不讲;凡是学生查找资料后能学会的,老师不讲;凡是班干部能教会的,老师不讲。"[①] 充分体现了对学生主体性、能动性的尊重,更是他"授人以渔"教育思想的重要体现。

感动,课堂教学的成效。成功的课堂一定是令人感动的课堂。尊重与理解令人感动。课堂教学的每一个主体都是一个独立的个体,都有自尊与爱的需要,主体在课堂上的成功表现固然令人欣喜,值得赞扬,但失败与缺陷同样应该得到理解与尊重,不能让课堂的主体因为惧怕失败而放弃了参与的机会。收

---

① http://blog.sina.com.cn/s/blog_77d1d6340100t3k7.html.

获成功令人感动。知识的传承，观念的更新，美德的弘扬，情感的熏陶，能力的提升，形象的展示，无论是个体的收获，还是集体的成长，无论是教师的独特见解，还是学生的个性化展示，每一点成功都令人感动。支持的环境令人感动。课堂不是教师或学生一个人的独角戏，而是师生一起凝聚而成的合唱团。只有各声部密切配合，才能奏出震撼心灵的最强音。学生迷惘时，教师的点拨会令人柳暗花明、豁然开朗；激烈交锋时，教师的支持可以化干戈为玉帛，引得学生殊途同归；力不从心时，同伴的支持可以促进并肩成长；教师失误时，学生的支持，也能为教师增添信心。课堂教学就是师生一起构建学习共同体，在相互支持的环境中共同谋求生命成长的过程。

课堂是一个开放的系统，主题、主体、主动既是课堂教学设计的核心要素，也是课堂教学设计的结果。主题为主体服务，也为主体所控制；主动既是对主体的要求，也实现着主体的价值。只有"三主"合一的课堂教学设计，才能促成课堂教学价值的最终实现。

二、课堂十看：课堂教学评价的思考

课堂是教学的主战场，课堂教学是教学实施的主要途径。教学任务能否完成，教学目标能否实现，很大程度上取决于课堂教学的效果。一堂课是否有效，有许多观察点。

（一）看目标是否明确

教学目标是一堂课预期要达到的结果。教学目标不是随意确定的，明确教学目标，必须关照教学利益相关方的需求，首先，是国家教育方针所规定的教育目的，这是国家对所有教育人才培养质量规格的总的要求，它指明了人才培养的目标与方向，体现了教育的社会制约性。其次，目标应体现课程标准的要求，这是课程实施的基本任务要求，这是由学科课程自身的特点所决定的，同时也是学科课程目标服务于教育目的的大局所决定的。再次，目标应满足学生学习的需求，这是由学生的发展规律及成长与发展的需要所决定的，也是教育的个体发展功能的体现。最后，目标应体现教学内容的真实价值，无论教材内容，还是教学过程中开发的内容，都有明确的价值取向，教学目标不明确，教学内容的价值得不到充分的开发与体现。

（二）看内容是否科学

教学内容的科学性表现在三个方面，一是内容本身的科学性，即教学内容能客观、准确地反映事物的发展规律，科学阐发学科基本原理，这是老师能正确地传道、授业、解惑的前提条件。如果内容本身就是错误的，只能将学生引入歧途。二是内容选择的科学性。教学内容以教材为基础，但内容选择的开放性既给了选择者自由发挥的空间，也增加了内容选择的难度，无论生活中的资源开发，还是媒体资源选择，重点是什么，分量是多少？选择不当就会本末倒置。弄不好，一堂课下来，就会捡了芝麻丢了西瓜。三是内容组织的科学性。教学过程是新旧知识重组的过程，是学习运用已有经验重新建构知识的过程。内容的组织是否科学直接关系到学生知识建构的效果。复习旧课导入新课，有利于学生建立新旧知识的联系，案例引入导入新课，有利于学生积累感性经验，为理解抽象的概念、原理奠定基础。注重教学内容的逻辑性有利于学生形成良好的认知结构。注重教学内容与生活的联系，有利于激发学习兴趣，培养学生联系实际的问题解决能力。

（三）看方法是否得当

课堂教学方法包括老师的教法与学生的学法以及师生合作的方法。方法是达成目标的桥梁，是问题解决的重要手段。观察一下教学方法，应关注几个特性。一看方法运用的科学性，即看能否用最恰当的方法针对性地解决问题，比如要训练学生的口才，就一定会让学生开口说话，教师讲得再精彩都难以达到只通过听讲就能训练口才的目的。二看方法运用的灵活性。人常说教学有法，但无定法，贵在得法，所谓得法就是能根据教学情境与条件的变化灵活机动地运用教学方法。三看方法的多样性。尤其是学生的学习方法，因个体的学习差异而具有方法的差异性，伴随因材施教而产生的教法多样性与个性化学习产生的学法多样性，必然导致教学方法的百花齐放，也必然带来教学效果的丰富多彩。

（四）看氛围是否融洽

教学活动既是师生理性化的活动，也是在特定情境中的情绪化的活动。师生的情绪、情感活动总是与认知活动相伴随，并随时影响着教学认知与实践的活动。俗话说"亲其师，信其道"，学生不能在宽松的环境中学习，学习就好比负重前行，很难到达胜利的彼岸。良好的教学氛围表现出以下四个基本特征。一是民主平等。二是心理相容。三是相互支持。四是其乐融融。民主平等指师生在课堂上享有平等交流的权利和机会。课堂一旦让教师或某些学生享有霸主的地位，其他学生的学习权利就会受到伤害。心理相容指师生能够彼此接纳，即使是最失败的学生在课堂上也不至于受到排斥，即使老师有了缺点，学生也能容忍，选择恰当的方式帮助老师。相互支持指师生在课堂上对彼此的行为能及时给予肯定、支持与帮助。既不能漠不关心作旁观者，更不能幸灾乐祸，嘲笑别人的失败。只有形成相互支持的氛围，师生才会在课堂上相互扶持，携手前行。其乐融融指课堂活动的参与者始终都能保持良好的心境，以积极的心态投入教学活动、享受教学过程，这是良好氛围的表现，而且积极的情绪也有利于开发学习潜能，大大提高学习的效率。

（五）看学生如何参与

学生是课堂教学的主要构成要素，是学习的主体。课堂教学的效果，受制于教师的教学水平，但取决于学生的学习活动。看学生如何参与课堂学习，关键看课堂参与度。学生的课堂参与度有两个方面，即广度与深度。参与的广度指课堂上学生实质性参与学习活动的人数。实质性参与指学生不是表面上人坐在教室里，貌似认真听讲，实则神思飞驰，没有关注眼前的学习内容，与课堂目标背道而驰，理想的参与广度是人人参与，即使部分学生不能有效理解学习的内容，但其行为与课堂目标保持一致，采取了积极的学习活动。参与的深度指学生学习行为的含金量，近年来深度学习一词广为人知，其本意是机器学习取得的新进展，即机器的学习更加接近人脑的功能。倘若用在学生的学习上，则可以认为深度学习是最大限度地开发学生的大脑潜能，激发学生的深层次思考，从而获得深层次收获的学习。这类学习有利于学生认识水平提高，促进学生认知结构的优化。在学习的行为表现上，深度学习表现为思维的抽象性、概括性、发散性与批判性，没有深度学习人们难以认识事物的本质规律，也难以掌握学习中的规则与原理，更难以实现学习的有效迁移。

（六）看效果是否明显

学习的效果指学生学习以后所发生的实质性的改变，包括认识、情感、意志与行为的改变。它与课堂教学的目标是一致的。无论是基于"三维目标"还是"核心素养"的目标描述，课堂教学的最终目标都表现在学生的知、情、意、行上。良好的课堂教学就是能最大限度地促进学生知、情、意、行的改变，并且是朝积极的方向改变。任何能形成学生良好的认知结构，积极的情感态度,良好的行为能力的教学都是成功的。因此,学生的变化是课堂观察的重点。一个只重教师表演不重学生学习效果的课堂,无论教师表演多么精彩,其课堂教学都是失败的。

(七)看重点是否突出

教学重点是教学目标达成的关键节点。每一堂课都有明确的教学目标,并非每一堂课的目标都是三个维度,并且都是平均分配的。根据教学内容及教学任务的不同,每一堂课的教学目标都是有所侧重的,或者突出知识传授,或者突出技能训练。过去基础教育的教学目标强调"双基",这就是在突出重点,课堂教学中基础知识与基本技能永远是教学的重中之重。因为是基础,所以它会是新的知识与能力的生长点,因为是基础,所以它带有较强的普遍性,有利于学生最大限度地实现学习迁移。教学的真正目的不是让学生学习多么具体的、独特的知识,而是掌握学科基本原理,认识事物发展的一般规律,学会为人处事的基本规则,掌握生产生活的基本技能,以真正核心素养的提升应对不断变革的社会发展的需要。

(八)看难点是否突破

一堂课的难点是学生在课堂上难以接受或适应的关键节点。表现在学生的知、情、意、行上,认知上难以理解,情感上难以接受,意志上难以坚持,技能上难以掌握,主要表现在认知与技能方面。认知上的难点主要表现为知识过于深奥、抽象、复杂、新颖,学生很难用已有知识同化新的学习内容,很难找到新旧知识之间的逻辑联系。所以有的问题,老师虽然反复讲解,学生仍然不知所云。技能上的难点表现为技能本身的复杂及学生已有的技能储备欠缺。技能训练要突破难点,除了老师的技能训练的程序性知识讲解要清楚,示范要准确,还必须加强学习者相关的技术储备。

突出重点与突破难点的策略,常常是一致的,都需要对学习的内容或学习的过程采取强化措施。强化的策略多种多样,重复、变式练习、加强新旧知识的联系,加强理论与实践的联系,提炼概括、寻找规律等,都会有利于重点突出、难点突破。

(九)看结构是否良好

一堂课的结构有许多看点。如一堂课的教学目标、教学主体、教学内容、时空分布、过程设计等,都表现出一定的结构化特征。从一堂课的目标来看,过去强调三维目标,现在强调核心素养,无论如何表述,一堂课合理的目标结构,一定是依据课程标准与教学任务的要求及学生发展的实际来确定的,有时重知识,有时重技能,有时重情感,更多的时候注重多重目标的协同实现,只重一种单一的目标,或机械照搬"三维目标"都会脱离课堂教学的实际,让和谐教育畸形发展。

从课堂主体结构来看,现代课堂更强调学生学习的主体地位,注重构建以学习者为中心的课堂主体结构,这就要求为学生创设更多的学习情境,提供更多的学习机会,让学生成为课堂学习的真正主人,而不是教师把持课堂,一讲到底,学生成为忠实的听众或无聊的看客。

从教学内容结构来看,良好的内容结构,不是对教材内容的照本宣科,而是教师在研讨教材的基础上,将专家设计的课程,融入教师的已有经验,转化为教师理解的课程,是将教材内容与生活相联、与学生相联、与社会相联的延伸的课程,而这种延伸也不是漫无边际的,是恰到好处、适可而止的。这样的内容结构,能很好地引导学生在书海徜徉,在社会遨游,知行合一,学以致用。

从时空结构来看,一堂好课对时间的利用是张驰有度、主次分明的。强化基础、突出重点、突破难点,必然占据课堂主体时间,体现学生中心,必然留足学习时间。如果教师成为时间的霸主,教学任务的时间安排本末倒置,则会出现时间的浪费或低效使用。教学空间的安排,应以满足师生课堂交往互动为前提,方便野生的教学活动,并能给身在其中的人以舒适自由的感觉为宜。

从过程结构来看,良好的过程没有统一的标准,却一定有舒适的感觉与积极的成效。一堂好课如一首歌、一场戏,跌宕起伏、强弱有度。一般的课堂有开课、课中、结尾三环节,好的开头能引人入胜,好的结尾能余音绕梁。每一个环节的设计,既要服从于教学任务的需要,也要考虑学生的身心特征与学习状态。单调而持续的教学刺激容易使学生进入倦怠状态,善于运用变式,让学生在不断的新异刺激中寻找学习的乐趣,学生不仅激情满怀,而且事半功倍。

(十) 看评价是否恰当

课堂评价是信息反馈的一种重要方式,尤其是对学生课堂学习的评价,对学习行为与学习效果都会产生直接的影响。看课堂评价是否恰当,主要看这样几个方面。一看评价的内容是否全面,课堂评价不仅仅是对学生的认知作出正误判断,学生的学习,无论是学习态度、学习动机,还是学习内容、学习方法以及学习效果,都需要正确的价值引领;二看评价方式是否恰当,良好的评价

◇ 教学设计与案例分析

方式，能充分发挥评价的导向、激励、调控等功能，促进学生发展。否定性评价用得多了，即使是客观的，也容易让学生丧失信心，产生学习上的畏难情绪，评价语言或方式过于单调，也会降低评价的反馈与调控的功能，让学生对评价信息产生疲劳；三看评价主体是否多元。课堂评价不仅是教师对学生的信息反馈，也包括课堂所有参与者对他者的反馈，即学生对同学的反馈与学生对教师的反馈。只有把教学活动置于师生的共同参与及评价之中，才能营造一个相互支持的教学环境，真正促成教学相长。

课堂教学成功与否还有许多观察点，如师生的仪表是否得体，环境是否适宜，资源整合情况，创新成分多少等。理想的课堂，一定是人尽其才，物尽其用，教师得到最大限度发挥，学生得到最大限度发展的课堂。

三、课堂转型：课堂教学变革的思考

每一次教育改革，都必然会在课堂上打下深深的烙印，随着教育改革的不断深入，课堂教学的变革，也不再是一枝一叶的修修剪剪，而是呈现出系统性的模式转变。

（一）教学主体上，从重视教师向重视学生转变

日本教育家佐藤学在《教师的挑战：宁静的革命》中写道：全世界学校的课堂都在进行着"宁静的革命"，都在由"教授的场所"转换为"学习的场所"。我国的传统教学历来具有较强的教师中心色彩，教师在课堂的主体地位是不可撼动的。新课程改革强调学生在课堂的主体地位，但为何要突出学生的学习主体地位，如何突出学生的主体地位却不是人人都能理解并实施的。

学生不仅是学习的主体，在教学活动的过程中，其主体地位也应得到充分的体现。首先，突出学生主体是以人为本的时代呼唤。教学的主体是人，教学的对象也是人，教学活动因人的存在而存在，党的十六届三中全会提出了以人为本的发展理念，这也为课堂教学的发展指明了方向。以学生为主体是教育价值的必然追求，即使是社会本位的教育价值取向，也必须通过学生的发展来实现，没有学生的发展，教育的经济功能与政治功能都将无从实现；突出学生主体是学生发展的必然要求，没有学生的主体地位，学生就可能沦落为课堂活动的旁观者。突出学生主体是教学成功的有力证明，教育目的能否实现，教学成果是否突出，只能让学生来证明，没有学生的成长，就没有教学的成效。

德国教育家第斯多惠指出："教学的艺术不在于传授本领，而在于激励、

唤醒和鼓励。"而艺术的精髓就体现在以学习者为中心的课堂教学设计。以学习者为中心的课堂教学具有下列显著特征：原点尊重学生特性，即学生发展的基本规律，没有对学生发展规律的把握，就没有真正的教学；目标关注学生发展，课堂教学要满足各方的教育需求，其中学生的发展需求是第一位的；教学内容应关联学生生活，脱离学生生活实际、脱离社会生产实际的教学，只能培养书呆子；过程应关照学生参与，以学习者为中心的课堂教学应充分体现学生的学习主体地位，只有学生全面、充分地参与到教学过程中，充分展示出学习主人的形象，才能证明学习活动实际发生了。以学习者为中心的课堂教学评价必然关注学生的个体差异，只有针对学生的个体差异，联系每个学生具体实际所作出的评价才能促进学生发展。

（二）教学目标上，从重视知识传授向重视能力培养转变

知识与能力历来都是教学目标所关注的重点，过去我国基础教育的教学目标强调基础知识、基本技能，新课程三维目标，把知识与能力放在第一位，中国学生核心素养也强调学生的自主学习与社会参与。但课堂教学实践却证明，我们的教学仍带有较强的知识中心的倾向。实现知识中心向能力为重转移已成为课堂教学改革的迫切需要。

近年来以知识为中心的教学弊端日益突显。长期的应试教育把学生的学习日益简化为对知识的理解、记忆与解题练习，学校教育的结果是培养了大批脱离生产实际、脱离社会实际的"理论家"，学生的问题解决能力极为欠缺，以致于生产领域出现了用工荒，大学生就业领域出现了就业难的反常现象。革除传统教学的弊端，必须把对学生能力的培养放在至高无上的位置。今天，教育家们一致认为，要让我们的学校在这个不断变化的现代世界中与时俱进，就必须把以下八大基本能力作为培养的重点。[①] 这八大能力包括：内省能力、人际交往能力、解决问题的能力、协作能力、信息分析能力、信息沟通能力、创造能力、全球意识。

要实现能力为重的课堂转型，就必须为学生的发展搭建平台、创造条件。首先，学习情境的创设应多样化，课堂教学应尽可能为每一个人的发展创设个性化的学习情境，以满足不同个性的学生的学习需要。其次，应树立能力结构多元、层次多样的观念，以便形成能力系统，这是学生适应社会变革与发展需

---

① ［美］伊恩•朱克斯，瑞恩•L. 沙夫. 教育未来简史——颠覆性时代的学习之道［M］. 钟希声译. 北京：教育科学出版社，2020：7.

要的必要准备。随着科学技术的不断革新，人们的生产生活方式随时都可能发生急剧变革，只有形成宽厚扎实的能力系统，才能以不变应万变。实现能力为重的课堂转型，还应当平台、路径多样化。线上线下结合、课内课外结合、校内校外结合、自主指导结合，家校社协同，多措并举，可以为学生的能力提升提供无处不在的训练、实践场所，整合形态各异的学习资源，让学生能力的生长各行其道，各具特色。个人潜能的开发与能力的培养，必将凝聚成强大无比的国家力量。这既是个人能力的发展需求，也是国家对教育的期待。

（三）教学方法上，从重视教法向重视学法转变

过去教师的教学方法设计，往往只有教法设计，忽视了学生的学习，教师把备课简化为"教师教的准备"，中国教育科学研究院韩立福博士认为，人一生的学习生涯将经历从"教师讲授型教本课堂"，逐步走向"教师导学型教本课堂"，再逐步走向"问题导学型学本课堂"，最后达成"自我导学型学本课堂"。"学本"即以学习者学习为中心。"学本课堂观"充分相信学生的学习潜力，当学生在教师指导下学会自主合作探究学习以后，教师和学生将以平等的身份共同开展学习活动，实现学习目标。[①] 重视学法指导是终身学习与学习型社会构建的需要。终身学习时代来临，不仅人人都要充当学习者的角色，更需要人人具备自主学习的意识，掌握自主学习的方法。因此，教学设计不仅要关注教师怎么教，更要关注学生怎么学，让学生掌握学习的本领，比掌握知识本身更重要。

周远清教授指出："没有什么时候比现在对教学方法改革的要求更为迫切、更为强烈了。如果大家天天讲创新、讲创新能力培养，而丝毫不去触动在人才培养中扼杀创新能力、创新知识的教学方法，那就等于自己骗自己。"重视学法指导的课堂教学，首先，要明确学生的学习主体地位。只有把学生作为课堂真正的主人，学习真正的主体，教师才不会独霸课堂，将师生共同生成教学的场所变成教师独自表演的场所，学生在课堂上才拥有学习的时间与空间。其次，课堂学法指导应做到方法指导明朗，情境创设明白，行为引导明确。国外学者研究认为21世纪的学习技能包括读、写、算，三个基本技能加上批判性的思考和做、假造性、协作、跨文化理解、交流、计算处理、独立职业生涯和学习等七个方面的终身学习技能。学习方法指导也如教学方法选择一样，学习有法，但无定法，贵在得法，教师指导与学生自主探究相结合是学法指导的有

[①] 韩立福. 何为学本课堂[J]. 人民教育，2014（16）：5-6.

效途径。

（四）教学价值上，从重视结果向重视过程转变

任何结果的产生都会经历一定的过程，但同样的结果却不一定经历同样的过程，比如背诵一篇文章，有人读三遍、有人读十遍能背诵，有人读五十遍也背诵不了。决定学习效果的是学习过程的科学性、有效性，只有符合学生的认知发展规律的教学才是有效的教学。

如何科学有效地组织教学活动过程呢？布鲁纳提出了有效教学的四个基本定理：①教学必须创设有利于唤起学生学习准备的经验和情境；②教学必须提供有助于学生最大限度地掌握知识的结构；③教学内容的呈现应符合学生学习的心理程序；④教学必须能给学生提供有效的学习反馈。这四个定理都必须在教学过程中才能得到充分体现。日本教育家佐藤学认为"现代教育向生态化方向发展，未来教育将呈现生态化的发展趋势，这可能预示教育发展的一个新时代———教育生态化时代"，良好的教育生态系统的形成无疑是在良好的教学过程中形成的。

有人把课堂教学比喻为古典乐与爵士乐，古典乐式的课堂，追求教育目标的精致、系统和统一，教学的高效、标准，把教学过程视为工程学系统，教学丧失了原创性。划一的教材、规定的程序、推荐的优秀教案、中立化和定型化的课堂语言，等等，这一切都使课堂的教变得去情境化了，课堂教学就成为教师按照一定的步骤忠实地向学生传授专家所制定的标准教案的过程，并以此应付接下来的标准化考试。这样，课堂教学就在固定的狭窄轨道中滑向一个又一个预先设定的沟回，教师如同古典音乐家一样，沉溺于自己高超、到位的演奏中，完全不顾台下观众的反应。而爵士乐类的课堂教学恢复了课堂教学情境的特异性、原创性、复杂性和不确定性，即课堂教学是"特定的教师，以特定的教材为媒介，在特定的教室、特定的意图下，以特定的儿童为对象，创造特定事件的一次性经验……且具有不确凿的挑战的性质。艾利克森指出，教学如同爵士乐参与者默契地展开的即兴演奏那样，参与者之间的默契乃是教学的创造性展开的前提。"[①] 很显然爵士乐式的课堂在今天是更受欢迎的。

重视过程的课堂教学需要关注课堂的四个维度：一是课堂主体的参与度，包括参与的广度与参与的深度。只有人人参与的课堂，才能人人发展，个别人积极参与，多数人充当看客的课堂，只能培养少数优生。课堂参与的深度主要

---

① 钟启泉，刘徽. 教学机智新论——兼谈课堂教学的转型 [J]. 教育研究，2008 (9).

指学生的学习活动，只有充分发挥学生的理性思维，引导学生通过分析、归纳、抽象、概括、比较、评价等深度学习，才会带来有深度的收获。二是内容的伸展度。教学内容是联系教学主体的纽带，无论是师生互动还是同学之间的交流，主要围绕教学内容进行，教材是教学的主要依据，但固守教材的教学，只能把教师培养成教书匠，学生只能读死书。教学内容的延伸度指教学内容应联系学生实际、联系社会实际，向生活延伸、各生产延伸，让学生体验到教学内容价值的真实存在。教学内容的延伸性还体现在向未知世界延伸，适应时代发展的需要，培养学生的实践能力与创新精神，教学的视野不仅要面积有限的已知世界，更要面积无限广阔的未知世界。三是过程的灵敏度。教学过程本质上是人与环境交互作用的过程，学习主体作为环境中的一员与环境交互作用的方式是灵活多样的，教学只有因地置宜、因时置宜、因材施教，采取灵活多样的方式进行，才能激发学习的学习兴趣，满足学生的个性化学习与个性化发展。四是过程生态的协调度。教学过程是一个由教学的构成要素相互作用的协同运转过程，每一个构成要素都需要与其他要素在联系中保持动态平衡，只有平衡就没有发展，没有平衡教学过程随时就会发生冲突。只有合理搭配教学过程中的人、物、时空、信息等资源，维持良好的教学生态系统，教学活动才能有效推动。

（五）教学环境上，从封闭课堂向开放课堂转变

杜威在《民主主义与教育》中把课堂教学分为三种形式：①最不好的一种是把每堂课看做一个独立的整体。这种课堂教学不要求学生负起责任去寻找这堂课和同一科目的别的课之间或和别的科目之间有什么接触点。②比较聪明的教师注意系统地引导学生利用过去的功课来帮助理解目前的功课并利用目前的功课加深理解已经获得的知识。③最好的一种则牢记住学校教材和现实生活二者相互联系的必要性，使学生养成一种态度，习惯于寻找这两方面的接触点和相互的关系。[①] 随着终身教育时代来临，教育和课堂都发生了急剧变革，课堂不再是教育的唯一场所，教育将根据学习者的需求不断向课堂外延伸，人人是教育之人，时时是教育之时，处处是教育之地，已成为终身教育时代的教育特征。

斯宾塞认为教育是为未来人的完满生活作准备，杜威认为教育本身就是生活，陶行知认为生活即教育。大师们早已把教育与生活的关系阐释得淋漓尽

---

① 杜威. 民主主义与教育 [M]. 王承绪译. 北京：人民教育出版社，1990.

致。无论是为了生活的教育，还是在生活中教育，都充分证明教育与生活是密不可分的。脱离生活教育将失去意义，没有教育生活就没有光彩。

开放课堂的构建，需要课堂主体、目标、内容、形式等都发生相应的转变。课堂的主体不再仅仅是教师与学生，课堂所有的利益攸关方都是课堂的主体，社会需求与家庭关切都应在课堂中得到体现。

开放的课堂目标指向全人教育。应试教育的目标指向考试成绩，教学以知识为中心，除了关注考试成绩，学生的人格、尊严、健康等目标，常常游离于课堂教学之外。全人教育关注人的全面、协调、持续、自由的发展，把立德树人作为教师的首要职责，把对学生核心素养的培养作为教学目标确立的重要依据。

开放的课堂，注重教育与生活的密切。今日的课堂教学不再受课堂场所的限制，使教学活动仅仅成为教书或读书的活动，而是将教学内容从书本向生活延伸，教学场地从课堂向社会延伸。人工智能的广泛运用，大规模开放的在线课程，已能满足全社会所有学习者个性化学习的需求，学习型社会的构建已成为全社会的共识，并正在成为现实。教育与人的精神生活及社会发展相辅相成，教育的社会功能与个体功能得到充分发挥。

课堂转型非一朝一夕之功，随着科学技术的不断进步，社会转型的日益深入，课堂教学变革永远在路上。

思考题

1. 教学设计有哪些问题值得反思？为什么说教学设计永远在路上？
2. 简要叙述教学设计与实施的关系？为什么说好的设计是教学成功的一半？
3. 论述课堂教学变革与发展趋势，教师如何适应课堂教学变革的需要？